Les portes de l'espoir

FRED MUSTARD STEWART	*ŒUVRES*
AMERICA - 1	*J'ai lu* 1535****
AMERICA - 2	*J'ai lu* 1536****
L'ENFANT ÉTOILE	
LADY DARLINGTON	
LE TEMPS D'APPRENDRE À VIVRE	
MAMAN, JE T'AIME	
LA VALSE DE MÉPHISTO	
LES PORTES DE L'ESPOIR	*J'ai lu* 1987****

Fred M. Stewart

Les portes de l'espoir

Ellis Island

traduit de l'américain par Gérard de CHERGÉ

Éditions J'ai lu

Ce roman a paru sous le titre original :

ELLIS ISLAND

INTRODUCTION

Pour des millions d'Européens sans ressources, Ellis Island ouvrait les portes de l'espoir. C'était l'antichambre du paradis.

L'île est toujours là : onze hectares de rochers dans le haut de la baie de New York, non loin de la statue de la Liberté, au sud-ouest de Manhattan. Baptisée à l'origine Gibbet Island (1), parce qu'on y avait pendu un pirate en 1769, elle reçut par la suite le nom de son propriétaire de l'époque, Samuel Ellis. Vers 1800, le tout jeune Etat y fit construire un fort et, pendant la majeure partie du XIXe siècle, l'île fut connue sous le nom de Fort Gibson. Après la guerre de Sécession, l'édifice servit de dépôt de munitions. Mais la vague d'immigrants qui déferla sur l'Amérique en 1892 contraignit les autorités à le transformer en centre d'accueil. En 1897, un incendie ravagea les bâtiments de bois. Un nouvel ensemble – en brique, celui-là – les remplaça. L'inauguration coïncida avec la première année du nouveau siècle. Les grands-parents d'environ un tiers des Américains d'aujourd'hui transitèrent par le bâtiment principal au cours des années qui précédèrent la Première Guerre mondiale. Les médecins et les inspecteurs du gouvernement, qui voyaient défiler jusqu'à cinq mille immigrants par jour, traitaient avec beaucoup d'humanité ces candidats à la nationalité américaine. Néanmoins, la possibilité de se voir refou-

(1) L'île du Gibet.

ler inspirait une crainte extrême à la plupart d'entre eux.

Aujourd'hui, l'édifice est une ruine. Fermé et mis en vente par le gouvernement en 1954, il est resté pendant dix ans à l'abandon. Durant cette période, des vandales s'y rendirent en canot pour piller la plomberie et le cuivre des toits... Des années d'humidité ont effrité le vieux plâtre; certaines parties du bâtiment menacent de s'écrouler. On peut cependant encore errer dans le vaste hall et dans la plupart des salles adjacentes. Ici, au milieu des décombres, se dresse un vieux piano. Là, une antique machine à coudre Singer sur laquelle, autrefois, une paysanne a peut-être raccommodé la chemise de son fils tandis qu'ils attendaient leur tour. Dans un autre coin gît un ventilateur électrique qui a brassé l'air brûlant des après-midi d'été, au début des années 20.

Aujourd'hui, tout est silence. On n'entend que le cri des mouettes au-dessus de l'eau et, par moments, la lugubre sirène d'un bateau. Si on aborde l'île par Manhattan, on voit la bâtisse mystérieuse émerger sinistrement des brumes de la baie. Il faut savoir écouter avec son imagination. Alors vient rôder la rumeur de conversations en grec, en yiddish, en italien, en norvégien, en russe. Un enfant se met à pleurer, une mère murmure des paroles apaisantes, deux paysans des Pouilles discutent à voix basse, un inspecteur du service d'immigration communique à grand-peine – par l'intermédiaire d'un interprète harassé – avec un Turc apeuré. On entend la voix du jeune Sam Goldwyn ou du jeune Felix Frankfurter... Toutes les voix de ces millions de gens qui par leur travail, par leur intelligence, ont enrichi l'Amérique et l'ont radicalement transformée.

La plupart d'entre eux sont des fantômes, mais ces fantômes ont tout lieu d'être fiers.

Ellis Island est la maison hantée de l'Amérique.

PREMIÈRE PARTIE

L'EXODE

1

Trente cosaques surgirent des bois au galop et s'élancèrent vers le minuscule village de Gorodna. C'était le 7 avril 1907 et il était un peu moins de dix heures du matin. Les vastes plaines d'Ukraine étaient encore la proie d'un hiver rigoureux; l'haleine des chevaux et des cavaliers formait un nuage de vapeur dans l'air vif. Les cosaques appartenaient à un régiment cantonné à Kiev; ils portaient de longues capotes écarlates, de grandes toques en fourrure noire et des cartouchières en bandoulière. Chacun d'eux était armé d'un sabre et d'un fusil Springfield 1903. Cette dernière arme, de fabrication américaine, était munie à son extrémité de la redoutable baïonnette à quatre lames, typique de l'armée russe. Les cosaques galopaient en silence vers Gorodna. Ils avaient l'air aussi féroce qu'on le disait, car, au seul bruit de leur nom, toute l'Europe tremblait de terreur.

Gorodna comptait moins de quatre-vingt-dix âmes. Ce n'était qu'une rue, pas même pavée, bordée de maisons en rondins. Ce village faisait partie de la zone géographique dans laquelle étaient cantonnés les juifs, et qui couvrait en partie la Pologne, la Lituanie et l'Ukraine. Tous les habitants de Gorodna appartenaient à cette race de juifs askénases, de langue yiddish, qui s'étaient réfugiés par millions à l'Est, au fil des siècles, pour échapper à l'antisémitisme allemand.

Ce matin-là, les cosaques avaient reçu l'ordre d'exterminer tous les juifs de Gorodna et de mettre le feu au village.

Lydia Rupinski, une jeune femme de vingt-quatre ans, mariée à un bûcheron, fut la première à les apercevoir. Elle revenait avec Lev, son fils de quatre ans, du magasin d'alimentation de Saul Panev, lorsqu'elle vit les cavaliers traverser à bride abattue le champ enneigé.

– Les cosaques ! hurla-t-elle.

Saisissant Lev par la main, elle se mit à courir vers sa cabane. Aussitôt, les cosaques poussèrent un formidable hurlement, un de ces cris qui glacent le sang. Tous l'entendirent : Saul Panev, dans sa boutique, et ses trois clients. Et Natacha Mandel, qui faisait sa lessive.

Dans la petite synagogue, Jacob Rubenstein accompagnait son père, Ilya, à l'harmonium. Il perçut à son tour la féroce clameur et s'arrêta de jouer.

Ilya Rubenstein, un géant à la luxuriante barbe noire, était le chantre de la synagogue de Gorodna. C'était un homme cultivé qui avait autrefois sillonné l'Europe avec une troupe d'opéra; et c'est à grand-peine qu'à son retour à Gorodna il avait obtenu du rabbin orthodoxe l'autorisation d'installer un harmonium dans la synagogue.

Il interrompit ses vocalises pour écouter le cri des cosaques.

– Un pogrom ! dit-il à Jacob.

Dans la Russie de 1907, ce mot avait la terrible résonance que devait avoir, trente ans plus tard, en Allemagne, le mot « Gestapo ».

– La Torah, vite !

Ilya s'élança vers le fond de la synagogue; Jacob, lui, se leva de son tabouret. On entendait maintenant des coups de feu à l'extérieur, et des hurlements se mêlaient au cri des cosaques. Jacob demeura figé sur place, paralysé par l'incertitude et par la peur. Il savait ce qu'était un pogrom : comme la plupart des juifs russes, il vivait dans cette hantise depuis son enfance. Mais de là à en être victime dans la réalité... Jacob songea que, dans quelques minutes, il serait probablement mort. Et il n'avait que vingt ans.

Soudain, les portes en bois s'ouvrirent à la volée et deux cosaques à cheval firent irruption dans le sanctuaire. Jacob vit l'un des cavaliers pointer son fusil vers le fond du bâtiment, où Ilya tentait d'emporter les deux coffrets d'argent renfermant les rouleaux de la Torah.

– Non ! hurla Jacob.

Il s'élança vers le cosaque. Une détonation claqua. Faisant volte-face, Jacob vit son père tituber; les coffrets roulèrent à terre. De son côté, l'autre cavalier mettait le feu aux bancs à l'aide d'une torche enflammée.

Le premier cosaque se tourna alors vers Jacob. Le jeune juif vit le fusil braqué sur son visage. Tête baissée, il courut se mettre à l'abri derrière l'harmonium; le coup de feu partit juste au moment où il plongeait. Terrifié, il eut le réflexe de pousser l'harmonium vers son agresseur. Le lourd instrument grinça sur ses roulettes et se renversa avec fracas. Le cheval trébucha et tomba, projetant à terre son cavalier.

– Sale youpin ! rugit l'autre cosaque, qui était toujours en selle.

Il avait sorti de ses fontes un bidon d'essence qu'il vida sur les flammes, et tout un côté de l'édifice ne fut plus qu'un brasier. Effrayé par la fumée et par le feu, son cheval se cabra; ce répit fournit à Jacob les quelques secondes qui lui sauvèrent la vie. Il se précipita vers le fond du sanctuaire jusqu'au corps de son père et contempla avec horreur sa nuque ensanglantée. A l'instant où il tendait la main pour ramasser les rouleaux de la Torah, il devina, au-dessus de sa tête, l'éclair du sabre que levait le cosaque.

Jacob n'eut pas besoin de réfléchir : ses pieds réagirent à sa place. Il se précipita vers la porte du fond, la claqua derrière lui et s'élança dans le champ de neige qui s'étendait derrière. La synagogue entière était la proie des flammes.

Cours, si tu tiens à la vie! se dit-il. *Sauve-toi! Les bois! Si tu peux atteindre les bois...*

Le froid mordait son visage, tout ruisselant de sueur. La forêt commençait au-delà du champ; malgré la neige qui freinait sa course, Jacob fuyait à toutes jambes.

Il entendit un coup de feu. Sans s'arrêter, il regarda par-dessus son épaule. Le cosaque, pied à terre, avait franchi la porte en tenant sa monture par la bride, et tirait dans sa direction. Il manqua sa cible. *Cours!* Le cosaque remonta en selle et se lança de nouveau à la poursuite du jeune juif.

Cours sans t'arrêter!

Une autre détonation. Il sentit une morsure à la cuisse et s'effondra dans la neige, la main crispée sur sa jambe; son pantalon était maculé de sang. Il s'assit, le regard fixé sur le cosaque qui galopait vers lui.

Il va me tirer dessus... à bout portant... il va me tuer...

Pris de panique, il tenta de se relever, mais sa jambe blessée se déroba sous lui; il retomba dans la neige. Quelque chose lui écorcha le dos. Il glissa sa main droite sous lui et sentit affleurer une pierre. De peur et de froid, il claquait des dents, il transpirait et sa blessure lui faisait mal.

Le cosaque était maintenant à moins de trois mètres et visait Jacob. Il tenait son fusil des deux mains, les genoux serrés contre les flancs de sa monture.

Jacob se redressa avec peine et lança la pierre de toutes ses forces.

A sa stupéfaction, le projectile atteignit le cosaque au front. L'homme tomba de cheval.

Puis ce fut le silence. On n'entendait plus au loin que la fusillade qui continuait dans Gorodna.

Lentement, Jacob se remit debout. Le cheval s'était arrêté pour renifler son cavalier assommé. En boitant, Jacob s'approcha et ramassa le fusil.

C'était la première fois de sa courte existence qu'il

tenait une arme à feu. Il la regarda, il regarda le cosaque, puis le village où il avait passé toute sa vie. Gorodna brûlait; les cosaques avaient bien rempli leur mission. Les flammes et la fumée s'élevaient vers le ciel d'un bleu glacial. Tout paraissait impossible : impossible que son père fût mort, impossible que sa vie entière eût basculé en l'espace de cinq minutes.

Il braqua le fusil sur la poitrine du cosaque. Des larmes de chagrin, de rage et de haine lui piquaient les yeux. Pourquoi ce massacre? Pourquoi avoir tué son père, un homme si doux, amoureux de la musique et qui n'avait jamais fait de mal à personne?

– Espèce de salaud! dit-il en yiddish.

Il répéta ces mots en russe, oubliant que l'autre ne pouvait l'entendre.

Son doigt se crispa sur la détente, mais il ne se sentait pas le courage d'appuyer. Assassiner de sang-froid un homme sans connaissance? Tuer un homme – fût-il le meurtrier de son père?

Soudain, il tira.

Le fusil recula; le cosaque tressauta; le cheval se cabra en hennissant.

Jacob Rubenstein contempla la tache de sang qui s'élargissait sur la poitrine du cosaque.

J'ai tué un homme.

Le fusil sur l'épaule, il s'approcha à cloche-pied du cheval, saisit les rênes et se mit péniblement en selle.

J'ai tué un homme, mon père est mort, Gorodna brûle... Mon Dieu, que vais-je devenir?

Eperonnant sa monture, il se mit à galoper vers les bois. Il ne s'arrêta qu'à la lisière pour jeter un dernier regard vers son passé en flammes. Puis il s'enfonça dans la futaie.

2

Il se dirigea vers Hambourg, car il savait par d'autres juifs que c'était le port d'embarquement pour l'Amérique. Il avait bien souvent déjà songé à quitter la Russie, sans pour autant mettre son projet à exécution : l'amour qu'il vouait à son père l'avait retenu à Gorodna, mais ce lien avait été brutalement rompu, Jacob pouvait réaliser son rêve. De toute façon, à présent qu'il avait assassiné un cosaque, il n'avait d'autre choix que la fuite. Il ne pouvait savoir si le meurtre lui serait imputé, mais il ne comptait pas attendre d'en avoir le cœur net.

Il voyagea de nuit, la peur au ventre, se cachant la journée dans les bois. Il avait improvisé dans un pan de sa veste un bandage pour sa cuisse. La balle était ressortie et la plaie ne saignait plus; Jacob estima qu'il s'agissait d'une blessure sans gravité, à surveiller néanmoins pour l'empêcher de s'infecter. En revanche, la nourriture était un vrai souci : la nuit, il avait volé du foin pour son cheval dans les étables mais lui-même était resté les deux premiers jours sans manger, craignant d'attirer l'attention s'il tirait du gibier. Le troisième jour, la faim l'emporta sur la prudence et il abattit un lapin d'un coup de fusil.

A l'aide de la baïonnette du cosaque, il dépeça l'animal, le fit cuire sur un feu de branchages et le mangea avec voracité. Puis il poursuivit sa route vers le nord-ouest, en s'orientant d'après l'étoile Polaire. Il savait bien qu'il faudrait non seulement sortir de Russie mais aussi quitter la Pologne avant de pouvoir se sentir en sécurité : la Pologne faisait alors partie de l'empire des tsars. Au mieux, il pourrait parcourir vingt-cinq kilomètres par nuit. Atteindrait-il jamais la frontière?

Il continua malgré tout.

Qu'il n'eût pas d'argent pour payer son passage en Amérique ne le tracassait pas trop. Pour l'instant, il n'avait qu'une idée en tête : quitter la Russie. Après, il se débrouillerait toujours. Sa mère — morte de tuberculose alors qu'il avait douze ans — s'était fait du souci toute sa vie pour les problèmes d'argent; Jacob, lui, avait hérité de son père une attitude plus détachée vis-à-vis des biens matériels. Rêveur impénitent, Ilya n'avait vécu que pour la musique et il avait transmis cet amour à son fils.

Je pourrai peut-être payer mon billet en jouant du piano, songeait Jacob tout en chevauchant à travers les sombres forêts de Russie vers ce rêve flou que représentait pour lui l'Amérique.

Il lui fallut presque deux semaines pour atteindre la frontière polonaise, et encore trois autres pour arriver à celle de l'Allemagne. Il était minuit passé et il pleuvait à verse. Tapi dans les buissons, à proximité du poste de garde, le jeune homme – déjà maigre au départ – n'avait plus que la peau sur les os. Le poteau-frontière, frappé aux armes des Romanov, proclamait en quatre langues – russe, polonais, français et allemand – que le voyageur quittait là le domaine du tsar de toutes les Russies. Jacob avait vu de nombreuses photographies de Nicolas II – un homme au visage agréable mais veule – et de la belle impératrice Alexandra. Jacob haïssait Nicolas : c'était le bourreau des juifs.

Il pensait déjà à son nouveau « président », celui qu'il appelait *Féodor* Roosevelt.

Les deux sentinelles somnolaient, probablement ivres. Jacob n'aurait aucun mal à traverser le champ avoisinant pour entrer en Allemagne.

A pas de loup, il retourna auprès de sa monture et la prit par la bride. Le cheval poussa un hennissement. Jacob se figea, le regard tourné vers le poste faiblement éclairé.

Les gardes dormaient toujours.

Rendant grâces à Dieu pour le pouvoir soporifique de la vodka, Jacob franchit la frontière.

Il n'y eut pas de roulements de tambour ni de foule en délire pour l'accueillir; seulement la pluie qui continuait de tomber.

Mais Jacob avait beau être trempé, sale et affamé, il avait le cœur en fête.

Il était libre.

A Hambourg, au guichet de l'*Amerikanische Paketfahrt Aktiengesellschaft,* l'employé dévisagea à travers son lorgnon le jeune homme qui se tenait de l'autre côté du comptoir. Trois qualificatifs lui vinrent automatiquement à l'esprit : juif, russe, fauché.

– *Was wollen Sie?* dit-il d'un ton sec.

– Combien, le billet pour l'Amérique? s'enquit Jacob dans un anglais laborieux.

Le visage grassouillet de l'employé trahit la surprise.

– Vous parlez anglais? demanda-t-il avec un fort accent.

– Peu, dit Jacob. Je ne parle pas allemand. Combien, le billet?

– Je suppose que vous voulez un entrepont? Le billet de troisième classe pour New York coûte vingt dollars.

Voilà un vagabond plutôt joli garçon, songea l'employé. *Il lui suffirait de raser cette barbe hirsute et de prendre quelques kilos.*

– Au bureau en face, quinze dollars, dit Jacob.

L'employé prit une expression glaciale.

– La compagnie *Norddeutscher* offre moins de facilités que la nôtre.

Jacob haussa les épaules.

– Je prends le moins cher.

Il s'éloigna du guichet et une grosse Bavaroise s'avança en se dandinant. En vérité, Jacob n'avait pas un sou vaillant; il avait simplement voulu tâter le terrain auprès des deux principales compagnies de navigation de Hambourg avant de chercher du travail. Il fallait savoir combien il lui faudrait amasser.

– Attendez! lui cria l'employé.

Jacob revint sur ses pas. La Bavaroise le foudroya du regard.

– C'est bon, dit l'homme en baissant la voix. Quinze dollars.

Jacob fut satisfait. Maintenant, il savait qu'il avait besoin de quinze dollars pour le voyage.

– Je n'ai pas d'argent, dit-il.

– Pas d'argent? (Le visage de l'employé vira à l'écarlate.) Pourquoi, alors, me faire perdre mon temps?

– Je vais travailler pour payer. Je joue du piano...

– Nous en avons, des pianistes ! Par douzaines ! Fichez-moi le camp ! Au suivant !

– S'il vous plaît ! Je dois aller en Amérique ! Je peux être serveur...

– Sortez !

Jacob obéit, tel un somnambule. Il n'avait pas mangé depuis trois jours et commençait à avoir des nausées. Mais il conservait assez de lucidité pour être reconnaissant envers son père de l'avoir forcé à étudier l'anglais, le français et l'italien. Au cours de ses pérégrinations avec la troupe d'opéra, Ilya s'était familiarisé avec plusieurs langues, et avait tenu à transmettre ses connaissances à son fils. Le français de Jacob était passable, son italien et son anglais rudimentaires. Mais le peu d'anglais qu'il connaissait lui donnait un avantage sur les autres émigrants, dont la plupart ignoraient totalement cette langue. Maintenant qu'il était sorti de Russie, il s'estimait à mi-chemin de l'Amérique. Il était farouchement décidé à devenir un « Yawn-kee », le plus américain possible; bien sûr, pour en arriver là, il lui faudrait maîtriser la langue anglaise.

Il était intelligent et, grâce à son oreille musicale, il pensait être capable d'assimiler l'accent. Dès qu'il aurait un peu d'argent, il s'achèterait une grammaire anglaise.

Après avoir payé son billet, bien sûr.

Mais, pour le moment, il n'avait rien.

Et il avait faim.

Dans la vitrine, la femme outrageusement fardée considéra, en bâillant, le jeune homme déguenillé qui, debout dans la rue, la regardait d'un air ébahi. Elle portait une robe dans le goût du XVIIIe siècle, dont le corsage comprimait si fort son buste que ses seins jaillissaient presque hors de l'échancrure. *Tu aimerais bien me lécher les tétons, hein, petit juif?* Elle se pencha en avant, se tortillant devant Jacob qui ouvrit des yeux exorbités.

Il se trouvait à deux pas du port, dans le Reepersbahn, le célèbre quartier hambourgeois des bordels. Il était onze heures du soir et les rues étaient presque désertes; de temps à autre, un matelot ivre passait en titubant devant les vitrines des maisons où les prostituées – qui, pour la plupart, s'ennuyaient autant que la « Marquise » – faisaient étalage de charmes défraîchis.

Lentement, la fille se tourna, et Jacob en demeura bouche bée : le dos de sa robe, largement fendu, révélait ses fesses rosâtres et ses jambes grasses. Jacob ne put l'entendre à travers la vitre, mais elle lui péta au nez. Après quoi, hilare, elle s'avachit dans son ottomane rose pour terminer sa bière.

Jacob poursuivit son chemin dans la rue humide. Tout était noyé dans le brouillard; le froid pénétrant et la pluie qui ruisselait sur son visage le firent frissonner. Comme tous les garçons de son âge, il avait déjà ressenti les premiers émois des sens, mais il était encore puceau. A Gorodna, il y avait eu pas mal de filles à marier, malheureusement presque toutes des laiderons; aussi Jacob n'avait-il guère connu d'aventures sentimentales. Ces prostituées, en dépit de l'obscénité de leurs avances, faisaient monter dans son corps décharné un désir presque aussi lancinant que sa faim. Trois vitrines plus loin trônait une grosse blonde en dessous crasseux; elle se caressa le sexe en voyant Jacob et, quoique la vulgarité de ce geste le choquât tout autant que le derrière nu de la « Marquise », cela ne l'empêcha pas d'être excité.

Pris de nausées et de vertiges tellement il avait faim, il s'appuya contre un réverbère. La prostituée éclata d'un rire gras.

C'est alors qu'il entendit jouer du piano.

Cette musique ne ressemblait à aucune autre de sa connaissance. C'était un air syncopé, sautillant et enjoué, qui s'enroulait comme des volutes de brume au creux de ses oreilles et le comblait de ravissement. Fasciné, Jacob se dirigea vers la porte d'où semblait provenir la mélodie.

C'était au numéro 19. Jacob tira la sonnette et attendit. Au bout d'un moment, une femme trop fardée colla un œil contre l'ouverture d'un petit guichet en bois. Puis le battant du judas claqua et la porte s'ouvrit. La tenancière, une matrone aux formes flasques, examina Jacob d'un air bourru et grogna quelque chose en allemand.

– *Die Musik,* dit Jacob.

Il pointa l'index dans la direction d'où venait la musique, puis il porta le doigt à son oreille. La tenancière vit tout de suite qu'elle n'avait pas grand-chose à espérer de ce va-nu-pieds; néanmoins, elle haussa les épaules et le laissa entrer. Jacob pénétra dans un petit vestibule qu'éclairait une lanterne en verre bleuté suspendue au plafond fissuré. La maquerelle souleva une tenture et Jacob se faufila dans une grande pièce au luxe tapageur. Tous les meubles avaient des franges : les ottomanes, les divans en peluche, les abat-jour en soie plissée... Des cadres ovales ornaient les murs recouverts d'un papier rosâtre; ils contenaient des photographies de femmes grassouillettes en train de se déshabiller ou de se caresser les seins. Le tapis élimé était constellé de taches de vin, et on voyait encore la trace d'une mare faite par un chien. Cette pièce donnait accès à une succession de chambres, dont les portes, pour l'heure, étaient closes, et à un couloir menant à l'arrière de la maison. Plusieurs filles, vautrées çà et là, écoutaient le pianiste, qui jouait, un cigare entre les lèvres, fredonnant au rythme de la mélodie. Il portait une chemise à rayures roses, un pantalon moulant à carreaux, un chapeau melon et des demi-guêtres.

C'était la première fois que Jacob voyait un Noir.

Mais ce fut la musique qui l'attira près du piano. Fasciné, il suivait le mouvement des doigts agiles.

Roscoe Haines découvrit le jeune homme dégoulinant de pluie et il s'arrêta de jouer.

– Qui diable es-tu? demanda-t-il en ôtant le cigare de sa bouche.

Il répéta la question en allemand à l'adresse de la tenancière, qui haussa les épaules.

– Cette musique... dit Jacob. *Krasivaya.* Si belle...

— Hm-hm. Ça s'appelle du ragtime. Ça fait fureur à New York.

— New York? Vous venez de New York?

— Parfaitement. Je m'appelle Roscoe Haines. Tu peux parler de moi dans la 110e Rue Ouest mais, par pitié, ne donne mon adresse à personne. (Il cligna de l'œil en souriant de toutes ses dents. Jacob estima qu'il devait avoir une trentaine d'années.) Et toi, comment t'appelles-tu? T'es pas boche, ça se voit.

— Jacob Rubenstein; je viens de Russie. Je vais à New York.

— Si c'est pas magnifique! Un vrai émigrant, en chair et en os. Et je parie que tu t'imagines que, là-bas, les rues sont pavées d'or. Eh bien, tu peux faire confiance à un type qui connaît New York, Jacob Rubenstein : si les rues y sont pavées d'une chose, c'est de crottes de chien.

C'était là de l'anglais trop compliqué pour Jacob qui, de toute manière, n'écoutait pas. Il regardait le clavier avec convoitise.

— Je joue du piano, dit-il. Je joue bien. Je jouais de l'harmonium à la synagogue.

Roscoe se leva en riant.

— Cet endroit n'a fichtre rien d'une synagogue, mais fais comme chez toi. Ces filles s'ennuient avec moi; tu arriveras peut-être à leur coller un pétard sous le derrière. J'ai joué dans les meilleurs bordels de Paris et d'Amsterdam et je peux t'assurer que cette boîte est d'un bon cran au-dessous. Tu veux un sandwich? Tu m'as l'air drôlement maigre.

Jacob acquiesça avec enthousiasme et s'assit au piano.

— Hé! Greta, cria Roscoe à l'une des filles vautrées sur le divan. Soulève ton gros cul et va chercher un sandwich et un verre de bière pour le gamin.

Greta sortit en ondulant des hanches tandis que Jacob se frictionnait les mains. Ici au moins, il faisait chaud.

Au bout d'un moment, il se mit à jouer. Il interpréta l'air qu'exécutait Roscoe à son arrivée en s'efforçant de l'imiter. Le Noir saisit sa chope sur le piano et en but une longue gorgée.

– Pas mal, dit-il. Et tu veux me faire croire que c'est la première fois que tu joues du ragtime? (Jacob opina du chef.) Eh bien! s'étonna le Noir.

Alors, le jeune pianiste se lança dans une série de variations si riches d'invention et si entraînantes que deux filles se levèrent et se mirent à danser. La tenancière elle-même perdit un peu son air revêche et battit du pied en cadence.

– Ecoutez-moi ça! s'exclama Roscoe, admiratif. Il a attrapé le rythme du premier coup! Si je fermais les yeux, l'ami, je croirais que tu es un Noir comme moi. Aucun Blanc n'a jamais joué comme ça!

Les filles dansaient en poussant des cris de ravissement. Soudain, la porte d'une des chambres s'ouvrit et un matelot incroyablement obèse jeta un coup d'œil curieux.

– Qu'est-ce qui se passe? demanda-t-il en enfilant son ample caleçon.

Charmé par la musique et à moitié ivre, il entra dans la pièce en se trémoussant, suivi de sa partenaire presque nue, et ils se mirent à virevolter. Les doigts de Jacob couraient sur les touches, inventant de merveilleuses et délirantes mélodies qui donnaient au lupanar un air de carnaval.

Puis, brusquement, il glissa du tabouret et s'effondra sur le tapis. L'une des filles poussa un cri. Roscoe s'agenouilla vivement pour lui tâter le pouls.

– Du cognac! hurla-t-il. Vite!

Roscoe mesurait plus d'un mètre quatre-vingts, il avait des mains énormes et des muscles puissants. Il souleva Jacob sans difficulté et le transporta dans une chambre.

– Cet avorton ne pèse même pas cinquante kilos, dit-il en entrant dans la petite pièce au lit froissé. Si vous voulez mon avis, il crève de faim. Alors, ce sandwich, ça vient?

Il posa délicatement Jacob sur le lit. Greta accourait avec le sandwich et une chope de bière, suivie de la tenancière munie d'une bouteille de cognac. Roscoe prit le flacon, souleva la tête de Jacob et lui fit avaler de force une gorgée d'alcool. Jacob hoqueta, crachota, puis reprit connaissance.

– Ça va? lui demanda Roscoe, assis près de lui sur le lit, tandis que les filles s'agglutinaient dans la pièce.

Jacob acquiesça d'un faible signe de tête.

– Tiens, mange ça.

Il prit le sandwich posé sur l'assiette et le tendit à Jacob. Le garçon y mordit comme un chien affamé.

– Bon, dit Roscoe, je crois comprendre que t'es pas un Rockefeller. Et à en juger d'après tes guenilles, t'es pas non plus un grand-duc. Comment tu vas payer ton billet pour New York, au juste? Même l'entrepont, ça se paie.

– J'essaie de trouver du travail, répondit Jacob entre deux bouchées. Peut-être... jouer du piano... pourquoi pas ici...

– Roscoe Haines n'a pas précisément besoin de concurrents comme toi dans les parages. Non, m'sieur, on va te faire sortir de Hambourg au plus vite. (Il se leva.) Que je te dise quelque chose : l'Amérique n'est pas – et de loin – mon pays préféré; c'est pour ça que je suis venu en Europe. Là, au moins, un Noir n'est pas forcément un nègre. Mais si un gosse aussi doué que toi... (il souleva son chapeau melon)... veut aller à New York, y a pas moyen de l'en empêcher.

Il sortit de sa poche une poignée de pièces qu'il laissa tomber dans le melon. Puis il se tourna vers les filles.

– Allez, les petites, crachez au bassinet. Taxe sur les spectacles. Allons! Faites circuler le chapeau pour le pianiste!

Tandis que les filles tiraient leurs bourses de leurs corsets, Jacob termina son sandwich, éberlué par la tournure que prenaient les événements. Il n'avait qu'à moitié compris le discours de Roscoe, mais il en avait saisi toute la générosité.

Quelques jours plus tard, sur le quai de Hambourg, Jacob contemplait le *Kronprinz Friedrich*, énorme paquebot hérissé de quatre hautes cheminées blanches. Il ouvrait de grands yeux admiratifs et étonnés, indifférent à l'éternel crachin de la mer du Nord.

– Qu'il est grand ! dit-il à Roscoe.

– Tu as vraiment le don de faire des réflexions originales.

– Vous vous moquez de mon anglais.

– C'est plus fort que moi. En attendant, tu as ton billet et il te reste presque cinquante dollars d'argent de poche. Tu es riche, l'ami ! (Il eut un grand sourire.) Compliments des putains de Hambourg. Crois-moi, j'ai jamais vu ces filles-là donner de l'argent à quelqu'un ; pas à dire, ta musique leur a plu. Je pense que toi aussi, tu leur as plu, surtout depuis que tu as pris quelques kilos et que je t'ai convaincu de te raser la barbe.

Jacob se passa la main sur la joue. Il avait hésité à se couper la barbe : sans savoir pourquoi, il se sentait maintenant moins juif et, malgré son désir de devenir « américain », il n'était pas sûr que son visage imberbe fût véritablement... comment dire ?... *kascher*. Mais Roscoe avait insisté, lui expliquant que les juifs new-yorkais élégants se débarrassaient de leurs rouflaquettes. Roscoe lui avait expliqué tant de choses sur New York ces derniers jours ; Jacob, éperdu de reconnaissance, avait fini par céder aux instances de son ami.

– Je vous dois tellement, dit Jacob avec une simplicité et une sincérité touchantes.

Roscoe lui posa une main sur l'épaule.

– On s'est bien amusés tous les deux, non ? Il faut se serrer les coudes entre musiciens. Surtout, ne perds pas l'adresse que je t'ai donnée. Quand tu arriveras à New York, va voir Abe Shulman. Dis-lui que tu viens de la part de Roscoe Haines. Abe est un pingre, mais il est capable de reconnaître un vrai pianiste ; il te trouvera du boulot. Et maintenant, à toi de jouer. Bonne chance aux USA !

La file d'émigrants s'engageait sur la passerelle. Jacob saisit la main de Roscoe et la serra.

– Je peux vous écrire ? dit-il.

– Pour sûr. 19, Reepersbahn. Le bordel le plus huppé de Hambourg !

– Si vous retournez en Amérique, vous venez me voir ?

Une ombre de tristesse passa dans le regard de Roscoe.

– Je ne retournerai jamais en Amérique, mon gars. Y a pas de place pour moi là-bas. Mais toi, vois ce que tu peux en tirer. A présent, adieu. Et bonne chance.

Roscoe étreignit Jacob, puis se fondit dans la foule des parents et des amis; nombreux étaient ceux qui s'essuyaient les yeux tout en faisant des signes aux émigrants qui embarquaient. Jacob prit la file et gravit la passerelle. Une fois sur le pont, il s'approcha du bastingage et scruta la foule pour apercevoir Roscoe et le saluer une dernière fois. Jacob savait qu'il y avait eu une guerre civile en Amérique et que les Noirs, dans ce pays, avaient une situation comparable à celle des serfs en Russie. Néanmoins, il ne comprenait pas très bien pourquoi un homme comme Roscoe Haines, plein de joie de vivre et de talent, refusait de retourner dans son pays natal.

Les derniers passagers étaient maintenant à bord; on remontait la passerelle. La sirène du bateau émit un sifflement lugubre qui sembla déchirer la brume, et le *Kronprinz Friedrich* s'ébranla. Jacob sentit les larmes lui monter aux yeux tandis que, debout sur le pont, il agitait le bras en signe d'adieu à Roscoe et à l'Europe. Il se souvenait de Gorodna, de son père, de sa mère, de son enfance, de ses amis. Tous morts, tous disparus. Lydia Rupinski, Saul Panev, ses voisins... avaient-ils tous été massacrés par les cosaques ? Etait-il l'unique habitant de Gorodna qui eût survécu au pogrom ?

Le bateau commençait à prendre de la vitesse. Jacob regarda les vingt premières années de sa vie s'éloigner à l'horizon.

Puis il se tourna vers l'avenir, incarné par les autres émigrants qui se bousculaient sur le pont. Beaucoup d'entre eux sanglotaient, éprouvant sans doute les mêmes regrets que lui. Peut-être certains pleuraient-i. également d'appréhension. La crainte de l'inconnu...

Mais Jacob, lui, n'avait pas peur. Malgré ses larmes, il avait le cœur gonflé d'allégresse.

Il allait vers la Terre promise.

Il allait en Amérique!

3

Le cadre était d'une sublime beauté. Sous la lune, au milieu d'un parc de quatre-vingts hectares, se dressait le manoir géorgien construit au XVIIIe siècle, par Robert Adam pour le deuxième comte de Wexford. Sa façade classique, pierre et brique, était magnifiquement équilibrée avec une ornementation sobre et un fenêtrage élégant : l'architecte, par sa mesure, avait atteint à la noblesse. La demeure était entourée de jardins parmi les plus beaux d'Irlande, où, de plus, le cinquième comte, dans les années 1820, avait créé un lac artificiel.

La simplicité qui avait présidé à l'agencement extérieur de Wexford Hall s'était quelque peu relâchée dans la décoration intérieure, dont l'incroyable faste impressionnait les invités depuis deux siècles et, depuis peu, les touristes (car le manoir était aujourd'hui ouvert au public tous les jeudis). Soixante domestiques assuraient l'entretien des quatre-vingt-onze pièces, parmi lesquelles : une salle de bal; une galerie de tableaux de vingt-cinq mètres; la galerie de sculptures qui abritait les célèbres marbres de Barrymore; la salle à manger d'apparat; la salle à manger privée; la serre; le salon de musique; les salons vert, mauve et vermillon; la luxueuse chambre à coucher où avaient dormi la reine Victoria et le prince Albert en 1849; six autres suites somptueuses; enfin, la salle de bains romaine, célèbre dans le monde entier, que le quatrième comte — qu'on disait « fou » — avait fait installer. Sur les murs aux boiseries richement sculptées étaient accrochés les portraits majestueux de dix générations de Barrymore, hommes et femmes contemplant l'éternité avec la suprême fatuité de ceux qui possèdent, outre la fortune et l'éducation, une exceptionnelle beauté. Car Dieu, comme pour montrer à quel point Il peut être injuste quand Il le veut, non content d'avoir doté les Barrymore de presque quatre-vingt mille hectares des meilleures terres d'Irlande (un revenu annuel de trois cent mille livres en 1907), les avait gratifiés d'une séduction irrésistible, presque surnaturelle. Il y avait la troisième comtesse, Roxane, la plus belle femme de son époque, qui avait fait scandale en dilapidant au jeu la fortune d'un de ses maris, lord Dorrance, puis en s'enfuyant avec un garçon d'écurie peu après son mariage avec lord Wexford. Il y avait le sixième comte, Rodney, connu dans les années 1840 comme le Casanova de Londres. Celui-là avait chassé sans le moindre scrupule, durant la terrible famine de 1845, plus de sept cents de ses métayers, obligeant la moitié d'entre eux à émigrer en Amérique et réduisant l'autre moitié à la misère.

Il y avait aussi James Tyrone Andrew Strangeways Barrymore, neuvième et actuel comte de Wexford, qui, en cette nuit de mai 1907, batifolait avec l'une de ses femmes de chambre dans le lit où la reine Victoria avait dormi soixante ans auparavant. Agé de vingt-sept ans et diplômé d'Oxford, Jamie Barrymore était l'homme le plus riche d'Irlande; comme tous les Barrymore, c'était un don Juan de belle mine, lui aussi suprêmement indifférent au sort de ses métayers.

Pour le moment, il était en outre enrhumé.

— A tes souhaits! lui dit Maryanne, sa compagne, tandis qu'il se redressait pour éternuer. Si tu faisais chauffer cette maudite baraque, peut-être ne t'enrhumerais-tu pas.

— Pourquoi devrais-je chauffer cette « maudite baraque », puisque je n'y passe que deux semaines par an? renifla M. le comte en prenant son mouchoir sur la table de chevet. D'ailleurs, tu pourrais témoigner un peu plus de respect envers une maison qu'on a baptisée « l'un des trésors de l'Irlande ».

Maryanne se serra contre Jamie et prit son ton le plus enjôleur :

– Que feras-tu si j'attends un bébé ? Tu l'adopteras ?

– Bien sûr que non.

– Ah ! Jamie, comme tu peux être méchant ! Allons, avoue que tu m'aimes un peu ?

Jamie continua de moucher son nez aristocratique.

– Je suis fou de toi.

– Irais-tu jusqu'à divorcer pour épouser ta femme de chambre ?

– Ce n'est guère probable.

– Non, évidemment. Pourtant, qu'est-ce que j'aimerais être comtesse de Wexford ! Avoir des beaux vêtements, des bijoux... M'emmènerais-tu à la cour, Jamie, pour me présenter au roi ?

– Assurément. On t'engagerait peut-être. Il paraît qu'on manque de bonnes à Buckingham.

– Maudit snob !

Elle avait vingt-deux ans, une chevelure d'un roux flamboyant, une peau laiteuse et de magnifiques yeux bleu-vert.

– Tu me trouves très bien pour la bagatelle, reprit-elle, mais après, je redeviens Maryanne la femme de chambre... une quantité négligeable.

– Là, tu y vas un peu fort, renifla le comte en posant son mouchoir. Et la broche de corail que je t'ai offerte ?

Elle sourit et l'embrassa sur l'épaule.

– C'est vrai, chéri, et je l'adore. Bon, cessons de nous disputer. Je sais ce que nous allons faire pour ton rhume.

– Quoi donc ?

– Nous allons nous habiller et marcher jusqu'au lac. La nuit est superbe et il n'y a rien de tel que l'air printanier pour chasser les microbes. Ouste, debout !

Elle le pinça et bondit du lit.

Jamie Barrymore admira sa silhouette. Maryanne Flaherty était un peu trop... familière pour son goût, mais c'était indéniablement l'une des filles les plus appétissantes qui eût jamais travaillé à Wexford Hall.

Il en vint presque à regretter de devoir regagner Londres le lendemain. Seulement voilà : sa femme donnait un grand dîner en leur résidence de Wilton Crescent, avec le duc et la duchesse d'York comme invités d'honneur.

On pouvait difficilement snober des membres de la famille royale pour les beaux yeux d'une femme de chambre.

Denny Flynn ne pensait qu'à Maryanne Flaherty, mais il en était arrivé à la haïr. Dissimulé dans un sombre recoin du hall, au premier étage, le valet de pied – âgé de dix-sept ans – enrageait de penser que la splendide rouquine était dans le lit de M. le comte et non dans le sien à lui. Denny en avait pincé pour Maryanne dès l'instant où on l'avait engagée à Wexford Hall, quinze jours plus tôt, juste avant la visite annuelle de M. le comte. Naturellement, Maryanne n'avait pas de temps à consacrer à un vulgaire valet de pied : dix-sept ans, un nez retroussé et une figure constellée de taches de son. En revanche, il fallait voir comment elle s'était jetée à la tête de M. le comte! *C'est une honte, un scandale, que la première Irlandaise venue joue les traînées avec une sangsue comme le comte de Wexford! Lui qui pompe l'Irlande de ses richesses pour mener grand train à Londres avec ces pourris d'aristocrates anglais. Comment ose-t-elle? Et pendant ce temps, moi, Denny... Bah! Avant longtemps, je l'aurai dans mon lit et je lui offrirai tous les bijoux qu'elle voudra. Seigneur, il n'y a pas de justice en ce monde!*

La porte de la chambre s'ouvrit. Tapi dans l'obscurité, il vit Maryanne et M. le comte sortir sur le palier. Les poings serrés, le visage en sueur, il regarda les amants descendre le majestueux escalier, furieux d'entendre rire et jacasser Maryanne – cette salope! Traîtresse à sa patrie!

Denny s'approcha de l'escalier sur la pointe des pieds et les suivit des yeux. Il vit le comte ouvrir les doubles portes et sortir avec Maryanne dans la nuit claire.

Il descendit l'escalier quatre à quatre, entra en courant dans le salon vermillon et se posta devant l'une des hautes fenêtres. La pièce était plongée dans l'obscurité, mais le clair de lune éclaboussait les tapis et les pieds griffus des meubles dorés. Denny regarda les deux amants traverser le jardin en flânant et se diriger vers le lac. Poussé par la curiosité autant que par la jalousie, il décida de les suivre. Dissimulé derrière un buisson, il les vit s'enlacer quand, soudain, trois hommes masqués surgirent des gigantesques massifs de rhododendrons, que le comte « fou » avait fait planter pour célébrer la victoire de Waterloo. Il les vit se précipiter sur Jamie et l'assommer, tout en le maintenant pour empêcher qu'il ne tombât dans l'herbe. Denny Flynn se raidit. *Au nom du ciel, qui sont ces hommes? Des voleurs? Des ravisseurs? Des assassins? Non, non... Et Maryanne les connaît! Elle les aide! Que signifie tout ça?*

Doux Jésus : des Fenians (1) *!*

Suivis de Maryanne, les trois hommes masqués emportèrent à l'abri des rhododendrons James Tyrone Andrew Strangeways Barrymore, neuvième comte de Wexford.

Quelques instants plus tard, Denny Flynn entendit le claquement d'un fouet et le bruit d'une voiture à cheval. Puis il vit, sur la route du lac, le cabriolet qui prenait la direction de Wexford.

Tout excité, Denny Flynn regagna précipitamment Wexford Hall pour réveiller M. Palmier, le majordome de M. le comte.

Sur le quai de Queenstown, Bridget O'Donnell – accompagnée de sa sœur cadette, Georgiana – observait les deux policiers chargés de surveiller les émigrants irlandais qui embarquaient à bord du *Kronprinz Friedrich. Garde ton sang-froid*, se dit-elle. Ses cheveux

(1) Membres d'une société secrète révolutionnaire, fondée aux Etats-Unis en 1858, qui avait pour objectif d'obtenir l'indépendance irlandaise (*N.d.T.*).

avaient repris leur couleur châtain naturelle, et elle n'avait plus le maquillage outrancier qu'elle arborait pendant le séjour de deux semaines qu'elle avait fait à Wexford Hall. Elle portait un chapeau de paille et un manteau en laine pour se préserver du vent de l'Atlantique, qui rafraîchissait l'air – généralement doux – de ce port de la côte sud de l'Irlande. Les policiers n'avaient aucune raison d'établir un lien entre elle et la femme de chambre Maryanne Flaherty – bien que les journaux eussent publié son signalement. *Satané Denny Flynn* ! pensa-t-elle. Il avait tout raconté aux flics. Bah ! d'ici quelques minutes, elle aurait quitté pour toujours le sol irlandais et voguerait vers New York, un havre de sécurité. Les Fenians avaient tout prévu dans les moindres détails et, jusqu'à présent, le plan avait parfaitement fonctionné.

– Crois-tu qu'oncle Casey nous attendra à Ellis Island ? s'enquit Georgie.

A dix-neuf ans, Georgie avait une beauté plus délicate que sa sœur aînée. Elle avait les mêmes yeux bleu-vert, mais des cheveux blond pâle. A Dingle, leur ville natale, tout le monde disait que Bridget ressemblait à son défunt père – propriétaire d'un des rares taxis de la ville. Georgie, elle, tenait plutôt de sa mère, morte de tuberculose quatre mois auparavant. Bridget avait des formes pleines et généreuses; Georgie, quoique un peu plus grande et plus robuste, donnait une impression de fragilité.

– Pourquoi ne viendrait-il pas ? répondit Bridget.

Elle s'efforçait de dissimuler sa nervosité tandis que la file d'émigrants progressait lentement vers la passerelle. *Sainte Vierge, faites que ça avance plus vite* ! pria-t-elle.

– Pourquoi voyageons-nous en troisième classe ? dit Georgie, puisque l'oncle nous a envoyé de l'argent pour prendre des billets de deuxième.

– Georgie chérie, je t'ai dit que je lui avais écrit pour le prévenir que nous arrivions en troisième classe, pour faire des économies. Il aura tout le temps de recevoir ma lettre.

Mon Dieu, ce satané flic me regarde-t-il? (Elle résista à l'envie de tourner la tête.) *Détends-toi. La passerelle n'est plus qu'à trois mètres...*

La veille, les manchettes des journaux avaient proclamé dans toute l'Irlande et l'Angleterre :

LE COMTE DE WEXFORD ENLEVÉ!
A TITRE DE RANÇON, LES FENIANS EXIGENT
L'AUTONOMIE POUR L'IRLANDE!

Elle plaignait Jamie, et elle avait honte de sa propre conduite. D'accord, elle avait agi ainsi par patriotisme; n'empêche qu'elle s'était conduite en putain. Pire, elle y avait pris plaisir. Jamie s'était révélé un amant merveilleux. Ce snob insensible était aussi un superbe animal. Elle avait été tentée un moment de trahir les Fenians pour devenir la maîtresse officielle de Jamie. A cette seule pensée, elle avait envie de rentrer sous terre. Pourtant, c'eût été bien agréable...

En définitive, elle était restée fidèle à son pays, par respect pour la mémoire de son grand-père. Jamie était maintenant prisonnier dans une masure sordide, aux environs d'un village de l'Ouest nommé Ballinrobe. Il allait sans doute passer deux semaines désagréables, mais les Fenians avaient juré de ne pas lui faire de mal. Et Jamie, avec ses millions et son égoïsme, méritait bien, une fois dans sa vie, de subir quelques avanies.

– Tu es triste de quitter l'Irlande? demanda Georgie.

– Oui, bien sûr. Mais je suis impatiente d'arriver à New York. Ça va être excitant, Georgie, tu verras.

Douce, innocente Georgie... Il ne faut pas qu'elle apprenne mon aventure avec Jamie. Personne, dans la famille, ne doit jamais le savoir. J'emporterai ce maudit secret dans ma tombe... Dieu merci, voilà la passerelle! Enfin! Et les flics s'éloignent.

Tout en avançant, elle pensa à son grand-père. Sa mère, avant de mourir, lui avait raconté son histoire bien des fois : dans son enfance, à l'époque de la grande famine, ses parents avaient été chassés de leur maison par le régisseur du sixième comte de Wexford. Ils avaient cruellement souffert, au point que l'aïeul était mort de faim. La grand-mère, pour survivre, en avait été réduite à se nourrir d'herbes et de feuilles.

Oh oui ! Bridget avait un vieux compte à régler avec la famille Barrymore... Bien sûr, ces événements s'étaient produits bien avant sa naissance; mais le temps ne pouvait cicatriser une blessure aussi profonde. Jamie et les siens méritaient de souffrir à leur tour.

En outre, qui sait ? Nous y gagnerons peut-être l'autonomie.

– Adieu, l'Irlande ! dit Georgie en refoulant le chagrin qu'elle avait de quitter sa terre natale.

Arrivée à mi-hauteur de la passerelle, Bridget répéta en écho :

– Oui, adieu.

Adieu et bon débarras !

Accoudés au garde-corps du navire, les émigrants de Hambourg regardaient les Irlandais embarquer. A côté de Jacob Rubenstein, se tenait un jeune Italien qui était monté le matin même à bord du *Kronprinz Friedrich.* Ayant repéré les deux sœurs O'Donnell, il les montra du doigt à Jacob.

– *Bellissima,* non ? dit-il avec un grand sourire.

L'Italien portait un chapeau bosselé, une veste usée jusqu'à la trame, un pantalon crasseux et des chaussures éculées. C'était un paysan de dix-neuf ans, solidement charpenté, nommé Marco Santorelli. Il aurait eu grand besoin de se faire couper les cheveux et la barbe et de prendre un bain; cependant, avec sa tignasse de cheveux noirs et ses traits fins, c'était l'un des hommes les plus beaux que Jacob eût jamais vus.

Jacob regarda les sœurs O'Donnell et hocha la tête.

– *Bellissima, si.*

– Tou parles anglais ? demanda l'Italien.

– J'essaie.

– *Ecco* : j'ai oune livre, dit Marco avec fierté.

Il sortit de la poche de sa veste une grammaire anglaise en piteux état, qu'il montra à Jacob.

– Oune grande dame anglaise m'en a fait cadeau. Elle me donne des leçons. Je parle bon, non ?

Par politesse, Jacob s'abstint de répondre, mais il regarda le livre avec un vif intérêt.

– Quelle dame anglaise ? s'enquit-il.

– Mme Maud Charteris, la *famosa* actrice de théâtre de Londres. Elle a oune belle villa en Calabre, mon pays. J'étais son jardinier. Très important ! (Il grimaça un sourire.) Elle m'apprend l'anglais. Comment tou t'appelles ?

– Jacob Rubenstein.

– Je souis Marco Santorelli. Nous amis. Allons ensemble à New York et devenons riches. Pourquoi pas ?

Jacob serra en riant la main que lui tendait Marco.

– Oui, pourquoi pas ? Tu crois vraiment que nous deviendrons riches ?

Marco haussa les épaules.

– Qui sait ? Peut-être. Plous pauvres, c'est pas possible.

Les sœurs O'Donnell passèrent près d'eux; Marco les regarda se frayer un chemin vers l'arrière du bateau. *Quelle beauté, la blonde* ! pensa-t-il. *Elle me fait penser à un... un quoi ? Un lis, peut-être. Quelque chose de fragile et de fort en même temps.*

Georgie remarqua l'Italien déguenillé qui l'observait. Elle se borna à penser que c'était un garçon séduisant et probablement vicieux.

Georgie n'avait pas compris la décision de sa sœur aînée de partir pour l'Amérique; au début, elle s'était quelque peu rebellée contre cette idée. Néanmoins, après le départ de Queenstown, la fièvre de l'aventure commença à la gagner. Même la saleté des troisièmes classes ne parvint pas à refroidir son enthousiasme.

– J'ai lu qu'en Amérique il y a des montagnes plus hautes que les Alpes, déclara-t-elle à Bridget le premier jour de la traversée.

Accoudées à la rambarde, les deux jeunes filles contemplaient l'océan.

– Et ils ont un désert pire que le Sahara, ajouta-t-elle.

Elle s'interrompit pour se frotter les yeux. Bridget s'en aperçut.

– Georgie chérie, arrête de faire ça. Tes yeux sont tout rouges.

– Je sais, mais ils me démangent terriblement.

– Et les gouttes que je t'ai achetées ?

– J'en ai mis, mais ça ne paraît pas très efficace. A ton avis, c'est grand comment, l'Amérique ?

– Il paraît qu'il y a près de cinq mille kilomètres entre New York et la Californie.

Là-bas, pensa-t-elle, *je devrais être en sécurité.*

4

Marco se souvenait.

– Ne prononce pas « ou » pour « u », lui avait recommandé la signora anglaise. Ce sont les métèques qui parlent ainsi, et tu n'es pas un métèque. Tu es un Italien. Tu dois être fier de toi.

Marco se souvenait; mais, dans l'excitation de sa rencontre avec Jacob, il avait oublié. Allongé sur sa couchette supérieure, dans le compartiment nauséabond des troisièmes classes du *Kronprinz Friedrich*, il se rabroua intérieurement. *Pas « Je souis Marco Santorelli », mais « Je suis ». Je suis. Dio, que c'est compliqué ! Dio, ce que ça sent mauvais* !

Marco se souvenait d'autre chose encore : de la pauvreté, surtout. Durant ses dix-neuf années d'existence, il n'avait connu que la pauvreté, la pire : celle dont on ne sort pas. Sa famille louait une ferme minuscule du côté de Reggio de Calabre, une région montagneuse et torride, à l'extrême sud de l'Italie. La ferme appartenait au prince Di Luna, un riche propriétaire terrien dont la famille était venue d'Espagne à l'époque où la Calabre faisait partie du royaume des Deux-Siciles.

Marco n'avait jamais vu le prince Di Luna, qui passait la majeure partie de son temps à Londres et à Naples, mais l'intendant du prince n'oubliait jamais de collecter le loyer.

Le prince possédait également une ravissante villa au bord de la mer, la Villa d'Oro, qu'il louait à Mme Maud Charteris, la célèbre actrice anglaise. Mme Charteris, pour qui le prince était une relation mondaine, adorait se chauffer l'hiver au soleil du Mezzogiorno. C'était elle qui avait incité Marco à quitter l'Italie.

Marco était intelligent. Tout jeune, il avait supplié le curé du village, don Polizzi, de lui apprendre à lire et à écrire car il n'y avait pas la moindre école dans cette région misérable, et le brave homme avait accepté. Son instruction avait fait de Marco un garçon à part. Au début, ses parents, ses deux frères et ses trois sœurs avaient considéré ses efforts d'un œil soupçonneux. Mais, comme l'enfant ne cherchait aucunement à se soustraire aux pénibles corvées de la ferme, la méfiance de sa famille n'avait pas tardé à se muer en une sorte de fierté : après tout, Marco était peut-être celui qui irait le plus loin.

Sur ces entrefaites, deux ans auparavant, il avait entendu dire que *la Inglesa* cherchait un homme à tout faire pour la Villa d'Oro. Sentant confusément que la signora Charteris serait une relation utile, il posa sa candidature. A trente-sept ans, Maud Charteris n'était pas immunisée contre la beauté masculine; elle toisa de la tête aux pieds cet Adonis calabrais et l'engagea sur-le-champ.

Marco se rendait bien compte que l'intérêt de la belle actrice pour lui n'était pas totalement désintéressé. Fier de sa séduction, il se livrait parfois à des fanfaronnades de *maschio*. Cependant, quelles que fussent les arrière-pensées de Maud, elle ne lui fit jamais d'avances au cours de la première année; Marco non plus, naturellement. Elle avait des amants; la villa était souvent remplie d'invités, notamment de jeunes Londoniens languides que la star accueillait dans son lit. Mais Mme Charteris restait toujours très grande dame.

Pour autant que Marco pût en juger de son point de vue – limité – de jardinier, il n'y avait ni orgies ni beuveries. Seulement de longs déjeuners paresseux sur la terrasse surplombant la mer. Ou des bains de soleil sur la petite plage, au pied de la villa, mais sans rien d'inconvenant. (Marco, qui avait en permanence la peau tannée à force de travailler à la ferme sous l'éclatant soleil de Calabre, était fasciné de voir à quel point les Anglais à la peau laiteuse aimaient se faire rôtir.)

Un matin de février, alors que Marco déplaçait une lourde jardinière remplie de géraniums roses, sa patronne, sans lever les yeux de sa revue, lui dit dans son excellent italien :

– Aimerais-tu apprendre l'anglais, Marco ?

Le jeune homme posa son fardeau, redressa son dos musclé par le travail et regarda la séduisante actrice. C'était une journée chaude, sans nuages; Maud portait une capeline jaune, assortie à son ample robe en mousseline de soie. Elle avait des cheveux blond pâle, des traits et un teint délicieusement anglais, et, grâce à un régime draconien, elle était d'une minceur que Marco ne jugeait pas particulièrement attrayante. Marco, en bon paysan, aimait les femmes bien en chair. De son point de vue, la signora manquait de rondeurs.

– Je ne sais pas, signora, répondit-il. Je n'y ai jamais réfléchi.

– Cela pourrait te servir un jour. Tu m'as tout l'air d'un garçon ambitieux. Si tu connaissais l'anglais, tu arriverais peut-être à trouver un emploi dans l'un des hôtels touristiques du Nord. Les Anglais donnent des pourboires dérisoires, mais tu gagnerais quand même pas mal d'argent. Remarque, je n'ai aucune envie de perdre mon jardinier.

– La signora me proposerait-elle de m'apprendre l'anglais ?

– Je te propose, si ça t'intéresse, de t'acheter des livres d'anglais. Réfléchis à la question. Si tu as des muscles superbes, c'est parce que tu t'en sers. Pour le cerveau, c'est pareil; si tu ne le fais pas travailler, il ne se fortifiera pas.

Marco réfléchit à la question. Les motifs de la signora ne lui semblaient pas très clairs, mais il sentait que son cerveau avait effectivement besoin d'entraînement et que ça lui servirait toujours d'apprendre l'anglais. Dès le lendemain, il accepta la proposition. Maud lui acheta des grammaires anglaises à Reggio et Marco se mit à étudier la nuit, assis devant la cabane afin que la lueur de la lanterne ne réveillât pas la famille. Il trouva la langue anglaise difficile, comme il s'y attendait. Il persévéra; lorsque l'hiver suivant, la signora revint s'installer à la villa, Marco en savait assez pour soutenir une conversation avec elle.

L'actrice parut enchantée de ses progrès et lui proposa de lui donner des cours particuliers. Ce fut pendant une de ces séances sur la terrasse qu'elle lui recommanda de ne pas prononcer « ou » pour « u », s'il ne voulait pas avoir l'air d'un « métèque ». Presque chaque jour pendant deux mois, Marco passa un moment avec elle à travailler son anglais. Puis, fin février, au terme de la dernière séance sur la terrasse, il découvrit enfin le motif véritable de l'intérêt qu'elle lui portait.

– Comme tu le sais, Marco, dit-elle en italien, je retourne à Londres demain. (Elle sortit une cigarette de son étui en or; elle fumait trop.) M. Maugham m'a proposé le rôle principal de sa nouvelle pièce, *Lady Frederick*, qui raconte une liaison entre une femme mûre et un jeune garçon. (Elle eut un petit sourire et Marco se sentit mal à l'aise.) Bref, si la pièce est un succès, je la jouerai probablement en tournée – peut-être même à New York. Vois-tu, j'ai une maison aux environs de Londres, près de Cliveden. Naturellement, j'ai aussi un ravissant petit jardin; tu connais ma passion pour les fleurs. Evidemment, le climat de l'Angleterre n'a aucun rapport avec celui de la Calabre, mais j'admire tellement les prodiges que tu as réalisés ici, à la villa, que je te demande de m'accompagner en Angleterre et de continuer à travailler pour moi. Inutile de préciser que toutes tes dépenses seront à ma charge; je te donnerai cent livres par an, ce qui représente un bon salaire. Il y a près de la maison un charmant petit cottage qui sera à ta disposition. Et si tu apprenais à conduire, tu pourrais aussi être mon chauffeur. Je t'achèterais un bel uniforme. C'est important pour une actrice d'avoir un beau chauffeur. Cela fait jaser.

Nouveau sourire. Elle ouvrit son étui à cigarettes, reprit une Régie.

– Es-tu intéressé, Marco ?

Le jardinier l'observait.

– C'est pour ça que la signora voulait que j'apprenne l'anglais ?

– Peut-être.

– Excusez mon sans-gêne, signora, mais est-ce que j'aurais d'autres tâches, à part jardinier et chauffeur ?

Elle lui tendit son briquet en or et porta la Régie à ses lèvres.

– Peut-être.

Marco examina un instant le briquet – un bijou que son père n'aurait pu se payer avec ses gains de toute une année. Puis il se leva pour allumer la cigarette. Leurs regards se croisèrent à travers la fumée.

– Il faut que je réfléchisse, dit-il.

– A quoi veux-tu réfléchir ? Tu sais bien que tu n'as aucun avenir ici, en Calabre. Aucun. Oh ! maintenant que tu as appris des rudiments d'anglais – grâce à moi – tu arriveras peut-être à décrocher un emploi de serveur ou de groom. Mais il est probable que tu passeras le restant de tes jours à faire le même travail que ton père. J'ai l'impression que tu attends davantage de la vie. Ce « davantage », je te l'offre.

– La signora désire que je devienne son gigolo, dit-il d'une voix posée. Pas son amant; son gigolo. La signora est bien aimable, mais j'ai ma fierté. Je suis un homme, pas un gigolo.

Elle exhala un nuage de fumée.

– Je t'en supplie, épargne-moi ta morale assommante. Tu es très séduisant, Marco. La beauté n'est peut-être pas tout, mais elle est importante. Tu serais stupide de ne pas en profiter tant que tu le peux.

Marco se leva.

– Non, dit-il sèchement. Vous me dégoûtez.

Elle le toisa d'un œil glacial.

– Très bien. Tu es renvoyé.

– Pas du tout. C'est moi qui démissionne!

Elle éclata de rire.

– Quelle dignité! Et moi qui te croyais intelligent... Au fond, tu n'es qu'un stupide métèque.

Il la foudroya du regard, pivota sur ses talons et rentra chez lui.

Mais les paroles de Mme Charteris résonnaient encore dans ses oreilles : « Tu n'as aucun avenir ici. » « Stupide métèque. » *Aucun avenir ici. Aucun.*

C'est cette nuit-là qu'il décida de partir pour l'Amérique.

Mais maintenant qu'il était étendu sur sa couchette, dans l'entrepont malodorant du *Kronprinz Friedrich,* il se demandait si la signora n'avait pas eu raison de le traiter d'idiot.

Le statut de jardinier-chauffeur-gigolo d'une des plus grandes actrices londoniennes n'aurait peut-être pas été très reluisant, mais ç'aurait toujours été préférable à ce trou puant. Avait-on idée de refuser cent livres par an? Il ignorait quel était le taux de change, mais il savait que ça représentait beaucoup de lires. Et pour quoi faire, ce salaire? Pour jardiner – une activité qu'il aimait –, pour conduire une luxueuse voiture et pour faire l'amour avec une jolie femme!

Merde, Marco, tu es vraiment trop bête!

5

Le deuxième jour de la traversée, le *Kronprinz Friedrich* essuya une violente tempête dans l'Atlantique Nord. Des vents d'une force inouïe soulevaient des vagues gigantesques et, bien que ses deux cent quarante mètres en fissent le plus gros bâtiment de la *North German Lloyd,* le paquebot oscillait comme un jouet au gré des éléments déchaînés. Les émigrants étaient terrifiés. Ballotté par des lames géantes qui projetaient d'impressionnantes gerbes d'embruns, le bateau abordait lentement les vagues successives et se cabrait au sommet avant de retomber à une vitesse vertigineuse. A bord, tout tanguait, grinçait, gémissait. Entassés dans l'entrepont dépourvu d'aération, les émigrants pleuraient et criaient; beaucoup d'entre eux, pris de violentes nausées, se précipitaient vers les seaux mis à leur disposition par l'équipage allemand. Pour les deux cent vingt et un hommes serrés les uns contre les autres, l'âcre odeur de vomi rendait irrespirable l'air déjà vicié. L'estomac noué, Jacob Rubenstein se cramponna en gémissant à sa couchette, victime d'un horrible mal de mer.

– Va dehors, lui cria Marco de la couchette supérieure. Va à l'air! Mange dou poisson. Ils ont dou... *du* poisson dans le tonneau, à la porte. Bon pour *stomaco*.

– Du poisson? gémit Jacob.

A cette seule pensée, il se traîna jusqu'au seau, qu'il atteignit juste à temps pour vomir. Tandis que pour la énième fois le bateau piquait dans le vide, il se leva et marcha en zigzaguant vers la porte. Marco avait peut-être raison : l'air frais lui ferait du bien. Il ne se sentait pas capable de supporter plus longtemps cette puanteur.

Il se dirigea tant bien que mal vers le pont arrière – le seul qui fût offert aux passagers de troisième classe. A l'instant où il ouvrait la porte étanche, le bateau, heurté par une deuxième série de vagues, fit une violente embardée à bâbord et se mit à rouler aussi brutalement qu'il avait tangué jusqu'ici. Cramponné à la porte comme à une bouée de sauvetage, Jacob vit une énorme lame déferler sur le pont, manquant projeter par-dessus bord l'unique passager qui s'y trouvait. Jacob le vit s'accrocher désespérément à une marche, tandis que l'eau écumeuse s'abattait à ses pieds. Le paquebot, ébranlé, se redressa lentement sur tribord, puis reprit son mouvement d'ascenseur pour franchir la vague suivante.

Soulagé par l'air marin, Jacob, malgré le danger, sortit sur le pont en se tenant à la rambarde de la dunette.

C'était le milieu de l'après-midi, et des nuages tourbillonnaient dans le ciel d'un gris ardoise. Terrifié, le compagnon de Jacob – un jeune homme d'une vingtaine d'années – s'approcha vivement du jeune juif et agrippa le garde-corps. Il était tout petit, avec un visage quelconque et des cheveux noirs que l'eau avait plaqués sur son crâne. Sa veste et son pantalon de mauvaise qualité suffisaient à montrer qu'il s'agissait d'un passager de troisième classe.

Il s'adressa à Jacob en tchèque, langue suffisamment proche du russe pour que Jacob comprît à peu près ce qu'il disait.

– J'ai failli passer par-dessus bord !

– J'ai vu, répondit Jacob en russe. C'est dangereux ici.

– Je sais, mais c'est toujours mieux qu'à l'intérieur. Comment t'appelles-tu ?

– Jacob Rubenstein.

– Et moi, Tomas Banicek.

– Tu viens de Bohême ?

– Oui. D'un petit village, à trente verstes de Prague. Tu crois que ce bateau arrivera à New York ?

– S'il n'y arrive pas, nous n'aurons pas à nous inquiéter du passage à Ellis Island.

– Quelqu'un t'attend, là-bas ?

– Non. Et toi ?

Le petit Tchèque hocha la tête.

– Mon cousin. Il est à New York depuis six ans et travaille dans une boucherie. Il parle l'anglais, ce qui est une chance pour moi. A part « New York », « yes » et « no », je ne connais pas un seul mot. Si...

Avant qu'il eût pu finir sa phrase, le bateau plongea de l'avant une nouvelle fois, projetant une énorme gerbe d'eau qui s'abattit sur toute la superstructure. Tomas Banicek frissonna.

– J'ai peur, dit-il.

Jacob n'était pas plus rassuré.

En fait, il en était de même pour la totalité des quatre cent sept passagers de troisième classe du gros paquebot. Mais, après avoir fait rage pendant toute la nuit et une bonne partie du troisième jour de la traversée, la tempête commença à se calmer. Hommes, femmes et enfants – dans un triste état – entreprirent de nettoyer l'entrepont et de prendre quelque nourriture.

Le quatrième jour vit l'apparition du beau temps. L'océan ondulait doucement, et les passagers de troisième classe s'entassèrent sur le pont arrière pour profiter de l'éclaircie. Ils avaient quelque peu retrouvé le moral, mais la crainte subsistait malgré tout : ils redoutaient Ellis Island et ce qui les attendait en Amérique.

Les émigrants irlandais – telles les sœurs O'Donnell – avaient la chance de parler couramment l'anglais. Jacob et Marco en possédaient quelques rudiments grâce à des circonstances particulières. La plupart des autres ignoraient totalement la langue du pays dans lequel ils comptaient s'installer. Par ailleurs, si beaucoup d'entre eux s'étaient arrangés pour qu'un « garant » les attendît à Ellis Island et les guidât dans le Nouveau Monde, il y en avait d'autres – comme Jacob – qui ne connaissaient personne en Amérique; or la rumeur courait sur le bateau que, sans garant, un émigrant pouvait être refoulé. D'autres bruits circulaient, alimentés par l'ignorance et par l'appréhension. On disait que les examens médicaux étaient draconiens, qu'il suffisait d'un œil louche ou d'une verrue pour être rejeté. On chuchotait qu'on renvoyait en Europe ceux qui n'étaient pas capables de résoudre des problèmes mathématiques compliqués. On prétendait qu'il fallait graisser la patte des responsables pour obtenir un visa.

Quoique fausses, toutes ces rumeurs trouvaient un écho chez les passagers angoissés : le pouvoir de l'imagination peut se révéler redoutable. Certains émigrants avaient beau essayer d'égayer l'atmosphère en entonnant des chansons folkloriques ou en dansant sur le pont, la plupart demeuraient silencieux et mélancoliques.

L'Amérique était un rêve pour lequel ils avaient

accepté le déracinement. La pensée qu'un inspecteur mal disposé pût les réexpédier en Europe – toujours en troisième classe – les plongeait dans le désespoir. D'ici à deux jours, ils débarqueraient à Ellis Island; beaucoup considéraient ce moment fatidique comme s'il s'était agi d'un rendez-vous avec le bourreau.

Dans le luxueux salon du *Kronprinz Friedrich*, les cent soixante-quatre passagers de première classe prenaient le thé en écoutant l'orchestre jouer *Vilia*, de Franz Lehar. Adossé à la rambarde à côté de Marco, Jacob leva les yeux vers le pont promenade, d'où parvenait la mélodie; une femme élégamment vêtue observait les passagers de troisième classe. *Quelle jolie musique!* pensa-t-il. A Gorodna, Jacob n'avait évidemment pas même entendu parler de *La veuve joyeuse*, bien que l'opérette eût remporté un succès éclatant dans toutes les capitales d'Europe. *Et quelles toilettes magnifiques!* Le monde des riches, si proche de lui, brillait sans vergogne devant ses yeux, hors de portée. *Je suis capable d'écrire de la musique aussi jolie que celle-là*, se dit-il. *Un jour, je le prouverai. Un jour...* Il ne formula pas plus avant sa pensée, mais cette idée excitait son imagination.

Marco, lui, ne s'intéressait pas aux passagers de première classe. Il n'avait d'yeux que pour les sœurs O'Donnell.

– Allons leur parler, dit-il à Jacob en lui donnant un coup de coude.

Jacob s'arracha à sa rêverie.

– A qui?

– Les deux Irlandaises. C'est les plous belles... les *plus* belles filles sur bateau! Surtout la blonde.

Jacob regarda les deux sœurs qui, elles aussi, écoutaient *Vilia*. La ravissante mélodie tenait sous son charme tous les passagers de troisième classe.

Le pouvoir de la musique! songea Jacob.

Il ne se fit pas prier pour rejoindre les sœurs O'Donnell. Les deux garçons ne s'étaient pas rasés depuis le début de la tempête et leurs vêtements étaient maintenant crasseux. Ils se frayèrent un chemin à travers la foule vers Bridget et Georgie.

– Bonjour, dit Marco.

– Chut!

Bridget pointa l'index vers le salon d'où venait la musique. Marco attendit la fin du morceau; puis, comme l'orchestre attaquait un fox-trot, il fit une nouvelle tentative :

– Je m'appelle Marco Santorelli et mon ami est Jacob Rubenstein. Comment allez-vous?

Il ôta son chapeau bosselé, saisit la main de Bridget et la secoua si fort que les deux jeunes filles pouffèrent.

– Qu'y a-t-il de si drôle? dit-il, froissé.

– Rien, répondit Bridget en riant de plus belle.

Marco et Jacob échangèrent un regard perplexe. Puis Jacob se lança bravement :

– C'est quoi, votre nom?

Rires.

– Je suis Georgiana, et...

– Et moi, Bridget O'Donnell.

Les deux sœurs parvinrent à réprimer leur hilarité.

– Nous avons vu vous monter sur bateau à Queenstown, dit Marco. Très jolies Irlandaises. Très belles.

Bridget se remit à glousser, mais Georgie reprit son sérieux. Ces deux candidats-soupirants avaient peut-être l'air un peu ridicule dans leurs guenilles, mais ils étaient assurément séduisants. Surtout l'Italien! *Sainte Vierge! Quel beau garçon!*

Il y eut un silence embarrassé. Marco leva la tête vers le salon des premières classes, où quelques passagers dansaient. Puis il s'adressa à Georgie :

– Mon amie anglaise, Mme Charteris, la grande actrice du théâtre, elle m'a montré une danse appelée « pas de deux ». Vous savez quoi c'est?

– Vous connaissez Mme Charteris? s'exclama Bridget, incrédule.

Marco bomba le torse d'un air important.

– *Grande* amie. Elle m'a appris anglais!

Les deux sœurs échangèrent un coup d'œil qui signifiait qu'elles ne jugeaient pas le résultat très convaincant.

– Comment avez-vous connu Mme Charteris ?

Marco perdit un peu de sa superbe :

– J'étais son jardinier. (Il ajouta précipitamment :) Nous dansons, oui ?

– Mais je ne sais... commença Georgie.

– Pas moi non plus, l'interrompit Marco. (Il la saisit par la taille.) Mais nous apprenons... vite !

Il se mit à virevolter autour du pont avec sa partenaire. Les autres émigrants s'écartèrent vivement de leur chemin, ahuris – pour ne pas dire atterrés – de voir des passagers de troisième classe singer « ceux d'en haut ». Sidéré par l'aplomb de Marco, Jacob observa les évolutions maladroites des deux jeunes danseurs. A plusieurs reprises, Marco écrasa les pieds de Georgie, qui poussa un petit cri; chaque fois, Marco lançait d'un ton enjoué : « *Scusi ! Scusi !* » C'était drôle, mais c'était également merveilleux. Jacob se tourna vers Bridget, en faisant appel à ses rudiments de français pour tenter de l'impressionner un peu.

– *Voulez-vous danser ?* demanda-t-il en exécutant une courbette malhabile.

Bridget étouffa un rire :

– Pourquoi pas ? répondit-elle gaiement.

Ils s'élancèrent et se mirent à tournoyer en un joyeux pas de deux. Grâce à son sens inné du rythme, Jacob eut vite fait d'attraper la cadence.

Tom Banicek, qui observait la scène, se tourna vers sa voisine, une jeune Lituanienne potelée; il pointa l'index sur elle d'abord, puis sur lui. La fille rougit, cherchant des yeux l'assentiment de son imposante mère, debout à côté d'elle. Un froncement de sourcils désapprobateur lui signifia que sa requête était rejetée mais Tom prit la fille par la main et l'entraîna sur la piste de danse improvisée, où ils se mirent eux aussi à virevolter, indifférents aux cris indignés de la matrone. D'autres les imitèrent. Comme pour défier momentanément leur peur, les émigrants transformèrent le pont en salle de bal, oubliant pour un temps leurs soucis, donnant libre cours à leur gaieté naturelle.

Quelques passagers de première classe, apercevant en contrebas les danseurs en haillons, sortirent sur le pont promenade pour mieux les voir.

– A mon avis, ils s'essaient au pas de deux ! s'exclama une richissime douairière qui rentrait d'une tournée des antiquaires d'Europe centrale. Est-ce donc pittoresque !

– Je suis stupéfaite qu'ils sachent danser autre chose que la polka, déclara sa compagne, la princesse von Hohenlohe, une Allemande qui venait de Berlin pour aller voir son père – un magnat de l'acier – à Pittsburgh.

Les émigrants continuèrent de danser.

– Vous avez amis en Amérique ? demanda Jacob tout en sautillant autour du pont.

– Vous me serrez trop fort, dit Bridget.

Elle tira la langue à la princesse von Hohenlohe, qui prit un air offusqué.

– Excusez-moi, dit Jacob.

– Mon oncle Casey viendra nous attendre. Il est propriétaire d'une compagnie de poids lourds à Brooklyn.

– Brooklyn ?

– Un quartier. Quelque part aux environs de New York.

– C'est quoi, « poids lourd » ?

– Eh bien... une sorte de gros camion pour transporter des marchandises.

– C'est quoi, un « camion » ?

Vierge Marie, il est donc totalement ignare ?

– Ça ressemble à une grosse voiture. Savez-vous ce qu'est une voiture ?

– Oh oui ! (Jacob sourit avec fierté.) Votre oncle est riche, alors ?

– Non. Il est à l'aise, sans plus.

– Bon pour vous. Chance. Moi, je ne connais personne.

– Personne ?

— Seulement Marco. Et vous, maintenant.

De nouveau, il sourit.

Il est plutôt gentil, en vérité, pensa Bridget. *Mais ce qu'il sent mauvais !*

— Un jour, j'écrirai des chansons, déclara Jacob.

— Ah ? Vous êtes compositeur ?

— Pas encore... Un jour.

Un jour...

Bridget tira de nouveau la langue à la princesse von Hohenlohe.

Et ils continuèrent de danser.

6

La quatrième nuit, le bateau essuya une nouvelle tempête au large du cap Race. Quoique moins violente que la précédente, celle-ci fut pire pour les émigrants. En effet, le capitaine avait condamné toutes les portes pour empêcher les passagers de troisième classe de sortir sur le pont arrière. Les nausées reprirent de plus belle, et les seaux se remplirent rapidement. Le vacarme des machines toutes proches, ajouté au ballottement du navire, rendait le sommeil impossible. Comme les hommes ne disposaient que de quatre cabinets et salles de douche — situés à l'autre bout du paquebot —, seuls quelques-uns avaient pu se laver ou se changer depuis le départ de Queenstown; les autres étaient d'une saleté repoussante. En outre, la plupart d'entre eux, peu habitués au confort moderne, se soulageaient dans les seaux quand ce n'était pas dans leur pantalon, de sorte que l'odeur d'urine et d'excréments rendait l'atmosphère presque irrespirable. Marco ne souffrait pas du mal de mer, mais la puanteur le mettait au supplice. Jacob, lui, eut encore de violentes nausées au point de penser qu'il ne passerait pas la nuit. Tom Banicek rêva de sa petite ferme familiale, aux environs de Prague, et se demanda s'il n'aurait pas été mieux inspiré de rester en Bohême.

La nourriture de ces pauvres gens se composait

essentiellement de harengs. On en avait disposé plusieurs tonneaux devant la porte du compartiment en expliquant aux émigrants que c'était un excellent remède contre le mal de mer. Cédant aux injonctions répétées de Marco, Jacob consentit à en goûter un. Dès la première bouchée, il vomit sur sa couche.

Le souvenir du hareng devait le poursuivre toute sa vie.

Le sixième soir, la mer redevint calme. Accoudés au garde-corps, sur le pont arrière, Jacob et Marco regardaient défiler les lumières de Long Island.

– L'Amérique ! dit Marco d'une voix remplie d'admiration et d'étonnement. Je n'y croyais plus.

– Tu vas faire quoi ? demanda Jacob.

– Je ne sais pas. Il paraît qu'il y a du travail pour Italiens dans construction. Je prends peut-être emploi comme ça. Je souis... Je *suis* fort. Mais je voudrais utiliser mon cerveau. Je ne veux pas être un stupide métèque.

– C'est quoi, « métèque » ?

– Mme Charteris emploie ce mot. C'est un mot méchant pour « Italien ».

– Je parie qu'ils ont un mot méchant aussi pour « juif », dit Jacob.

Le regard fixé sur les lumières lointaines, Jacob enviait les gens qui vivaient dans ces maisons et qui étaient déjà, eux, des Américains.

– Qu'est-ce que tu vas faire ? s'enquit Marco.

– J'ai l'adresse éditeur de musique à Tin Pan Alley, une rue où on écrit chansons. Je vais le voir et je jouerai piano. Peut-être, il me donnera un emploi.

– Tu as la chance.

– Chance ? protesta Jacob.

– Nous bons amis, dit Marco. Tou veux qu'on reste ensemble pour s'aider ? Nous sommes seuls.

Jacob sourit. Il avait de plus en plus d'affection pour l'Italien.

– D'accord. Toi et moi, nous nous aiderons.

Ils se serrèrent la main. Marco éclata de rire et cria aux lumières distantes :

– Hé, l'Amérique ! Réveille-toi ! Marco et Jacob arrivent demain. On va envahir pays et devenir importants !

Ils éclatèrent de rire. Les lumières clignotèrent paresseusement.

L'Amérique ne répondait pas.

Le lendemain matin, une femme s'écria en grec :

– La voilà !

– Elle doit être immense ! s'écria la petite Lituanienne avec laquelle Tom Banicek avait dansé.

– Je n'ai jamais rien vu de plus grand, affirma un Hongrois.

Debout à l'avant du paquebot, ils contemplaient la statue de la Liberté. Le bateau avait jeté l'ancre dans la rade en attendant la levée de la mise en quarantaine. Pendant que des équipes médicales se livraient à des examens superficiels sur les passagers de première et seconde classes, en s'assurant qu'il n'y avait ni poux ni épidémies – risque peu probable sur un paquebot aussi réputé que le *Kronprinz Friedrich* –, les passagers de troisième classe n'avaient rien d'autre à faire qu'à attendre, bouche bée d'admiration devant New York.

Certains d'entre eux pleurèrent en voyant la statue de la Liberté.

Leur rêve devenait enfin réalité.

Le 23 mai 1907, peu après midi, le *Kronprinz Friedrich*, la quarantaine terminée, entra dans le port de New York. Deux heures plus tard, les passagers de première et de seconde classes commençaient à débarquer. Simultanément, l'un des officiers du bateau et trois membres de l'équipage se rendirent sur le pont arrière pour distribuer des cartes portant le numéro 12.

– Veuillez épingler ces cartes à vos vestes ! cria l'officier dans un mégaphone. (Il parlait en anglais, langue que les trois quarts de son auditoire ne comprenaient pas.) Vous resterez à bord cette nuit; demain matin, on vous emmènera à Ellis Island en bateau. Au centre d'accueil, vous resterez ensemble pour subir l'examen des inspecteurs. Vous garderez vos bagages avec vous.

Il répéta ses instructions en allemand. On ne l'en comprit qu'encore moins bien.

— Un instant ! cria Bridget. Pourquoi les passagers de première classe descendent-ils ?

— Ils ont déjà été examinés. Les voyageurs de troisième classe, eux, doivent passer par Ellis Island.

— Ça, pour une injustice !... (Indignée, Bridget se tourna vers sa sœur.) Qu'est-ce qu'ils croient ? Que nous avons des poux ?

— Beaucoup en ont, chuchota Georgie.

— Je reconnais que certains sont sales, mais quand même...

— Nous aurions dû voyager en deuxième classe. Oncle Casey nous avait envoyé...

— Oh, Georgie, tais-toi !

Bridget dut néanmoins admettre, en son for intérieur, que sa sœur cadette avait peut-être raison. Surtout avec cette chaleur... C'était un après-midi moite, étouffant.

A Dingle, pour peu que la température dépassât les vingt et un degrés, on n'hésitait pas à parler de canicule. Ici, le thermomètre indiquait trente degrés.

Le lendemain matin, à huit heures, une navette vint chercher les émigrants qui descendirent une échelle de coupée, leur carte épinglée au revers de leur veston, les bras chargés de sacs en lambeaux et de balluchons. Tom Banicek portait un drap dans lequel il avait enveloppé sa couette (les paysans d'Europe de l'Est semblaient particulièrement attachés à leurs couettes), une photo de sa famille, deux chemises propres et un crucifix que sa mère lui avait donné. Si Tom avait quitté la Bohême, c'était non seulement pour échapper à une vie misérable mais aussi pour se soustraire à la conscription. Dans l'armée de l'empire austro-hongrois, les simples soldats étaient traités comme des chiens; aussi les parents de Tom l'avaient-ils soutenu à fond quand il leur avait annoncé son intention de partir pour l'Amérique. Son cousin Vodya, emballeur de viande de son état, lui avait envoyé cinquante dollars en lui certifiant que, contrairement à la rumeur, il n'était pas obligatoire d'avoir vingt-cinq dollars pour obtenir un visa d'entrée, mais que le fait d'avoir de l'argent facilitait assurément les choses. Aussi, lorsque le petit Bohémien prit pied dans l'embarcation encombrée, il se dit qu'il avait toutes les chances de passer.

Jacob avait encore quarante dollars sur les cent que Roscoe avait collectés pour lui auprès des prostituées. Il avait beau être sans bagages, il se sentait, lui aussi, raisonnablement confiant.

Marco avait un paquet contenant la totalité de sa garde-robe (une chemise et trois paires de chaussettes), le chapelet de sa mère et un saucisson fumé à la ferme. Il possédait l'équivalent d'une quarantaine de dollars en lires : tout ce qui lui restait de l'argent qu'il avait gagné à travailler pour Maud Charteris; il ne doutait pas, lui non plus, d'être accueilli à bras ouverts par l'Amérique.

Une fois remplie, la navette traversa la baie en direction d'Ellis Island. Quelques minutes plus tard, les immigrants distinguèrent l'immense centre d'accueil hérissé de quatre tours; sur le côté, des bacs et des ferries étaient amarrés dans le bassin. C'était encore une journée humide, annonciatrice de grosse chaleur. Les quais de New Jersey frissonnaient dans le lointain.

Les immigrants se taisaient. Cette journée allait décider de leur vie.

DEUXIÈME PARTIE

LE NOUVEAU MONDE

7

Alignés par quatre sous l'auvent qui s'étirait depuis l'entrée du centre d'accueil jusqu'au débarcadère, les passagers du *Kronprinz Friedrich* profitaient de cet abri qui les protégeait du soleil brûlant. Un marchand de quatre-saisons, posté à proximité de la file, criait :

– Bananes ! Déjeuners pour vingt-cinq *cents* ! Un sandwich au jambon et une banane pour vingt-cinq *cents* !

– C'est quoi, « banane » ? demanda Jacob à Marco.

– Quoi ? Tu n'as jamais vu une banane ?

– Non.

– C'est un fruit. C'est bon. Tiens, je t'en achète une. Hé, vous ! Deux bananes. Vous acceptez les lires ?

Le marchand acceptait toutes les monnaies de la Terre.

La transaction accomplie, Marco tendit une banane à Jacob.

– C'est bon, sucré. Tu vas voir.

Les yeux ronds, Jacob examina le fruit inconnu. Il avait tellement faim que, sans laisser à Marco le temps de l'initier, il mordit dedans sans enlever la peau.

– Non, non, *cretino* ! Il faut éplucher d'abord. Comme ça.

Rouge d'embarras, Jacob recracha son morceau de banane et regarda comment s'y prenait Marco.

– C'était bon, dit-il lorsqu'il eut terminé. Merci.

Marco eut un sourire triomphant :

– Notre premier repas en Amérique !

Lentement, la queue avançait.

A l'intérieur du centre d'accueil, la longue file s'étirait dans l'escalier donnant accès au hall principal, une vaste salle de 60 m sur 30, et très haute de plafond, le principal centre d'enregistrement de l'île. Au rez-de-chaussée, se trouvaient le service des bagages, les guichets de vente des billets de chemin de fer, les stands d'alimentation et les bureaux de change. Les employés du service d'immigration, vêtus d'uniformes sombres, effrayaient certains immigrants qui les prenaient pour des militaires; la plupart des Européens considéraient les militaires – quels qu'ils fussent – comme des ennemis potentiels. Des infirmières et autres fonctionnaires allaient et venaient. C'était une journée chargée : on attendait plus de quatre mille personnes.

Au bout de deux heures d'insupportable ennui, Bridget et Georgie atteignirent enfin le pied de l'escalier. Elles entendirent alors des cris en provenance de l'étage.

– C'est l'examen des yeux, dit Georgie avec nervosité. Il paraît qu'on te retourne complètement la paupière avec un tire-bouton.

– Pour quoi faire, grands dieux ?

– Va savoir... Moi qui déteste qu'on me tripote les yeux !

– Allons, ce n'est certainement pas si terrible.

– Que tu dis !

Presque arrivés en haut de l'escalier, Jacob et Marco purent constater que l'énorme salle était bondée. On l'avait divisée en compartiments par des barreaux d'acier, pour canaliser les immigrants à travers le labyrinthe des divers services d'inspection. Deux médecins, postés sur le palier, les observaient au passage pour repérer les infirmes et ceux qu'il suffisait de regarder pour voir qu'ils étaient malades; ils traçaient une croix à la craie sur les vestes des personnes concernées, lesquelles devraient subir un examen plus poussé. Ce système, quelque peu cruel, était nécessaire du fait du grand nombre de candidats; un examen médical durait, en moyenne, moins de deux minutes. L'inconvénient avec cette méthode, c'est qu'elle dépendait jusqu'à un certain point de l'humeur des inspecteurs : un immigrant au dos voûté ou au visage niais pouvait être aussitôt rejeté pour tuberculose ou pour crétinisme. Quatre-vingts pour cent des immigrants franchirent le cap, ce qui prouve que les inspecteurs, d'une manière générale, faisaient preuve d'humanité. Mais les vingt pour cent de « recalés » retournaient en Europe pleins d'amertume à la pensée qu'on les avait peut-être refoulés parce qu'un des inspecteurs, ce jour-là, couvait un rhume ou s'était levé du pied gauche.

Une fois sur le palier, Marco se glissa dans l'une des files.

– Parlez-vous anglais ? interrogea le premier médecin.

– Oui.

– Ouvrez la bouche.

Marco s'exécuta. Le médecin lui examina les dents.

– Combien font deux et deux ?

– Quatre, répondit Marco.

– Avancez.

Ça, c'était facile, songea Marco en se dirigeant vers la deuxième équipe d'inspection.

– Vous parlez l'anglais ?

– Un peu, dit Jacob.

– Vous boitez légèrement. Vous avez quelque chose à la jambe ?

– Non.

Il se mit à transpirer. La blessure occasionnée par la balle du cosaque était cicatrisée depuis longtemps mais, de temps à autre, elle le taquinait un peu et lui faisait traîner la jambe. Il fallait justement que cela lui arrivât aujourd'hui !

Le médecin traça un signe sur sa veste.

– C'est quoi ? s'enquit Jacob.

– Il faudra examiner votre jambe. Combien font trois et trois ?

– Six. Mais ma jambe va bien !

– Il faudra l'examiner. Avancez.

– Mais ma...

– Avancez !

Jacob obéit, effondré. Etait-il possible qu'on le refoulât ? Il n'avait jamais été malade de sa vie – sauf sur le paquebot, à cause du mal de mer.

Seigneur, ils ne vont quand même pas me renvoyer en Russie ?

Vingt minutes plus tard, après avoir subi l'examen oculaire – effectivement douloureux –, Jacob fut expédié dans l'un des cabinets d'inspection, à l'autre bout du hall principal. Il passa devant une haute porte grillagée, derrière laquelle étaient parqués les immigrants qui, pour divers motifs, attendaient d'être expulsés. De nombreuses femmes pleuraient; ils avaient tous l'air si malheureux que le moral de Jacob baissa encore un peu plus.

Mon Dieu, faites que je ne sois pas expulsé ! Je vous en supplie !

Il entra dans une petite pièce immaculée, remplie d'instruments médicaux. Un jeune médecin blond, d'allure sympathique, regarda la marque à la craie sur la veste de Jacob.

– Je vais tout bien, déclara Jacob d'une voix tendue. Vous voyez ! Je suis bonne santé !

– Calmez-vous...

– Comment, calme ? Je veux pas retourner Russie. Ils me tueraient !

En voyant l'expression étonnée du médecin, Jacob se dit qu'il aurait mieux fait de se taire.

– Pourquoi ?

– Ils tuent *tous* juifs, dit-il vivement. Russes détestent juifs.

– Il paraît, en effet. Baissez votre pantalon, s'il vous plaît.

– Hein ?

– Votre pantalon. Baissez-le.

Nerveusement, Jacob obéit. Le médecin se pencha pour examiner la blessure de sa jambe.

– Qu'est-ce que c'est que ça ? dit-il.

– Un coup de fusil. Accident de chasse.

Le médecin lui lança un regard soupçonneux.

– De chasse ? Avez-vous été soigné par un médecin ?

– Non. Je veux dire, oui ! Ça va bien. Vrai. Pas de problème ! J'ai bonne santé, je ferai bon Américain.

Le médecin se redressa.

– Bon, remontez votre pantalon. Que s'est-il passé en réalité ?

Jacob se rhabilla vivement.

– Je dis vérité. Un accident de chasse en Russie. J'ai bonne santé. Regardez : bons muscles ! Fort ! Bonne santé ! Vous voyez ?

L'appréhension de Jacob était telle que le Dr Carl Travers faillit éclater de rire.

– Oui, dit-il, je pense en effet que vous êtes en bonne santé. Bienvenue en Amérique. Mais je vais d'abord vous faire épouiller. (Il traça un autre signe à la craie sur la veste de Jacob, puis indiqua la porte.) Retournez dans le hall principal.

Jacob le regarda, médusé.

– Alors, je... je passe ?

– Parfaitement. J'ai la curieuse impression que c'était vous le gibier de la chasse, mais vous passez.

Sur une pirouette, Jacob sortit de la pièce.

Georgie gémit en voyant le médecin approcher le tire-bouton de son œil droit.

– Détendez-vous, dit-il. Vous ne sentirez rien.

– Me détendre ? Alors que vous risquez de m'arracher l'œil ?

– Ça ne vous fera pas mal.

Elle se raidit. Le tire-bouton lui retourna complètement la paupière droite, puis la gauche. Elle ressentit une douleur atroce.

Puis ce fut terminé.

Le médecin inscrivit une croix sur la manche de la

veste de Georgie et lui indiqua la pièce d'où sortait Jacob.

– Il faut que vous voyiez le Dr Travers.

– Pourquoi ? Qu'est-ce qu'il y a ?

– Je crains que vous n'ayez un trachome.

Georgie se tourna vers Bridget, puis reporta son attention sur le médecin.

– Un trachome ? Qu'est-ce que c'est ?

– Le Dr Travers vous l'expliquera. Avancez, s'il vous plaît.

– Bridget, tu viens avec moi... ?

– Bien sûr, ma chérie. Ne t'inquiète donc pas.

– Avancez, je vous prie.

Cinq minutes plus tard, Carl Travers achevait son examen oculaire.

– Je crains d'avoir de mauvaises nouvelles pour vous, mademoiselle...

– O'Donnell. Georgiana O'Donnell. Qu'est-ce qu'un trachome, docteur ? Je n'ai jamais entendu ce mot-là.

– C'est une maladie de l'œil, une forme de conjonctivite. Si on ne la soigne pas, elle peut entraîner la cécité.

Georgie porta les mains à sa bouche.

– La cécité ? murmura-t-elle.

– Malheureusement, c'est l'une des maladies qui entraînent automatiquement un refus de visa. Vous ne pouvez pas entrer en Amérique.

– Seigneur... !

Elle éclata en sanglots. Bridget accourut auprès d'elle pour la réconforter.

– Ne t'en fais pas, Georgie chérie. Il doit y avoir une erreur. Ce soi-disant médecin n'y connaît manifestement rien. (Elle foudroya Travers du regard.) Espèce de brute ! Vous n'avez donc pas de cœur ? Ma sœur est complètement affolée, à présent.

– Je suis navré, mais...

– Vous racontez n'importe quoi. Un trachome ! A-t-on idée d'une pareille stupidité ? Georgie, mon petit, ne t'inquiète pas, nous te ferons passer...

– Je crains que non, mademoiselle, déclara le médecin. Le service d'immigration refuse l'entrée des Etats-Unis aux personnes atteintes d'un trachome.

– Elle n'est pas malade du tout. Ses yeux n'ont rien d'anormal.

– Si.

– C'est vous qui le dites ! Et les voyageurs de première classe, alors ? Ils ont bien été admis en Amérique, eux ! Vous n'allez pas me faire croire qu'aucun de ces grands bourgeois n'avait de... trachome, comme vous dites ! Je suis prête à parier que la moitié d'entre eux avaient la syphilis !

– On les a examinés pendant la quarantaine...

– Ben voyons ! Et vous allez peut-être m'affirmer qu'on leur a flanqué des tire-boutons dans l'œil ? Je ne suis pas née d'hier !

– Ecoutez, je comprends ce que vous ressentez, mais ça ne sert à rien de vous en prendre à moi. Votre sœur va devoir retourner en Irlande, que vous le vouliez ou non. Et elle devra rester ici, à Ellis Island, en attendant son rapatriement. Je regrette, mais c'est le règlement.

– Retourner en Irlande ? sanglota Georgie. Oh ! mon Dieu...

– Maudit salopard ! lança Bridget. (Elle embrassa Georgie sur la joue et lui chuchota à l'oreille :) Tout ira bien, ma chérie. Oncle Casey arrangera ça.

Tout en se dirigeant vers la porte pour faire signe à l'un des gardes du service d'immigration d'emmener Georgie, Carl Travers s'abandonna avec mauvaise conscience à la pensée qui venait de lui traverser l'esprit. Fils de pharmacien, Carl avait été élevé dans l'atmosphère d'une petite ville puritaine. Ses parents lui avaient inculqué de grands principes sur les vertus du travail et de la réussite. Ils lui avaient payé des études de médecine, et Carl les avait remboursés en travaillant sans relâche. C'était un bon médecin, qui ne cessait de progresser. Après seulement trois ans à Ellis Island, on parlait déjà de lui comme prochain médecin-chef. Populaire, honnête, beau garçon, Carl ressemblait au héros idéal d'un roman à quatre sous.

Mais il était affligé d'une sorte de tare : il n'arrêtait pas de penser aux femmes. New York, ville bourrée à craquer de tentations, fourmillait de « mangeuses d'hommes ». Carl évitait les prostituées de crainte d'attraper une maladie vénérienne – il était bien placé pour connaître les effets de la syphilis – et il n'était pas facile, même à New York, de trouver une femme saine, capable de satisfaire ses appétits sexuels. La vie privée de Carl n'était qu'une douloureuse frustration.

S'il plaignait Georgie O'Donnell de tout son cœur, il avait néanmoins éprouvé la délicieuse tentation de conclure un marché avec l'une des deux ravissantes sœurs : il « oublierait » de signaler le trachome si, en contrepartie...

Il fit signe au garde d'entrer dans son bureau, tout en pensant que si quelqu'un méritait l'expulsion, ce jour-là à Ellis Island, c'était bien lui.

8

A l'extrémité du hall principal, derrière une rangée de bureaux, étaient assis ceux que certains appelaient les « inspecteurs », d'autres les « commissaires ». Quel que fût leur titre, Marco savait qu'ils représentaient l'ultime obstacle à franchir. D'après les rumeurs plus ou moins confuses qu'il avait entendues à bord du *Kronprinz Friedrich*, l'immigrant se trouvait confronté à un cruel dilemme : s'il déclarait avoir un emploi en Amérique, on pouvait l'inscrire à la rubrique « travailleurs sous contrat » et le renvoyer en Europe une fois son travail terminé. S'il déclarait être sans travail, on risquait de le rejeter sous prétexte qu'il constituerait une charge pour la société.

Naturellement, le plus important était d'avoir un garant. Or Marco n'en avait pas.

Je n'ai qu'à mentir, se dit-il en regardant nerveusement l'inspecteur. *Maintenant que j'ai parcouru tout ce chemin, ils ne vont pas me rapatrier. Je vais mentir !*

– Votre nom ?
– Marco Santorelli.
– Vous comprenez l'anglais ?
– Oui, je suis très bon en anglais. Très bon.
– Avez-vous un garant ?
– Oui. Et un emploi.
– Qui est votre garant ?

Marco se redressa légèrement, comme pour donner plus d'importance à sa déclaration.

– La grande actrice anglaise : Mme Maud Charteris. J'étais son jardinier en Italie, et elle me promet un emploi de jardinier ici, en Amérique.

L'inspecteur eut l'air surpris.

– Vous avez travaillé pour Mme Charteris ?

– Oui. Comme jardinier. Très grande dame. *Famosa* actrice.

– Oui, assurément. Il se trouve que je l'ai vue jouer *Lady Macbeth*, il y a trois ans, à New York. C'est une actrice merveilleuse. Merveilleuse !

– Grande dame, répéta Marco d'un air supérieur.

Il tenait à bien montrer qu'il connaissait vraiment la star, afin de prendre l'avantage sur l'inspecteur. Celui-ci – manifestement passionné de théâtre – trouvait Marco infiniment plus intéressant que les milliers d'autres immigrants qu'il voyait défiler.

– D'après les journaux, dit-il, elle a remporté un énorme succès à Londres avec *Lady Frederick*, et il est possible qu'elle joue cette pièce en tournée aux Etats-Unis. Mais je ne savais pas qu'elle envisageait de s'installer en Amérique.

– S'installer ? répéta Marco sans comprendre.

– Vous dites qu'elle vous a engagé comme jardinier. J'en déduis qu'elle aura un jardin.

Marco perdit un peu de son assurance.

– Elle achète une grande ferme, répondit-il vivement.

– Où ça ?

Marco se balança d'un pied sur l'autre, mal à l'aise : il ne connaissait pratiquement rien à la géographie de l'Amérique.

— 5e Avenue ! lâcha-t-il d'une traite.

Il se rendit compte, à l'expression de l'inspecteur, qu'il eût été mieux inspiré de choisir un autre lieu.

— Une ferme sur la 5e Avenue ? Voilà un endroit intéressant pour faire du jardinage. Que compte-t-elle cultiver ? De la luzerne ?

— Des géraniums, répondit Marco avec trop d'empressement. La belle dame aime les géraniums. En Italie, j'ai planté des géraniums pour elle. Grands, magnifiques géraniums ! Même chose à New York.

Heureusement pour Marco, l'inspecteur était de joyeuse humeur. En outre, l'histoire de l'Italien l'amusait par son incongruité.

— Bienvenue en Amérique, dit-il sèchement en tamponnant les papiers de Marco. Et bonne chance pour votre ferme sur la 5e Avenue. Vous pouvez passer au service d'épouillage.

Sans le savoir, Marco avait été admis en Amérique sur un coup de tête, tout comme d'autres immigrants moins chanceux avaient été rejetés sur un caprice.

Quoique nécessaire, l'épouillage des immigrants était une opération avilissante. Entassés comme du bétail dans une petite pièce, Marco, Jacob et une douzaine d'autres hommes se déshabillèrent et remirent leurs guenilles à un employé qui entreprit de les asperger de désinfectant. Un autre employé aspergea de même les immigrants avant de les envoyer prendre une douche. Jacob, que les conditions d'insalubrité du voyage avaient révolté, fut tellement heureux de pouvoir se laver qu'il se formalisa à peine. D'ailleurs, il avait d'autres choses en tête. La perspective — pourtant bien mince — d'un emploi à Tin Pan Alley avait satisfait son inspecteur, le passionné de théâtre qui avait également contrôlé Marco. Les deux jeunes hommes avaient été acceptés. Une fois épouillés, douchés et habillés, ils descendirent au rez-de-chaussée pour retraverser la baie de Manhattan. Ils ne pouvaient penser qu'à une seule chose : ils avaient franchi les portes du paradis.

Vodya Banicek, vingt-huit ans, attendait son cousin « Tom Pouce » dans la grande salle du centre d'accueil, parmi plusieurs douzaines d'autres garants. Vodya avait de mauvaises nouvelles pour son cousin. Il décida de ne pas lui en parler tout de suite : Tom Pouce avait certainement eu un voyage pénible, et c'était sa première journée en Amérique. Qu'il ait au moins le temps de s'acclimater...

Vodya le vit descendre la rampe du hall principal, son balluchon sur l'épaule. Les gardes avaient demandé aux garants de ne pas se manifester tant que les immigrants ne les avaient pas identifiés. On voulait ainsi s'assurer que les immigrants ne se recommandaient pas de garants imaginaires. Vodya attendit que Tom eût montré ses papiers au garde, puis il leva la main pour attirer son attention.

Les deux cousins fendirent la foule et tombèrent dans les bras l'un de l'autre. Tom riait et pleurait en même temps.

– Bienvenue, bienvenue! ne cessait de répéter Vodya en tchèque.

– Que je suis heureux d'être ici! dit Tom. Quelle joie...

Ils allèrent ensemble prendre le ferry pour Manhattan.

En 1894, à l'âge de vingt et un ans, l'Irlandais Casey O'Donnell avait immigré à New York avec sa femme Kathleen. Grand, fort, beau et affable, il était entré dans la police et y était rapidement devenu populaire. Il connaissait quantité d'histoires cochonnes et tenait mieux l'alcool que la plupart de ses amis. Nullement décidé à rester flic jusqu'à la fin de ses jours, Casey s'était forgé dans la police une chaîne de contacts et d'amitiés qui pourraient, un jour, se révéler utiles. Comme beaucoup d'autres, il avait été fasciné par l'automobile, ce nouveau jouet des riches. Mais, surtout, il avait flairé les possibilités commerciales qu'offrait le camion. Avec les salaires de nombreux services rendus, Casey avait réuni, en 1905, assez d'argent pour acheter deux camions. Il se mit alors à transporter des poulets et diverses marchandises depuis les fermes de Long Island jusqu'à Manhattan. Malgré l'état déplorable des routes et les pannes fréquentes, il assurait un service beaucoup plus rapide que ses concurrents en voiture à cheval, si bien qu'il prospéra à une vitesse qu'il jugeait lui-même incroyable. En deux ans, il avait un parc de dix camions et réalisait des bénéfices exorbitants. Casey n'était plus un pauvre immigré mais un homme d'affaires américain prospère, membre influent du clan des Irlandais qui avait tant de pouvoir à New York. De tempérament cynique, Casey n'entretenait aucune illusion sur la façon dont la ville était « administrée ». Une douzaine d'hommes – pour la plupart inconnus du grand public – y contrôlaient tout; pour entreprendre quelque chose à New York, il fallait obligatoirement arriver à un compromis avec eux. Les réformateurs – qui, à la suite des scandales Tweed, tentaient depuis quarante ans de nettoyer la ville – appelaient cela de la corruption. Casey, lui, considérait cela comme le seul moyen de gérer une cité de la taille de New York.

En tout cas, si c'était de la corruption, Casey trouvait que la corruption avait du bon.

Pour le moment, il guettait l'apparition de ses deux nièces dans la salle d'attente d'Ellis Island, au milieu d'une foule de « pouilleux ». Il était de fort méchante humeur. Casey O'Donnell était un homme important. Voir ses satanées nièces passer par Ellis Island, comme de sales métèques ou de vulgaires Slovaques...!

Il aperçut alors Bridget, qu'il reconnut d'après la photo qu'elle lui avait envoyée. Il fut frappé tant de son étonnante beauté que de son air agité.

Elle le reconnut à son tour. Ce n'était guère difficile : vêtu d'un costume blanc, un panama sur la tête, il était tellement élégant qu'elle n'aurait pu manquer de le repérer au milieu de tous ces gens pauvrement vêtus. En outre, Casey O'Donnell ne passait pas inaperçu. Cet Irlandais de trente-sept ans, séduisant malgré ses vingt kilos de trop, se distinguait par ses cheveux roux, son visage rubicond et la grosse verrue qui déparait le côté gauche de son menton.

Dès que le garde eut vérifié ses papiers, Bridget se précipita vers son oncle.

– Dieu merci, vous êtes là, oncle Casey ! s'écria-t-elle sans lui laisser le temps de dire seulement bonjour. Ces maudits toubibs prétendent que Georgie a je ne sais quelle maladie et ils l'ont mise en quarantaine en attendant de la renvoyer en Irlande. C'est une histoire abracadabrante ! Il faut que vous fassiez quelque chose !

Son oncle battit des paupières.

– De quelle maladie s'agit-il ?

– Un trachome, quelque chose de ce genre. Le médecin affirme qu'elle va devenir aveugle, mais je n'en crois pas un mot.

– Un trachome ! s'écria Casey O'Donnell, Seigneur... Mais si vous aviez pris des secondes classes, comme je vous l'avais dit, au lieu de voyager avec les mendiants, vous seriez déjà à Brooklyn.

– Je le sais, et je suis entièrement responsable. Mais pouvez-vous faire quelque chose ?

Casey passa mentalement en revue ses nombreuses relations. Il ne connaissait personne au service d'immigration, mais Archie O'Malley – qui régnait sur les quais de la ville – y comptait certainement des amis; or, Archie était l'un des compagnons de beuverie de Casey, et l'avait même choisi comme parrain pour sa seconde fille, Maureen...

– Oui, je peux faire quelque chose, marmonna-t-il en prenant la valise de Bridget. Viens, nous allons à Brooklyn.

– Attendez ! Il faut que je prévienne Georgie, elle va s'inquiéter...

– Tu ne vas pas y retourner maintenant. Laisse-moi au moins le temps de prendre certaines dispositions.

– Mais...

– Veux-tu faire ce que je te dis ?

Bridget jugea préférable de ne pas pousser son oncle à bout. Il paraissait sur le point d'exploser.

Avec une docilité qui, eu égard à son tempérament, confinait à l'humilité, Bridget le suivit jusqu'au ferry.

Harry Epstein alluma une cigarette et parcourut Orchard Street du regard. En temps normal, on trouvait toujours Harry à Orchard Street vers cette heure-là. Certains de ses collègues se postaient aux alentours du débarcadère, mais Harry savait que les « bleus » – ainsi qu'on appelait dédaigneusement les nouveaux immigrants – voulaient d'abord visiter un peu la ville. Tout les étonnait : le métro aérien, le linge suspendu entre les immeubles lépreux, les milliers de piétons qui grouillaient dans les rues étouffantes du Lower East Side, les marchands ambulants, les gosses qui braillaient, les bouches d'incendie, les flics en patrouille. Une fois leur curiosité satisfaite – et seulement alors –, ils étaient mûrs pour Harry, qui n'avait plus qu'à les cueillir. Harry était lui-même fils d'immigrants juifs russes, mais il était né à New York. Il était américain, il parlait anglais et il savait se débrouiller. Harry ne voyait rien de mal à exploiter les bleus. Après tout, on avait bien exploité ses parents à leur arrivée à New York, en 1885. Les bleus étaient faits pour ça.

Ayant repéré deux jeunes hommes dans la foule, Harry se fraya un chemin vers eux. Ce n'était pas compliqué de reconnaître les bleus : ils avaient tous l'air décontenancé, perdu. Il aurait difficilement pu trouver mieux que ces deux blancs-becs.

– Bonjour, dit-il en portant un doigt à son chapeau de paille. *Dobry Dyen*, ajouta-t-il à l'intention du plus petit, qui avait l'air d'un Russe.

En revanche, il ne voyait pas très bien quelle pouvait être la nationalité de son compagnon.

– Je m'appelle Harry Epstein, reprit-il en yiddish, à tout hasard. Vous débarquez, messieurs ?

– Oui, répondit Jacob en anglais.

– Vous avez dû voyager à bord du *Kronprinz Friedrich* ? dit Harry dans la même langue.

S'ils connaissaient un peu d'anglais, ils ne seraient pas si faciles que cela à gruger.

– Vous cherchez une chambre ? demanda-t-il en leur emboîtant le pas. Et du travail ? Je peux vous trouver les deux. J'ai un logement très agréable à louer à Cherry Street, pas loin d'ici. Quelque chose de pas cher.

– Pas cher ? dit Jacob. Combien ?

– Trois dollars par semaine. Chacun. Vous ne dénicherez pas de meilleure occasion dans tout Manhattan. Vous voulez visiter ?

Jacob regarda Marco, qui haussa les épaules.

– Pourquoi pas ?

– Parfait. Ce monsieur vient de Russie, lui aussi ?

– D'Italie, rectifia Marco.

– Ah, *la bella Italia* ! Bienvenue en Amérique. Quel est votre nom ?

– Marco Santorelli.

– Vous m'avez l'air costaud, Marco. J'aurai sans doute du boulot pour vous. Deux dollars par jour pour travailler sur les quais. Ça vous intéresse ? Oui, et comment ! Vous voulez un emploi, pas vrai ? Vous voulez gagner de l'argent ? Vous avez de la chance d'être tombés sur Harry Epstein, messieurs. Je vais vous en trouver, moi, de l'argent !

D'une pichenette, il jeta sa cigarette dans le caniveau, un flot d'eau sale emporta le mégot, avec une enveloppe de cigare et une crotte de chien.

Les odeurs de la ville assaillirent leurs narines : ail, choucroute, hot dogs, crottin de cheval, gaufres, crêpes... Mais, lorsqu'ils gravirent, à la suite de Harry Epstein, l'escalier branlant d'un sordide immeuble de trois étages, ils sentirent un relent bien pire, nauséabond : celui de la saleté, de l'urine, de la pauvreté. Arrivés dans un couloir sombre et étroit, Marco et Jacob se regardèrent, atterrés, tandis que Harry poursuivait son joyeux baratin comme s'il leur faisait visiter le palais de Buckingham.

– Ce qui est agréable, messieurs, c'est que tous les locataires de cet immeuble sont des immigrants comme vous... Nous allons prendre cet escalier, par ici... Vous pouvez donc considérer cet endroit comme une sorte de club privé.

Il continua de les étourdir de paroles pendant qu'ils grimpaient les marches usées et passaient devant des murs au papier déchiré.

Au deuxième étage, Harry s'arrêta devant une porte entrouverte, à la peinture écaillée.

– Nous y voilà, messieurs, déclara-t-il avec un sourire. Vous êtes ici chez vous.

Il poussa le panneau branlant et, d'un geste large, embrassa la pièce sordide. C'était une cellule de trois mètres cinquante sur deux mètres cinquante. Elle était pourvue d'une haute fenêtre aux carreaux sales, qui donnait sur une étroite courette et qui, même en plein midi, ne dispensait qu'une faible lumière. Trois paires de lits superposés en fer constituaient l'unique mobilier. Deux d'entre eux étaient occupés par des hommes mal rasés et déguenillés, qui dévisagèrent les intrus d'un air hébété, en clignant des paupières.

Il régnait dans la pièce une chaleur et une puanteur suffocantes.

– C'est pire que la troisième classe! s'exclama Jacob.

Le sourire de Harry Epstein s'évanouit.

– Vous avez de quoi vous offrir le Waldorf? répliqua-t-il sèchement. Je demande quatre semaines de loyer d'avance. Et si vous prenez un emploi chez moi, je retiens votre première semaine de paie. A prendre ou à laisser.

Effarés, Jacob et Marco détaillèrent la chambre minuscule et ses deux occupants. Puis ils se regardèrent.

– Nous trouverons rien de mieux pour ce prix, dit Marco. Je pense que nous devrions prendre en attendant. Au moins, ça fait un toit.

Avec un soupir, Jacob porta la main à sa poche tandis que Marco sortait de son portefeuille les dollars qu'il avait échangés contre des lires à Ellis Island.

– Nous prenons, dit Jacob d'un ton amer.

Harry Epstein empocha l'argent.

– Il y a des cabinets dans l'arrière-cour, ajouta-t-il de bonne grâce.

Les conditions de vie qu'affrontaient Marco et Jacob n'étaient pas pires que celles de millions d'autres immigrants qui se répandaient dans New York et qui, pour la plupart, mettraient des années à se sortir de la misère. Marco, Jacob et leurs contemporains bénéficiaient même de certains avantages par rapport à leurs successeurs. Malgré de sévères crises cycliques, l'économie américaine était florissante; ceux qui voulaient du travail pouvaient en trouver – à de maigres salaires, il est vrai. En outre, même s'ils avaient lieu de se plaindre de leurs conditions d'existence, Marco et Jacob considéraient toujours l'Amérique comme une aventure passionnante : New York, ville de lumières et de liberté, représentait une nouveauté extraordinaire, pour des garçons habitués l'un au despotisme de la Russie tsariste, l'autre à la vie dure et misérable du Mezzogiorno. Plus important encore, ils avaient confiance en eux, sûrs qu'ils étaient de percer tôt ou tard et d'accomplir de grandes choses.

Cette attitude optimiste constituait le plus gros atout des deux jeunes gens.

Aussi, malgré une épouvantable nuit blanche dans l'immeuble infesté de cafards de Cherry Street, ils accueillirent le jour suivant avec excitation. Marco accompagna Harry Epstein sur les quais du West Side; Jacob, lui, prit le chemin de Tin Pan Alley, dans la ville haute.

A cette époque, le théâtre se trouvait en pleine mutation. Depuis l'ouverture, deux ans auparavant, de la prestigieuse « Times Tower », le quartier de Times Square était devenu fréquentable, et on construisait à tout-va de nouvelles salles sur la 42e Rue. Car le théâtre – encore indifférent aux balbutiements du cinéma – était à son apogée et présentait chaque année à un public insatiable des douzaines de mélodrames, d'opérettes, de revues, de comédies et de spectacles de music-hall. On allait applaudir les plus grandes stars :

Maxime Elliott, celle que le peintre Whistler avait surnommée la « Fille aux yeux de minuit »; Minnie Maddern Fiske, la comédienne qui avait popularisé Ibsen; Maud Adams, et l'incomparable Ethel Barrymore, dont des milliers de jeunes admiratrices s'efforçaient d'imiter la chaude voix de gorge.

L'industrie musicale – pour autant que le terme « industrie » pût s'appliquer à une entreprise aussi hasardeuse – avait suivi l'exode des salles de théâtre vers le haut de la ville. Ce matin-là, à dix heures, Jacob entra dans un vieil immeuble de deux étages, à l'angle de la 41ᵉ Rue et de la 8ᵉ Avenue. L'inscription : *Société d'Editions Musicales Shulman* s'étalait sur trois des fenêtres du premier étage.

Au fur et à mesure qu'il montait l'escalier en bois, Jacob entendit une véritable cacophonie; l'immeuble abritait six sociétés de musique et on jouait du piano partout en même temps. Sur le dernier palier, une porte en verre dépoli arborait la raison sociale de Shulman, assortie de cette modeste précision : *« Shulman publie les plus grandes chansons du monde »*. Avec sa chemise sans cravate et son costume râpé, Jacob n'avait pas grand-chose d'un dandy; néanmoins, compte tenu de ses maigres finances, il s'estimait aussi présentable que possible. L'immeuble de Cherry Street n'ayant pas l'eau courante, Marco et lui étaient allés se faire raser et couper les cheveux chez un barbier du quartier. Les doigts crispés sur la lettre de recommandation de Roscoe Haines, Jacob ouvrit la porte et entra. Une secrétaire-réceptionniste entre deux âges, assise derrière un bureau, lisait le *Saturday Evening Post* en croquant une pomme. Le bureau se trouvait derrière une balustrade en bois; à gauche s'ouvrait une autre porte en verre dépoli, à travers laquelle on entendait jouer du piano. Une demi-douzaine de chaises, plusieurs cendriers sales et un crachoir complétaient le mobilier; les murs étaient tapissés de jaquettes de partitions, sans doute celles des « grandes » chansons éditées par Abe Shulman.

Jacob s'approcha de la rampe. La secrétaire était

quelque peu moustachue, vêtue d'un corsage blanc à col montant – avec des auréoles sous les bras. Elle posa son magazine et leva les yeux.

– Oui ?

– Je voudrais voir M. Shulman. C'est Roscoe Haines qui m'envoie. J'ai une lettre...

Il tendit la missive. Ignorant son geste, la secrétaire mordit dans sa pomme.

– A quel sujet désirez-vous voir M. Shulman ?

– Je joue piano, j'écris grandes chansons. Roscoe Haines m'a dit...

Il s'interrompit, stupéfait, en entendant quelqu'un crier à tue-tête dans la pièce voisine. Sidéré, il observa la porte en verre dépoli; la secrétaire, manifestement habituée, continua de mastiquer.

– M. Shulman est très occupé. Il vous faudra prendre rendez-vous.

La voix avait atteint un volume impressionnant. Brusquement, la porte s'ouvrit et un gros homme écarlate, l'air terrorisé, sortit du bureau comme une flèche.

– Je vous ferai un procès! Vous m'avez volé cette mélodie! Si vous vendez cette chanson, je vous poursuivrai en justice! Vous ne trouverez plus jamais de travail dans le show-business! Sortez! Sortez!!!

Le gros visiteur ne se le fit pas dire deux fois : il traversa la salle d'attente au galop. Abe Shulman apparut à son tour en gesticulant, c'était un nain d'à peine un mètre vingt, vêtu d'un costume à carreaux criard. Il tenait un énorme cigare dans sa main droite, dont l'auriculaire s'ornait d'un gros diamant d'une valeur discutable. Foudroyant du regard l'adversaire en déroute, il décocha la flèche du Parthe :

– En plus, vous êtes *obèse*!

Sur le seuil, l'autre se retourna et lança par-dessus son épaule :

– Il ne faudrait pas vous prendre pour John Barrymore, *nabot*!

Avec un cri de rage, Abe Shulman saisit un presse-papiers sur le bureau de sa secrétaire et le jeta à la tête du fuyard qui se baissa et disparut.

Le projectile traversa avec fracas la porte dont la vitre dépolie vola en éclats.

La secrétaire mordit de nouveau dans sa pomme, sans manifester la moindre émotion; elle en avait vu d'autres.

– Si ce gros porc ose encore se montrer, cria Abe en décochant un regard noir à Jacob, appelez la fourrière! Qui c'est, ce cornichon?

– Mon nom est Jacob Rubenstein. Roscoe Haines m'a dit de venir vous voir...

– Roscoe Haines? Où as-tu bien pu le rencontrer? Ça fait deux ans qu'il a quitté le pays.

– A Hambourg, dans un bordel.

La réceptionniste s'étrangla.

– Roscoe Haines est un sale filou, déclara Abe d'un ton sec. Il me doit cinquante billets.

– Mais il a dit que vous m'écouteriez jouer piano...

– Je n'ai pas besoin de pianistes. (Abe tourna les talons et lança à sa secrétaire :) Rosie, mettez-moi en communication avec Harry Erlanger.

– Attendez! hurla Jacob.

Il franchit le portillon de la balustrade et s'élança derrière Shulman.

– Il faut m'écouter jouer. Il faut me donner travail!

Le petit Abe lui fit face, l'air menaçant :

– Des clous!

– Je joue bien ragtime, comme un Noir. J'écris belles chansons...

– J'ai pas de boulot pour toi! cria Abe. Et maintenant, fous-moi le camp!

Il regagna son bureau et claqua la porte derrière lui. Jacob se sentit désemparé : il s'était imaginé – à tort – que la lettre de Roscoe lui vaudrait au moins une audition. D'un seul coup, la colère le submergea. Indifférent aux protestations de Rosie, la réceptionniste, il força la porte du saint des saints et entra au pas de charge. C'était une petite pièce encombrée de partitions et de photographies de compositeurs. Il y avait aussi un vieux piano. A l'instant où Abe allait s'asseoir, Jacob le rattrapa d'un bond, le souleva de terre et le secoua avec fureur.

— Je suis venu en Amérique pour du travail! Il faut m'écouter jouer!

Sur ces mots bien sentis, il posa sans ménagements Abe sur le piano, s'installa lui-même sur le tabouret et se mit à interpréter diverses variations sur des airs de ragtime célèbres. Bouche bée, les yeux exorbités, Abe observait le jeune immigrant. Après avoir écouté un moment, il finit par retrouver l'usage de sa langue.

— Très bien! hurla-t-il pour couvrir la musique. Puisque tu veux du travail, je vais t'en donner!

Jacob s'arrêta de jouer.

— Où? demanda-t-il, ravi.

Abe tira de son portefeuille une carte sur laquelle il griffonna quelques mots.

— Mon cousin dirige le Half Moon Clam Bar, à Coney Island. (Il tendit le bristol à Jacob.) Remets-lui ça, il te donnera un emploi. Et maintenant, décampe!

Jacob examina la carte. Ce n'était pas ce qu'il avait souhaité, mais cela représentait toujours du travail. En outre, il sentait qu'Abe Shulman, sans qu'il en eût rien montré, avait été impressionné par ses talents de pianiste.

Casey O'Donnell entra dans le grand salon de sa maison de Brooklyn, où sa femme Kathleen l'attendait avec Bridget.

— C'est arrangé! annonça-t-il. J'ai soumis l'affaire à Archie O'Malley qui a réglé ça avec un membre du service d'immigration — il n'a pas voulu me dire qui. Nous allons renvoyer Georgie en Irlande, où elle changera de bateau pour revenir à New York en seconde classe. Elle n'aura aucun mal, en seconde, à franchir le barrage de la quarantaine; et, bien entendu, elle ne verra même pas Ellis Island. Elle devrait donc être là d'ici quelques semaines.

— Dieu merci, soupira Bridget. Quel soulagement!

— J'ajouterai, reprit son oncle en allumant un

cigare, que ceci ne serait pas arrivé si tu avais suivi mes instructions.

Kathleen, une belle femme aux cheveux gris qui prenait du poids encore plus vite que son mari, intervint :

– Bridget en est bien consciente. N'accable pas cette pauvre enfant; c'est sa première journée en Amérique, après tout...

– Je ne l'accable pas. Mais cette histoire me vaut beaucoup de tracas et de dépenses supplémentaires. Bridget, tu sais que ta tante Kathleen et moi-même, nous sommes plus qu'heureux de vous accueillir ici, Georgie et toi. Plus qu'heureux. Votre cher père était mon frère cadet, et je vous considère comme mes propres filles. Mais j'ai de lourdes responsabilités. Par conséquent, tant que vous serez sous mon toit, j'attends de vous une obéissance totale. Est-ce compris ?

Assise très droite sur le divan, Bridget leva le menton d'un air un peu provocant.

– C'est compris, oncle Casey. Et nous vous sommes reconnaissantes de tout ce que vous avez fait pour nous.

Casey s'installa dans un fauteuil bien rembourré. La maison, vaste et confortable, se trouvait dans un agréable quartier de Brooklyn, non loin de Prospect Park. Malheureusement, l'intérieur était hideux. Casey et Kathleen avaient de l'argent mais pas une once de goût : la pièce était meublée de fauteuils en chêne massif aux bras recouverts de cuir, de tapis aux teintes sombres, de vitrines remplies de bibelots aux couleurs affreuses, de lampadaires avec abat-jour à franges et d'illustrations de la Bible représentant un Jésus androgyne et larmoyant, d'une laideur à rendre athée le pape lui-même. Kathleen prisait fort l' « art » religieux. Elle ne manquait jamais une messe, et – contrairement à Casey – elle était très fière de leur fils unique, Thomas, qui était au séminaire.

– En ce qui concerne le trachome de Georgie, poursuivit Casey, Archie affirme que c'est sérieux. Mais nous avons à New York les meilleurs médecins du monde. Dès son retour, j'emmènerai Georgie chez un spécialiste des yeux. Il n'y a aucune raison de craindre pour sa vue.

— Voilà une nouvelle qui lui fera diantrement plaisir, déclara Bridget. La pauvre petite était terrifiée. Satané médecin ! Je me demande si je ne vais pas retourner à Ellis Island pour lui envoyer un bon coup de pied là où ça fait le plus mal.

— Bridget ! s'exclama Kathleen, qui commençait à s'apercevoir que l'éducation de sa nièce laissait à désirer.

— Il n'a fait que son boulot, dit Casey. Il s'appelle Carl Travers et, d'après Archie, il est très bien noté dans le service. J'ajouterai que nous devons une fière chandelle à Archie O'Malley. Il a un fils de ton âge, Sean, un jeune homme charmant qui fait son droit à Fordham. J'ai dit à Archie que mes deux nièces étaient d'une beauté presque indécente, et il en a pris note. Je ne serais donc pas surpris que Sean O'Malley vienne nous rendre visite un de ces jours. J'entends que tu te montres aimable avec lui, Bridget.

De nouveau, elle leva légèrement le menton.

— Je n'ai pas l'intention de lui cracher à la figure, rassurez-vous. Mais il paraît que l'Amérique est un pays moderne... J'espère que vous ne vous attendez pas à nous voir, Georgie ou moi, épouser le premier venu, pour la simple raison que son père est de vos amis ?

Silence. Casey tira longuement sur sa pipe.

— Tu as un doux visage mais la langue trop bien pendue, Bridget, dit-il enfin. Tout ira beaucoup mieux entre nous le jour où ta langue sera aussi douce que ton visage.

Bridget se retint de répliquer. Pour le moment, son oncle lui inspirait des sentiments partagés. Il se montrait un peu trop autoritaire à son goût, trop protecteur; mais Georgie allait guérir, et c'était le plus important pour l'instant.

— Serait-il possible d'avertir Georgie ? s'enquit-elle. Je sais ce qu'elle doit ressentir, toute seule là-bas...

Casey consulta sa montre de gousset en or.

— Il y a un ferry à quatre heures et demie, dit-il. Je

le prendrai pour aller la prévenir. Mais je ne veux pas que tu m'accompagnes. Il va falloir jouer serré. Si jamais tu rencontrais Travers, tu serais capable de tout flanquer par terre. Reste plutôt ici à défaire tes bagages.

– Ne sois pas si méchant avec cette petite, Casey, intervint Kathleen. Viens, ma chérie. (Elle se leva en souriant et tendit la main à Bridget.) Je vais te montrer ton domaine. J'ai fait mettre un nouveau papier dans ta chambre et dans celle de Georgie; j'espère de tout cœur qu'il vous plaira. Le motif représente des trèfles et des roses enchevêtrés. J'ai pensé que cela vous rappellerait le pays.

– C'est une charmante idée, tante Kathleen, dit Bridget, hypocrite.

– Au fait, comment trouves-tu notre maison? Nous nous sommes beaucoup amusés à la décorer, ton oncle et moi. Evidemment, Casey s'est plaint des factures, mais il faut toujours qu'il grogne... Nous avons pris les plus beaux meubles de chez Sloane; d'une solidité à toute épreuve... J'espère que tu les apprécieras autant que nous.

Bridget embrassa sa tante. Kathleen n'avait certes pas beaucoup de goût, mais c'était une femme de cœur, et Bridget commençait déjà à l'aimer.

– J'en suis sûre, répondit-elle. Et puis, c'est tellement impressionnant d'être à Brooklyn! Rendez-vous compte, je ne savais même pas que Brooklyn faisait partie de New York! Je pensais que c'était un autre Etat ou...

Elle s'interrompit, le regard fixé sur la manchette du journal posé sur la table, près du fauteuil de son oncle. *Jamie! Seigneur Jésus, Jamie! Ils m'avaient pourtant juré de ne pas lui faire de mal...*

– Ça ne va pas? s'enquit Kathleen.

A grand-peine, Bridget détourna les yeux du gros titre. *Sois naturelle!* se dit-elle. *Ne leur montre pas...*

– Oh! ce n'est rien. (Elle se força à sourire.) Rien du tout.

Sa tante la prit par la main et l'entraîna vers le vestibule, tout en parlant de la maison et de la vie à Brooklyn. Bridget faisait semblant d'écouter, mais elle ne pouvait penser qu'à l'incroyable manchette :

LES FENIANS ASSASSINENT UN ARISTOCRATE IRLANDAIS ! LE COMTE DE WEXFORD RETROUVÉ MORT, UNE BALLE DANS LA TÊTE !

– Et tu adoreras le père Flynn, disait Kathleen tandis qu'elles montaient l'escalier. C'est le curé de notre paroisse. Un jeune homme absolument charmant ! Tout le monde l'aime à Saint-Joseph. Il fait actuellement une quête pour remplacer l'un des vitraux; ton oncle et moi avons donné cent dollars.

Bridget était loin de penser aux vitraux. Elle se remémorait les baisers enflammés de Jamie, le contact de son corps chaud... Ce n'était plus qu'un cadavre sur lequel, sans doute, la putréfaction avait déjà fait son œuvre.

– Tout va bien, ma chérie, c'est vrai ? s'enquit sa tante en s'arrêtant sur le palier pour la dévisager.

Bridget se contraignit de nouveau à sourire.

– Très bien, je vous assure.

En vérité, elle éprouvait un tel choc, une telle horreur, qu'elle en était physiquement malade.

Trempé de sueur, Marco poussait une brouette remplie de pierres le long de la rampe en bois qui menait à l'échafaudage où Luigi Gammi, le maçon grincheux, travaillait à la façade d'un nouvel immeuble de bureaux. Le soleil implacable faisait perler de grosses gouttes dans ses cheveux noirs et il avait dû nouer un mouchoir autour de son front pour empêcher la sueur de couler dans ses yeux.

Dio ! pensait-il. *C'est pire qu'en Calabre, pire qu'à la ferme...*

Arrivé au pied de l'échafaudage, il entreprit de décharger la brouette, pierre par pierre.

– Pourquoi n'achètent-ils pas une poulie ? demanda-t-il en italien au maçon.

Luigi Gammi travaillait vite et parlait peu.

– Parce que tu leur reviens moins cher.

Cette réponse fit réfléchir Marco. C'était sa première journée de travail sur le chantier; son précédent job, sur les quais, n'avait pas duré longtemps. Au bout de deux semaines, il s'était battu avec l'un des dockers qui l'avait traité de métèque. Marco avait gagné le combat mais perdu son emploi.

— Remue-toi, grogna Gammi.

C'est de l'esclavage pur et simple! Pire qu'en Calabre... Pourquoi a-t-il fallu que je vienne dans ce pays pourri?

Les muscles endoloris, il redescendit la rampe pour aller recharger sa brouette. *Si moi, Marco Santorelli, je vaux moins cher qu'une poulie, c'est que quelque chose ne va pas chez Marco Santorelli.*

Il faut que je m'en sorte, pensa-t-il avec désespoir. *Il le faut!*

Le Dr Owen Titus Moore examina l'œil larmoyant, injecté de sang, et constata que la cornée était atteinte.

— La lumière vous fait-elle mal aux yeux? demanda-t-il à Georgie O'Donnell.

La blonde Irlandaise tremblait. Depuis deux semaines qu'elle se savait atteinte d'un trachome, l'expression « peur aveugle » avait pris pour elle tout son sens.

— Oui, répondit-elle. Je suis obligée de mettre des lunettes teintées. Et mes yeux n'arrêtent pas de couler.

— C'est que la bactérie a infecté vos canaux lacrymaux.

— Qu'est-ce qu'une bactérie? Un microbe?

— C'est cela. Le trachome est une conjonctivite extrêmement infectieuse.

A présent, elle savait à quoi s'en tenir. Le trajet d'Ellis Island jusqu'en Irlande, puis le retour à New York en seconde classe avaient été un véritable cauchemar. L'état de ses yeux avait rapidement empiré. Grâce à son oncle, elle se trouvait depuis la veille en Amérique, et c'était un soulagement; mais en cet instant elle dut rassembler tout son courage pour poser au médecin la question qui la hantait depuis cette terrible matinée au centre d'accueil :

— Docteur, dit-elle d'une voix sourde, est-ce que je vais devenir aveugle ?

Le Dr Moore était un gros homme bienveillant. Mais il savait que les pieux mensonges ne faisaient que provoquer par la suite un désespoir encore plus grand.

— Je voudrais pouvoir vous dire que vous guérirez, mais c'est impossible. Le mal est trop avancé, mademoiselle O'Donnell. Vos cornées ont déjà subi des dommages.

— C'est donc oui ? dit-elle dans un souffle.

— Oui. Nous ne pouvons rien faire pour sauver votre vue.

Aveugle ! Ne plus jamais voir le soleil, les fleurs du printemps, les feuilles mortes de l'automne, le visage de Bridget... Passer sa vie avec une canne blanche, se mouvoir à tâtons dans des pièces familières sans oser pénétrer dans les lieux inconnus... Ne plus pouvoir jamais lire un livre ou un journal...

La panique qui montait en elle se transforma en hystérie lorsqu'elle comprit qu'on venait de la condamner à une vie de ténèbres.

9

Jacob poussa la porte des cuisines du *Half Moon Clam Bar*, à Coney Island, un plateau en équilibre sur son épaule. C'était le deuxième mercredi de septembre 1909; à huit heures et demie du soir, il faisait encore chaud. Coney Island n'avait pas désempli de la journée, et le *Half Moon* faisait d'excellentes affaires; toutes les tables étaient occupées. La grande salle au plafond voûté s'ouvrait sur la plage, et une légère brise marine brassait l'air enfumé. La clientèle était bien habillée, car Coney Island demeurait un endroit à la mode sans être excentrique; en outre, les fruits de mer et les frites succulentes du *Half Moon* assuraient à l'établissement une clientèle huppée aussi bien qu'une autre plus modeste.

– Hé, Rubenstein! dit le patron, Saul Shulman, en faisant signe à Jacob d'approcher.

– Oui, monsieur?

– Mon cousin est à la table douze. Il voudrait que tu le serves. Avec toi pas de pourboire, hein?

Charmant! se dit Jacob. Il se hâta vers la table six, tout en jetant un regard en coin vers la douze où Abe Shulman, accompagné de deux danseuses et d'un mince jeune homme, savourait une bouteille de vin du Rhin, gracieusement offerte par Saul. Il servit son potage aux praires, et se fraya un chemin vers la table douze. Il était serveur depuis maintenant plus de deux ans. L'été, il travaillait au *Half Moon*; le restant de l'année, il trimait dans un autre restaurant que Saul Shulman possédait à Manhattan. Le salaire était maigre et le service épuisant, mais les pourboires compensaient un peu. Par ailleurs, Jacob n'était plus un étranger égaré dans un pays inconnu. Il était capable de s'orienter dans New York et, si son anglais laissait encore beaucoup à désirer, il pouvait au moins parler et comprendre suffisamment la langue pour se débrouiller dans la plupart des situations de la vie quotidienne. Il tirait grande fierté de ses progrès constants; il lui arrivait même, parfois, de rêver en anglais.

– Bonsoir, monsieur Shulman, dit-il.

Vêtu d'un costume blanc qui le rendait ridicule, Abe leva la tête.

– Voilà le cornichon! C'est le gars dont je t'ai parlé, dit-il au jeune homme assis en face de lui. Il est en Amérique depuis deux ans et il écrit des chansons pour moi. Les mélodies ne sont pas mauvaises, mais les paroles... pardon! Il fait rimer « cœur » avec « bétonnière » et « autre » avec « penaude »... Tu vois le genre! (Le nain s'esclaffait.) Ce cornichon s'imagine que « cœur » se prononce « quère »!

Il s'étouffa avec la fumée de son cigare et ses gloussements se muèrent en une quinte de toux. Jacob sentit la moutarde lui monter au nez.

– Les paroles sont bonnes! s'exclama-t-il. Et mon anglais est bien meilleur.

Abe haussa les épaules.

– Il s'améliore, je le reconnais, mais il n'en demeure pas moins exécrable. Tu as quelque chose, petit, mais ce n'est pas encore le talent ! Al, je te présente Jacob Rubenstein, le nouveau Harry von Tilzer – à l'en croire. Jacob, voici Al Jolson. C'est un chanteur qui a du style... ce dont tu aurais bien besoin.

Le mot « chanteur » éveilla instantanément l'attention de Jacob. Il contourna précipitamment la table pour serrer la main de Jolson.

– Il faut que vous écoutiez une de mes chansons un de ces jours, monsieur Jilson.

– Jolson, cornichon, gronda Abe. Il faut avouer que ce gosse a de la suite dans les idées.

Al Jolson examina le jeune serveur. Jolson n'était pas encore une star, mais il comptait se lancer à la conquête de New York; dans ce but, il faisait déjà paraître des annonces dans les journaux spécialisés afin d'attirer l'attention des imprésarios new-yorkais : « Me voilà, les gars ! J'arrive dans l'Est ! Signé, Al Jolson. »

– J'adorerais entendre une chanson où le mot « cœur » rime avec « bétonnière », dit-il.

– C'est *Aucune autre qu'Elsie*, dit Jacob. Ma meilleure chanson. Vous devriez vraiment l'éditer, monsieur Shulman.

– C'est une chanson débile, mais chante-la quand même. Al a besoin de rigoler. Ensuite, tu nous apporteras les menus. Je meurs de faim.

– Chanter ici ?

– Pourquoi pas ? Il y a un piano dans le coin. Si mon cousin se plaint, envoie-le sur les roses.

Soudain, Jacob comprit que c'était là une façon détournée – bien dans la manière d'Abe Shulman – de lui faire passer une audition devant Jolson. Depuis presque un an, Jacob soumettait ses œuvres à Shulman – des chansons qu'il composait la nuit sur le piano désaccordé du *Half Moon*, après la fermeture du restaurant, en écrivant sur du papier à musique qu'il achetait avec ses pourboires – mais le nain, jusqu'à présent, s'était contenté de ridiculiser ses essais. Apparemment, Abe devait quand même trouver des qualités à ses chansons, puisqu'il avait amené Jolson pour lui en faire écouter une. Et s'il se moquait ainsi de lui, c'était pour assurer ses arrières au cas où Jolson ne serait pas impressionné.

Jolson, qui ne manquait jamais une occasion de se faire de la publicité, se leva et annonça d'une voix claironnante :

– Mesdames et messieurs, je m'appelle Al Jolson – Al Jolson – et je suis chanteur. Je voudrais vous présenter un des serveurs de l'établissement, un génie de la musique. Etes-vous prêts à l'écouter ?

Il attendit que cessât le bourdonnement des conversations. Les dîneurs tournèrent la tête pour voir ce qui se passait.

– Quel est votre nom ? chuchota-t-il à Jacob.

– Jacob Rubenstein.

– Il s'appelle Jacob Rubenstein, c'est un Américain de fraîche date et il a écrit une superbe chanson intitulée *Où es-tu, Elsie ?*

– Non, non : *Aucune autre qu'Elsie.*

– Pardon, *Aucune autre qu'Elsie*... Allez, on encourage l'artiste !

Il se mit à applaudir, imité sans enthousiasme par les clients. Terrorisé, Jacob traversa rapidement la vaste salle. *Seigneur, Seigneur, ils vont détester... J'ai une voix atroce... Oh ! mon Dieu, que vais-je faire ?*

Il leva le couvercle du piano, s'assit sur le tabouret et plaqua nerveusement un accord.

Silence poli.

Sur un air très syncopé, il entonna :

Ma petite shiksa *est mignonne comme un cœur.*
Elle est belle comme un tableau
Et douce comme un agneau.
N'empêche que mon cœur bat comme une bétonnière
Car j'ai l'impression qu'Elsie
S'est trouvé un p'tit ami.
Eh oui !

Aucune autre qu'Elsie ne compte pour moi,
Seulement voilà : Elsie en aime un autre.
Je voudrais que vous voyiez sa mine penaude
Dès que je lui parle de bague au doigt.
Elle a un nouveau Jules – oy !
Qu'elle va retrouver en douce.
Si jamais je rencontre ce pignouf,
Je lui colle mon poing dans l'œil !
Ça oui !
Aucune autre qu'Elsie ne compte pour moi,
Mais Elsie a un boy-friend
(Peut-être même un goy (1)*-friend)*
Oui, mon Elsie en aime un autre !

Il termina par un ample geste du bras et se raidit, attendant la réaction.

Silence. Quelques ricanements étouffés. Quelques murmures : « Avez-vous entendu cet accent ? » « Que signifie *shiksa* ? » « C'est un terme yiddish, ma chère ». A part les applaudissements d'une table de juifs, Jacob ne recueillit qu'une indifférence ironique. Les dîneurs poursuivirent leur repas, les conversations reprirent et Jacob, toujours assis au piano, sentit son cœur chavirer.

Il se leva en s'efforçant de prendre un air dégagé, mais l'accueil glacial réservé à sa chanson le blessait au plus profond de lui-même. Le rêve de devenir auteur-compositeur l'avait soutenu pendant deux années de misère. On venait de lui donner sa chance, et rien ne s'était produit.

– Qu'est-ce que ça veut dire ? gronda Saul Shulman, qui accourait du bar. Tu es serveur, pas artiste de music-hall !

– Votre cousin m'a demandé de chanter, monsieur Shulman...

– C'est à moi qu'appartient cet établissement, pas à

(1) Goy : Nom donné par les israélites aux personnes étrangères à leur culte (*N.d.T.*).

mon cousin! Je lui donne du vin gratis et un tiers des bénéfices... que veut-il de plus? Retourne à ton travail.

— Oui, monsieur.

Il prit plusieurs menus, qu'il apporta à la table douze. Il les distribua en silence, sans quitter des yeux Abe et Al Jolson pour tenter de déchiffrer leur expression.

— Qu'est-ce que tu nous conseilles, cornichon? s'enquit Abe en examinant la carte. La dernière fois, on m'a servi une huître pourrie.

La superbe blonde assise à sa droite gloussa :

— Cette fois, tu as eu droit à une chanson pourrie.

Abe fixa sur elle un regard glacial.

— Depuis quand es-tu critique musical?

— Voyons, dit-elle, c'était complètement nul!

Elle entonna le premier vers, en singeant cruellement l'accent de Jacob et en roulant les yeux :

— Ma petite *shiksa* est mignonne comme un cœur...

C'est alors que Jolson se fit de Jacob un admirateur pour la vie!

— Je trouve que c'est un bon début pour une chanson, dit-il. Et la mélodie m'a beaucoup plu. Ces foutus antisémites ne l'ont pas aimée parce qu'elle est émaillée de mots yiddish qu'ils ne comprennent pas. N'écoutez pas Abe, mon gars. Je dis, moi, que vous avez du talent. Tenez bon, c'est uniquement une question de travail. Et de persévérance. Cela peut paraître vieux jeu, mais c'est vrai.

— L'ennui, monsieur Jolson, c'est que j'ai beaucoup de mélodies dans ma tête et des idées pour des chansons, mais je ne connais pas assez bien l'anglais. Je sais que « cœur » ne rime pas avec « bétonnière »; enfin, maintenant je le sais. Mais...

— Allez à l'école, l'interrompit Jolson.

— Comment? Quand? Avec quel argent?

Abe Shulman posa son cigare, son menu, et sortit son portefeuille.

— A l'angle de la 14e Rue et de la 6e Avenue, il y a un établissement qui s'appelle l'école de langues Acme. Tiens, voilà cinquante dollars. Considère qu'il s'agit d'une avance. Prends des cours le matin, apprends l'anglais et écris-moi une chanson à succès.

Il tendit les billets à Jacob, qui les prit en tremblant d'émotion.

– Acne ?

– Non, cornichon; ça, c'est une maladie juvénile. Acme. Et puis, change de nom. Jacob Rubenstein, ça fait tailleur juif. A partir de maintenant, appelle-toi Jake Rubin.

– Parce que ça ne fait pas juif, ça ? dit Jolson en riant.

– C'est toujours mieux que Jacob. On dirait un prénom sorti de cette satanée Bible. Bon, Jake, que nous conseilles-tu ce soir ?

– Euh... personne n'a renvoyé le potage aux praires, répondit-il, hébété.

Ce qui déclencha l'hilarité des quatre convives, mais Jake Rubin s'en moquait. Abe Shulman avait misé sur lui. En définitive, Abe était de son côté !

Désormais, Jacob Rubenstein avait un nouveau nom et de nouveaux espoirs.

Marco était au lit avec Renata, une jeune prostituée blonde et potelée de dix-huit ans, qui faisait le trottoir depuis l'âge de quinze ans. Cadette des huit enfants d'un coiffeur de Turin, elle s'était enfuie de chez elle pour échapper à la pauvreté. D'une manière générale, elle considérait le sexe comme un moyen de gagner de l'argent; mais lorsque, deux mois auparavant, elle avait rencontré Marco dans un bar, elle l'avait trouvé si séduisant qu'elle ne lui avait pas fait payer ses services. Depuis lors, il passait au moins une nuit par semaine avec Renata; il apportait deux bouteilles de mauvais chianti, se soûlait à moitié, faisait l'amour sauvagement, puis se plaignait de son travail sur le chantier. A force de jérémiades, il avait presque fini par dégoûter la fille. Une fois, excédée, elle lui avait lancé : « Marco, ferme-la et contente-toi de ce que je te donne, d'accord ? »... ce qui avait au moins eu le mérite de lui arracher un éclat de rire.

Ce soir-là, comme d'habitude, il était à moitié ivre mais Renata, comme d'habitude, ne put résister à son charme.

– Cristi ! soupira-t-elle enfin. Je voudrais bien que tous mes clients fassent l'amour comme toi.

Le métro aérien de la 6e Avenue passa en ferraillant devant la fenêtre. Marco hurla pour couvrir le bruit :

– Impossible, je suis unique !

Elle le repoussa.

– Espèce de grand singe prétentieux !

Elle sauta du lit pour aller faire sa toilette. Marco l'observait tout en grattant paresseusement son torse velu. Il était bien heureux d'être né beau garçon; jamais, autrement, il n'aurait pu se payer des « séances » aussi fantastiques.

– J'ai faim ! dit-elle. Tu m'emmènes prendre un sandwich ?

– Non. Je suis fauché.

– Quoi ? Sale radin ! Tu couches avec moi pour pas un rond, et tu n'es même pas foutu de me payer un sandwich ? Bon Dieu, je devrais...

– D'accord, tu l'auras ton sandwich.

– Ho ! Je ne demande aucune faveur...

Elle s'assit sur le lit pour enfiler ses bas.

– Tu sais, Marco, tu te crois peut-être une bénédiction pour les femmes, mais moi, je peux t'assurer que tu es un sacré emmerdeur; ce n'est pas spécialement drôle de t'entendre râler toute la nuit contre ton boulot.

– Ai-je râlé ce soir ?

– Non, mais ça va venir. Je connais la chanson par cœur : « Je suis trop intelligent pour soulever des pierres », « J'en ai assez qu'on me traite de stupide métèque », etc., etc. Bon sang, si le boulot ne te plaît pas, tu n'as qu'à démissionner !

– Tu as deux cents dollars à me prêter ?

– Tu plaisantes ? D'abord, si je les avais, je ne les prêterais à personne – surtout pas à toi. Ensuite, que veux-tu faire d'une telle somme ?

– Je voudrais acheter un camion. J'en ai vu un d'occasion, aujourd'hui, dans le West Side, à vendre pour cent cinquante dollars. Il était en bon état, pour cinquante dollars de plus, je crois pouvoir le rendre comme neuf. (Pour la première fois depuis qu'elle le connaissait, elle vit de l'enthousiasme sur son visage.) Ecoute, Renata, tu dis que je n'arrête pas de râler. Mais il y a de quoi, merde! Je ne suis pas venu en Amérique pour pousser une brouette. Je veux *devenir* quelqu'un! Et tu sais comment on devient quelqu'un? En étant son propre patron.

— Grande nouvelle! déclara-t-elle en boutonnant son corsage jaune.

— D'accord, fiche-toi de moi... N'empêche que je suis intelligent. Trop intelligent pour faire ce travail sans intérêt. Sur le bateau, j'ai rencontré deux Irlandaises, les sœurs O'Donnell; leur oncle est propriétaire d'une entreprise de camionnage à Brooklyn. Ses camions livrent de la pierre sur les chantiers, et il roule littéralement sur l'or. En deux ans, il a fait fortune. Pourquoi diable ne serais-je pas capable d'en faire autant?

— Nous sommes dans un pays libre.

— Sauf que je n'ai pas deux cents dollars. Merde! (Il se leva du lit et commença à s'habiller.) J'en ai marre de vivre dans ces conditions. Il faut voir le trou infâme dans lequel on habite, Jake et moi... des cafards, aucune intimité... Bon sang, j'étais mieux en Italie! Je...

— Oh! Marco, j'ai déjà entendu tout ça. Et si tu penses que deux cents dollars suffiront à résoudre tous tes problèmes, emprunte-les donc!

— Aucune banque n'acceptera...

— Il n'y a pas que les banques, l'interrompit-elle. Va voir un usurier.

— Ben voyons! Cinquante pour cent d'intérêts, et si jamais je me retrouve sans un sou, je me fais tuer.

— Alors, vole-les, ces deux cents dollars! (Marco boutonnait sa chemise.) En tout cas, reprit Renata, si tu cherches un usurier, j'en connais un.

Il la regarda fixer ses boucles d'oreilles.

— Qui?

— C'est un de mes clients. (Elle se tourna vers lui, le

sourire aux lèvres.) Il est assez séduisant, et presque aussi bon que toi au lit. Mais lui, je le fais payer.

Le lendemain soir, Marco se rendit au *Piccolo Mondo Bar*, une taverne en plein cœur de la Petite Italie (1).

– Je cherche Sandro Albertini, dit-il au barman.

– Au fond.

L'air était enfumé. Des affiches publicitaires pour les cigarettes Sweet Caporal se partageaient les murs avec un chromo de la baie de Naples. Au plafond, deux ventilateurs en bois tournaient sans entrain. Marco frappa à une porte marquée PRIVÉ. Au bout d'un moment, un colosse d'au moins cent vingt-cinq kilos et au nez cassé vint lui ouvrir. Il toisa le jeune homme des pieds à la tête.

– Je voudrais voir Albertini pour un prêt, dit Marco. Je viens de la part de Renata.

Sans un mot, l'ancien boxeur s'effaça pour le laisser entrer.

– La langue russe n'a pas d'article défini, déclara le professeur, une femme à lorgnon entre deux âges. C'est pourquoi l'erreur la plus répandue des Russes lorsqu'ils parlent anglais est d'oublier l'article « le » ou « la ». Par exemple...

Elle prit la grammaire posée sur son bureau. Assis au troisième rang de la classe, Jake écoutait attentivement.

– Je prends *le* livre, poursuivit-elle. Derrière moi se trouve *le* tableau. *Les* fenêtres donnent sur *le* mur de droite. Dans *la* rue, *le* soleil brille. Nous sommes ici à *l'*école de langues Acme... A vous, monsieur Rubin.

Jake se leva.

– Oui, madame ?

L'enseignante – Mlle Tavistock – brandit un crayon.

– Qu'est-ce que je tiens à la main ?

(1) Le quartier italien de New York (*N.d.T.*).

– *Le* cou-yon, articula péniblement Jake.

Mlle Tavistock – qui avait appris le russe à Saint-Pétersbourg, lorsqu'elle était gouvernante des enfants du grand-duc Alexei – blêmit.

– *Cra*yon, monsieur Rubin. Le *cra*yon.

– Le *cra*yon, répéta Jake.

– Dans un cas comme celui-ci, la prononciation est extrêmement importante. L'autre mot est très vulgaire. Passons maintenant à une erreur également très répandue, à propos du verbe « être ». Curieusement, ce verbe n'existe pas en russe. Les Russes disent « *Ya rad* » : « Je heureux. » En anglais, nous disons : « Je suis heureux »... A présent, monsieur Rubin, construisez-nous une phrase en utilisant deux fois le verbe « être ».

Jake réfléchit, puis se lança :

– Je *suis* content de travailler à Coney Island, parce qu'il y a des crottes qui *sont* très...

– Des grottes ! s'écria Mlle Tavistock, livide. Grrr-grrr-grrr !

– Grottes ! répéta Jake, complètement désorienté. Grrr-grrr-grrr !

Seigneur, se dit-il, *que c'est compliqué ! Mais je dois y arriver. Il le faut !*

La 14e Rue Ouest grouillait de passants. C'était une magnifique matinée d'automne. Les touristes étrangers comparent souvent l'air de New York à du champagne; à la vérité, ce matin-là, l'air semblait pétiller de plaisir. A quelques centaines de mètres de l'école de langues Acme, D.W. Griffith faisait tourner Mary Pickford dans une comédie; tous deux ignoraient que, dix ans plus tard, l'un serait le metteur en scène le plus célèbre du monde et que l'autre, « la petite fiancée de l'Amérique », gagnerait plus d'un million de dollars par an. A la Maison Blanche, on avait installé une baignoire sur mesure pour le nouveau président, l'obèse William Howard Taft. En Angleterre, Edouard VII profitait de sa dernière année d'existence et de règne; en Russie, la tsarine Alexandra prenait le thé avec Raspoutine, tandis que le futur assassin de celui-ci, le richissime prince Youssoupov, dansait dans une propriété campagnarde des environs de Londres. A Vienne, l'héritier du trône austro-hongrois, l'archiduc François-Ferdinand, boudait parce que l'empereur François-Joseph refusait à son épouse morganatique, la comtesse Sophie Chotek, le droit de s'asseoir dans la loge royale de l'opéra. Toujours à Vienne, la *Neuvième symphonie* de Mahler était jouée pour la première fois, ainsi que l'*Elektra* de Strauss, et Freud donnait des conférences. En Suisse, Lénine publiait *Matérialisme et empiriocriticisme*, tandis qu'à Detroit Henry Ford venait de présenter la Modèle T. En France, le troisième Grand Prix automobile avait été remporté par un Allemand, Lautenschlager, au volant de sa Mercedes 120 chevaux. Blériot traversait la Manche en monoplan, Peary atteignait le pôle Nord, Ehrlich consacrait ses recherches au traitement de la syphilis et Rachmaninov remportait un triomphe aux quatre coins de l'Amérique avec son fameux *Deuxième concerto pour piano*.

Modestement, Jake Rubin, lui, s'efforçait de maîtriser la langue de Shakespeare afin de pouvoir écrire des paroles pour les nombreuses mélodies qui lui trottaient dans la tête.

Un jour qu'il sortait de l'école de langues Acme, il entendit un coup de klaxon tonitruant. Il se retourna : un camion rutilant était garé le long du trottoir; assis au volant, Marco lui faisait signe.

Jake s'approcha vivement.

– Comment le trouves-tu ? s'enquit Marco.

– A qui est-il ?

– A moi ! Regarde sur la carrosserie.

L'inscription ENTREPRISE DE CAMIONNAGE SANTORELLI y était peinte en lettres noires.

– Monte, je t'emmène faire un tour.

Jake obéit. Marco passa les vitesses, et le camion s'engagea en ferraillant dans la 14ᵉ Rue.

– Où as-tu trouvé l'argent ? cria Jake pour couvrir le bruit du moteur.

– J'ai trouvé un actionnaire. Fantastique, non ? Je

vais gagner vingt dollars net par jour en rapportant des primeurs de Long Island !

– Attention... !

Marco braqua à fond pour éviter la voiture qui venait de déboucher devant lui. Puis, ivre de vitesse, il se dirigea vers l'ouest, en se faufilant entre les véhicules ; Jake, lui, se cramponnait à son siège.

– Ralentis, Marco !

– Pourquoi donc ? Cet engin peut faire du soixante à l'heure !

L'accident se produisit sur la 10e Avenue. Le pneu avant gauche éclata ; Marco perdit le contrôle du camion, qui heurta de plein fouet une Oldsmobile avant de finir sa course contre un réverbère. Marco et Jake s'en tirèrent sans une égratignure, mais, lorsqu'ils sortirent du tas de ferraille pour évaluer l'étendue du désastre, ils comprirent tout de suite que le camion, lui, était mort.

Sandro Albertini était un homme de vingt-neuf ans, élégant, séduisant et sadique. Assis à son bureau, il regardait Marco se tortiller sur son siège, et la peur qu'il sentait chez son visiteur lui procurait un plaisir délicieux.

– Ainsi, le camion est fichu ? dit-il en italien. Dès le premier jour, vous démolissez le camion ? Vous êtes stupide, Santorelli. Pis encore, vous êtes malchanceux.

– Redonnez-moi une chance, implora Marco. Prêtez-moi encore deux cents...

– Pourquoi ? Pour que vous les perdiez aussi ? Je ne suis pas stupide, moi.

– Mais si je n'ai pas de quoi m'acheter un autre camion, je ne pourrai pas rembourser les deux cents dollars que je vous dois. J'ai arrêté de travailler sur le chantier... Il faut m'accorder une deuxième chance !

– Allez vous faire foutre, Santorelli. Vous êtes un raté.

Il fit un signe à Paolo, qui se tenait derrière Marco. L'ancien boxeur sortit une matraque de sa poche et assomma le jeune Italien.

— Mets-le au chaud une demi-heure, ordonna Albertini. Ça lui mettra peut-être du plomb dans la cervelle.

Lorsque Marco reprit connaissance, la tête endolorie, il se trouvait dans une cave sordide. On l'avait bâillonné et attaché à un radiateur à vapeur, torse nu. Paolo venait de mettre l'appareil en marche.

— Tu vas frire comme une limande, dit-il, et son grand sourire révéla l'absence de deux incisives.

Il ricana méchamment, puis il alla s'asseoir sur une chaise branlante pour observer la scène. Le vieux radiateur siffla et grinça tandis que la chaleur commençait à monter. Marco, le dos collé contre les barres de l'appareil, sentit d'abord une agréable tiédeur; puis la température augmenta avec une rapidité qui aurait sans doute réjoui les locataires du dessus mais qui terrorisa la victime. Paolo alluma un cigare, écrasa une blatte sous son pied et continua de regarder.

— Le patron, il aime pas les perdants, dit-il sur le ton de la conversation. Et toi, tu es un perdant de première bourre. Une véritable andouille.

De nouveau, il sourit.

Le radiateur était maintenant brûlant. Marco se débattit; ses liens assez lâches lui permettaient de décoller son dos de l'appareil mais, en contrepartie, ses bras se trouvaient pressés encore plus fort contre la fonte brûlante. La douleur était insupportable. La chaleur féroce le faisait transpirer abondamment, si bien qu'il se déshydratait à toute allure. Désespérément, il chercha à s'écarter du radiateur...

— T'en as encore pour un quart d'heure, dit Paolo en consultant sa montre. Tu t'amuses bien?

Juste avant de s'évanouir, Marco hurla intérieurement : *Je ne suis pas un perdant! Je ne suis pas une andouille!*

Ils l'embarquèrent en voiture et l'abandonnèrent dans une ruelle proche de l'East River. Il était neuf heures du soir. Le beau temps de la matinée avait fait place à une pluie fine et pénétrante. Etendu sur le pavé, Marco présenta ses bras à la pluie pour les rafraîchir. La douleur des brûlures commençait à s'atténuer, mais il savait qu'il garderait des marques jusqu'à la fin de sa vie. Dans sa tête, une douleur lancinante lui donnait la nausée. *Un jour,* se dit-il, *je leur revaudrai ça. Un jour, je serai quelqu'un d'important et je me vengerai de ces salopards...*

Au bout d'un moment, il s'assit par terre. Il noua sa chemise trempée autour de son cou et se mit péniblement debout. Il était encore si faible qu'il dut s'appuyer contre le mur pour ne pas tomber. *L'Amérique!* songea-t-il avec amertume. *Merde, merde, merde à l'Amérique!*

Dégoulinant de pluie, il longea la ruelle en boitant et prit le chemin de Cherry Street. Son cerveau se remit lentement à fonctionner et il se demanda ce qu'il allait faire. Il n'avait pas d'argent, pas de camion, rien.

Soudain, il vit l'affiche collée sur le mur :

DANIEL FROHMAN PRÉSENTE
LA CÉLÈBRE ACTRICE LONDONIENNE
Mme MAUD CHARTERIS
dans
LADY FREDERICK
LA PIÈCE À SUCCÈS DE W. SOMERSET MAUGHAM
THÉÂTRE DU BELVÉDÈRE
Broadway et 43e Rue
Matinées Mer. & Sam.
Lever de rideau : 20 h 30

Marco comprit alors ce qu'il lui restait à faire.

10

Elle avait beau se répéter qu'elle n'était pour rien dans le meurtre de Jamie, elle n'arrivait pas tout à fait à s'en convaincre.

Au fil des jours, des semaines et des mois, le choc s'était atténué, mais son sentiment de culpabilité ne cessait de croître. Avec le recul, elle était consciente d'avoir sous-estimé les méthodes des terroristes irlandais : comment avait-elle pu imaginer un instant que tout se déroulerait sans violences? Certes, le comte de Wexford incarnait l'injustice de ce qu'elle considérait comme « l'occupation » de l'Irlande par les Anglais. Certes, la famille de Jamie avait causé le malheur de ses ancêtres... Mais il ne fallait pas confondre les symboles avec les êtres de chair et de sang. Elle avait couché avec Jamie, et elle souffrait mille morts à la pensée d'être responsable – fût-ce de manière indirecte – de son assassinat. Le fait de devoir garder son secret pour elle aggravait encore son tourment. Elle brûlait de s'en ouvrir à quelqu'un – surtout à Georgie – mais elle n'osait pas. D'ailleurs, Georgie avait bien d'autres soucis avec ses yeux.

La vie continuait malgré tout. Son oncle Casey lui payait des cours de secrétariat à Manhattan, car Bridget avait proclamé son intention de travailler plusieurs années avant de se marier. Les deux sœurs éprouvaient maintenant une grande affection pour leur oncle; sous ses dehors d'ours mal léché, c'était un homme généreux, apparemment résolu à tout faire pour ses nièces, surtout pour Georgie. Casey et Kathleen avaient présenté des jeunes gens à Bridget, mais la jeune fille n'avait guère paru s'intéresser aux visiteurs qui défilaient dans la maison de Brooklyn, attirés par sa beauté. Quant à Georgie, si son moral s'améliorait peu à peu, on craignait néanmoins que son infirmité ne l'empêchât de goûter aux joies normales de l'amour et du mariage. Bridget, elle, était un beau parti; mais Sean O'Malley – que Kathleen et Casey essayaient de lui jeter dans les bras – ne lui plaisait pas : selon elle, ce n'était qu'un « séduisant demeuré ». Casey confia à son épouse qu'il jugeait Bridget bougrement trop difficile – ce qui signifiait qu'il la trouvait trop indépendante. La campagne menée dans le pays en faveur du droit de vote pour les femmes n'avait pas le moins du monde ébranlé les convictions rétrogrades de Casey O'Donnell.

Sans être une militante féministe, Bridget appréciait la relative liberté des Américaines sans commune mesure avec le statut quasi féodal des femmes de Dingle, son village natal. Elle aimait explorer seule Brooklyn et Manhattan, et ce fut dans une librairie de Greenwich Village qu'elle rencontra pour la seconde fois le Dr Carl Travers. C'était un samedi en fin d'après-midi; le médecin feuilletait un roman de Henry James lorsqu'il aperçut la jeune fille au fond de la boutique. Il la trouva si belle, dans son tailleur de tweed, qu'il prit son courage à deux mains, car elle n'allait certainement pas être enchantée de le voir. Il l'aborda néanmoins.

– Alors, l'Amérique vous plaît-elle ? dit-il en portant l'index à son chapeau.

Elle se tourna, le regard dur.

– Vous ! s'exclama-t-elle. L'Amérique me plaît tout à fait, mais sûrement pas grâce à vous. Je n'en reviens pas que vous ayez l'audace de m'adresser la parole.

– Moi non plus. (Il sourit.) Et votre sœur, comment va-t-elle ?

Sois prudente, se dit-elle.

– Je n'ai pas envie de parler avec vous. Veuillez me laisser tranquille.

– Vous n'avez pas une très haute opinion de moi, c'est évident, mais je voudrais essayer si possible de me racheter.

– Pourquoi ?

– Disons que je vous dois au moins un dîner.

– Quel culot ! s'exclama-t-elle. Après la façon dont vous avez traité ma sœur, vous vous imaginez que j'accepterais de dîner avec vous ? Plutôt sortir avec le diable ! Et maintenant, je vous prierai de me laisser tranquille, sans quoi j'appelle un agent.

– Je n'ai fait que mon travail, protesta-t-il.

Elle se radoucit un peu.

– Bon, je suis peut-être trop dure avec vous. Mais est-ce que vous vous représentez ce que c'est que de passer par ce marché à bestiaux qu'on appelle Ellis Island ?

– Je me le représente très bien, j'y suis tous les jours. Croyez-moi, ce n'est pas drôle de devoir dire aux gens qu'ils ne peuvent pas entrer en Amérique. Mais reconnaissez que le gouvernement est bien obligé d'exercer un certain contrôle sur les gens qu'il accueille dans le pays.

– Je le reconnais, mais cela ne me plaît pas.

– Alors, ce dîner ?

Elle réprima un sourire.

– Vous avez de la suite dans les idées, n'est-ce pas ?

– Suffisamment. Je connais le quartier, j'habite tout près d'ici. Il y a un grand restaurant italien à Thompson Street. Aimez-vous les spaghettis ?

– Je n'en sais rien, je n'en ai jamais mangé. Il n'y a pas beaucoup de restaurants italiens en Irlande.

Il sourit.

– Un point pour vous. Alors, c'est oui ?

Elle hésita. Il était si courtois, si différent du médecin d'Ellis Island, qu'elle pouvait difficilement continuer à le considérer comme un monstre.

– Ma foi, je ne devrais pas, répondit-elle enfin. Je devrais plutôt vous assommer avec ce livre. Mais il faut croire que le moment est venu pour moi de goûter aux spaghettis.

Il sortit de la librairie avec elle, en se demandant si elle était vierge.

Vingt minutes plus tard, ils s'installaient dans le restaurant, à une table d'angle.

– Vous n'êtes pas marié, au moins ? demanda Bridget.

– Non, mais j'aimerais beaucoup l'être.

– Ma foi, vous n'êtes pas vilain et vous gagnez sans doute correctement votre vie. Il doit bien exister quelque part une femme suffisamment inconsciente pour accepter de vous épouser.

Il déplia sa serviette. Elle vit son visage s'assombrir.

– Ce n'est pas si simple...

– Dans une ville comme New York ? Pourquoi ?

– Disons que je n'ai pas encore trouvé la femme inconsciente qui me convienne. Et vous ? Avez-vous trouvé l'amour en Amérique ?

– Mon oncle et ma tante font tout ce qu'ils peuvent pour me caser, répondit-elle en riant, mais j'ai réussi jusqu'à présent à tenir bon. Je suis des cours de secrétariat et je compte faire une belle carrière. Il sera toujours temps de songer au mariage.

– Vous m'impressionnez. Vous savez taper à la machine et prendre en sténo ?

– Naturellement. Et je me débrouille très bien. Je termine ma formation dans deux semaines; ensuite, avec l'aide de l'école, j'essaierai de trouver un emploi. A notre époque, une secrétaire compétente peut espérer un bon salaire.

– Il paraît, en effet. (Il ouvrit le menu, puis ajouta avec détachement :) Coïncidence curieuse, je cherche justement une secrétaire.

– Pour travailler avec vous là-bas ? dit-elle, surprise. A Ellis Island ?

– Oui. On vient de me nommer médecin-chef, et je vais être submergé de tâches administratives. J'aurai besoin d'une assistante très capable. Ce serait un avantage d'avoir une personne qui connaisse « de l'intérieur » le « marché à bestiaux », pour reprendre votre expression. (Il leva les yeux de son menu.) Acceptez-vous de réfléchir à cette proposition ?

Elle ouvrit lentement sa carte.

– Pourquoi pas ? répondit-elle.

11

Bien qu'elle eût seulement huit neveux et nièces, tout le monde, à Hawksville – en Virginie-Occidentale –, appelait Edna Hopkins « tante Edna ». C'était un terme d'affection car, malgré son franc-parler, tante Edna était une femme drôle et généreuse. La ferme qu'elle habitait avec son mari, Ward, et leur fille Ardella, son grand-père l'avait construite de ses mains, peu après la guerre de Sécession; tante Edna y avait simplement ajouté un poêle à bois en 1904. C'était une bâtisse en rondins comportant quatre pièces et une grande cheminée de pierre; sur le devant, il y avait une véranda agréable sur laquelle tante Edna aimait à se balancer dans son rocking-chair, quand ses multiples occupations lui en laissaient le temps. Dans l'ensemble, elle s'estimait une femme heureuse.

Elle avait hérité de son père la ferme et une dizaine d'hectares de terres, sans l'ombre d'une dette. Selon les critères locaux, tante Edna était donc une femme riche; pourtant, elle n'avait ni l'électricité ni le téléphone, et elle voyait rarement des billets de banque passer entre ses doigts. Mais elle n'avait pas besoin de tout ce luxe : à l'image de ses ancêtres, elle se suffisait à elle-même. Tante Edna avait son troupeau de vaches, elle élevait des poulets et des cochons, elle s'occupait de son vaste jardin potager, elle confectionnait la plupart de ses vêtements et ceux de sa fille, elle barattait son beurre, fabriquait elle-même son savon, tressait ses paniers, cannait ses chaises – et, une fois par an, elle changeait la paille de ses matelas. Elle n'avait pas le temps de s'ennuyer. Pour se distraire, elle avait les potins du voisinage, l'éducation de sa fille qu'elle adorait, l'entretien de ses fleurs, la lecture de la Bible et la vue imprenable qu'on avait de sa véranda sur les Appalaches. Tante Edna ne s'était jamais éloignée de plus de vingt kilomètres de sa maison; le reste du monde lui était pratiquement inconnu, et elle s'en moquait. Seul lui importait son univers familier. A quarante-six ans, elle était robuste et en excellente santé; et, malgré son visage ridé et ses cheveux grisonnants, elle n'avait pas tout perdu de sa beauté d'autrefois.

La seule chose qui lui empoisonnât la vie, c'était d'avoir épousé un mineur. Tante Edna haïssait de toutes ses forces la Compagnie minière Staunton. Dans son esprit, Montague Staunton, le richissime propriétaire des mines, était le diable incarné. Et le fait de savoir que son mari risquait sa vie en permanence ne contribuait pas à faire remonter dans son estime le métier qu'il exerçait. « Que voulez-vous ? répétait-elle à ses amies. Ward Hopkins était tellement beau gosse !

J'ai eu le béguin pour lui... J'aurais été mieux inspirée d'épouser un fermier! »

A part la mort de son mari, tante Edna ne redoutait qu'une seule chose : les serpents. En vérité, tante Edna était une femme assez remarquable, même si elle ne se prenait pas au sérieux.

Hawksville, à quelques kilomètres de la ferme, était la plus grosse « agglomération » que tante Edna eût jamais vue. En réalité, il s'agissait d'un bourg de moins d'un millier d'habitants, avec une rue principale, un grand magasin, un bureau de poste, une banque minuscule et une église baptiste pour Blancs. Et une seule école — une maisonnette de trois pièces — où Ardella — Della, ainsi que tout le monde l'appelait — avait terminé ses études au mois de juin précédent. Tous les samedis, tante Edna attelait son buggy et se rendait à Hawksville pour des emplettes et quelques visites. Tous les dimanches, les trois Hopkins, vêtus de leurs plus beaux habits, allaient assister au service religieux à Hawksville. Un certain dimanche d'octobre 1909, à la sortie de l'église, tante Edna bavardait comme d'habitude avec des amis lorsque Sam et Ann Fuller la rejoignirent. Tandis que Sam, mineur lui aussi, parlait avec Ward, Ann déclara :

— Tante Edna, connaissez-vous notre locataire?

Tante Edna regarda le jeune homme de petite taille, mal habillé, qui accompagnait Ann.

— Non, répondit-elle, mais j'ai entendu parler de lui. C'est le gars qui vient de Bohême, pas vrai?

— Oui. Ça fait maintenant deux ans qu'il vit chez nous. Tom, je te présente tante Edna Hopkins. (Elle ajouta, sur un ton d'excuse :) Il ne parle pas trop bien l'anglais.

— Enchanté, dit Tom Banicek en serrant gauchement la main de tante Edna.

— Et voici Della, sa fille. Della, Tom Banicek.

Sourcils froncés, tante Edna les regarda échanger une poignée de main. Le petit gars de Bohême avait une façon de reluquer sa fille qui ne lui plaisait pas.

Les versants boisés des Appalaches, parés de leur feuillage d'automne, étaient d'une telle beauté que les hideuses installations de la Compagnie minière Staunton constituaient un affront à Dieu et à la nature. Une petite rivière, le Shepaug, serpentait devant les bâtiments administratifs et s'enfonçait dans la vallée, où se trouvaient les quarante bicoques appartenant à la compagnie. Ces baraques n'avaient pas l'eau courante; les mineurs et leurs familles étaient contraints d'aller à la fontaine publique et de laver leur linge dans le Shepaug. Toutes tristement identiques, ces cabanes avaient un toit de tôle ondulée et le confort y était rudimentaire. Elles se composaient d'une pièce principale – à la fois salon, salle à manger et cuisine – et de deux petites chambres. Les toilettes se trouvaient à l'extérieur, et le système de chauffage se résumait à un poêle à charbon.

La vie et la mort des habitants étaient réglées par la sirène de la mine, dont les mugissements annonçaient les roulements d'équipes ou l'une des trop fréquentes catastrophes qui, en 1909, faisaient du métier de mineur l'un des plus dangereux et des plus mal payés d'Amérique.

La ville minière s'appelait bien sûr Staunton, et Tom y vivait depuis deux ans. N'ayant trouvé aucun emploi à New York, il avait signé un contrat au bureau d'embauche que plusieurs compagnies minières avaient installé près du débarcadère d'Ellis Island dans le but de recruter de la main-d'œuvre bon marché parmi les immigrants. Ne sachant ni lire ni parler l'anglais, Tom avait signé sans connaître les conditions. Son cousin Vodya, qui l'avait accompagné pour servir d'interprète, l'avait mis en garde contre le salaire incroyablement bas – soixante-deux *cents* la tonne – et contre une clause du contrat stipulant qu'un mineur encourait le renvoi immédiat s'il prenait fait et cause – en public ou en privé – pour la création d'un syndicat. Tom, aux abois, avait néanmoins signé. La compagnie lui avait remis un billet de chemin de fer pour l'ouest et le petit immigrant tchèque, dès son arrivée à Staunton, s'était installé chez Sam et Ann Fuller. Malgré l'exiguïté des maisons, il était courant de louer un lit aux mineurs célibataires; ainsi Tom partageait-il l'une des chambres avec les deux fils cadets des Fuller.

Sam Fuller, cinquième fils d'un paysan du Kentucky, était un grand escogriffe de trente-trois ans. Il travaillait à la mine depuis douze ans et il avait ce métier en horreur. Tout comme tante Edna, il haïssait Monty Staunton, « ce bigot hypocrite qui gagne des millions sur le dos des mineurs ». Monty Staunton, qui dirigeait également l'Association des propriétaires miniers américains, basée à Charleston, était un farouche adversaire des syndicats. Dans les mines de la Virginie-Occidentale, les conditions de vie misérables et les maigres salaires plaidaient en faveur de la création d'un syndicat; mais Monty Staunton avait posté des gardes armés à l'entrée des mines pour en interdire l'accès à d'éventuels délégués. Quant aux mineurs, terrifiés à l'idée de perdre leur emploi s'ils osaient seulement aborder entre eux cette question, ils souffraient en silence.

Dans une situation aussi tendue, une explosion devait tôt ou tard se produire. Le premier round de ce qu'on devait appeler par la suite « la grande guerre de Virginie-Occidentale » eut lieu le samedi qui suivit la rencontre de Tom Banicek avec tante Edna et Della.

Ce jour-là, Sam et Tom travaillaient dans l'une des galeries de la mine numéro 5. Sam extrayait le minerai et Tom chargeait le wagonnet qu'il poussait sur ses rails jusqu'à la pesée. La mort guettait les mineurs à tout instant : la flamme de leurs lampes pouvait provoquer un coup de grisou; les wagonnets de charbon pouvaient dérailler et les écraser, un éboulement les enterrer vivants... Mais les mineurs tiraient des risques de leur métier une sorte de fierté arrogante qui leur permettait de faire un grand pied de nez au reste du monde et de forger entre eux de solides amitiés sous la terre. Il leur arrivait parfois de se chamailler « à la surface »; mais, une fois « au fond », ils étaient unis envers et contre tous par une indéfectible solidarité.

Tous connaissaient la règle tacite : quiconque trahissait cette solidarité était un homme mort.

La sirène retentit dans le lointain. Sam et Tom poussèrent le dernier wagonnet jusqu'à la pesée; après quoi, ils se serrèrent avec les autres mineurs de l'équipe dans la benne qui les hissa jusqu'à la surface, le long d'un puits incliné d'une centaine de mètres. Lorsqu'ils émergèrent, noirs de poussière de charbon, Tom respira l'air frais à pleins poumons.

– Prêt à rigoler? dit Sam. C'est le jour de la paie.

Ils allèrent faire la queue devant le bureau. Trois quarts d'heure plus tard, ils prenaient le chemin de la maison. Ils marchaient en silence, mais Tom savait à quoi pensait son ami. Les jours de paie, la même scène se répétait à chaque fois; ce jour-là ne fit pas exception à la règle. Ils entrèrent dans la pièce principale de la baraque, où Ann Fuller préparait le ragoût. Elle avait dû être séduisante, mais, à trente ans, elle était décharnée et avait déjà le visage flétri, comme une vieille femme. Accroupis sur le plancher, Ted et Bill Fuller, âgés respectivement de six et cinq ans, jouaient avec quatre soldats de plomb, leur cadeau de Noël. Sam sortit de sa poche quelques billets et des pièces, qu'il posa bruyamment sur la table.

– Six dollars et vingt *cents*! annonça-t-il. Le salaire de deux semaines, toutes déductions faites. Heureusement que tu ne m'as pas épousé pour mon argent!

Sa femme continua de remuer son ragoût sans répondre. Sam entreprit de se déshabiller pour se laver dans la bassine qu'Ann avait déjà remplie d'eau.

Parfois, il se demandait si la poussière de charbon n'avait pas aussi imprégné son âme.

Monty Staunton exploitait ses mineurs, mais dépensait avec un certain panache les millions qu'il gagnait à la sueur de leur front. Il habitait, à six kilomètres des mines, une vaste demeure à colonnes baptisée Belle Meade, au milieu de splendides pelouses et de jardins luxuriants. Belle Meade était un haut lieu : on élevait dans ses haras quelques-uns des meilleurs pur-sang du pays. De par son mariage avec Christine Randolph, une cousine issue de germains, Monty se trouvait apparenté à la moitié de l'aristocratie du vieux Sud, laquelle se faisait une joie de participer aux innombrables barbecues, bals et chasses que Monty organisait en permanence. En tant que membre de la promotion 1892 de Princeton, il avait fait un don de plusieurs millions de dollars à son université, de sorte qu'il avait également d'excellentes relations avec l'Establishment de la côte Est. Il avait en outre versé cinquante mille dollars pour la campagne électorale du gouverneur de Virginie-Occidentale – un autre cousin – et il était propriétaire du plus important journal de Charleston. Monty représentait ainsi une puissance non négligeable, et était même convaincu d'incarner *le* pouvoir dans l'Etat. Cet homme grand et fort, qui avait été beau avant de perdre ses cheveux et de prendre du ventre, aimait le whisky du Maryland, les femmes, les chevaux, la chasse, les vêtements élégants et les belles voitures. Ignare jusqu'au bout de ses ongles manucurés, il détestait tout ce qui touchait, de près ou de loin, à la culture. Il avait un fort accent sudiste, donnait des claques dans le dos et pouvait se montrer vulgaire. Au fond, c'était une brute. Sa charmante épouse en était arrivée à le haïr et à boire en cachette.

Ce soir-là, Monty recevait à dîner à Belle Meade l'évêque anglican de Charleston, le rédacteur en chef de son journal et le sénateur de Virginie-Occidentale. Lorsque ses invités et leurs épouses eurent pris place à la grande table vernie, Monty récita :

– O Seigneur, nous Vous remercions de tous Vos dons. Nous Vous remercions pour les merveilles que Vous avez créées dans ce pays, pour la liberté que Vous avez donnée à l'Amérique, pour notre bonne santé et pour nos merveilleux amis, et pour ce repas que nous allons partager.

Et je Vous remercie, ajouta-t-il en son for intérieur,

pour mes quarante-deux millions de dollars de bénéfice net.

Je voudrais bien qu'il se taise enfin, que je puisse boire mon vin, pensa Christine.

– Amen.

– Amen ! reprirent en chœur les convives.

– Et maintenant, mangeons ! s'écria Monty d'une voix tonitruante.

Les deux violonistes accordèrent leurs instruments et la sarabande commença. Tous les samedis soir, les mineurs et leurs familles se rassemblaient pour danser, pour bavarder et pour se soûler. La compagnie encourageait cette pratique; elle prêtait gracieusement la salle des fêtes et allait même jusqu'à payer les musiciens. C'était une idée de Monty, son unique trait de paternalisme. Comme il n'y avait aucune autre distraction à Staunton, les mineurs venaient là noyer leurs soucis dans l'alcool et oublier pour un temps leur condition misérable.

– J'espère que ton locataire n'a pas de vues sur ma Della, dit tante Edna à Ann Fuller, assise à côté d'elle.

Tante Edna n'aimait pas ces bals, car elle détestait venir à Staunton; elle consentait néanmoins à y assister – à condition d'emporter son tricot – car cela donnait à Della l'occasion de danser et permettait à Ward de boire avec ses camarades. Ce qui contrariait Edna, ce soir-là, c'était de voir sa fille danser avec Tom Banicek.

– Tom est un garçon très bien, dit Ann.

– C'est un étranger incapable de parler correctement l'anglais, oui ! La Bohême ! Qui sait où ça se trouve, ça, la Bohême ? En plus, ce n'est pas un Adonis. Il est plus petit que Della. Est-ce qu'il a de la jugeote, au moins ?

– Oh ! je pense que Tom est loin d'être bête. C'est un travailleur acharné, et il est merveilleux avec Ted et Bill. Della pourrait tomber plus mal, tante Edna, ajouta-t-elle d'un air malicieux.

Tante Edna plissa le nez.

— Qu'il essaie seulement de courtiser ma Della! D'abord, c'est un mineur; il y en a déjà un dans la famille, ça suffit comme ça... Que se passe-t-il là-bas?

Ann regarda de l'autre côté de la piste, là où les mineurs attablés buvaient entre eux. L'un d'eux s'était levé et braillait.

— C'est Sam! s'écria Ann.

— Il s'est soûlé plus tôt que d'habitude, ce soir.

En fait, Sam était complètement ivre. Il gagna en titubant le centre de la piste et imposa silence aux violonistes.

— Ecoutez-moi, tous! cria-t-il, manquant perdre l'équilibre.

— Arrête, Sam! cria sa femme.

— Ecoutez-moi! répéta-t-il, ignorant l'intervention d'Ann. Nous sommes... (Il cherchait ses mots.) Nous sommes des imbéciles. Non, non, pire que ça : nous sommes des *esclaves*! Des véritables nègres. Nous...

Il s'interrompit de nouveau, l'esprit embrumé par l'alcool, et agita les mains en un geste d'impuissance.

— Aujourd'hui, on m'a payé six dollars et vingt *cents*. Six dollars! (Il eut un gloussement d'ivrogne.) Pour deux semaines de travail! C'est... incroyable, non? Evidemment, j'avais une ardoise au magasin de la compagnie, j'avais le loyer de la cabane à payer, et je devais une consultation au médecin de la compagnie, qui s'est déplacé quand mon fils a été malade... (Il écarta les bras.) Six dollars et vingt *cents*! C'est dingue! Pour le travail que nous fournissons, c'est *dingue*! Mais que pouvons-nous faire contre Monty Staunton, ce salaud? Il est riche, puissant... Et nous, que représentons-nous? Rien. Si nous avions un syndicat...

— Tais-toi, Sam!

Toujours titubant, Sam regarda sa femme en souriant.

— Ça, c'est mon Annie, dit-il en pointant l'index vers elle. Je l'aime, mon Annie. Je voudrais bien lui acheter de jolies choses... mais... (Brusquement, la rancune et la rage lui déformèrent les traits.) Il faut qu'on fasse venir un syndicaliste de Pittsburgh! lança-t-il. Tant qu'on ne s'y décidera pas, nous ne serons que des *esclaves*!

Ses paroles coléreuses se répercutèrent dans le silence de la salle. Sur la piste de danse, Tom et Della écoutaient.

– Il a raison, chuchota Tom.

– Oui, répondit Della sur le même ton, mais ce petit discours risque de lui coûter son emploi.

Ils se présentèrent le lendemain à l'aube.

De son lit, Tom entendit cogner à la porte. Il se leva en frissonnant pour regarder par l'entrebâillement de la porte. Ann, emmitouflée dans son peignoir, sortit précipitamment de sa chambre pour aller ouvrir. Tom reconnut l'homme en costume sombre et chapeau melon qui se tenait sur le seuil. C'était Bill Fargo, le bras droit de Monty Staunton.

Il souleva son chapeau avec une courtoisie que les circonstances rendaient odieuse.

– Madame Fuller, je suis Bill Fargo.

– Je sais qui vous êtes, répliqua-t-elle. De quoi s'agit-il ?

– Il s'agit de votre mari; il est renvoyé. Il faudra libérer cette maison. Avant midi.

Le vent des Appalaches s'engouffra dans la baraque en gémissant. Ann ne cilla pas.

– Pourquoi le renvoie-t-on ? demanda-t-elle.

– Pour avoir défendu la cause du syndicat. C'est stipulé en toutes lettres dans le contrat; il était prévenu. Vous avez jusqu'à midi. Cela vous laisse cinq heures. Je vous suggère de commencer à emballer vos affaires dès maintenant.

Il souleva son melon et tourna les talons.

Lentement, Ann ferma la porte et s'y adossa. Des larmes coulèrent sur ses joues. Elle regarda Tom, qui venait d'entrer dans la pièce.

– Je savais que ça finirait par arriver, dit-elle simplement.

Tête basse, elle regagna sa chambre pour arracher Sam à son sommeil d'ivrogne.

TROISIÈME PARTIE

MON MUSICIEN À MOI

12

Les élégants spectateurs du théâtre du Belvédère se levèrent pour ovationner la célèbre comédienne. Maud Charteris fit une profonde révérence; puis, se redressant, elle porta les mains à ses lèvres et tendit lentement les bras, comme pour étreindre son auditoire.

Maud Charteris avait une beauté altière, de l'élégance et une grande présence. Elle gagnait la somme fantastique de deux mille dollars par semaine pour jouer le rôle principal de *Lady Frederick*. Des milliers de New-Yorkais fanatiques de théâtre lui vouaient un amour passionné.

J'ai le monde à mes pieds et je n'ai que trente-neuf ans, pensa-t-elle triomphalement tandis que le rideau à franges s'abaissait devant elle.

Le monde à mes pieds.

Vivian, son habilleuse, lui ôtait sa perruque lorsque le portier du théâtre apparut sur le seuil de sa loge.

– Il y a à l'entrée des artistes un monsieur qui voudrait vous voir, madame Charteris, annonça-t-il. Il a pas l'air reluisant; on dirait plutôt un clochard. Mais il prétend vous connaître.

– Un clochard ? répéta Maud, incrédule.

– Il a un nom étranger. Santorelli, je crois. Il dit qu'il était votre jardinier en Italie.

Marco ! En un éclair, elle se remémora la Villa d'Oro,

en Calabre. Les après-midi passés à lézarder sur la terrasse ensoleillée, face à la mer. Et le beau Marco...

– Faites-le entrer, Teddy. Vivian, ma chérie, le sénateur Ogden m'attend dans sa voiture devant le théâtre. Voulez-vous le prévenir que j'aurai quelques minutes de retard ?

Une fois seule, Maud se glissa derrière un paravent pour enfiler sa robe bleu canard. L'un des hommes les plus riches de New York, le sénateur Phipps Ogden, l'emmenait souper au champagne au Delmonico. Elle trouvait le sénateur sympathique et ses millions de dollars fort alléchants, mais il pouvait bien patienter un moment. Elle était extrêmement curieuse de voir ce qu'était devenu Marco après deux ans d'Amérique.

Tout de même, elle ressentait, à l'idée de ces retrouvailles, une excitation dont elle était la première surprise.

Lorsqu'elle le vit dans sa loge, elle éprouva tout d'abord une légère déception. Il avait effectivement l'air d'un mendiant. Son costume était mal coupé et loin d'être net; le chapeau qu'il tenait à la main n'avait plus de forme; il n'était pas rasé, il avait les cheveux en broussaille...

Maud sortit de derrière son paravent.

– Eh bien, Marco, tu ne sembles pas précisément avoir conquis le Nouveau Monde. Je suis quand même contente de te revoir. Comment va ton anglais ?

– Toujours mieux, *signora.* Vos leçons m'ont aidé beaucoup.

– Je suis ravie de l'entendre.

Elle s'approcha pour l'examiner plus à son aise, des pieds à la tête. *Il a besoin d'un bon bain,* se dit-elle, *mais c'est certainement l'homme le plus excitant que j'aie jamais vu.*

– As-tu assisté à la pièce ? s'enquit-elle.

– Je n'avais pas de quoi acheter un billet.

– Non, bien sûr. Evidemment... (Elle hésita.) Alors ?

Il n'arrivait pas à se décider à parler.

– La *signora* m'avait proposé un emploi, dit-il enfin, la mort dans l'âme. Vous vous souvenez ?

– Oui, en effet.
– Eh bien, je... j'ai besoin d'un emploi... tout de suite.
Ils se mesurèrent du regard.
– Je vois. Tu es moins fier aujourd'hui.
– Je ne peux plus me le permettre.
Avec un petit sourire, elle s'approcha de la coiffeuse et prit de l'argent dans son sac.
– Voilà cinquante dollars, dit-elle. Achète-toi des vêtements décents, prends un bain et viens me voir demain matin au Waldorf. A dix heures, mettons. Nous discuterons de tout cela.
Marco regarda les billets, puis Maud. Il se dégoûtait.
– Merci, marmonna-t-il à contrecœur.
Il tourna les talons et sortit de la loge.
Maud Charteris souriait toujours.

Sa suite, au quatrième étage du Waldorf-Astoria, donnait sur la 34e Rue et la 5e Avenue. Elle voyait de ses fenêtres le résultat tangible de l'une des plus grandes inventions de son époque : les automobiles étaient plus nombreuses que les voitures à cheval. Mais d'autres innovations achevaient d'enterrer le XIXe siècle, en cette année 1908. Quatre mois auparavant, Maud avait rencontré, lors d'une réception dans un château des environs de Paris, une actrice dont elle connaissait la mauvaise réputation. Cette jeune personne de vingt-cinq ans était la fille illégitime d'un camelot. Elle vivait alors avec un riche éleveur de chevaux, Etienne Balsen, et ridiculisait déjà les toilettes pompeuses des élégantes de l'époque – aigrettes, robes sophistiquées et vastes capelines – en s'habillant non comme une « dame » mais plutôt comme une écolière. Ses petits cols blancs et ses vêtements de coupe sportive avaient beaucoup impressionné Maud, qui avait acheté plusieurs croquis de modèles à la jeune Gabrielle Chanel, sans se douter que, quinze ans plus tard, cette femme révolutionnerait la mode du XXe siècle.
Ce matin-là, Maud portait justement l'une de ces robes. Attablée dans le living-room de sa luxueuse

suite, elle buvait du café en observant Marco, qui se tenait devant elle, nerveux et gauche dans le costume neuf qu'il devait à sa libéralité.

– En somme, tu as renoncé à travailler sur un chantier et tu as démoli un camion, dit-elle en remuant sa cuiller. Jusque-là, ta vie en Amérique n'a rien de bien palpitant. Pourtant, je t'admire d'avoir essayé de monter une affaire; cela prouve au moins que tu as de l'ambition. Je l'avais toujours pensé. Et maintenant, tu es prêt à monnayer tes charmes virils pour subvenir à tes besoins ?

– Si j'avais cinq cents dollars...

– Oui, je sais : tu bâtirais un empire à partir d'un camion. Mais qu'est-ce qui te fait croire que ce que tu as à offrir vaut cinq cents dollars ? (Il haussa les épaules.) Tu te doutes bien, reprit-elle, que je n'en suis pas encore réduite à payer mes amants. Je suis une comédienne célèbre dans le monde entier; j'ai eu – et j'ai encore – bien des hommes dans ma vie. Des messieurs cultivés et bien élevés; pas des petits paysans frustes qui seraient pour moi une gêne en société.

– Mais la *signora* a suggéré elle-même...

– Oh ! je sais. La *signora* t'a fait des propositions. Il faut croire que la *signora* a un faible pour les Italiens. Dis-moi, que comptais-tu me proposer ?

– Ce que la *signora* voudra...

Elle se mit à pianoter sur la table, l'air songeur.

– Tu sais, Marco, si jamais nous concluons ce sordide petit arrangement, tu finiras par me haïr. Tu t'en veux déjà d'être venu... Oh ! ne le nie pas, c'est manifeste. Ce qui te rend beaucoup plus intéressant. Je déteste les hommes faciles et les bellâtres. Toi, tu as quelque chose de délicieusement pur.

– Je suis heureux que la *signora* me trouve intéressant.

– Ne joue pas les morveux avec moi. Si je t'achète, j'exige que tu sois *poli*. Le tout est de savoir si je t'achète.

Marco sentit la colère monter en lui. Il se faisait l'effet d'un steak à l'étalage d'une boucherie.

– Vous ne facilitez pas les choses, dit-il.

– Pourquoi le ferais-je? C'est moi qui ai les atouts en main... et l'argent est le plus gros des atouts dans la vie. Oui, je sais ce que tu ressens, Marco. Je me suis trouvée bien des fois dans ta position, contrainte de monnayer mes charmes pour décrocher un rôle. Nous vivons dans un monde d'hommes, et j'ai dû me battre toute ma vie contre les hommes pour en arriver où j'en suis. La lutte m'a durcie, rendue cynique, mais ce n'est pas plus mal.

Elle prit dans son sac son étui à cigarettes en or et son briquet. Elle glissa une cigarette entre ses lèvres et tendit le briquet à Marco pour qu'il lui présente la flamme. Elle exhala une bouffée avant de poursuivre :

– Aussi incroyable que cela paraisse, mon père est pasteur dans le Lincolnshire; il m'a reniée le jour où je suis montée sur les planches. Pour lui, c'était un « métier de prostituée ». Aujourd'hui encore, il refuse de m'adresser la parole. Mon mari, l'éblouissant Edmond Charteris, était un ivrogne qui me battait. Voici cinq ans, il s'est envolé au Brésil avec une danseuse russe en emportant tout mon argent. Ensuite, il y a eu tous ces directeurs de théâtre qui ont... « usé » de moi, tout comme je me suis servie d'eux. Toute ma vie, j'ai combattu les hommes. Aujourd'hui, la situation est légèrement différente, n'est-ce pas? Nous sommes seuls dans cette pièce tous les deux, et c'est moi – la femme – qui décide. Si j'étais vindicative, je dirais que cet instant est absolument délicieux. (Elle tira une nouvelle bouffée de sa cigarette.) Or, il se trouve que je suis vindicative. Déshabille-toi, Marco.

Il écarquilla les yeux.

– Que...

– Déshabille-toi. Je n'achète jamais rien avant d'avoir vu la marchandise. Je veux voir si tu me conviens.

– Non!

– Le fameux orgueil du mâle, c'est ça? C'est normal qu'une femme se déshabille pour permettre aux hommes de se rincer l'œil, mais le contraire est révoltant?

Très bien, garde tes vêtements. Et bonne chance pour ton entreprise de camionnage !

– Vous cherchez à m'humilier !

Elle sourit.

– Naturellement. Cela fait partie du plaisir. Adieu, Marco.

Il la foudroya du regard. *Il me faut de l'argent* ! pensa-t-il. *De l'argent ! Et par elle, je peux en avoir.*

Lentement, il retira sa veste. Puis il desserra sa cravate et entreprit de déboutonner sa chemise. Fascinée, elle regardait. Lorsqu'il fut entièrement nu au milieu de la pièce, elle écrasa sa cigarette, se leva et tourna lentement autour de lui pour l'examiner.

– Tu es drôlement bien foutu. Mais où as-tu récolté ces horribles cicatrices sur les bras ?

– J'ai emprunté de l'argent à un usurier. Comme je ne pouvais pas le rembourser, il m'a attaché à un radiateur.

– Seigneur Dieu, c'est digne de l'Inquisition ! Tu es sérieux ?

– *Lui* l'était.

– Remarque, tu as été stupide de t'adresser à un usurier. Tu aurais dû venir me trouver directement.

– Je n'y ai pas pensé. D'ailleurs, je ne suis pas sûr de gagner au change.

– Bien sûr que si, petit. Tu sais, ton dos me plaît particulièrement. J'ai toujours été attirée par les dos de mâles, et le tien est superbe... (Elle glissa la main le long de sa colonne vertébrale, s'attardant à la base.) Et ces fesses... !

– Alors ?

Elle lui posa un baiser sur l'épaule :

– Je crois que le marché est conclu.

Trois jours plus tard, il grimpait quatre à quatre l'escalier branlant de l'immeuble de Cherry Street et faisait irruption dans la chambre qu'il partageait avec Jake. Celui-ci, qui dormait encore, se mit sur son séant et se frotta les yeux.

– Marco ! Où étais-tu passé ?

– Viens, nous quittons ce trou. Habille-toi.
– Mais, qu'as-tu fait pendant ces trois jours... ?
– Pas de questions. Allons, viens ! Nous déménageons.
– Où ça ?
– Tu vas voir. Viens donc !

Quarante minutes plus tard, Marco ouvrait la porte d'un appartement situé au rez-de-chaussée d'une ravissante maison de la place Saint-Luc, au cœur de Greenwich Village, et les deux jeunes immigrants pénétraient dans un immense living-room désert. La pièce était haute de plafond, et le soleil y pénétrait à flots par deux grandes fenêtres donnant sur un jardin. Au milieu trônait une cheminée ornée d'un superbe manteau en bois. Au fond, une porte à deux vantaux ouvrait sur une autre grande pièce qui prenait jour sur un jardinet, à l'arrière de la maison.

– A qui est-ce ? s'enquit Jake en regardant autour de lui avec émerveillement.

– A moi, répondit Marco. A nous ! Viens, je te fais visiter. Cette pièce-là servait de salle à manger... Tu vois ce beau jardin ?... Et regarde-moi cette cuisine ! Un fourneau à gaz tout neuf, un réfrigérateur, un évier avec l'eau courante... tout ! Même une salle de bains, Jake ! Regarde, tu vois ? Une baignoire, un lavabo...

Il eut un sourire triomphant devant l'expression ébahie de Jake.

– Mais cet endroit doit coûter une fortune, dit Jake.

– Cinquante dollars par mois. J'ai déjà signé le bail avec la propriétaire, une charmante vieille dame qui habite au-dessus. Magnifique, non ?

Stupéfait, Jake détaillait le costume bleu marine d'excellente coupe que portait Marco.

– Où as-tu trouvé cet argent ? demanda-t-il.

– Quelle importance ? Je paie le loyer ; tu me rembourseras quand tu vendras tes chansons, Jake. Le trou à rats de Cherry Street, c'est fini. On va vivre comme des Américains !

Jake secoua la tête.

– Je ne peux pas accepter...
– Pourquoi donc? Nous sommes amis, non?
– Bien sûr, mais... Marco, d'où vient cet argent?
– Bon, allez! Je vais te le dire, dit le jeune Italien en soupirant. Je suis allé voir Mme Charteris. Tu te moquais toujours de moi quand je parlais d'elle, mais... enfin, elle m'aime bien. Tu comprends? Alors, euh... et puis, zut, je suis son amant, voilà!
Jake parut choqué.
– Tu veux dire qu'elle t'a payé pour...?
– Ecoute, c'est un secret entre nous, d'accord? La vérité, c'est qu'elle est dingue de moi. Dans mes bras, elle se pâme, elle gémit... on dirait une chienne en chaleur. Ces trois jours, je les ai passés dans sa suite, à l'hôtel... Regarde ce qu'elle m'a donné. (Il sortit de la poche de sa veste un étui à cigarettes en or.) Elle l'a acheté chez Tiffany, et pour moi qui ne fume même pas. En or pur! Et regarde à l'intérieur : *Pour Marco, mon jeune dieu.* Elle m'a offert ce costume, des tas de chemises, des chaussures... Elle est dingue de moi, je te dis! Regarde, j'ai aussi un chéquier. Elle m'a ouvert un compte dans une banque. Je vais acheter deux camions neufs, réussir! Qu'est-ce que tu en penses? (Silence. Marco rempocha le chéquier et l'étui à cigarettes.) Je sais ce que tu as en tête, reprit-il posément, je suis un gigolo. Tu as raison, et je n'en suis pas fier. J'en aurais même plutôt un peu honte. Mais... Jake, Dieu t'a donné du talent pour composer des chansons; moi, tout ce qu'il m'a donné, c'est quelque chose qui plaît aux femmes et je sais m'en servir. Autant que ça me rapporte, hein? En Italie, les garçons font ça avec des femmes riches... Moi, je me suis dit, bon sang, Marco, fais pareil à New York et sors-toi de la misère. (Il regarda Jake d'un air un peu penaud.) Dis, euh... t'es encore mon ami?
Jake se mit à pouffer.
– Qu'y a-t-il de si drôle? grogna Marco.
Jake éclata de rire.
– Je trouve ça merveilleux. Et je suis ravi de quitter Cherry Street!

— Alors... tu t'installes avec moi ?

— Et comment ! Je voudrais bien, moi aussi, qu'une riche rombière me donne de l'argent.

Tout joyeux, ils se serrèrent la main avec effusion.

13

— Encore plongée dans vos pensées ?

Accoudée au balcon donnant sur la grande salle du centre d'accueil d'Ellis Island, Bridget O'Donnell se retourna. Carl Travers se tenait à côté d'elle.

— J'observais simplement les immigrants en me souvenant du jour où j'étais à leur place, répondit-elle. Et je me demandais combien d'entre eux réussiront en Amérique. Pensez au tas d'histoires qu'ils auront à raconter à leurs enfants.

— Accepterez-vous de dîner avec moi ce soir ?

Elle soupira.

— Docteur...

— Carl, rectifia-t-il.

— Ici, c'est *docteur* Travers, si vous le voulez bien. « Carl », c'est réservé à New York. Pas la peine que le personnel se mette à jaser sur notre compte.

— Acceptez-vous de venir dîner chez moi ? Je ne cuisine pas mal, je vous assure.

— Ma foi, ça fait suffisamment longtemps que vous cherchez à m'attirer dans votre appartement... Il faut bien que j'en passe par là si je veux avoir la paix. Mais attention, pas de bêtises !

— Promis.

Elle travaillait pour lui depuis maintenant un mois, et Carl Travers était follement amoureux d'elle.

Justement, il ne pensait qu'à des bêtises.

Il louait un deux-pièces meublé au premier étage d'une ravissante demeure victorienne en brique, dans Grove Street. Bridget fut frappée du nombre de livres entassés dans l'appartement.

— Vous aimez la lecture, à ce que je vois.

— J'adore ça. C'est ce qui compte le plus dans ma vie après la médecine. Et après vous.

Il ferma la porte à clé et prit Bridget dans ses bras.

— Laissez-moi au moins enlever mon chapeau! protesta-t-elle en le repoussant gentiment.

— Je vous aime, Bridget...

— Voyez-vous ça!

Il l'aida à ôter son manteau.

— Je suis sincère. A force d'être tous les jours avec vous au bureau, je...

— Chut! (Elle lui mit un doigt sur la bouche.) Vous êtes un homme charmant, et je vous aime bien. Je ne voudrais pas que vous vous rendiez ridicule. (Elle s'approcha de la fenêtre.) Vous avez une jolie vue. J'adore Greenwich Village; c'est un endroit pittoresque, on peut y oublier qu'on est dans une si grande ville.

Il s'approcha d'elle et la prit par la taille.

— Resterez-vous ici cette nuit? murmura-t-il.

— Et quoi encore? Je suis une honnête fille.

— Alors, voulez-vous m'épouser?

Elle se retourna pour scruter son visage.

— Vous êtes sérieux, n'est-ce pas? dit-elle d'une voix douce.

— Tout à fait.

Elle s'assit et, après avoir réfléchi un moment, elle leva les yeux vers lui.

— Puisque vous abordez un sujet aussi grave, dit-elle, il me faut vous avouer une chose que vous serez seul à savoir. Promettez-moi solennellement de garder le secret.

Il parut surpris.

— Ma foi, je crois...

— Jurez-le.

— Bon, je le jure.

Elle se frotta les mains avec nervosité. Il y avait longtemps qu'elle désirait partager son secret. Et elle avait beau repousser les avances de Carl, elle éprouvait pour lui beaucoup plus que de l'affection. S'il envisageait sérieusement le mariage, c'était le moment de mettre son amour à l'épreuve.

Les larmes aux yeux, elle murmura :

– En Irlande, je suis recherchée pour meurtre.

Le médecin-chef d'Ellis Island écarquilla les yeux.

– Qui... qui avez-vous tué ? bredouilla-t-il en se laissant choir dans un fauteuil.

– De mes mains, personne. Je serais bien incapable d'assassiner quelqu'un... En fait, voilà : quand j'étais à Dingle, j'étais en relation avec des Fenians. Ils ont voulu kidnapper un grand propriétaire terrien anglais, pour tenter de contraindre Westminster à accorder l'autonomie. Leur choix s'est fixé sur le comte de Wexford, un homme insolemment riche et très connu dans la haute société. Jamie, ils le savaient, aimait les femmes; on m'a demandé mon concours. Ils m'avaient promis de ne pas toucher à un seul cheveu de sa tête, et j'ai été assez stupide pour les croire. De toute façon, j'étais décidée à aller en Amérique avec Georgie. C'était le moment ou jamais de faire un dernier geste en faveur de notre chère Irlande.

– Comment les avez-vous aidés ?

Elle lui lança un regard de défi.

– Je vous ai dit tout à l'heure que j'étais une jeune fille convenable. Eh bien, c'est faux... Je suis devenue la maîtresse de Jamie.

Quel veinard, ce Jamie ! songea Carl Travers.

– Le problème, poursuivit-elle, c'est que je me suis attachée à lui. Oh ! c'était un snob et un pas-grand-chose, mais... bref, il savait s'y prendre au lit. Le rapt a eu lieu et je me suis embarquée aussitôt pour l'Amérique. Quelques jours plus tard, j'ai appris par le journal qu'ils l'avaient tué. (Des larmes sincères roulèrent sur ses joues.) Je jure que je n'aurais jamais participé à l'enlèvement si j'avais su comment cela se terminerait. Mais je les ai crus. Comme une idiote ! Si jamais les Britanniques me mettent la main dessus, ils me pendront. (Elle s'essuya les yeux.) Et voilà : désirez-vous toujours m'épouser, sachant que je suis une criminelle qu'on recherche... et plus ou moins une putain ?

Il s'agenouilla à ses pieds et lui prit la main.

– Si vous devenez Mme Carl Travers, murmura-t-il,

vous aurez la nationalité américaine. Au moins ne pourra-t-on jamais vous extrader.

Bridget battit des paupières. Elle n'avait encore jamais pensé à ça.

Avant de représenter l'Etat de New York au Sénat pendant deux mandats, Phipps Ogden avait été l'associé de J. P. Morgan. Il était entré dans la politique non par appétit de pouvoir, mais parce que servir l'Etat était de tradition dans sa famille depuis des générations. Son père avait été ambassadeur à la cour de Saint-James dans le premier gouvernement Cleveland, son grand-père, ministre des Affaires étrangères de Millard Fillmore, et son arrière-grand-père avait signé la Déclaration d'Indépendance. Les Ogden s'étaient enrichis en même temps que l'Amérique, d'abord dans la navigation, puis dans la banque. Mais c'était le grand-père de Phipps qui était à l'origine de leur immense fortune, tant il avait acheté de terrains à Manhattan avant la guerre de Sécession, à une époque où la moitié nord de l'île était encore couverte de champs. Résultat : Phipps était propriétaire de grosses parcelles sur l'Upper East Side, et ses immeubles lui rapportaient plus de deux millions de dollars par an. Grand, d'une beauté aristocratique, c'était un homme élégant, honnête et cultivé, mais assez dépourvu d'humour. Principale figure de la haute société new-yorkaise, il avait fait la connaissance de Maud Charteris deux ans plus tôt, à Londres, du vivant de sa femme, et il s'en était amouraché. Maintenant, il avait cinquante-six ans, il était veuf, donc libre, et il se conduisait, depuis la « première » de Maud à Broadway, comme un écolier amoureux.

– Phipps ! s'exclama Maud en ouvrant la porte de sa suite. Que diable... ?

Il lui mit dans les bras un bouquet de roses et entra.

– Je n'ai pas téléphoné, je sais bien, mais vous me fuyez depuis quelque temps, et vous m'avez manqué.

– Ces roses sont ravissantes, mon chéri, mais j'ai été grippée...

– Maud, vous êtes la plus belle femme de la société new-yorkaise et la plus grande actrice d'Angleterre...

– Tout à fait d'accord.

– ... mais vous êtes une piètre menteuse. Un de mes amis vous a vue l'autre matin chez Brooks Brothers avec un jeune homme extrêmement séduisant. Conclusion : vous n'êtes pas grippée et vous m'évitez. A propos, je vous ai apporté un petit cadeau en souhait de prompt rétablissement – bien que vous ne soyez pas malade.

Elle mit les roses dans un vase et prit l'écrin de velours noir que lui tendait Phipps. Elle l'ouvrit et demeura bouche bée à la vue du bracelet de rubis et de diamants qu'il contenait.

– Vous savez trouver le chemin de mon cœur, dit-elle en prenant le bijou. Il est superbe.

– Tenez, laissez-moi vous le mettre.

Dans la chambre voisine, Marco enfila son caleçon et, sur la pointe des pieds, s'approcha de la porte pour risquer un coup d'œil. Il vit Phipps attacher le bracelet au poignet de Maud. Puis il les vit s'embrasser.

– Merci, mon chéri, dit Maud. J'adore qu'on fasse des folies pour moi.

– A présent, dites-moi... Qui était le jeune homme en question ?

Pour gagner du temps, elle alla prendre une cigarette dans un coffret. Elle faisait l'amour avec Marco au moment où on avait sonné à la porte.

– Seigneur, dit-elle enfin, j'espère que vous n'allez pas vous montrer bêtement jaloux ?

– Quand la femme que j'aime se montre en public avec un homme ayant – m'a-t-on dit – la moitié de son âge, je deviens bêtement curieux.

– Voilà qui n'est pas très galant.

Il lui alluma sa cigarette.

– J'en conviens. Qui est-ce ?

– Il s'appelle Marco Santorelli. C'était mon jardinier en Calabre. Comme il voulait venir en Amérique, je lui ai donné quelques notions d'anglais. La semaine dernière, il est venu me voir au théâtre et il m'a expliqué qu'il était complètement fauché. C'est un très gentil garçon et j'ai eu pitié de lui : je lui ai acheté quelques vêtements et prêté un peu d'argent pour le tirer d'affaire. L'accusée plaide non coupable.

Phipps prit un air sceptique.

– Vous lui avez acheté des vêtements chez Brooks Brothers ?

– Ecoutez, mon cher, vous m'avez dit vous-même que c'était le meilleur magasin pour hommes de New York. Je n'ai pas l'habitude de faire mes achats aux puces.

Il sourit et lui baisa la main.

– D'accord, l'accusée n'est pas coupable. Me pardonnerez-vous, Maud ?

– Je n'en sais rien. Vous m'avez réellement offensée. J'en suis même à m'étonner que vous n'ayez pas fait irruption dans ma chambre pour chercher mon amant sous le lit.

L'oreille collée contre la porte, Marco admira le sang-froid de Maud. L'actrice savait assurément faire face aux situations inattendues.

– Le jeune et bel amant italien dissimulé sous le lit ! s'esclaffa Phipps. Admirable !

Marco regarda le lit d'un air morne. Il ne trouvait pas cela si merveilleux, lui.

– En tout cas, reprit le sénateur, je vous invite à déjeuner pour me faire pardonner.

– Oh ! je ne vous en veux déjà plus. Mais je ne suis pas contre le déjeuner. Allez m'attendre en bas, le temps de prendre un bain et de me changer...

– Ne puis-je attendre ici ?

Elle eut un sourire espiègle.

– Oh ! non, chéri. Vous empêcheriez mon jeune amant italien de sortir de la chambre.

Phipps Ogden partit d'un grand éclat de rire.

– Vous avez raison ! Je descends immédiatement pour permettre à... comment s'appelle-t-il ?

– Marco.

– Pour permettre à Marco de remonter son pantalon et de filer en douce !

Marco jugea qu'il en fallait bien peu pour amuser le bonhomme. Phipps se retira et Maud entra dans sa chambre en faisant tourner rêveusement le bijou autour de son poignet.

– Qui était-ce ? s'enquit Marco.

– Mon riche sénateur. Regarde ce bracelet, n'est-il pas extraordinaire ? Je parie qu'il vaut dix mille dollars.

Sidéré, Marco contemplait le joyau.

– Et ce n'est même pas Noël, murmura-t-il.

– Quand on a de l'argent, c'est Noël toute l'année. (Elle se dirigea vers le lit.) Phipps est un amour, mais il a l'art d'arriver au mauvais moment. Il n'aurait pas pu tomber plus mal.

Elle s'allongea et ouvrit son kimono en soie rouge, révélant une belle poitrine, un ventre plat, de fortes hanches et de longues jambes. Elle sourit à Marco et lui tendit les bras.

– Mon jeune amant italien peut maintenant reprendre ce qu'il faisait avant l'interruption de Phipps.

Marco se gratta le menton.

– L'amant italien n'a peut-être plus envie, bougonna-t-il.

Maud avait fini par s'habituer à ses sautes d'humeur. Elle savait que la relation qui les unissait le gênait, et elle comprenait ses sursauts de fierté. Malgré la nature de leurs rapports, elle en était curieusement arrivée à éprouver pour lui autant de respect que de désir. Marco attendait beaucoup de la vie, et son actuel statut de gigolo ne satisfaisait pas sa dévorante ambition. Maud songeait parfois, sans bien savoir comment s'y prendre, que ce serait intéressant de l'aider à atteindre son but. En l'occurrence, elle décida de ne pas lui forcer la main. Naturellement, elle n'allait pas non plus le supplier.

– Très bien, dit-elle en se levant. A la réflexion, je n'en ai pas envie non plus.

Ce qui ne laissa pas de surprendre Marco.

14

– Al Jolson te trouve du talent, petit, dit Abe Shulman à Jake. Il m'a téléphoné de Rochester, l'autre jour, pour me parler de toi. Il pense que je devrais t'aider.

– Vous avez déjà fait beaucoup pour moi, monsieur Shulman.

– Appelle-moi « Abe »; « monsieur Shulman », ça me donne l'impression d'être un vieillard. Et ne me remercie pas, je déteste ça. Ce que je te demande, c'est de m'écrire des chansons à succès, mais j'attends toujours. Je crois qu'il faut que tu te lances dans le métier, petit. Que dirais-tu de devenir mon agent de publicité?

– C'est quoi, au juste?

– Bon sang, tu es vraiment cornichon. Voilà : chaque fois que je publierai une chanson, tu iras jouer la musique dans les boîtes pour convaincre les propriétaires de l'acheter. Tu piges? Tu t'adresseras aussi aux chanteurs, pour qu'ils interprètent la chanson... Vu? C'est un rôle très important. Tu vas donc démissionner de ce foutu boulot de serveur. Tu en profiteras pour dire à mon cousin que c'est un sale radin et qu'il peut se foutre son restaurant pourri là où je pense. A ce moment-là, il te proposera une augmentation : la brutalité est le seul langage qu'il comprenne.

Ce nouvel emploi tombait à point nommé pour Jake, qui commençait à en avoir plus qu'assez de faire le larbin. Maintenant qu'il avait un pied dans le show-business, tout était possible. Il avait terminé ses cours à l'école de langues Acme, mais il consacrait encore une grande partie de son temps à potasser des livres d'anglais, au point qu'il connaissait mieux cette langue que la plupart des Américains. Son accent prêtait moins à rire et s'améliorait de jour en jour.

Jake n'était pas allé une seule fois à la synagogue depuis sa fuite de Russie. Il devenait américain pour de bon.

Elle avait vingt-trois ans et était faite à ravir, la fille d'un conducteur de tramway de Flushing, New York. L'ambition de devenir une étoile de la chanson tenaillait la donzelle qui se faisait appeler « la douce Nellie Byfield, la grive de Flushing ». (« Douce, tu parles! » avait ricané Abe en faisant à Jake le portrait de Nellie. « A ce qu'on m'a dit, c'est une vraie garce. ») Abe trouvait son jeu de scène exécrable, mais elle plaisait beaucoup aux riches clients de la boîte car elle avait une voix ravissante et une beauté indéniable. Debout au fond du Cavendish Club, Jake la regardait tout de blanc vêtue – robe, capeline et ombrelle – chanter *A la fin du bal* devant une vingtaine d'agents de change à moitié ivres. Elle avait un jeu affreusement mélodramatique – Abe avait raison sur ce point – mais une voix superbe; sa beauté, surtout, impressionna le jeune juif : Nellie Byfield incarnait à elle seule toutes les femmes idéales qui avaient peuplé ses rêves érotiques les plus fous. L'effet qu'elle produisit sur lui fut dévastateur.

Le Cavendish Club était un endroit chic où des hommes d'affaires fortunés se retrouvaient pour échapper à leurs épouses, pour bien manger et se soûler. Des gravures de chasse, des têtes de cerf et des portraits des membres les plus célèbres du club – parmi lesquels Theodore Roosevelt – décoraient les murs lambrissés. Bars, bibliothèques et salles de billard occupaient les deux premiers étages de l'établissement; le restaurant était tout en haut, pourvu d'une petite scène sur laquelle se produisaient les artistes. Depuis quatre mois, Nellie, accompagnée d'un orchestre de six musiciens, chantait au Cavendish deux fois par soirée. Mais elle s'y ennuyait et piaffait d'impatience. Le Cavendish était peut-être un club huppé, mais ce n'était pas Broadway.

C'était William Morris, son imprésario, qui avait jusqu'à présent cantonné Nellie dans les clubs, estimant qu'elle n'était pas prête à conquérir Broadway.

– Pas prête ? avait-elle hurlé. Quand serai-je prête, alors ? A quatre-vingts ans ?

Abe avait prévenu Jake : la « douce » Nellie avait un sale caractère.

Ce soir-là, alors qu'elle se démaquillait dans sa loge minuscule, on frappa à la porte.

– Entrez ! rugit-elle.

Dans le miroir de sa coiffeuse, elle vit entrer un mince jeune homme vêtu d'un costume bon marché.

– Mademoiselle Byfield, je m'appelle Jake Rubin et je travaille pour la Société d'éditions musicales Shulman...

– Abe Shulman est un nain grossier, l'interrompit-elle, et je ne chanterais pour rien au monde une de ses productions, même s'il éditait Franz Schubert !

Jake en demeura bouche bée.

– Eh bien... euh... vous avez une voix superbe, c'est vrai, mais votre répertoire date un peu. *A la fin du bal*, par exemple, a été composée il y a quinze ans... Tenez, j'ai ici une nouvelle chanson de Farley Beaumont, intitulée *Tu es ma Dulcinée, mon bonbon acidulé...*

– Vous plaisantez ! C'est un titre de chanson, ça ?

– Oui, et la mélodie est sensationnelle. Entraînante, très rapide ! J'aimerais beaucoup vous la jouer.

Elle fit volte-face et le regarda bien dans les yeux :

– Vous perdez votre temps. J'ai un répertoire classique; je ne chante pas n'importe quoi.

– Mais...

– Vous perdez votre temps, répéta-t-elle. Et maintenant, laissez-moi !

– Mais, mademoiselle Byfield...

– Sortez, vous dis-je !

Il resta là un moment à la regarder. Enfin, il lança :

– Eh bien... merci infiniment, mademoiselle Byfield. Mais vous entendrez encore parler de moi.

– Avec la chance que j'ai, c'est probable. Fermez la porte, il y a un courant d'air.

Il obéit, sans la quitter des yeux un instant.

– Je t'avais bien dit que c'était une garce, déclara Abe le lendemain matin. Oublie-la, va. Elle se prend pour une duchesse.

– Non, répondit Jake, je n'ai pas l'intention de l'oublier. Hier soir, en écoutant son numéro, j'ai vraiment eu l'impression qu'elle s'ennuyait. Si je pouvais seulement la convaincre d'écouter *Ma Dulcinée*, je suis sûr qu'elle serait emballée et qu'elle en ferait un succès. Son public est bourré de fric.

– Ouais, je sais.

Après une minute de réflexion, Abe sortit de sa poche une liasse de billets; il en préleva un de vingt dollars, qu'il tendit à Jake.

– Tiens, dit-il. Tu donneras ça au chef d'orchestre.

– Pourquoi?

– Quel cornichon, mes aïeux! Pour le *soudoyer*, pardi, espèce d'idiot!

Le 1er mars 1881, le tsar Alexandre II se promenait en carrosse dans les rues de Saint-Pétersbourg, quand un nihiliste jeta une bombe sous la voiture. L'explosion détruisit le carrosse et blessa l'un des cosaques de l'escorte, mais Alexandre s'en sortit indemne. Alors que le tsar parlait avec le blessé, un second nihiliste s'élança en criant : « Il est trop tôt pour remercier Dieu! » et une seconde machine infernale lancée entre les pieds du monarque lui arracha les jambes, déchiqueta l'estomac et mutila le visage. La victime, emmenée au Palais d'Hiver, y mourut peu après, entourée de la famille impériale horrifiée.

Ce sauvage assassinat déclencha une vague de pogroms, car un grand nombre de nihilistes se recrutaient parmi les juifs. L'émigration juive en redoubla, essentiellement vers l'Amérique.

En 1882, un colporteur nommé David Szemanski avait fui la ville frontière de Shervient, en Lituanie, pour gagner l'Angleterre – et, de là, l'Amérique. Quand on lui demanda de décliner son identité, au centre d'immigration de Castle Garden, David répondit :

« David Szemanski, de Shervient » ce que l'employé traduisit sur le registre par : « David Shubert ». Celui-ci s'installa alors à Syracuse, dans l'Etat de New York, où il eut trois fils : Sam, Jacob (ou J. J.) et Levi (ou Lee). En 1900, ces trois frères – jeunes, ambitieux et passionnés de théâtre – montèrent à l'assaut de New York, après avoir emprunté quinze mille dollars. Dès 1909, les frères Shubert possédaient quatorze salles à New York; ils avaient produit plus de cinquante spectacles en neuf ans et semblaient bien partis pour régner sur le music-hall américain. Dans une de leurs revues, la populaire Nora Bayes interprétait *O nuit de pleine lune,* chanson qui devait devenir un énorme succès. Et ce soir-là, au Cavendish Club, Nellie Byfield, « la grive de Flushing », monta sur scène aux accents de *O nuit de pleine lune.* Nellie était à mille lieues de se douter qu'elle était en quelque sorte redevable de ce qui lui arrivait à un nihiliste russe des années 1880.

Elle portait une robe de velours rouge très décolletée et sa coiffure, surmontée d'une aigrette, était constellée de strass. Elle s'apprêtait à attaquer la chanson quand, sans transition, l'orchestre se mit à jouer un air totalement inconnu. Au même instant, elle entendit quelqu'un entonner *Tu es ma Dulcinée, mon bonbon acidulé.* A l'autre bout de la pièce, Jake Rubin s'avançait vers elle en chantant de sa voix de fausset. Il lui mit la partition dans les mains et lui indiqua les premières mesures. Contrainte de suivre le mouvement, Nellie se mit à chanter avec lui, en souriant nerveusement au public comme si cet intermède faisait partie du numéro. La mélodie était gaie et rythmée. A la fin du premier couplet, Jake s'inclina profondément devant Nellie et quitta précipitamment la scène, laissant sa partenaire involontaire reprendre malgré elle le refrain. Elle chanta jusqu'au bout et les membres du Cavendish Club applaudirent à tout rompre; Nellie leur avait offert quelque chose de nouveau. Rouge d'excitation, Nellie fit la révérence avec un large sourire et quitta la scène. Jake l'attendait dans les coulisses.

– Vous voyez? s'exclama-t-il, triomphant. Qu'est-ce que je vous disais? Ça leur a plu!

Un soufflet magistral appliqué avec le rouleau de la partition mit un terme à son enthousiasme.

– Ne vous avisez jamais de me refaire ce coup-là! hurla-t-elle. (Puis elle jeta le papier par terre et ajouta méchamment :) Sale petit youpin arriviste!

Se retenant de répliquer, Jake la regarda s'éloigner vers sa loge. Lui eût-elle planté dix poignards dans le corps qu'elle n'aurait pu le blesser davantage.

L'antisémitisme se portait aussi bien à New York que dans la Russie des tsars.

15

Malgré les millions de sermons prononcés à l'époque victorienne pour mettre en garde les fidèles contre le péché de cupidité et les dangers de la richesse, peu de gens considéraient alors la pauvreté comme autre chose qu'une malédiction. D'autant que l'on estimait généralement – à l'instar de nombreux prédicateurs – que les pauvres étaient les premiers responsables de leur misère. Marco trouvait dans cette attitude mentale une justification à ses relations avec Maud. Qu'une femme vendît son corps pour de l'argent, il la traitait instantanément de putain; en revanche – même s'il éprouvait encore quelques scrupules – il se considérait plutôt, lui, comme un homme d'affaires avisé... Après tout, il s'était sorti de Cherry Street; n'était-ce pas le plus important? Il avait connu la pauvreté toute sa vie, et il la haïssait. Le compte en banque de Maud lui avait permis de se procurer deux nouveaux camions, qu'il remisait dans un garage de Varick Street; il avait engagé un autre chauffeur – un Italien prénommé Gino – et, depuis plusieurs semaines, l'entreprise de camionnage Santorelli faisait de bonnes affaires. Il gagnait honnêtement sa vie, il avait une garde-robe dernier cri, un bel appartement dans un quartier chic; qu'est-ce que ça pouvait bien lui faire que personne ne songe à lui décerner le Prix de Vertu 1909 ? Il lui arrivait même d'empiéter sur le territoire de Casey O'Donnell; c'est ainsi qu'il eut la surprise, un samedi après-midi, de rencontrer les sœurs O'Donnell alors qu'il revenait de son dépôt.

– Hé! dit-il, s'arrêtant net. Vous me reconnaissez?

Bridget le dévisagea.

– Vous étiez sur le bateau, répondit-elle. Vous avez dansé sur le pont avec ma sœur.

Marco eut un large sourire.

– C'est ça ! Je m'appelle Marco Santorelli. Comment trouvez-vous l'Amérique, les filles ?

– Oh ! très bien, dit Bridget.

– Nous achetons des meubles pour le nouvel appartement de Bridget, intervint Georgie. Elle se marie la semaine prochaine et va s'installer dans le quartier de Grove Street.

– Dans ce cas, nous serons voisins. J'habite place Saint-Luc. Dites, vous n'allez pas me croire, mais je travaille dans la même branche que votre oncle. L'entreprise de camionnage Santorelli, c'est moi !

Il bomba le torse d'un air avantageux.

– Voilà qui est impressionnant, dit Bridget avec un sourire amusé. Vous paraissez en pleine forme, monsieur Santorelli. L'Amérique a l'air de vous convenir.

Marco observait Georgie, en se demandant pourquoi elle avait un air tellement fixe.

– Et vous, mademoiselle? Vous allez vous marier aussi ?

– Je n'ai malheureusement pas le temps de m'intéresser aux hommes.

– Pourquoi donc ?

– J'apprends le braille.

– Le braille ? Qu'est-ce que c'est ?

– Une méthode de lecture pour les aveugles.

La douce jeune fille avait perdu la vue. Il en fut atterré.

– Je... j'ignorais, bredouilla-t-il, embarrassé.

Elle posa une main sur son bras.

– Vous permettez ? dit-elle en souriant. Je crois me souvenir de votre visage.

Avec douceur, elle lui effleura le nez, les lèvres, le menton et les yeux. Marco se raidit, le cœur chaviré par ce délicat contact.

– Je me souviens de vous, à présent, dit-elle en retirant sa main.

En effet, la sensibilité de ses doigts avait reconnu le beau visage de l'Italien.

– Ne soyez pas gêné, reprit-elle. Je me suis habituée à ma cécité.

Du regard, Marco interrogea Bridget, qui hocha imperceptiblement la tête, comme pour dire : *C'est vrai, elle a surmonté l'épreuve.*

– Vous savez, dit-il, j'ai oublié votre prénom.

– Georgie. C'est un diminutif de Georgiana.

Georgie... Très jolie. Georgie, le lis aveugle. Soudain, il eut une idée.

– Aimez-vous le cinéma ?

Elle fronça les sourcils.

– Eh bien, je ne puis guère...

– Non, non... ne vous fâchez pas. Je voudrais vous y emmener. Je vous raconterai l'histoire. Je serai vos yeux !

Le visage de Georgie s'illumina.

– Quelle délicieuse idée ! s'exclama-t-elle. Oh ! Bridget, crois-tu que tante Kathleen m'autorisera... ?

– Pourquoi pas ? Tu as vingt et un ans; il est temps que tu ailles au cinéma... en compagnie d'un homme.

Marco, comme beaucoup d'immigrants, était devenu un fidèle adepte des salles obscures : c'était un divertissement peu coûteux et qui ne lui demandait pas trop d'efforts en anglais, puisqu'il suffisait de regarder pour comprendre.

– On passe *La malédiction du Masque Rouge* à Sheridan Square, dit-il. Et il y a un film de cow-boys en complément de programme. Vous voulez y aller ce soir ? J'adore les films de cow-boys. Vous aimerez, vous aussi. Des tas de galopades, de coups de feu... Pan ! Pan ! Sus aux Indiens !

Georgie se mit à rire. Son univers lui paraissait tout à coup moins noir.

– Mais... Georgie, ma chérie, tu connais à peine cet homme, déclara Kathleen O'Donnell. Tu as fait sa connaissance sur le bateau, puis tu es tombée sur lui par hasard dans la rue... et voilà qu'il t'emmène au cinéma ? Je trouve cela un peu déplacé de sa part, si tu veux mon avis. En plus, c'est un Italien ! Tu sais bien que les Italiens n'ont aucune moralité lorsqu'il s'agit des femmes.

Assise en face de sa tante à la table de la salle à manger, Georgie buvait une tasse de thé.

– De toute façon, tante Kathleen, il ne peut pas m'arriver grand-chose dans une salle de cinéma.

– Ça, c'est toi qui le dis ! On m'a raconté ce qui s'y passe : baisers dans l'obscurité, je ne sais quoi encore... Ce n'est pas un endroit pour une jeune fille bien élevée.

– De nos jours, tout le monde va au cinéma. Ce n'est pas comme de votre temps, où les visiteurs de sexe masculin devaient rester sagement assis au salon. Allons, ne vous tracassez pas; je suis capable de me débrouiller.

– Mais c'est un Italien !

– Le pape aussi.

– Pas d'impertinence ! Je te signale que ton oncle ne va sans doute pas apprécier cette histoire; ce Santo... je ne sais quoi est un de ses concurrents.

– Je le sais. Et quand oncle Casey rentrera de Detroit, je pourrai lui livrer tous les secrets de Marco. (Son visage s'éclaira : on venait de sonner à la porte d'entrée.) Le voilà ! Suis-je bien coiffée ?

Kathleen se leva pour guider sa nièce à travers la maison.

– Oui. Tu es belle comme le jour... C'est du gâchis, vraiment ! Pour un Italien ! En tout cas, je tiens à rencontrer ce M. Marco pour lui dire que s'il fait seulement mine de toucher à ma nièce il s'en mordra les doigts !

En réalité, malgré ses réticences et ses soupçons,

Kathleen était contente pour Georgie. Un homme s'intéressait enfin à elle. Et elle se faisait une telle joie d'aller au cinéma que Kathleen ne se sentit pas le cœur de s'y opposer. Elle savait combien Georgie s'était appuyée sur sa sœur pour s'adapter à son infirmité; le départ de Bridget, la semaine suivante, laisserait un grand vide dans sa vie. Marco avait beau être italien, peut-être... *peut-être* serait-ce une bonne chose pour Georgie d'avoir un nouveau compagnon.

Sa première pensée en découvrant le visiteur sur le seuil fut : *Il est trop beau pour être honnête. Et ce costume! Comment un chauffeur de camion peut-il se payer un costume pareil? Il a dû lui coûter une fortune.*

– Bonsoir, dit Marco en souriant, son chapeau à la main. Vous êtes madame O'Donnell?

– Parfaitement, répliqua Kathleen, glaciale. Et sachez ceci : si je laisse Georgie sortir avec vous, c'est parce qu'elle meurt d'envie d'aller au cinéma. Mais ne la ramenez pas trop tard!

– Nous serons rentrés pour minuit, assura Georgie en tendant la main à Marco.

– Pas question! Tu seras là à dix heures, sans quoi tu auras de mes nouvelles! (Elle se radoucit.) Heureuse de vous connaître, monsieur Santorelli. Prenez bien soin de ma Georgie, hein?

– Comptez sur moi.

Il lui fit descendre les marches du perron et la guida vers son camion, garé dans l'allée.

– Vous êtes très belle, dit-il.

– Merci.

– Je suis certain que le film vous plaira.

– Je brûle d'impatience!

La vague du cinématographe avait balayé l'Amérique comme une tornade. Depuis 1905, date à laquelle on avait inventé le film à intrigue, plus de trois cents salles de cinéma s'étaient ouvertes. Il suffisait d'un écran, d'un projecteur – et, le cas échéant, d'un pianiste – pour s'installer. Deux millions d'Américains se pressaient chaque jour dans les salles obscures : c'était assurément un métier lucratif.

— Le Masque Rouge poursuit Helen avec un couteau, chuchota Marco.

Ils étaient assis au dernier rang de la salle, pleine à craquer. Le pianiste massacrait les *Préludes* de Liszt.

Le souffle court, Georgie suivait le film par le truchement de Marco :

— Il va lui planter le couteau dans le dos... non ! Il entend quelque chose ! Il se retourne, écoute... J'espère que c'est le policier... *Dio !* non, c'est le Chinois, le trafiquant d'opium... Le Masque Rouge se cache derrière un rideau... hé, c'est formidable ! Le Chinetoque croit avoir Helen pour lui tout seul... il s'approche par-derrière... il lui enlève son bâillon...

— Pourquoi ?

— Il veut l'embrasser, je crois. Le cochon !... Sapristi, revoilà le Masque Rouge !... Il brandit son couteau au-dessus du Chinetoque... le lui enfonce dans le dos. Ouf ! Le Chinetoque tombe à genoux... le Masque Rouge continue de le frapper... le Chinetoque agonise...

Cramponnée à son siège, Georgie sentit la main de Marco se poser sur la sienne.

— Attendez... les deux fils du Chinetoque sont entrés dans la fumerie d'opium... ils voient leur père... ils brandissent leur couteau et s'avancent vers le Masque Rouge...

— Helen est-elle toujours ligotée sur la chaise ?

— Oui... L'un des fils saisit ce truc dans lequel on fait brûler du charbon...

— Un brasero, lui souffla Georgie.

— Il le jette à la tête du Masque Rouge, qui s'écarte... le brasero atterrit sur le rideau... bon sang, le rideau prend feu ! Le Masque Rouge s'enfuit... les Chinetoques lui courent après... Oh la la ! toute la maison brûle !

— Va-t-on sauver Helen ?

— Je n'en sais rien... *Dio,* les flammes vont l'atteindre... elle est terrifiée, elle se débat pour briser ses liens... Ça y est, quelqu'un la sauve !

– C'est palpitant, Marco !
– Zut !
– Qu'y a-t-il ?
– L'épisode est terminé. Il faudra attendre la semaine prochaine pour savoir la suite.
– Les sauvages !
– Tenez, voilà le film de cow-boys. Ça s'appelle *Arizona*. Vous vous amusez ?
Elle sourit dans l'obscurité.
– C'est tout simplement merveilleux, murmura-t-elle.
Et elle était sincère.

– Si je comprends bien, dit Roscoe Haines, tu n'as pas trouvé le bon filon à exploiter ?
– Pas encore, répondit Jake.
Ils dégustaient une bière dans un bar de Harlem. Roscoe était rentré de Hambourg pour se rendre au chevet de sa mère malade et avait retrouvé Jake par l'intermédiaire de Shulman.
– Je n'ai pourtant pas à me plaindre, reprit Jake. J'ai un emploi, et – grâce à Marco – j'habite un superbe appartement. Qu'est-ce que je lui dois comme loyers !... Enfin, ça pourrait être pire.
Il plongea un bretzel dans sa bière. Il se sentait un peu gêné d'être le seul Blanc dans la salle, mais Roscoe lui avait expliqué qu'un Noir n'avait pas le droit d'entrer dans un bar réservé aux Blancs. Harlem – qui, quelques années auparavant, était un quartier blanc et bourgeois – se peuplait de Noirs à une allure vertigineuse, ce qui provoquait des tensions dans toute la ville et inaugurait une longue période de troubles raciaux.
– Tu écris de bonnes chansons ? demanda Roscoe.
– J'en écris beaucoup, mais il faut croire qu'il n'y en a pas une seule de bonne. En tout cas, Abe les trouve exécrables.
– Laisse-moi te dire quelque chose à propos d'Abe Shulman : il ne mise que sur les valeurs sûres. Il n'a jamais publié de chansons écrites par un inconnu. Il

laisse les autres parier sur les débutants et, si ça marche, il les récupère. Tu perds ton temps avec Abe. Porte tes compositions à un autre éditeur.

– Ce ne serait pas très correct. C'est lui qui m'a procuré un emploi, après tout.

– Et alors ? As-tu seulement essayé de présenter une de tes chansons à un chanteur ? Un professionnel, j'entends.

– Je n'ai pas le temps de faire de la retape pour mes œuvres. Abe me paie pour vendre les siennes.

– Tu es son esclave, c'est ça ? Dis-lui d'aller se faire foutre, mon gars !

– J'ai bien envoyé *Mon musicien à moi* à Nora Bayes, mais elle me l'a retournée sans ouvrir l'enveloppe.

– C'est quoi ça, *Mon musicien à moi ?*

– Ma trente-sixième chanson.

– Vas-y. Joue-moi ça...

Jake jeta un regard autour du bar. La longue salle était pratiquement déserte, car il était encore tôt : neuf heures du matin. Un piano déglingué, au couvercle constellé de taches de bière, était appuyé contre le mur.

– Elle n'est pas fameuse, dit Jake en levant son verre.

Roscoe le dévisagea, sourcils froncés :

– Ben alors quoi ? Ta musique est trop bonne pour un nègre, c'est ça ?

– Mais non, voyons ! C'est simplement que cette chanson ne vaut rien...

– Laisse-moi en juger, tu veux ? Ecoute, je t'ai aidé à entrer dans ce foutu pays; tu me dois bien une chanson.

Jake s'essuya la bouche du revers de sa manche et alla s'asseoir au piano.

– Je l'ai écrite en pensant à Nora Bayes comme interprète.

Il se mit à jouer et à chanter :

Certaines femmes aiment la richesse;
D'autres aspirent à la noblesse.

Mon homme à moi n'est pas racé,
Ce n'est qu'un musicien fauché,
Mais quand il me joue du ragtime, il met mon cœur
[en liesse!
Celui que j'aime est un pianiste de ragtime, un va-
[nu-pieds
Un vrai génie du clavier.
J'admets que c'est un gringalet,
Et qu'il n'a pas un gros magot,
Mais il est riche comme Crésus, à son piano!
Sa main droite plaque les accords,
Sa main gauche marque les temps forts;
La maisonnée vibre à son rythme
Et moi, je redeviens gamine.
Ma mère a beau râler que nous crierons famine,
La noce aura bien lieu – et dans la joie!
J'ai hâte d'aller habiter
Avec mon gentil va-nu-pieds
Sitôt que je l'aurai épousé, mon musicien à moi!

Le barman, un gros Noir qui essuyait des verres sur son tablier crasseux, éclata de rire.

– Ça me plaît! L'air est excellent, petit. Qu'est-ce que t'en dis, Roscoe? C'est bon, hein?

Roscoe s'approcha du piano.

– Verrais-tu un inconvénient à ce qu'une chanteuse noire interprète cette chanson? demanda-t-il à Jake.

– Tu plaisantes? Une chanteuse *rose* peut la chanter! Une *verte*, même!

– Viens. Tu vas la jouer à Flora Mitchum.

– Qui est Flora Mitchum? demanda-t-il, emboîtant vivement le pas à Roscoe.

– La meilleure chanteuse noire de New York, tout simplement. (Roscoe jeta une pièce d'un dollar sur le comptoir et adressa un clin d'œil à Jake.) Et aussi, accessoirement, ma nouvelle petite amie.

Le lendemain soir, dans une boîte de seconde zone, Jake, très contracté, assistait avec Roscoe à un numéro de jongleurs minables. Comme la plupart des créateurs, il avait souvent entendu une voix intérieure lui chuchoter, même à ses pires moments de découragement : *Tu as du talent. Tu as quelque chose à donner au monde. Et le monde te le revaudra. Tu as du talent !*

Et voilà que cette même voix lui murmurait : *Ce soir, quelque chose de merveilleux va se passer ! Ce soir !*

Ils étaient installés au premier rang du balcon, parce que c'était le seul endroit où Roscoe avait le droit de s'asseoir. Au-dessous, les clients de l'orchestre – tous blancs – toussaient, soupiraient, sifflaient pour manifester leur ennui. Les jongleurs terminèrent laborieusement leur numéro et détalèrent sous les applaudissements peu nourris. Deux portiers en uniforme changèrent alors les placards qui flanquaient l'avant-scène; les nouveaux annonçaient : FLORA MITCHUM, LA CHANTEUSE A LA VOIX SENSUELLE. Le pianiste plaqua un accord et Flora apparut.

Le public lui réserva un accueil chaleureux. C'était une femme élancée, aux grands yeux brillants et expressifs. Elle portait un chapeau à plumes rouges, et un boléro en soie de même couleur. Sa longue jupe noire très fendue révélait des jambes superbes, gainées de bas en résille noire et juchées sur de hauts talons. Elle n'avait aucun accessoire. Les poings sur les hanches, elle entonna d'une voix très sensuelle :

Certaines femmes aiment la richesse;
D'autres aspirent à la noblesse.

Puis elle se mit à parader autour de la scène, en claquant des doigts et en se déhanchant au rythme endiablé de la musique.

Mon homme à moi n'est pas racé,
Ce n'est qu'un musicien fauché,
Mais quand il me joue du ragtime, il met mon cœur
[en liesse !

Electrisé, Jake se dressa sur son siège. La veille, quand il lui avait soumis sa chanson, Flora ne l'avait pas interprétée devant lui. C'était sa version à elle qu'il entendait maintenant. Elle chantait à pleins poumons, insufflant à la mélodie une voix prodigieuse. Lorsqu'elle en arriva aux trois derniers vers, le rythme se ralentit, le batteur égrena chaque mesure, et Flora se jeta tout entière dans chaque syllabe :

J'ai hâte d'aller habiter
Avec mon gentil va-nu-pieds

Puis le dernier vers, syncopé et claironnant :

Sitôt que je l'aurai épousé, mon musicien à moi!

La foule en délire lui fit une ovation et bissa à grands cris.

Flora dut interpréter trois fois la chanson.

– Ça va faire un tabac! cria Roscoe pour couvrir les acclamations. Tu vas être riche!

Jake Rubin, le petit immigrant juif qui avait fui un pogrom en Russie, écouta les applaudissements sans bouger, les poings crispés, les yeux écarquillés, émerveillé, enivré de son succès.

Je te l'avais dit, que ça arriverait! lui chuchotait la voix. *Je te l'avais dit!*

QUATRIÈME PARTIE

PRINTEMPS DE VIOLENCE DANS LES APPALACHES

16

Della Hopkins finit par persuader sa mère, tante Edna, d'inviter Tom Banicek à dîner, mais il lui fallut un mois pour y arriver.

– Pourquoi il t'intéresse tant ? dit tante Edna.

– Je n'ai jamais rencontré d'Européen. Ce serait passionnant de parler avec lui.

– Il sait pas parler !

– Il se débrouille quand même. Je le plains, maman. Ça doit être très pénible de devoir apprendre une langue étrangère.

– M'ouais.

– Et il pourra peut-être donner un coup de main pour tuer le cochon, la semaine prochaine.

Debout sur la véranda, tante Edna préparait le repas.

– M'ouais. Qu'est-ce qu'il lui plairait de manger, à ton avis ?

– J'ai appris à l'école que les Européens mangent beaucoup de gibier, comme nous.

– Tu crois qu'un ragoût de raton laveur lui plairait ?

– On ne peut qu'aimer ton ragoût de raton laveur, maman, dit gentiment Della. C'est le meilleur du pays.

– Bon, je dirai à ton père de l'inviter... à condition qu'il accepte de nous aider à tuer le cochon.

Della eut une moue satisfaite. Sa mère était têtue; il

fallait du temps pour la convaincre, mais elle finissait généralement par céder.

Ward Hopkins comptait plusieurs bouilleurs de cru parmi ses relations et il avait toujours une bouteille d'alcool sous la main. Le soir où Tom Banicek vint dîner, il lui prépara un cocktail des Appalaches.

– C'est pas du tord-boyaux, dit-il en versant du bourbon dans un verre. Ça te donnera pas mal à la tête. Tu te sentiras en forme, et c'est le principal.

Ils étaient installés au salon. Un grand feu de noyer blanc – le meilleur bois pour la flambée, selon Ward – brûlait dans la cheminée. Une tapisserie, œuvre de tante Edna, ornait l'un des murs – et un tapis au crochet recouvrait le plancher de pin. Les meubles, fabriqués quarante ans auparavant par le grand-père, étaient toujours aussi solides.

– Qu'est-ce qu'on boit en Bohême? demanda Ward en tendant son verre à Tom.

– Bière, dit-il.

Il goûta une gorgée du breuvage. Le whisky brûlait la gorge mais avait beaucoup d'arôme et de saveur. Tom avala et déclara avec un grand sourire :

– Bon.

– Le meilleur alcool de maïs du comté, affirma Ward. Qu'est-ce qui t'a fait quitter la Bohême?

– Je voulais pas servir dans armée. Empereur François-Joseph oblige jeunes hommes servir dans armée longtemps. Officiers méchants. Ils vous battent, vous traitent comme chien.

– Ici, dans les mines, on te traite aussi comme un chien, dit Ward.

– Vrai. (Tom sourit.) Mais ici, j'ai choix. Je peux toujours partir. Et puis, c'est pas si mauvais. Beaucoup bonnes choses, ici. Beau pays, belles filles... comme Della.

Ward vida son verre, en se demandant si ce petit morveux n'était pas en train de tomber amoureux de sa fille.

Alors qu'ils dégustaient le fameux ragoût de raton laveur, assis tous les quatre autour de la table de la cuisine, tante Edna déclara :

– Ce soir, c'est la pleine lune et le baromètre va baisser. C'est le meilleur moment pour tuer le cochon.

– Quel rapport avec lune ? demanda Tom, qui était assis en face de Della.

– Il faut tuer le cochon à la pleine lune. Si on attend que la lune décroisse, la viande décroîtra aussi. Ça paraît idiot, mais c'est vrai. Ça fait trois semaines que j'engraisse ce cochon au maïs; il sera bon et tendre, vous verrez. Et il nous fournira des réserves pour tout l'hiver. Il y a des cochons en Bohême ?

– Pardon ?

Tante Edna eut un soupir excédé. *Il couve ma Della du regard, ce petit effronté !*

– Je vous demandais s'il y avait des cochons en Bohême.

– Oh... oui. Beaucoup cochons.

Il va nous attirer des ennuis, je le sens, pensa tante Edna. *Misère ! Encore un mineur !*

Le bureau de Bill Fargo se trouvait au premier étage des bâtiments administratifs de la Compagnie minière Staunton. Contigu à la luxueuse suite directoriale de Monty Staunton, c'était un local de taille modeste, très sobre, qui ne reflétait pas la position de son occupant au sein de la compagnie. Fargo trouvait cela très bien ainsi; à quarante-deux ans, il était assez malin pour ne pas faire de l'ombre à son patron.

En cette matinée de printemps 1910, affalé sur son siège pivotant, il se curait les dents tout en écoutant Sam Fuller.

– Ma femme attend un bébé, monsieur Fargo, expliquait Sam. J'ai fait une erreur l'automne dernier, c'est vrai, mais j'ai travaillé douze ans pour la compagnie. Je suis un bon mineur, et vous m'avez joué un sale tour. Non seulement vous m'avez renvoyé, mais vous m'avez mis sur la liste noire ! Je n'arrive pas à trouver de boulot, et je suis fauché. Complètement fauché ! Il faut que vous me donniez une seconde chance.

Bill Fargo posa ses pieds sur le bureau et continua de se curer les dents.

– Pas question, Fuller. Vous avez défendu la cause syndicale. Vous saviez ce que stipulait votre contrat...

– J'étais ivre. L'alcool m'était monté à la tête ! Ce que dit un homme quand il a trop bu ne compte pas.

– *In vino veritas.*

– Hein ?

– C'est du latin. Ça signifie : quand on est ivre, on dit ce qu'on pense. Vous n'allez pas me raconter que vous êtes *contre* les syndicats ?

Sam se trémoussa, mal à l'aise.

– Contre, non. Mais si vous me rengagez, je vous jure que je ne recommencerai pas. J'ai besoin d'argent !

Il cria presque ces derniers mots. Fargo ôta ses pieds du bureau et pivota vers la fenêtre pour regarder les terrils. C'était une belle journée. Les arbres bourgeonnaient, mais seules de mauvaises herbes poussaient près de la mine.

– Il y a beaucoup d'agitation en ce moment, dit Fargo, et M. Staunton s'en rend compte. Beaucoup d'agitation. Cela ne nous plaît pas. (Silence. Sam l'observait, se demandant où il voulait en venir.) Je pourrais accepter de vous rengager, reprit Fargo. Je vous rendrais votre maison... et, naturellement, la compagnie prendrait à sa charge les frais d'accouchement de votre femme. Oui, ce serait possible...

Espèce de salopard, vas-tu me torturer longtemps ? rageait Sam.

Fargo se retourna vers lui.

– Si je faisais ça pour vous, Fuller, que feriez-vous pour moi ?

– Ma foi, je... Qu'entendez-vous par là ?

– Accepteriez-vous de devenir mon informateur ? demanda posément Fargo. De me dire qui est à l'origine de toute cette agitation ?

Sam se raidit.

– Sur ce point, je peux vous répondre tout de suite :

c'est vous. Les mines sont dangereuses, les salaires dérisoires...

– Le vôtre serait confortable, Fuller. Si vous me donniez les renseignements qui m'intéressent, je vous dédommagerais de votre peine. Disons, cinquante dollars par mois. Et pas de loyer à payer pour la maison. Au total, ça pourrait représenter une grosse somme.

Sam se mit à transpirer.

– Pour qui me prenez-vous ? dit-il à voix basse.

– Pour un homme au bout du rouleau.

Et Fargo se remit à se curer les dents.

Le dimanche suivant, dans l'après-midi, Tom Banicek et Della Hopkins se promenaient dans un champ, le long de la rivière.

– Les choses commencent peut-être à changer, déclara Della. Le fait que la compagnie ait rengagé Sam Fuller après l'avoir mis sur la liste noire est un signe encourageant.

– Peut-être, dit Tom. Je suis content pour Sam et Ann. Eux gentils avec moi, quand je viens ici. Braves gens.

– Ann a dit à maman qu'ils avaient failli mourir de faim, à Pittsburgh, pendant que Sam cherchait du travail. Vous vous rendez compte ?

– M. Staunton connaît tous directeurs de grosses compagnies. Partout. Interdit Sam trouver un emploi. C'est injuste.

– Pour le moins, soupira Della. (Elle portait un corsage blanc, une jupe grise et un petit canotier.) Enfin, ne parlons plus de Monty Staunton. Pourquoi gâcher un beau dimanche ? Oh, regardez, Tom : une castillèje !

Elle se pencha pour cueillir une minuscule fleur rouge, qu'elle montra à Tom.

– Elle est jolie, n'est-ce pas ?

– Comment, son nom ?

– Castillèje. Du moins, c'est comme ça qu'on l'appelle par ici. Il y en a de toutes les couleurs.

– C'est couleur de vos yeux, dit Tom.

– Rouge ?

Elle éclata de rire. L'humour particulier de Tom – outre son anglais laborieux – la ravissait.

– Oui, rouge. Vous avez toujours rhume ?

– Oh, c'est presque fini. Mais j'ai vraiment les yeux rouges ?

– Un peu. Laissez-moi voir...

Il s'approcha et, sous prétexte de lui examiner les yeux, il la prit par la taille et l'embrassa longuement. Cela faisait des mois qu'ils échangeaient des baisers, mais ils brûlaient d'envie d'aller plus loin. Della tenta de se dégager.

– Tom, ne...

– Della, je vous aime.

– Moi aussi, mais maman me tuerait...

– Un baiser, rien de mal.

– Allez dire ça à maman.

– Alors, marions-nous.

Elle le regarda, stupéfaite.

Une heure plus tard, tante Edna, assise dans son rocking-chair, foudroyait du regard les deux amoureux.

– J'en étais sûre ! Voyons, Della, il ne parle même pas anglais !

– Qu'est-ce que ça peut faire, maman ? Nous nous aimons.

Tante Edna regarda son mari, assis dans son fauteuil près du feu. Les lampes à pétrole diffusaient une douce lumière dans le salon.

– Qu'en penses-tu, Ward ?

– J'en pense que Tom est un brave gars. Si Della est amoureuse de lui, ça me suffit.

Tante Edna se tourna vers Tom :

– Vous êtes catholique, non ?

Dans sa bouche, le mot « catholique » sonnait comme une insulte.

– Oui, mais j'étais à église baptiste quelquefois. Nous nous marions à église baptiste.

– Vous répudiez bien facilement votre religion.

– Della est importante, pas religion, répondit Tom avec dignité. J'aime votre fille beaucoup. J'ai pas grand-chose pour lui donner, mais tout je lui donne, toujours.

Tante Edna se balança un moment.

– Cette ferme lui reviendra, vous le savez ? Une propriété de famille depuis l'époque des premiers colons. Ce n'est pas ça qui vous intéresserait, par hasard ?

– Maman, protesta Della.

– Toi, tais-toi. Regardez-moi dans les yeux, mon garçon. Vous voulez épouser Della à cause de la ferme ?

– Non. Je veux épouser Della parce que je l'aime.

Tante Edna continua de se balancer.

– Oh, d'accord, soupira-t-elle enfin. Venez là m'embrasser.

Tom s'exécuta en souriant.

– Merci, dit-il.

– Je savais que je finirais par vous avoir comme gendre. Je le savais ! Misère !

Ils partirent tous les quatre d'un grand éclat de rire.

Le mariage de Tom et Della fut célébré à l'église baptiste de Hawksville, le 21 avril 1910. Dix jours plus tard, Ward Hopkins attaquait une veine de charbon, dans la mine numéro 6, à quatre-vingt-dix mètres de profondeur, lorsque la flamme de sa lampe mit le feu au méthane libéré par ses coups de pic : l'explosion tua Ward Hopkins sur le coup.

– Mon beau-père a été assassiné ! déclara Tom Banicek le soir même, dans le salon de tante Edna. Assassiné par la compagnie !

Les mineurs et leurs familles s'entassaient dans la pièce. Le visage pétrifié de chagrin, tante Edna restait prostrée dans son fauteuil avec Della à son côté.

– Il faut avoir des lampes de sécurité, poursuivit Tom. Il faut avoir des puits de ventilation dans les mines, pour éviter les coups de grisou. Nous sommes pas payés beaucoup, et en plus on nous demande de risquer notre vie ?

– Tu as raison, Tom, dit l'un des mineurs. Mais qu'est-ce qu'on peut faire ?

– On ne peut pas fonder un syndicat, mais on peut au moins envoyer une délégation à M. Staunton, pour exiger des lampes de sécurité.

Silence. Tom parcourut l'assistance du regard.

– Il faut faire quelque chose ! reprit-il. Il n'y a personne pour nous défendre. C'est à nous d'agir.

– C'est facile à dire pour toi, Tom, lança Sam Fuller. Della et toi, vous avez un foyer ici. Nous autres... Je sais ce que c'est que d'être foutu à la porte de chez soi, et ce n'est pas drôle.

Murmure d'approbation parmi les mineurs.

– Et si j'y allais seul ? dit Tom.

Personne ne s'y opposa.

Monty Staunton but une longue gorgée de whisky, à même la bouteille, et en versa un peu sur les seins nus de Gladys. Puis, après un hoquet sonore, il se mit à lécher la poitrine de la prostituée.

– Dieu du ciel, Gladys, tu as les plus jolis tétons de toute la Virginie !

– Merci, mon chou, minauda la fille. C'est drôlement gentil ce que vous dites là.

– Faire l'amour avec toi, c'est comme prier Dieu. C'est tellement beau...

On frappa à la porte.

– On vous demande au téléphone, Monty ! cria une voix. C'est Bill Fargo.

– A minuit passé !

– Il paraît que c'est important.

– Merde ! (Il embrassa Gladys, sortit du lit et enfila son pantalon.) Je reviens tout de suite, ma mignonne. Profite de la bouteille en attendant, mais laisse-m'en un peu.

Il descendit au rez-de-chaussée du bordel, entra dans le bureau de la patronne et prit le récepteur.

– Oui ?

– Monsieur Staunton, nous avons un petit problème à la suite de l'explosion de ce matin.

– Mais encore ?

– Mon informateur, Sam Fuller, est venu me voir il

y a une demi-heure. Les mineurs se sont retrouvés ce soir à la ferme des Hopkins. Le gendre de Hopkins, un certain Banicek, a déclaré que la compagnie avait assassiné son beau-père.

— Comment ça ?

— A cause des lampes que nous utilisons. Banicek est venu me voir ce matin pour demander que la compagnie achète des lampes de sécurité et aménage des puits de ventilation.

— Comment s'appelle-t-il ?

— Banicek. Dois-je le mettre sur la liste noire ?

Monty se gratta la poitrine.

— Non, ne le renvoyez pas. Dites-lui que la compagnie est d'accord. Nous commanderons les lampes de sécurité dès demain. Pour ce qui est des puits de ventilation, faites-le patienter; cette plaisanterie coûterait une fortune. Dites-lui qu'il faut étudier le projet. Envoyez une lettre de condoléances à la femme Hopkins, avec un chèque de cinq cents dollars. Ça clouera le bec à Banicek.

— Est-ce bien sage, monsieur Staunton ? Cela risque de créer un précédent.

— Il est temps d'acheter des lampes de sécurité. Je dirige une compagnie minière, Fargo, pas un camp d'esclaves.

— Bien, monsieur Staunton.

— Surveillez quand même Banicek.

Monty raccrocha et regagna la chambre de Gladys. La prostituée était assise dans le lit; Monty contempla ses seins d'un air émerveillé et répéta :

— Dieu du ciel, Gladys, tu as les plus jolis tétons de toute la Virginie !

— Où étais-tu, Sam ?

Sam Fuller venait juste de rentrer. Sa femme l'attendait dans la chambre, assise dans son lit, la lampe de chevet allumée.

— Tu sais bien où j'étais, dit-il en ôtant sa veste. Je suis allé me promener. Tu n'aurais pas dû veiller.

— Tu te promènes bien souvent en pleine nuit, ces temps-ci, dit Ann, froidement. Tu me trompes ?
— Evidemment. J'ai une liaison passionnée avec Sarah Finley.
— Je ne suis pas d'humeur à plaisanter, Sam. Avant, tu ne te promenais jamais la nuit.
— Quand on travaille au fond d'une mine, il faut bien prendre un peu l'air. Eteins et dors.
— Non. Je veux te parler. A part toi, aucun mineur n'a jamais été rengagé par la compagnie après avoir été mis sur la liste noire. Je sais, tu m'as expliqué qu'ils avaient fait une exception à cause de tes douze années d'ancienneté; mais je veux que tu me dises la véritable raison.
— Qu'est-ce que tu veux que j'en sache ? (Il retira son pantalon.) Eteins-moi cette satanée lampe. Je suis fatigué.
— Sam, dit-elle à voix basse, je t'aime, je t'aime. Tu es un bon mari. Mais dis-moi la vérité : es-tu devenu mouchard ?
Il la regarda durement.
— Comment peux-tu m'accuser d'une chose pareille ?
— Réponds-moi.
— Bien sûr que non !
Elle prit une bible usagée sur la table de nuit.
— Es-tu prêt à le jurer sur le Saint Livre ?
Il hésita et elle lut de la peur dans ses yeux.
— Sam, comment as-tu pu... ? murmura-t-elle.
Il enfouit son visage dans ses mains.
— Je ne pouvais pas faire autrement, Annie. Nous n'avions plus un sou. J'étais bien obligé...
La bible à la main, elle sortit du lit, enfila sa robe de chambre et se dirigea vers la porte.
— Je dormirai avec les enfants cette nuit, dit-elle. Demain matin, je les emmènerai à Hawksville, chez tante Jane. Si tu as un tant soit peu de bon sens, tu viendras avec nous.
— Il n'y a pas de travail à Hawksville. Il n'y en a nulle part.
— Sam, je ne dirai à personne ce que tu as fait,

parce que je t'aime. Mais si tu continues à moucharder, les autres s'en apercevront tôt ou tard. Et ils te tueront, Sam, tu le sais bien. Ils te tueront. (Elle ouvrit la porte et ajouta :) Dieu me pardonne, mais je ne pourrai pas leur donner tort.

17

Monty avait gardé, par bien des côtés, une personnalité infantile. Sa puérilité se manifestait notamment dans son goût pour les déguisements : deux fois par an, il organisait à Belle Meade un grand bal costumé. Ainsi, peu de temps après la distribution des lampes de sécurité, il reçut dans sa vaste demeure six bonnes douzaines d'invités triés sur le volet. Christine, qui avait une préférence pour les costumes romantiques, s'était déguisée en impératrice Eugénie; Monty, lui, avait opté pour une panoplie de Buffalo Bill, avec deux six-coups et des bottes à éperons. On avait fait venir spécialement de Charleston un orchestre de dix musiciens; des serveurs noirs en jaquette blanche, chargés de plateaux en argent, servaient champagne, vin et whisky. Dans la salle à manger, la grande table vernie croulait sous le poids d'un buffet pantagruélique : jambons fumés, rôtis, galantines de canard, pains au lait, poulets, salades, fromages, compotiers de fruits... Les invités s'en donnèrent à cœur joie. A minuit, Christine s'affaissa, ivre morte; on dut la transporter dans sa chambre. Monty, lui, parvint à conserver sa lucidité jusqu'à trois heures du matin. A l'aube, le silence retomba sur la maison. Seuls les domestiques noirs, à demi morts de sommeil, s'activaient encore pour remettre de l'ordre.

A trois kilomètres de là, les mineurs sortaient péniblement de leur lit pour commencer, dans l'enfer de la mine, une nouvelle journée de travail.

– Comment ça, la mine numéro 6 est dangereuse ? grogna Monty.

C'était le lendemain matin, à dix heures. Assis dans

son énorme lit d'acajou, Monty soignait sa gueule de bois. Deux comprimés de bicarbonate de soude et quatre d'aspirine n'étaient pas venus à bout de sa migraine.

– Ce sont les mineurs qui l'affirment, répondit Fargo, debout au pied du lit, son chapeau à la main. Selon eux, la mine numéro 6 se remplit de gaz. Ils refusent d'y travailler sous prétexte qu'elle risque de sauter d'un moment à l'autre.

– Il ne manquait plus que ça !

– Ils estiment que la compagnie est responsable.

Monty lui lança un regard courroucé.

– C'est ma faute, peut-être, s'il y a des poches de gaz dans les mines de charbon ?

– Ils disent que si la compagnie avait fait installer des puits de ventilation...

– Qui ça « ils » ? hurla Monty. Assez de conneries ! Dans ces cas-là, il y a toujours un meneur. Qui est-ce ?

– Banicek.

Monty rejeta ses draps et sortit du lit.

– Ce petit bohémien merdeux ? Je lui ai pourtant accordé les lampes de sécurité, non ? J'ai été généreux avec lui. Je ne l'ai pas renvoyé, et voilà qu'il recommence à semer la zizanie...

Subitement pris de vertige, il ferma les yeux et se rassit sur le lit.

– Il y a vraiment du danger ? reprit-il d'une voix plus calme.

– La mine risque de sauter.

– Merde.

Il se rallongea, la tête en feu.

– D'accord, fermez-la. On verra si ça s'arrange d'ici quatre ou cinq jours.

– Et Banicek ? s'enquit Fargo.

– Quoi, Banicek ?

– Nous lui avions dit que la compagnie étudiait des projets d'installation de puits de ventilation. Il demande où ça en est. Que dois-je lui répondre ?

– Dites-lui que s'il veut garder son boulot, il a intérêt à fermer sa grande gueule.

– Je ne suis pas sûr que cela suffise encore, monsieur Staunton.

– Pourquoi ça ? C'est ma mine, non ?

– Banicek ne parle pas beaucoup – son anglais est détestable – mais les mineurs commencent à écouter ce qu'il dit. C'est un gars qui a du cran. Nous serions peut-être bien avisés de le ménager. Pour le moment, tout au moins.

– C'est bien la première fois que je vous entends tenir ce genre de discours.

– J'essaie simplement d'éviter les ennuis. Si nous avions inscrit Banicek sur la liste noire avant...

– Je sais, l'interrompit sèchement Monty, mécontent d'entendre Fargo critiquer implicitement son attitude. Que conseillez-vous, alors ?

– De temporiser. De lui dire que les projets ne sont pas encore prêts... Bref, je recommande la modération. Pour le moment...

Monty n'aimait pas son collaborateur; Fargo avait un côté inhumain qui décourageait l'amitié. En revanche, Monty lui faisait confiance quant à la façon de traiter les mineurs. Fargo l'avait effectivement mis en garde contre Banicek.

– D'accord, dit Monty, nous agirons comme vous le préconisez... Pour l'instant.

Maudite gueule de bois, pensa-t-il.

Maudits mineurs.

Aîné de six enfants d'un pasteur du Kentucky, Bill Fargo avait grandi dans une atmosphère de pauvreté et de piété. Il avait supporté tous les jours de longues lectures de la Bible et de sévères corrections pour la moindre infraction à la « loi du Seigneur ». Cela avait suffi à dégoûter le jeune garçon de la religion et à faire de lui un athée virulent.

Fargo était plutôt laid, et à moitié chauve. Il ne fumait pas et ne buvait jamais d'alcool. En revanche, il lisait beaucoup : non par plaisir, mais parce qu'il considérait que le savoir était à la base du pouvoir. Ce soir-là, justement, il était, un livre à la main, dans son living-room, lorsqu'on sonna à la porte.

— J'y vais, dit-il à sa femme.

Il alluma la lanterne du perron et alla ouvrir. La véranda était déserte. Il éteignit et sortit.

— Fuller? chuchota-t-il. La voie est libre.

Sam Fuller gravit en titubant les marches du perron. Son haleine empestait le mauvais whisky.

— Vous avez bu?

— Un peu.

— Vous êtes idiot de vous soûler. Avec votre grande gueule, vous risquez de crier sur les toits que vous travaillez pour mon compte.

— Je ne suis plus votre informateur, grogna Sam d'une voix brouillée. Ma femme a découvert la vérité et elle m'a quitté. Ma petite Annie...

Il s'adossa à la balustrade de la véranda, secoué par les sanglots.

— Cessez de chialer, bon sang! s'écria Fargo avec dégoût.

— Je l'aime, ma petite Annie...

— Aimez-la tant que vous voulez, pourvu que ça n'empiète pas sur mes loisirs. Pour ce qui est de me lâcher, je vous signale que vos copains seraient avertis dans le quart d'heure suivant que vous les avez mouchardés...

Avec un cri de rage, Sam sauta à la gorge de Fargo et le plaqua contre la façade de la maison. Il se mit à marteler le mur avec la tête de sa victime et ses deux mains se crispaient de plus en plus fort sur le cou.

— Je te hais, fils de pute! Je vous hais tous — toi, ta foutue compagnie, cette ordure de Monty Staunton, ces saloperies de mines... Je vous hais!

Sanglotant, il lâcha Fargo, qui s'effondra.

On alluma dans la véranda et Ethel Fargo apparut sur le seuil. Elle comprit immédiatement et s'agenouilla près du corps en hurlant :

— Seigneur, qu'avez-vous fait?

Sam s'éloignait à reculons.

— J'espère que je l'ai tué, dit-il.

Il pivota sur ses talons et dévala les marches du perron pour disparaître dans la nuit, poursuivi par les cris de la femme.

A l'autre bout de la ville, Ann Fuller se prélassait sur un fauteuil devant la maison de sa tante. Soudain, elle entendit quelqu'un chuchoter dans les buissons : « Annie ! »

Elle s'immobilisa, l'oreille tendue.

– Qui est là ?

– Moi, Sam.

– Va-t'en.

– Il faut que je te parle, je t'en supplie ! J'ai des ennuis.

Après un instant d'hésitation, elle le rejoignit à l'angle de la maison.

– Tu es ivre, dit-elle.

– Je sais. Ecoute, je... j'ai laissé tomber Fargo. J'arrête de moucharder. Je viens de le prévenir. Je... nous allons quitter la vallée, Annie. Nous allons partir, recommencer à zéro... D'accord ? Tu veux bien m'accompagner, Annie ?

– Je ne sais pas. Il faut que j'y réfléchisse.

– Tu m'aimes, pas vrai ?

– Je t'aimais, oui. Maintenant, je ne sais plus. Je ne suis pas sûre de pouvoir aimer un mouchard.

Il lui prit la main.

– Tu me manques, Annie, tu ne peux pas savoir. Et moi, je te manque ?

Elle ne répondit pas. Il l'attira contre lui pour l'embrasser, mais elle le repoussa :

– Va au diable !

– Mais je suis ton mari ! J'ai des droits !

– Ne crie pas si fort...

– Je me fiche pas mal qu'on m'entende. Je suis ton mari, j'ai cessé de moucharder et j'exige que tu rentres avec moi !

Il y eut un silence troublé seulement par le chant des criquets.

— Tu es fou, murmura-t-elle en reculant. Les Turner, à côté...

— J'ai arrêté, Annie ! Je ne travaille plus pour Fargo. Reviens à la maison, Annie, je t'en prie...

— Nous en discuterons quand tu auras dessoûlé. Pour le moment, je ne veux pas te voir. Va-t'en...

— Cette nuit ! Je te veux cette nuit !

— Non.

Elle retourna s'asseoir sur la véranda. Sam sortit un flacon de sa poche et but une longue rasade.

Puis, titubant, il reprit son chemin en marmonnant : « Annie... Annie... »

Les autres l'attendaient.

A peine eut-il refermé la porte de sa cabane et allumé la lampe qu'il vit quatre hommes, la tête couverte d'une cagoule noire.

Il les regarda. Sans comprendre.

— Fargo nous a fait savoir que tu avais mouchardé, dit l'un. Est-ce vrai ?

Sam battit en retraite vers la porte.

— J'ai arrêté, bredouilla-t-il. J'ai arrêté, je le jure...

Quatre couteaux se levèrent.

Sam, affolé, ouvrit vivement la porte. Trop tard : une douleur fulgurante lui traversa les entrailles. On le traîna au milieu de la pièce. A genoux, les mains crispées sur son ventre ensanglanté, Sam gémit dans un souffle :

— Je suis des vôtres... J'ai arrêté... Je suis des vôtres...

Ils lui tranchèrent la gorge, puis lui arrachèrent son pantalon et l'émasculèrent.

Peu après, la lumière s'éteignit et le silence retomba sur la cabane. Le cadavre de Sam Fuller baignait dans une flaque de sang. Pour les mineurs, justice était faite.

18

Tom Banicek n'aimait pas cette justice-là. Le lendemain soir, alors qu'il dînait avec Della et tante Edna dans la cuisine de la ferme, il déclara :

– Nous nous tuons les uns les autres, mais nous ne nous battons pas contre la compagnie.

– Je suis d'accord avec vous, dit tante Edna. Mais si vous voulez mon avis, Sam Fuller n'a eu que ce qu'il méritait.

– Sam était mon ami, dit Tom. Je travaillais avec lui. S'il a mouchardé, c'est qu'on l'y a forcé. Si la compagnie était honnête, il n'y aurait pas besoin de mouchards. Le meurtre ne résout rien.

Tout d'un coup, la maison se mit à vibrer.

– Qu'est-ce que c'est ? demanda tante Edna en frissonnant.

Une détonation lointaine lui donna la réponse.

Tom bondit de sa chaise et courut à la porte. Une lueur rougeâtre embrasait le ciel.

– La numéro 6 ! s'écria-t-il. Elle a sauté !

Quand il arriva sur les lieux, tous les mineurs rassemblés regardaient les flammes jaillir de l'entrée de la mine.

– Dieu merci, il n'y avait personne dedans, lui dit l'un des hommes. Quelle déflagration, mes aïeux !

Tremblant de colère, Tom contemplait le brasier.

Soudain, il vit arriver la Rolls-Royce de Monty Staunton. Le chauffeur noir bondit de son siège pour ouvrir la portière à son maître. Bill Fargo rejoignit Monty et ils se mirent à discuter.

Tom sortit de la foule et se dirigea vers eux. Il tremblait littéralement de rage.

– Monsieur Staunton, hurla-t-il, vous êtes un menteur !

Monty le regarda.

– Qu'est-ce que c'est que ce guignol ?

– Banicek, murmura Fargo.

— Vous dites que la compagnie étudie des projets pour installer des puits de ventilation. Je dis que vous mentez ! Vous avez une sacrée chance que personne n'ait été au fond, à se faire tuer comme mon beau-père !

Monty le regarda, éberlué. La foule s'était retournée pour contempler la scène.

— Et moi, je dis que vous êtes un sacré gringalet braillard ! rétorqua Monty en s'amusant à imiter l'accent de Tom. Et je n'autorise personne à me traiter de menteur !

— Alors montrez-nous les projets ! Montrez-les-nous donc ! Nous sommes fous de descendre dans des mines sans puits de ventilation. Fous ! (Il se tourna vers les autres mineurs.) Vous êtes d'accord ? Nous ne travaillerons pas demain si on ne nous montre pas les projets !

Personne ne broncha.

Monty passa devant Tom, mit les poings sur ses hanches et cria :

— Ecoutez-moi ! N'ai-je pas toujours été correct avec vous ?

— Vous nous enfoncez dans la merde, oui ! hurla Tom.

— La ferme, gringalet... J'ai passé avec vous tous un contrat légal, je vous ai donné un logis décent, des soins médicaux gratuits, un salaire honnête...

— Ça serait différent si un syndicat était là !

Monty se retourna, le sourire aux lèvres.

— Voilà ce que j'attendais, ronronna-t-il. Tu es viré, gringalet. Et tu es bon pour la liste noire. Tu ne trouveras du travail nulle part ailleurs sinon comme balayeur de chiottes. Enfonce-toi bien ça dans le crâne, abruti ! Tu es foutu !

Tom ne répondit pas.

— Veillez à ce qu'il vide les lieux immédiatement, Fargo, ordonna Monty.

L'homme de main empoigna Tom par le bras.

— Allons-y, gringalet.

D'une secousse, Tom se dégagea.

— Je pars, cria-t-il aux mineurs. Mais un jour je

reviendrai avec le syndicat! Sam Fuller avait raison : sans syndicat nous sommes des esclaves.

Monty, négligeant la menace, ironisa encore sur l'accent du jeune homme. Mais Tom se retint de répliquer : pour l'instant, il n'avait aucun pouvoir, il le savait bien. Il s'éloigna sans mot dire.

– Regardez notre héros! ricana Monty. Chien qui aboie ne mord pas, c'est bien connu... Maintenant, rentrez chez vous, tous. La rigolade est terminée.

– Et les puits de ventilation, monsieur Staunton? lança l'un des mineurs.

– Ouais, où ça en est? dit un autre.

Le sourire de Monty se figea.

– Des projets sont à l'étude, dit-il. En attendant, M. Fargo vous connaît tous par votre nom. Alors si vous ne voulez pas être inscrits sur la liste noire comme ce braillard de Banicek, je vous conseille de rentrer sagement chez vous. Nous sommes d'accord?

Les mineurs le regardèrent. Les flammes de l'incendie donnaient au visage de Staunton un air diabolique.

Lentement, ils rebroussèrent chemin vers la ville.

Le vilain sourire réapparut sur les lèvres de Monty Staunton.

CINQUIÈME PARTIE

AUCUNE AUTRE QUE NELLIE

19

Mon musicien à moi fut un succès sans précédent. Malgré les mises en garde de Roscoe – car tout n'allait pas pour le mieux entre le pianiste noir et Abe Shulman – Jake édita sa chanson chez Abe. Au printemps 1910, on avait déjà vendu plus de deux millions de partitions, ce qui ne s'était jamais vu. On entendait la chanson partout : dans les clubs, dans les music-halls, à la terrasse des cafés, au coin des rues, dans les thés dansants... et on la jouait aussi bien au piano qu'à l'orgue de Barbarie. On en vendit plus de trois cent mille disques, à une époque où le gramophone constituait encore une nouveauté. La mélodie syncopée fit danser toute l'Amérique, et le jeune juif se retrouva riche. Pour Jake Rubin, les rues de New York s'étaient finalement révélées pavées d'or.

En revanche, à la grande consternation de Jake, l'immense succès de la chanson n'eut aucune incidence sur la carrière de Flora Mitchum, qui l'avait lancée. Jake eut beau se bagarrer avec les sociétés de disques pour obtenir que Flora enregistrât la chanson, les nababs de l'édition musicale ne voulurent pas entendre parler d'une interprète « de couleur ». Abe lui-même l'avertit que le chiffre des ventes risquait de chuter si le public venait à penser qu'il s'agissait d'une chanson « nègre ». Pour la première fois, Jake mesura l'étendue du préjugé racial des Américains à l'égard des Noirs, et il finit par comprendre pourquoi Roscoe avait préféré se réfugier en Europe. Jake voulut le rétribuer pour son rôle dans le lancement de la chanson, mais Roscoe n'accepta pour tout salaire qu'une montre en or. Néanmoins, sur les instances de Jake, Abe s'arrangea pour que Flora présentât la chanson à Paris. Jake offrit à Roscoe et à Flora une suite de première classe sur le luxueux paquebot anglais *Mauritania* et, au mois d'avril 1910, tous les trois gagnèrent les quais de la 14e Rue de l'Ouest pour l'embarquement.

Dans le living-room de leur suite, Roscoe déboucha la bouteille de champagne que Jake avait apportée pour l'occasion.

– Première classe, les gars ! se rengorgea-t-il. On se croirait au palais de Buckingham, ma parole !

Il remplit trois coupes, qu'il distribua à la ronde. Il portait un costume de tweed neuf, acheté spécialement pour l'occasion.

– J'ai emporté avec moi mes costards les plus chics et mon smoking, dit-il en riant, et Flora a emporté ses robes longues... Les passagers vont nous prendre pour des pairs du royaume. Parfaitement ! Ils vont nous prendre pour un duc et une duchesse !

Il s'inclina profondément devant Flora.

– Duchesse, m'accorderez-vous cette valse ?

– Voulez-vous que je vous dise, duc ? Vous êtes bougrement trop collet monté. Il faudra vous déboutonner un peu, sans quoi les gens vous prendront pour un snob.

Ils éclatèrent de rire. Roscoe but son champagne, puis se mit à danser autour de la pièce.

– Nous allons faire un tabac à Paris ! Attends seulement qu'ils voient Flora ! Attends qu'ils écoutent ta chanson, Jake ! Dis donc, vieux... (Il s'immobilisa devant Jake.) Quel effet ça fait d'être plein aux as ?

Jake sourit :

– C'est merveilleux !

Tous trois s'esclaffèrent de plus belle.

— Bon, chuchota Marco à Georgie, vous vous souvenez de l'épisode numéro onze? Ça se terminait au moment où Helen était attaquée par un aigle gigantesque au sommet d'une montagne...

— Oui, acquiesça Georgie.

Ils étaient assis côte à côte dans le cinéma de Sheridan Square, qu'ils fréquentaient assidûment depuis onze semaines. Entre-temps, on avait ouvert dans le hall une boutique de friandises et de pop-corn dont Georgie était devenue une adepte inconditionnelle. La main dans celle de Marco, elle grignotait tout en écoutant avec avidité le récit des passionnantes aventures du Masque Rouge — l'esprit du mal — et de ses intrépides adversaires : Helen Broderick, la fille d'un archéologue de Harvard, sur les traces d'un antique trésor chinois, et Dick Derring, membre de la brigade des mœurs de San Francisco, qui s'efforçait de démanteler un dangereux réseau de Chinois trafiquants d'opium et de femmes.

— Revoilà l'aigle, murmura Marco. *Dio,* il est énorme! Helen crie, essaie de sortir du nid... l'aigle pique sur elle et... oh! il la soulève dans ses griffes... il l'emporte. Incroyable! Helen se débat... Là! Regardez! C'est le Masque Rouge, au pied de la montagne... il voit l'aigle... il sort un sifflet de sa poche... il appelle l'aigle! L'oiseau est dressé!

— Va-t-il lâcher Helen dans le vide? haleta Georgie en mâchonnant son pop-corn de plus belle.

— Non, l'aigle la dépose près du Masque Rouge... Sapristi, la voilà de nouveau prisonnière!

— Va-t-il encore la torturer?

Jusqu'à présent, Helen Broderick avait connu bien des déboires. Le Masque Rouge, qui s'évertuait — avec une malchance irrémédiable — à arracher à cette vierge farouche le secret du trésor de son père, l'avait successivement jetée sous un train de marchandises, propulsée d'un avion en vol, ligotée sous une machinerie meurtrière, jetée dans une fosse remplie de serpents et suspendue au-dessus d'un feu.

– Oui, répondit Marco. Il l'a enchaînée dans les oubliettes de son château. Mon Dieu, il lui déchire sa robe !

– Oh !

– Elle a le dos nu... il décroche un grand fouet... Il va la battre ! Il lève le fouet...

– Marco, ne me dites pas...

– Il faut que vous sachiez. Ah ! voilà Dick Derring qui arrive...

– Comment a-t-il fait pour la retrouver ?

– Il suivait l'aigle, vous vous rappelez ? Il attaque le Masque Rouge, qui le menace avec son fouet...

– Oh...

– Attendez... le Masque Rouge sort en courant... il baisse une manette... Oh !

– Que se passe-t-il ? Dites-moi vite !

– De grandes portes en acier se sont refermées... Dick et Helen sont pris au piège... Oh non !...

– Quoi encore ?

– Du gaz pénètre dans la pièce... par un tuyau... Dick étouffe... il court vers Helen... il la détache... Ils suffoquent... Oh ! il l'embrasse. Hé, *crétino !* Attends d'être dehors !

– Que c'est beau ! Il l'aime.

– Peut-être, mais la pièce se remplit de gaz empoisonné !

– Vous ne croyez donc pas à l'amour ?

– Bien sûr que si, puisque je vous aime. Regardez ! Voilà le Masque Rouge ! Il les observe à travers un guichet. Il rit, il jubile, l'infâme...

– Qu'avez-vous dit ? murmura Georgie.

– Le Masque Rouge jubile...

– Non, en parlant de *moi.*

Il lui embrassa la main.

– Je vous aime, dit-il. Je veux *toujours* vous aimer. Je veux m'occuper de vous toute ma vie. Oh, regardez ! (Il la prit par la taille et la serra contre lui.) C'est Wong Fu ! Il s'est introduit dans la pièce où se trouve le Masque Rouge. Ils se battent... Ah ! nous retournons dans les oubliettes... Dick et Helen peuvent à peine respirer... ils se cramponnent l'un à l'autre... ils vont mourir...

Il embrassa Georgie, qui soupira d'aise.

– Regardez ! Wong Fu a assommé le Masque Rouge qui, en tombant, actionne une autre manette... Oh ! un énorme ventilateur dissipe les vapeurs empoisonnées... Helen et Dick sont sauvés ! Qu'est-ce que vous en dites ?

De nouveau, il l'embrassa.

– Oh, oh... encore des ennuis ! Le Masque Rouge a encore une fois actionné une manette... Aïe ! Cinq poignards jaillissent d'un des murs ! Wong Fu a l'air d'une pelote d'épingles ! Il est mort... Le Masque Rouge s'élance vers le guichet... il voit que Dick et Helen se sont échappés... Il est furieux !

Il m'aime, songeait rêveusement Georgie. *Et moi aussi, je l'aime. Je suis amoureuse d'un homme que je peux seulement entendre. Mais en fait je le vois ! Je le vois dans mon cœur. Il est si beau, si bon avec moi, et je l'aime tant ! Cette fois, Georgie, la chance te sourit pour de bon.*

– Le Masque Rouge est monté dans son automobile... Il dévale la route à la poursuite de Dick et d'Helen... Il tire sur la voiture de Dick ! Touché ! La voiture de Dick s'emballe... Oh ! *Dio, Dio,* elle tombe dans un ravin !

Abe Shulman était peut-être un monstrueux nabot mégalomane, mais il tenait sa comptabilité avec une honnêteté scrupuleuse. Lorsqu'il remit à Jake, en mai, son troisième chèque de quarante-trois mille dollars, le jeune homme décida de fêter l'événement en allant dîner – pour la première fois de sa vie – dans un restaurant de luxe. Jake n'était pas assez stupide pour être snob, mais il éprouvait le désir tout naturel de profiter un peu des joies de l'existence. Conscient de ne pas savoir se tenir à table et de n'y rien connaître en cuisine ni en vins, il appréhendait de faire ses premiers pas dans la haute société. Malgré tout, il était décidé à tenter l'expérience. Il s'acheta un smoking, un haut-de-forme, et il réserva une table pour deux au Sherry, sur la 5e Avenue. Il invita Marco à l'accompagner, parce que c'était son meilleur ami et qu'il comptait sur l'Italien pour lui éviter les gaffes.

Le maître d'hôtel du Sherry installa les deux jeunes gens à une table près des cuisines; c'était la plus mauvaise table du restaurant, mais ils ne le savaient ni l'un ni l'autre. Après avoir commandé une bouteille de champagne, ils parcoururent du regard la salle remplie de célébrités et de personnages importants. Les hommes arboraient des cravates blanches; les femmes, en robe longue, étaient couvertes de bijoux somptueux. Quand on leur tendit les énormes cartes, les deux amis – qui, trois ans auparavant, mangeaient du hareng en troisième classe – consultèrent d'un air affolé les quatre pages consacrées aux seules entrées.

– Laisse-moi faire, chuchota Marco. Maud m'a expliqué : il faut toujours demander la spécialité.

Il porta la carte et plongea son regard dans celui du maître d'hôtel.

– Nous prendrons la spécialité, dit-il avec superbe.

– Laquelle ?

La belle assurance de Marco fondit :

– Laquelle nous conseillez-vous ? bredouilla-t-il.

Jake vint à son secours :

– Faites-nous donc la surprise.

Avec une moue condescendante, le maître d'hôtel s'inclina et s'éloigna. Marco leva sa coupe.

– Au plus grand auteur-compositeur de New York ! Et au plus beau gigolo de New York !

– Au plus beau camionneur, rectifia Jake.

Ils éclatèrent de rire.

A l'autre bout de la salle, à l'une des meilleures tables du Sherry, Nellie Byfield dînait avec son amant, Terry Billings. La chanteuse les aperçut.

– C'est lui ! s'exclama-t-elle.

– Qui ?

– Jake Rubin.

– Jake Rubin ?

– Bonté divine, Terry, ne t'intéresses-tu donc à rien

en dehors de ta banque? Jake Rubin est l'auteur de *Mon musicien à moi...* et figure-toi que je l'ai traité de youpin arriviste! Je me demande s'il s'en souvient encore.

– Je doute qu'il ait oublié pareille insulte.

– En effet. Quelle idiote j'ai été! Excuse-moi...

– Où vas-tu?

– Lui dire bonjour, naturellement. Toi, reste ici.

Elle traversa le restaurant, traînant dans son sillage la jalousie des femmes et la concupiscence des hommes; dans une élégante robe de dentelle blanche et ses cheveux blonds relevés en chignon, elle avait fière allure. Nellie aimait être admirée. Le jour où elle serait une star, on l'idolâtrerait... Mais elle n'était pas encore une star...

– Vous souvenez-vous de moi, monsieur Rubin? dit-elle en souriant. Nellie Byfield... qui a été si méchante avec vous au *Cavendish Club*.

Jake et Marco se levèrent.

– Je me souviens, répondit Jake d'un ton neutre.

– Oui, bien sûr. Je suis encore toute honteuse de mon attitude; je me suis montrée vraiment cruelle. Et c'est vous qui aviez raison, bien entendu. J'aurais dû vous écouter et renouveler mon répertoire... (Elle eut un sourire charmeur.) Mais ne vous gênez pas pour moi, je vous en prie... rasseyez-vous. Je voulais simplement vous dire combien j'aime votre chanson. Vous devez être l'homme le plus heureux de New York! (Après une légère hésitation, elle ajouta d'un ton mielleux :) J'aimerais bien que vous écriviez une chanson pour moi.

Sur un dernier sourire et un bref signe de tête à Marco, elle regagna sa table. Tout en se rasseyant, Jake la suivit des yeux.

– Elle est sensationnelle, dit Marco.

Le musicien acquiesça, sans quitter Nellie du regard. Il se demandait quelle était la véritable Nellie : la séductrice du Sherry ou la virago qui l'avait giflé et traité de « petit youpin arriviste ».

Au fond, quelle importance?

Le lendemain matin, à dix heures, Nellie buvait son café lorsqu'on sonna à la porte de sa petite maison de Sniffen Court. La servante alla ouvrir et revint avec une longue boîte blanche.

– Des fleurs, mademoiselle Nellie. Vous avez un nouveau soupirant ? M. Terry est trop pingre pour acheter des fleurs.

– Ne parle pas comme ça, Fanny. M. Terry s'est montré généreux avec toi à Noël.

– Un pourboire de dix dollars, vous appelez ça de la générosité ? Alors que cet homme habite pratiquement ici ? Bah ! Avec tous les cocktails que je lui prépare, il devrait m'offrir un diamant. Alors, de qui ça vient ?

La boîte contenait une douzaine de roses et une carte de visite où était écrit : *J'ai déjà composé la musique; vous l'entendrez dans une minute. Si vous acceptez de dîner avec moi ce soir au Sherry, je vous montrerai les paroles.* C'était signé : *Jake Rubin.*

Nellie n'avait pas fini de lire qu'elle entendit au-dehors un air de violon.

– C'est la chanson ! s'exclama-t-elle en sautillant. C'est la mélodie qu'il m'a écrite !

Elle contourna précipitamment le piano à queue et regarda par la fenêtre.

– Qui vous a écrit une chanson ? s'enquit Fanny.

– Chut !

Elles écoutèrent, prises sous le charme. Son morceau terminé, le violoniste s'inclina.

– Est-ce donc romantique ! s'extasia Nellie. Fanny, cours lui donner un dollar... Quelle charmante idée ! Et cet air est magnifique !

– Mademoiselle Nellie, j'ai pas de billet d'un dollar.

– Fanny, magne-toi le popotin et va donner à cet homme quatre pièces de vingt-cinq *cents* ! Je te rembourserai.

Tandis que Fanny sortait en courant, Nellie se mit au piano et essaya – sans succès – de retrouver l'air de la chanson.

Ce petit imbécile en pince vraiment pour moi, pensa-t-elle, triomphante.

La « douce Nellie Byfield, la grive de Flushing », actuellement au chômage, voyait s'ouvrir devant elle une nouvelle voie vers la célébrité.

20

Allongée à côté de Marco, Maud Charteris déclara :

– J'ai reçu la semaine dernière une lettre de Bernard Shaw. Sais-tu qui est George Bernard Shaw ?

– Il écrit des pièces de théâtre, non ?

– Bravo ! Tu fais des progrès, Marco. Je suis fière de toi. Il m'explique qu'il travaille actuellement à une nouvelle pièce tirée de la légende de Pygmalion. Son héros est un professeur de diction qui, à la suite d'un pari, s'occupe d'une jeune fille sans éducation, lui apprend à parler et à se comporter comme une dame, puis la fait passer pour une duchesse à un bal d'ambassade. Cela m'a donné une idée merveilleuse.

– Laquelle ?

Elle l'embrassa sur la joue.

– Je pourrais prendre en charge l'instruction de mon jardinier italien et le faire passer pour un homme d'affaires américain. Ne serait-ce pas amusant ?

– Je ne comprends pas...

Elle sortit du lit, enfila un peignoir et alluma une cigarette.

– Je ne t'en ai pas parlé, mais il y a du nouveau dans ma vie. Primo, les représentations de *Lady Frederick* se terminent la semaine prochaine. Secundo, Phipps m'a demandé de l'épouser et j'ai accepté.

Marco se leva d'un bond.

– Lui ? Il pourrait être votre père !

– Et moi, mon chéri, je pourrais être ta mère. Phipps est un homme très gentil, très sociable et extrêmement riche. Je dis bien : extrêmement.

– Mais vous êtes déjà riche. Et vous êtes une grande star !

— Pour combien de temps ? J'ai franchi le cap des quarante ans. J'ai vu trop de stars commencer à décliner la quarantaine passée, et je ne tiens pas à suivre leur exemple. Toi et moi, Marco, nous sommes des étrangers ici. Tu n'as certes rien d'un gentleman, et je ne suis pas une lady. Oh ! je parle comme une dame et je connais toutes les ficelles de ce monde-là — je ne suis pas comédienne pour rien — mais, au fond, je méprise les prétentions et les préjugés de toutes ces femmes. De toi à moi, je crois que la moitié des dames de ma connaissance rêvent en secret de vivre à ma manière; seulement elles n'ont pas le cran d'essayer. Toujours est-il qu'à mon âge on doit commencer à rechercher la sécurité... et cela, Phipps me l'offre. Il me donnera aussi une position dans la société. Comme disait ce cher Oscar, les seules personnes qui se moquent de la société sont celles qui ne peuvent pas y entrer. Mais tout cela signifie que je vais devoir renoncer à toi, cher enfant...

Elle secoua la cendre de sa cigarette et regarda Marco avec une tendresse sincère.

— Au début, reprit-elle, j'ai été cruelle avec toi. Je t'ai humilié, traité comme une vulgaire marchandise, et je t'en demande humblement pardon. Le fait est que j'éprouve une très grande affection pour toi. Le mot « affection » est peut-être une façon pour la vieille femme que je suis de dire « amour », qui sait ? En tout cas, je te veux beaucoup de bien. Je pense t'avoir donné un aperçu de la belle vie, j'ai essayé de t'aider à lancer ton entreprise de camionnage.

— Vous l'avez fondée, oui ! Sans vous, je serais à la rue. Il n'y a que vous qui avez été bonne avec moi en Amérique.

— Tu me vois heureuse que nos rapports — quelque peu ambigus au départ — se soient épanouis en une véritable amitié. Notre aventure a bien tourné — contrairement à mes prédictions — et je veux qu'elle se termine de même. Je voudrais t'envoyer à l'école, Marco.

— A l'école ? répéta-t-il, incrédule.

Elle revint s'asseoir sur le lit.

– Tu as de la cervelle, mon chéri. Tu vaux mieux qu'un chauffeur de camion, mais tu as besoin d'instruction. Et cela, je pourrais te l'offrir...

– Mais j'ai vingt-trois ans !

– Et alors ?

– Personne ne va à l'école à vingt-trois ans. Et puis, j'aime mon travail. Je gagne bien ma vie. Non, au diable l'école ! Votre proposition me touche, mais je refuse.

Elle le considéra avec tristesse.

– Tu as tort, Marco. Si tu ne profites pas de cette occasion, tu feras la plus grosse erreur de ta vie. (Il lui lança un coup d'œil intrigué.) Tu m'as dit un jour que tu souffrais d'être traité de stupide métèque, reprit-elle. Nul ne songera à traiter de métèque un Italien cultivé. Dans cette ville, ce qui importe, ce ne sont ni la nationalité ni la race, mais la classe sociale. Je t'offre un billet de première classe, Marco; tu serais fou de ne pas l'accepter. Ou plutôt, non : tu serais un stupide métèque de ne pas l'accepter.

– Dans ce cas, dit-il d'une voix frémissante de colère, je suis un stupide métèque. (Il sortit du lit et entreprit de s'habiller.) Par contre, poursuivit-il, je ne suis plus votre gigolo. Allez-y, épousez votre riche sénateur et devenez une grande dame ! Ça n'intéresse que les prétendants...

– Prétentieux, rectifia-t-elle posément.

– Vous avez été gentille avec moi... ça oui ! A force de caresses, vous avez voulu me transformer en toutou, et je vous ai laissée faire. Marco Santorelli est un homme, pas un toutou.

– Seigneur Jésus, le voilà qui recommence ! soupira-t-elle. Il faut croire que les Italiens ne peuvent pas s'empêcher de faire des scènes. C'est vrai, j'ai blessé ta fierté mais je t'en ai demandé pardon. Au moins, quittons-nous bons amis. Et réfléchis à ma proposition.

Il boutonna sa chemise, l'air boudeur. Puis, malgré lui, il sourit.

– C'est vrai, j'aime bien faire des scènes, reconnut-il. Quittons-nous bons amis.

Elle s'approcha de lui. Il la prit par la taille et l'embrassa.

– Merci pour tout, murmura-t-il.

– Cher enfant, dit-elle en lui caressant le front. Cher Marco... Tu étais ma jeunesse, et ma jeunesse s'est enfuie.

Il fut surpris de voir des larmes dans ses yeux. Il n'avait jamais vu Maud Charteris pleurer.

A l'issue du douzième épisode de *La malédiction du Masque Rouge,* Marco emmena Georgie se promener à Washington Square. C'était une fraîche soirée de la fin mai, et Georgie portait un manteau léger par-dessus sa robe blanche. Comme toujours lorsqu'elle sortait avec Marco, elle lui donnait le bras; ce réflexe d'aveugle était devenu au fil des semaines un geste d'affection.

Ce soir-là, elle sentait bien que quelque chose tracassait Marco. La perte de la vue avait aiguisé ses autres sens, et elle percevait de façon presque tangible la tension qui l'habitait. Il demeura silencieux pendant tout le trajet; puis, une fois au square, il guida Georgie vers un banc où ils s'assirent.

– Qu'est-ce qui vous ennuie? demanda-t-elle doucement.

– Je ne peux pas vous le dire. Oh! et puis si... Ecoutez, Georgie, je suis amoureux de vous. Je me suis senti tellement bien avec vous ces dernières semaines, que je... (Il s'interrompit, cherchant ses mots.) Bref, je vous trouve merveilleuse, je crois vraiment pouvoir... vous aider, et je veux vous aider. Je ne veux pas seulement être votre amant, mais beaucoup plus que ça. Est-ce que vous me comprenez?

– Si vous cherchez à m'expliquer que je ne peux pas me passer de vous, vous avez absolument raison. J'ai besoin de vos yeux, Marco chéri. De votre cœur, aussi. Ce que je sais, moi, c'est que je suis folle de vous. (Elle sourit.) Et ce n'est pas du cinéma!

– Vous ignorez certaines choses sur mon compte. Je

ne suis pas Dick Derring, le héros sans peur et sans reproche. Je suis Marco, et Marco a fait quelque chose de mal.

Elle fronça les sourcils.

– Quoi donc?

– Il y a une actrice anglaise... Mme Charteris...

– Oui, je me souviens que vous en aviez parlé sur le bateau. Elle vient d'épouser le sénateur Ogden, n'est-ce pas?

– Oui, avant-hier. Quand j'étais son jardinier en Italie, elle m'a fait une proposition... bon, pour parler carrément, elle m'a demandé de devenir son gigolo. A ce moment-là, j'ai dit non; mais en arrivant à New York, j'étais tellement fauché que je suis allé la voir. Elle m'a donné beaucoup d'argent pour faire l'amour avec elle... Voilà pourquoi je dis que je ne suis pas Dick Derring.

C'est un Italien, pensa-t-elle. *Ils voient les choses différemment...*

– Vous me trouvez répugnant, n'est-ce pas? dit-il avec anxiété.

– Non. Je ne pense pas que le pape vous décernerait une médaille, mais je peux comprendre vos raisons. Cependant, maintenant qu'elle est mariée...

– Oh! ne vous en faites pas, je suis son *ex*-amant. Mais c'est là que ça se complique. En fait, Maud m'aime mieux que cela : elle m'a proposé de me payer des études. J'ai refusé, mais... (Il eut un geste agacé.)... je ne peux pas m'empêcher de penser qu'elle avait raison, bon sang! C'est une occasion inespérée, et je suis un imbécile de ne pas la saisir.

– Naturellement qu'elle a raison! s'exclama Georgie. Cela ne fait aucun doute. C'est peut-être une femme à scandale mais, sur ce point, elle a raison.

– Qu'allons-nous devenir, vous et moi, dans l'histoire? Vous, surtout? Ça dure des années, les études! *Dio,* tout était si simple avant que je vous connaisse!

– Combien d'années faut-il compter?

– Je n'en sais rien. Beaucoup. Je n'ai pratiquement aucune instruction. Evidemment, je pourrais continuer comme ça, m'occuper de mes camions... mais elle m'a fait entrevoir quelque chose de tellement plus passionnant... (Il soupira.) Je ne sais pas. (Il prit Georgie par la main et se leva.) Venez, marchons encore un peu.

– Il faut que vous acceptiez, Marco, je vous assure ! L'instruction est la chose la plus importante qu'on puisse offrir à un homme; cela passe avant tout le reste. Et si ça demande du temps, quelle importance ! Le jeu en vaut la chandelle ! Moi, je vous attendrai toujours.

Il la regarda.

– Vous le pensez vraiment ?

Elle sourit.

– Gros bêta ! Qui d'autre pourrait m'emmener au cinéma ?

– Oh ! Georgie, Georgie... murmura-t-il en l'embrassant. Je vous aime tant... (Il se redressa brusquement.) Quel idiot je suis ! Nous n'avons pas besoin d'attendre. Nous pouvons nous marier dès maintenant.

– Comment cela ?

– Eh bien, oui : nous nous marions, et je vais à l'école. C'est aussi simple que ça.

– Mais... Je suis heureuse que vous désiriez m'épouser, mon chéri, mais...

– Acceptez-vous ? l'interrompit-il en lui saisissant les mains. Dites oui, Georgie, je vous en prie !

– Certainement, je dis oui ! Je ne suis pas folle !

Il poussa un cri de joie et l'embrassa de plus belle. Au bout d'un moment, elle le repoussa.

– Mais comment ferez-vous pour subvenir à nos besoins ? Un étudiant...

– Oh ! j'emprunterai de l'argent à Maud. Elle est riche comme Crésus, maintenant...

– Elle acceptera peut-être de vous entretenir, mais je doute qu'elle se montre aussi généreuse avec moi.

– Elle crachera... ne serait-ce que pour acheter mon silence. Elle ne veut pas que son mari apprenne ce qu'il y a eu entre nous.

– Ce serait du chantage ! protesta Georgie, choquée.

– Mais non, je présenterai ça différemment. Laissez-moi faire, Georgie; nous arriverons à avoir tout le gâteau. Pour l'instant, les Ogden sont en voyage de noces en Europe; dès leur retour, je réglerai la question avec Maud. D'ici là, nous nous marierons.

Il se remit à l'embrasser avec fougue. Mais, pour la première fois, le beau visage que Georgie se représentait par la pensée avait un peu changé.

Pour la première fois, elle y devinait une trace de laideur.

Casey O'Donnell grossissait au même rythme que son empire commercial et que son influence politique. Il chercha un moment à lutter contre son embonpoint, mais son amour du whisky irlandais l'emporta sur sa coquetterie : il renonça définitivement aux régimes et s'acheta des costumes plus amples.

Ce matin-là – le lendemain de la demande en mariage de Marco – Casey téléphonait à l'un des conseillers municipaux de New York quand il eut la surprise de voir entrer sa femme dans son bureau. Casey pressentit aussitôt des ennuis : Kathleen ne venait pratiquement jamais le voir au dépôt et, en cet instant, elle paraissait au bord de la crise de nerfs. Kathleen s'assit, les mains crispées sur son sac tout neuf.

– C'est affreux! déclara-t-elle sans préambule. Il faut que tu empêches cette catastrophe, Casey. Je ne laisserai pas cette pauvre enfant gâcher ainsi sa vie!

– Que se passe-t-il?

– Georgie m'a annoncé la nouvelle ce matin, après ton départ. Elle a dormi tard parce qu'elle est rentrée à minuit passé... Je savais que ça finirait mal. J'en étais sûre!

– Voudrais-tu te calmer, s'il te plaît!

– Georgie veut épouser ce métèque!

– Santorelli? s'exclama Casey, éberlué.

– Lui-même... Oh! c'est de ma faute. Je n'aurais pas dû lui permettre de sortir avec lui; d'un autre côté, elle aimait tellement aller au cinéma... (Elle sortit un mouchoir de son sac et s'essuya le nez.) Elle est trop jeune, trop innocente. Cette petite ne connaît rien aux hommes. Dieu sait ce qu'il lui a fait ! Mon Dieu, je n'arrive pas encore à y croire...

— Un instant. Santorelli n'a rien de particulièrement déplaisant...

Elle le regarda, bouche bée.

— J'espère avoir mal entendu !

— Reconnais que c'est vrai. D'ailleurs, il est peut-être temps que Georgie se marie, surtout maintenant que Bridget est partie. S'ils sont amoureux...

— Oh ! s'indigna son épouse. Qu'est-ce que l'amour pour cette petite ? Elle n'est jamais sortie avec d'autres hommes. Elle est *aveugle,* Casey ! Elle a besoin qu'on la protège. Ce... cet Italien... enfin, tu sais bien comment ils sont ! Quand je pense qu'il l'a peut-être déjà...

— Tu crois qu'il... ?

Kathleen leva les mains pour lui imposer silence.

— Je prie le ciel que non, mais je crains que le mal ne soit fait. Comment expliquer autrement une décision aussi soudaine ? Oh, Casey, il faut que tu fasses quelque chose ! Débarrasse-nous de lui ! Nous trouverons pour Georgie un mari décent, un brave garçon irlandais. Débarrasse-nous de cet horrible...

Elle fondit en larmes. Casey, qui détestait ce genre de scènes, leva les yeux au ciel.

— Pour l'amour de Dieu, cesse de pleurnicher !

— Georgie est comme une fille pour moi. Cette pauvre enfant sans défense...

— Elle n'est pas sans défense, tu le sais très bien. Je trouve même qu'elle se débrouille de façon extraordinaire...

— De quel côté es-tu ? s'emporta Kathleen. Je refuse qu'elle épouse ce métèque ! Mon Dieu, pourquoi a-t-il fallu que ces petites voyagent en troisième classe...

Elle se remit à sangloter.

Casey fit lentement pivoter son fauteuil en fixant, sur les murs, les photographies de ses amis politiques, comme pour y puiser de l'inspiration. Lorsque son regard tomba sur Archie O'Malley, il sut qu'il tenait la solution. Quand Casey se décidait à agir, il devenait sans pitié.

– Bon, je vais m'en occuper, dit-il. Il y a un moyen très facile.

– Comment comptes-tu t'y prendre ? demanda-t-elle en reniflant.

– Cela ne te regarde pas. Maintenant, va-t'en ; j'ai du travail. Et ne dis pas à Georgie que tu es venue me voir. Je ne tiens pas à me faire écharper.

Kathleen se leva.

– Tu es un brave homme, Casey O'Donnell.

– Tu parles ! marmonna-t-il. Le fait est que Santorelli commençait à me faire de l'ombre avec son entreprise de camionnage.

Archie O'Malley avait des relations au service d'immigration.

Cette année-là, Mark Twain mourut et Tolstoï aussi ; John Reed décida de s'installer à Greenwich Village ; Diaghilev commanda à Stravinsky *L'oiseau de feu ;* Douglas Fairbanks joua le rôle principal de la comédie à succès *The Cub ;* Franklin Roosevelt se présenta aux élections sénatoriales de New York ; et Nellie Byfield organisa dans sa maison de Sniffen Court un petit dîner qui faillit tourner au désastre.

A part son amant, Terry Billings, les autres invités appartenaient au milieu théâtral : acteurs et actrices férocement jaloux des succès de leurs camarades et secrètement ravis de leurs échecs. Au moment des cocktails, on sonna à la porte.

– Ce doit être Jake, dit Nellie à Terry.

– Jake qui ? demanda le jeune homme.

– Pourquoi dis-tu toujours « Jake qui » ? Jake Rubin, l'auteur-compositeur.

– Tu l'as invité ?

– C'est moi l'hôtesse, mon cœur...

Très élégant dans son smoking, Jake tendit en souriant à Nellie une bouteille de Veuve Clicquot, un ruban noué autour du goulot.

– Merci de votre invitation, dit-il.

– Oh ! Jake, c'est pour moi ? Chic, du champagne ! Vous n'auriez pas dû.

Elle ferma la porte et le précéda dans le living.

– Il y a ici ce soir de très jolies actrices, dit-elle en le prenant par le bras. J'espère que vous avez apporté votre carnet d'adresses.

– J'ai déjà noté l'unique adresse qui m'intéresse : celle de Sniffen Court.

– Que c'est gentil, Jake ! Mais ne le dites pas devant Terry; il est très jaloux et sait se montrer méchant ! (Elle s'arrêta sur le seuil du salon.) Ecoutez-moi tous ! Voici un homme de grand talent, qui a écrit pour moi la plus belle des chansons : Jake Rubin !

Elle lui fit faire le tour de la pièce pour les présentations. Ils en arrivèrent enfin à Terry.

– Et voici Terry Billings, dont je vous ai déjà parlé.

Terry était accoudé au piano. Il ne daigna pas se redresser ni tendre la main. Il se contenta de dévisager Jake avec l'insolence d'un beau garçon qui sort de Yale et qui a de l'argent.

– Ah oui ! l'immigrant, dit-il d'une voix traînante. Si j'avais su que tu invitais ce genre de personne, Nellie, je ne serais pas venu. Notre rang nous interdit de fréquenter n'importe qui.

– Voilà bien une réflexion stupide, Terry, dit Nellie, indignée. Descends de ton piédestal et comporte-toi en gentleman, pour une fois.

– Ne m'as-tu pas dit toi-même que tu l'avais traité de « petit youpin arriviste » ?

– Je le reconnais et je m'en suis excusée. Maintenant, si tu n'es pas décidé à te conduire en gentleman, je te prierai de t'en aller !

– Voyez-vous ça ! Qui paie le loyer de cette maison ? Pas toi, ma chérie. Moi. Je n'ai pas l'habitude de me laisser mettre à la porte de chez moi.

– Espèce de salopard ! hurla Nellie en tapant rageusement du pied. Devant mes amis !

Il éclata de rire.

– Voyons, Nellie, tout le monde est au courant !

– Excusez-moi, monsieur Billings, intervint Jake, mais je crois que cette dame vous a demandé de partir.

Il prit Terry par le bras et l'entraîna vers le hall.

— Toi, le juif, ne me touche pas !

Terry envoya son poing dans le ventre de Jake, qui s'étala sur la moquette. Les autres invités se mirent à crier. Nellie tenait toujours la bouteille de Veuve Clicquot. Elle la brandit comme une massue au-dessus de la tête de son amant. Terry esquiva le coup de justesse. La bouteille se brisa sur son épaule et le champagne jaillit. Hurlant de rage, Terry saisit Nellie par les poignets et ils se colletèrent comme des voyous. Jake se releva, fit pivoter le jeune vice-président de la Banque de New York et lui décocha un direct au menton. Le coup, bien ajusté, expédia son destinataire contre la fenêtre qu'il traversa dans un grand fracas de verre brisé. Jake et Nellie se regardèrent, atterrés.

— Quelle soirée ! dit Nellie.

Et elle éclata de rire. Jake l'imita, bientôt suivi des autres invités.

L'hôtesse appela la femme de chambre :

— Fanny, va donc chercher une éponge et un balai.

— Oui, mademoiselle Nellie, ricana la soubrette. Je m'en vais ramasser M. Terry à la pelle et le mettre à la poubelle.

Jake n'était plus puceau. Il avait séduit plusieurs serveuses de Coney Island et, maintenant qu'il était riche, il lui arrivait de se rendre au meilleur bordel de la ville. Cela ne l'empêchait nullement d'être romantique et de composer de magnifiques chansons d'amour. A mesure que la soirée avançait, il sentit qu'il était amoureux de Nellie. Bien sûr, ce n'était pas une grande dame, elle était même un tantinet vulgaire... mais l'amour rend aveugle. Il la trouvait fascinante, et sa beauté correspondait en tout point à son idéal féminin. La belle Nellie, de son côté, ne semblait pas indifférente à sa personne.

Lorsque les invités prirent congé, elle lui chuchota à l'oreille un « Restez encore un peu » plein de promesses. Jake ne se le fit pas dire deux fois; il s'attarda près de la cheminée tandis que Nellie raccompagnait les autres.

– J'ai bien aimé, dit-elle à son retour, la correction que vous avez infligée à Terry. Vous n'avez pas l'air très costaud, mais il ne faut pas s'y fier.

– Allez-vous vous réconcilier avec lui ?

Elle demeura un moment silencieuse avant de répondre, d'un ton espiègle :

– Peut-être.

– Est-ce vrai qu'il payait le loyer ?

– Si on veut, oui. En réalité, il me donnait de l'argent. Vous en tirez la conclusion que j'étais sa maîtresse ? Ma foi, je serais stupide de le nier, pas vrai ? (Elle lui sourit.) Mais il est marié, ce qui complique la situation. C'est toujours la même histoire.

– Avez-vous besoin d'argent ? Je peux vous en prêter...

– C'est gentil de votre part, mais ça va pour le moment. J'ai quelques économies à la banque, et mon impresario m'a – enfin ! – obtenu une audition avec M. Ziegfeld la semaine prochaine. Evidemment, si je ne plais pas à Ziggy... (Elle hésita un instant, puis reprit :) Venez donc vous asseoir près de moi. Je ne peux pas vous parler si vous êtes à l'autre bout de la pièce.

Il s'exécuta avec empressement.

– Je ne parlais pas d'un prêt, dit-il. Laissez-moi vous payer le loyer, Nellie. C'est une proposition équivoque, je sais, mais... je suis fou de vous ! (Elle jugea préférable de ne pas répondre. Jake était manifestement nerveux.) Je suis plus doué pour écrire des paroles de chansons que pour tourner des compliments, reprit-il en lui prenant la main. Je vous désire plus que tout au monde, Nellie.

Il lui baisa la main ; puis, comme elle ne résistait pas, il l'attira contre lui et l'embrassa sur la bouche.

– Mademoiselle Nellie... Oh ! excusez-moi...

Nellie repoussa Jake.

– Qu'est-ce que tu fais là, Fanny ? cria-t-elle. Je te croyais partie.

Fanny se tenait sur le seuil, les mains crispées sur son sac, un chapeau de paille sur la tête.

– Je n'ai pas d'argent pour rentrer, mademoiselle Nellie. On m'a volé mon porte-monnaie.

Avec un soupir excédé, Nellie se leva.

– Je suis sûre que tu inventes encore une histoire... Allons bon ! Maintenant, c'est moi qui ne trouve pas mon sac.

Jake s'approcha de la servante et sortit son portefeuille.

– Tenez, dit-il. Prenez un taxi, Fanny. A mes frais.

Elle contempla d'un air incrédule le billet de cinq dollars qu'il lui tendait.

– Grand merci, monsieur Jake ! Mademoiselle Nellie, celui-là est beaucoup plus gentil que ce grippe-sou de M. Terry ! Bonsoir, tout le monde. Désolée de vous avoir dérangée, mademoiselle Nellie.

Sur ce, elle s'en fut.

– La grande scène d'amour passionné est à l'eau, soupira Nellie. Ah ! cette Fanny... Il y a des fois où je l'étranglerais.

– Moi, je l'aime bien.

– Oh ! elle n'est pas méchante.

Ils se regardèrent.

– Il est tard et je suis fatiguée, dit-elle. Voulez-vous rester coucher ?

Ce n'était pas très romantique, mais le cœur de Jake faillit éclater d'allégresse.

Nellie n'avait peut-être pas un langage très châtié, mais elle s'habillait avec goût et se tenait au courant des dernières nouveautés en matière de décoration. Au premier étage, sa maison comportait deux chambres minuscules et une salle de bains. Elle avait peint les lambris en blanc et tapissé les murs d'un papier à motifs de couleur vive. Le lit en cuivre était recouvert d'une courtepointe de dentelle et des rideaux assortis encadraient les deux lucarnes. Sur le chiffonnier trônait un bouquet de fleurs séchées du plus bel effet.

Elle s'assit sur le lit pour ôter ses souliers et ses bas et Jake eut le souffle coupé à la vue des jambes superbement galbées.

— Vous n'avez pas l'intention de faire l'amour en smoking, j'espère ? dit-elle. Je ne suis quand même pas formaliste à ce point-là.

Prenant conscience de son air ridicule, il se dévêtit à son tour et se glissa sous les draps, l'embrassant sur la bouche avec ferveur, pressant son corps contre le sien. *Pas à dire,* pensa-t-elle, *il n'a pas beaucoup de technique, mais il y prend un maximum de plaisir.*

— Vous êtes la plus belle femme du monde, Nellie, chuchota-t-il. Cet instant est merveilleux pour moi... merveilleux...

Il le pense vraiment, se dit-elle. *C'est touchant.*

Trois jours après la conversation orageuse entre Kathleen O'Donnell et son mari, Marco se fit intercepter par deux policiers à cheval dans la 12e Rue où il allait livrer un chargement de poulets.

L'un des hommes dégaina son revolver. L'autre mit pied à terre et s'approcha de la portière.

— Descendez, ordonna-t-il.

— Pourquoi ? Qu'y a-t-il ?

— Je dois fouiller votre camion.

— Mais pourquoi ?

— Nous allons voir.

— Mais je...

— Descendez !

Dérouté et un peu nerveux, Marco obéit. Le policier disparut à l'arrière du véhicule. Marco regarda l'autre flic, qui braquait son arme sur lui. Un petit attroupement se formait sur le trottoir. Marco s'épongea la figure avec son mouchoir; le soleil tapait, mais ce n'était pas la chaleur qui faisait transpirer le jeune Italien.

— Le voilà ! dit le policier en descendant du camion, un sac de toile à la main.

Il plongea la main dans le sac et en sortit une poignée de billets de cinq dollars.

— Le gars qui nous a téléphoné avait raison, dit-il à l'autre flic. Il doit y avoir là dix mille dollars en fausse monnaie. (Il se tourna vers Marco.) Vous êtes en état d'arrestation, monsieur.

Marco contemplait le sac sans comprendre.

– Comment est-il arrivé dans mon camion ? bredouilla-t-il.

– C'est ce que vous allez nous expliquer. Suivez-nous.

Hébété, Marco se laissa emmener.

Le lendemain matin, on introduisit Jake et un avocat dans le parloir de la prison.

– Attendez ici.

Le gardien leur indiqua quatre chaises disposées autour d'une table. Il n'y avait pas d'autres meubles. Les deux fenêtres donnant sur Centre Street étaient munies de barreaux.

Ils s'assirent. Marco entra quelques instants plus tard, escorté d'un policier.

– Je ne suis pas coupable, Jake, dit-il. Je n'y suis pour rien, je le jure.

– Je le sais, Marco. Je te présente ton avocat, Millard Whitehead.

Les deux hommes se serrèrent la main et le flic sortit.

– Quelqu'un a caché le sac de faux billets dans mon camion et a téléphoné à la police, dit-il. Mais qui ? Toute la nuit, je me suis demandé qui me voulait du mal. Je n'y comprends rien ! Et toi, Jake ?

– Moi non plus. Mais on veut manifestement se débarrasser de toi.

– Mais je ne risque rien, hein ? Ils ont trouvé la fausse monnaie dans mon camion, d'accord, mais il faut encore prouver que je l'ai fabriquée, pas vrai ? Ou au moins...

– Je crains fort qu'ils n'aient rien à prouver du tout, monsieur Santorelli, l'interrompit l'avocat. Car je doute que votre affaire passe un jour devant le tribunal.

– Pourquoi ?

– Vous n'êtes pas citoyen américain. Aux termes de

la loi actuelle, le service d'immigration peut vous expulser à tout moment – à condition d'avoir une raison valable. Cette malheureuse affaire constitue un motif suffisant. J'imagine que la personne qui a caché ce sac dans votre camion savait ce qu'elle faisait et désirait votre expulsion.

– Vous voulez dire qu'ils peuvent me renvoyer en Italie ? demanda Marco, livide.

– Non seulement ils le peuvent mais je crains bien qu'ils ne le fassent.

Marco regarda Jake, d'un air affolé.

– Jake, ce n'est pas possible ! On ne va pas m'expulser, après tout ce que j'ai fait pour venir ici ! Dis-moi que ce n'est pas vrai, Jake ?

Accablé de ne pouvoir aider son ami, Jake ne répondit pas.

Lorsque Jake, à la demande de Marco, téléphona à Georgie pour la prévenir, la jeune aveugle réagit avec violence.

– Expulsé ? cria-t-elle. Mais pourquoi ?

Jake lui expliqua la situation.

– C'est incompréhensible, gémit Georgie. Qui lui aurait fait une chose pareille ?

Elle s'interrompit net. Elle se trouvait chez son oncle, dans la cuisine; Casey était à son garage, mais Kathleen s'affairait dans le living-room. En un éclair, Georgie comprit qui avait monté l'affaire et pourquoi.

– Où est-il ? demanda-t-elle.

– On l'a emmené à Ellis Island dans une vedette de la police. Il y restera détenu jusqu'à son départ pour l'Italie. Ça me rend malade, mais l'avocat que j'ai engagé affirme qu'il n'y a aucun recours...

– Oui... Merci, monsieur Rubin...

– Il m'a dit qu'il vous avait demandé de l'épouser...

– Oui, et j'y suis bien décidée. Même si je dois pour cela aller en Italie ! Excusez-moi, monsieur Rubin, mais je dois parler à ma tante. Merci d'avoir appelé.

Elle raccrocha. La cuisine lui était familière jusque dans ses moindres recoins; comme elle l'avait fait mille fois, elle entra à tâtons dans la salle à manger, puis dans le living-room. Kathleen, qui lisait la Bible, leva la tête et vit sa nièce venir vers elle. Comme toujours, elle fut d'abord frappée de la beauté de Georgie. Puis elle remarqua ses yeux rougis.

– Qu'y a-t-il, ma chérie? demanda-t-elle en posant la bible.

– Est-ce vous qui avez fait cela? Est-ce vous et oncle Casey qui avez fait expulser Marco?

– Expulser? s'exclama sa tante. J'ignore absolument de quoi...

– On va le renvoyer en Italie, l'homme que j'aime, l'homme que...

Elle s'effondra sur le canapé. Kathleen courut la prendre dans ses bras, mais Georgie la repoussa.

– Ce que vous avez fait est cruel, méchant! Je ne me suis jamais plainte de rien... même quand j'ai perdu la vue. Tout ce que je demandais, c'était d'épouser Marco, et vous me l'avez enlevé!

– Je n'y suis pour rien!

– Avouez que vous ne l'aimiez pas!

– Je le reconnais... Il n'était pas digne de toi, ma chérie. La meilleure preuve, c'est qu'il est expulsé; il a dû commettre une faute très grave pour...

Elle s'interrompit. Kathleen n'était pas très fine et il lui fallut quelques minutes pour comprendre ce que son mari avait fait.

– Seigneur Jésus, murmura-t-elle, c'est moi la cause de tout. Mais je jure que je ne voulais pas cela... Oh! Georgie, pardonne-moi...

– Qu'avez-vous fait?

– Quand tu m'as dit que tu comptais l'épouser, j'ai été folle d'inquiétude et je suis allée demander à ton oncle de chasser Marco de notre vie. Doux Jésus, je n'imaginais pas qu'il irait jusque-là!

– Dans ce cas, appelez-le pour lui dire d'arranger les choses.

Kathleen courut dans la cuisine téléphoner à Casey.

– Qu'as-tu fait au sujet de Marco? lui demanda-t-elle.

– J'ai dissimulé des faux billets dans son camion et j'ai averti la police.

– Mais on va l'expulser !

– Je le sais. C'est bien ce que tu voulais, non ? Tu m'as dit : « Débarrasse-nous de lui. »

– Seigneur, je ne pensais pas que tu me prendrais au mot ! Georgie est folle de chagrin... Arrange-toi pour le faire libérer.

– Il faudrait savoir ce que tu veux ! explosa Casey. Je ne peux plus rien faire; on l'a officiellement incarcéré. Et on va le renvoyer dans son pays. C'est tout. A partir de maintenant, je ne veux plus entendre parler de Marco Santorelli !

Sur ces mots, il raccrocha.

– Mon Dieu, geignit Kathleen, qu'ai-je fait ?

Georgie se tenait sur le seuil de la salle à manger.

– Alors ? dit-elle.

– Il est trop tard, ma chérie. Il est prisonnier. Pourras-tu pardonner à ta vieille tante d'avoir fourré son nez dans tes affaires ?

– Appelez-moi un taxi, s'il vous plaît.

– Où vas-tu ?

– A Ellis Island.

– Mais c'est impossible ! Tu n'y vois pas...

– Je veux parler à Marco. (Elle haussa le ton.) Je vous prie de m'appeler un taxi !

Kathleen tendit la main vers le téléphone.

En règle générale, Georgie évitait de se rendre toute seule dans des endroits qu'elle ne connaissait pas. Mais Ellis Island était pour elle un lieu familier – presque trop. Debout à l'avant du ferry, sa canne à la main, elle se remémora les bâtiments trapus, la lente montée de l'escalier, les longues files d'attente dans la grande salle, les odeurs et les voix des milliers d'immigrants qui arrivaient des quatre coins du monde. Elle se souvenait surtout du médecin qui lui avait retourné les paupières, en prononçant ce mot inconnu qui devait transformer sa vie : « trachome ». Aujourd'hui, elle retournait à Ellis Island pour essayer de sauver celui qu'elle aimait.

Au débarcadère, elle demanda à l'un des gardes de la conduire auprès de son beau-frère. Tout en gravissant les escaliers qui menaient aux bureaux de l'administration, Georgie écouta le bruit de la foule en se demandant ce que réservait New York à ces immigrants.

Bridget était seule lorsque Georgie entra dans le bureau.

– On a amené Marco ici, dit Georgie.

– Je sais, répondit Bridget en embrassant sa sœur. Il est arrivé ce matin.

– Où est-il ?

– Dans l'aile ouest, enfermé dans l'une des cellules de détention.

– Pourrais-je lui parler ?

– Bien sûr. Je vais t'y conduire.

– Bridget, pourrons-nous le faire libérer ? murmura-t-elle. Avec l'aide de Carl ?

– Impossible, ma chérie. Il n'y a aucun recours. Viens avec moi.

La salle de détention se trouvait à l'extrême bord de l'île. Un gardien déverrouilla une porte et Bridget entraîna Georgie dans un long couloir. Sur la droite, les fenêtres donnaient sur la baie de New Jersey. Du côté gauche, une clôture renforcée de chaînes s'élevait du sol au plafond; des parois métalliques divisaient l'espace en étroites cellules comprenant chacune une couchette pliante, un évier et un siège d'aisance. Malgré les fenêtres ouvertes, Georgie sentit une forte odeur de transpiration. Le couloir était fermé par une autre porte métallique, portant la mention : ISSUE DE SECOURS.

La plupart des cachots étaient vides. Un Grec ronflait sur son bat-flanc; un Croate barbu, appuyé à la grille, regarda d'un air résigné passer les deux Irlandaises.

Marco était enfermé dans l'avant-dernière cellule. A la vue de Georgie, il bondit de son lit et courut à la porte.

— Georgie...

Guidée par sa voix, elle posa les mains contre la grille. Marco l'imita, et leurs doigts se touchèrent.

— Je t'attends à l'entrée, dit Bridget en rebroussant chemin.

— C'est oncle Casey qui vous a joué ce sale tour, chuchota Georgie.

— Je sais. J'ai fini par le comprendre. Peu importe : j'ai trouvé le moyen de sortir d'ici.

Surprise, Georgie battit des paupières.

— Comment cela ?

— Il y a un autre Italien dans la cellule voisine, celle du bout. Il est ici depuis une semaine et il m'a dit que, les soirs d'été, le gardien de nuit ouvre la porte de secours pour s'asseoir dehors. (Il écouta s'éloigner les pas de Bridget avant de poursuivre :) D'après Dino, il existe un passe-partout qui ouvre les serrures de tous les cachots. Si votre sœur pouvait se le procurer, ça nous permettrait de nous enfuir... cette nuit.

— Vous enfuir ? Mais où irez-vous ? Nous sommes sur une île...

— Nous savons nager, chuchota-t-il. L'océan est à dix mètres de la porte; nous nagerons jusqu'à New Jersey. Il paraît que des tas de types ont réussi...

— Mais cela fait une longue distance !

— D'après Dino, environ huit cents mètres — peut-être même moins. Je peux y arriver, à condition d'avoir la clé. Pouvez-vous nous la procurer ?

— Mais... à supposer que vous réussissiez, on vous recherchera sûrement ?

— Quelque temps, oui, mais je me cacherai. Et quand Maud rentrera de voyage de noces, je l'appellerai. Elle demandera au sénateur de régler la question avec le service d'immigration. Pour le moment, l'important est de sortir d'ici avant qu'on ne m'expulse. Pouvez-vous m'avoir cette clé ?

— Oui. Du moins, je vais essayer... Oh ! Marco, êtes-vous certain d'y arriver ? C'est long, huit cents mètres, et j'ai entendu dire qu'il y avait de forts courants dans la baie de New York...

– Si je heurte quelque chose, ce sera tout au plus une bouteille de bière flottant entre deux eaux. Ne vous tracassez pas. Mais apportez-moi la clé !

– Bon, je reviens tout à l'heure...

– Georgie...

– Oui ?

– Je vous aime.

– Moi aussi, Marco, je vous aime ! Attendez-moi...

– Je ne bouge pas, rassurez-vous.

– Sainte Vierge... Vous ai-je dit d'attendre ? Je deviens folle !

Elle se retourna pour appeler sa sœur.

Dix minutes plus tard, elles se retrouvaient aux toilettes pour dames, où Bridget avait emmené Georgie lorsque celle-ci avait demandé à lui parler loin des oreilles indiscrètes.

– Tu lui diras de ma part qu'il est fou de tenter un coup pareil ! déclara Bridget. Le dernier inconscient qui a essayé d'atteindre New Jersey à la nage est remonté à la surface quatre jours plus tard, et les poissons lui avaient joliment arrangé la figure.

Georgie frissonna.

– Certains y arrivent pourtant, non ?

– Certains, oui. Mais beaucoup y restent. Dis-lui que ce serait une folie de faire ça; la baie est dangereuse.

– Il n'a pas le choix. On va l'expulser par la faute de notre oncle, Bridget. Il faut que tu l'aides !

– Si jamais Carl s'en apercevait...

– C'est moi qui te le demande, Bridget. Ta sœur ! J'aime Marco.

Bridget regarda les yeux aveugles de Georgie, qui l'imploraient. Elle était incapable de résister à ce regard, et Georgie le savait. Et puis, elle se souvenait de Mary Flaherty, de Wexford Hall et de Jamie Barrymore. Les problèmes de conscience, elle savait ce que c'était.

Elle embrassa sa sœur.

– Tu sais que je ne peux rien te refuser, dit-elle. Assieds-toi sur la cuvette pendant que je vais chercher la clé. (Sur le seuil, elle ajouta :) Mais recommande-lui bien de ne pas faire de mal au gardien. C'est un vieil homme adorable, qui doit prendre sa retraite dans un mois.

– Marco ne ferait pas de mal à une mouche.

Bridget sortit vivement des toilettes, heureuse au fond à l'idée d'être une fois encore du côté des opprimés.

– Cela suffirait à vous rendre hostile à l'éducation des jeunes filles, déclara Phipps Ogden à Maud. (Ils se trouvaient à Paris, dans leur suite du Ritz.) Je l'ai envoyée à Porter Hall, près de Londres, en pensant qu'elle se ferait des relations intéressantes; quelque temps après, j'apprends que son professeur d'histoire est un socialiste ! Lorsqu'elle est rentrée à la maison en vantant les mérites des époux Webb, je l'ai inscrite à l'école de Mlle de Cluzy, à Versailles, pour qu'elle perfectionne son français. Et qu'est-ce que j'apprends ? Son professeur de gymnastique est un partisan de Jean Jaurès !

Maud sourit.

– Ce n'est sans doute qu'une mode. En Angleterre, beaucoup de jeunes trouvent très chic d'afficher des opinions progressistes.

– J'ignore si elle le pense vraiment, mais c'est diantrement désagréable de s'entendre dire que l'on est un politicien décadent qui épouse une actrice bourgeoise.

– Elle a dit cela ? dit Maud, étonnée.

– Parfaitement. J'ai jugé préférable de vous prévenir avant que vous ne la rencontriez.

– Bourgeoise, moi ? Parce que je joue dans des comédies de boulevard, je suppose... Probablement aurait-elle plus d'estime pour moi si je jouais du Gorki ou du Tchekhov ?

– Sans doute.

– Mon chéri, vous m'avez dit qu'elle était d'humeur artiste, et qu'elle s'enflammait actuellement pour la cause marxiste. Eh bien, tout cela me paraît intéressant. Nous nous entendrons certainement fort bien. Pour le moment, allez vite la chercher.

– Vous savez, dit Phipps un peu tristement, Vanessa était une petite fille charmante. C'est mon unique enfant; nous étions très proches à une certaine époque. Et puis... elle a grandi.

Il envoya un baiser à sa femme et sortit.

Maud portait une robe de dentelle blanche toute simple et très peu de bijoux; cette sobriété lui semblait préférable pour faire la connaissance de sa redoutable belle-fille. Si Phipps et Maud avaient décidé de passer leur lune de miel en Europe, c'était pour permettre à Maud de rencontrer Vanessa, qui visitait les musées de France après avoir terminé ses études à l'école de jeunes filles de Mlle de Cluzy. Le jour même où Marco préparait son évasion d'Ellis Island, Vanessa arrivait à Paris, venant de Lyon. Elle devait descendre au Ritz – curieuse adresse pour une marxiste, comme l'avait fait observer Phipps avec aigreur (car, bien entendu, c'était lui qui payait la note).

Jusqu'à présent, le voyage de noces des Ogden n'avait rien eu de précisément socialiste. Le yacht de Phipps, *L'Etoile du Nord* – long de plus de cinquante mètres – était un véritable palais flottant. A Londres, ils avaient été reçus dans toute la gentry, car Phipps y avait de nombreuses relations et Maud était une gloire nationale. Phipps avait offert à sa femme des bijoux somptueux, de coûteux bibelots... Puis ils avaient rallié Paris, pour se livrer à une orgie de dépenses et pour retrouver Vanessa.

Il était quatre heures de l'après-midi. Maud contemplait la place Vendôme par la fenêtre lorsqu'elle entendit la porte s'ouvrir. Elle se retourna et vit une jeune fille de vingt ans, grande et mince, dotée d'une jolie silhouette. Vanessa avait des cheveux châtain clair, sans éclat, et sans doute pas très propres, un visage séduisant, comme son père, et des yeux bleus ravissants; mais elle n'avait aucune classe : cette robe marron et ce bibi affligeant n'étaient guère le genre du

Ritz. Manifestement, Vanessa n'attachait aucune importance à son apparence physique.

– Maud, je vous présente Vanessa, dit Phipps.

Maud embrassa la jeune fille sur les deux joues, en remarquant qu'elle se raidissait légèrement.

– Phipps m'a beaucoup parlé de vous, dit-elle en souriant. J'espère que nous deviendrons de grandes amies.

Vanessa examina sa belle-mère, nota du premier coup d'œil la silhouette de jeune fille et le visage lisse, fort peu marqué par l'âge.

– Je savais déjà que vous étiez belle, déclara Vanessa d'une voix un peu rauque. Je comprends, maintenant, pourquoi mon père est tombé amoureux de vous.

– Vous êtes trop aimable, ma chère.

Il y eut un silence embarrassé; apparemment, Vanessa n'avait pas grand-chose d'autre à dire.

– Si nous demandions du thé? reprit Maud. Le Ritz est le seul endroit de Paris où le thé soit buvable.

– Je n'en veux pas, dit Vanessa, mais prenez-en si ça vous fait plaisir.

Sur ce, elle se mit à feuilleter une revue qui traînait sur une table. Maud regarda Phipps.

– Vanessa, dit sèchement le sénateur, j'avais cru comprendre que Mlle de Cluzy enseignait les bonnes manières... du moins la payais-je pour cela. Si nous sommes ici, c'est pour que Maud et toi puissiez faire connaissance.

– Ah? (Elle posa le magazine et se tourna vers le couple.) Voyons les choses en face : Maud et moi avons sans doute si peu en commun...

– Cela ne te dispense pas d'être polie.

– Voyons, Phipps, intervint Maud d'un ton apaisant, c'est normal que nous soyons un peu nerveuses au début. Vanessa, que diriez-vous de courir les magasins avec moi demain?

– Je déteste le lèche-vitrines, riposta l'autre. Et, comme vous pouvez le constater, je ne m'intéresse pas le moins du monde aux vêtements.

Ma parole, pensa Maud, *elle a autant de grâce et de charmé qu'un oursin...*

Les mesures de surveillance étaient dérisoires à Ellis Island, le bâtiment n'avait pas été conçu pour tenir lieu de prison et les autorités considéraient que la baie de New York valait bien un mur d'enceinte.

Ce soir-là, à dix heures précises, Walsh, le gardien de nuit, déverrouilla la sortie de secours de la salle de détention et s'installa dehors sur une chaise, en laissant la porte ouverte. Quelques instants plus tard, Marco sentit l'odeur de sa pipe.

Vers minuit, il l'entendit ronfler.

Dino Farentino – le voisin de cellule de Marco – n'avait pas vingt ans. C'était un garçon maigre aux cheveux bruns et aux yeux marron. Fils d'un pêcheur de Sorrento, il était arrivé en Amérique en 1908 avec sa mère. A partir de là, il avait suivi un itinéraire malheureusement banal : il s'était acoquiné avec une bande de voyous et avait commis de petits cambriolages. On l'avait pris en flagrant délit alors qu'il dévalisait une charcuterie; il attendait maintenant d'être expulsé.

L'oreille tendue dans l'obscurité, il écouta Marco ouvrir avec précaution la porte de sa cage. Un petit vrombissement régulier attestait que le gardien dormait toujours. Une fois dans le couloir, Marco entreprit de libérer Dino.

– Allons-y, chuchota-t-il en italien.

Ils s'approchèrent de la porte et risquèrent un coup d'œil. La nuit était claire et tiède; les lumières de New Jersey brillaient de l'autre côté de la baie. Quelques remorqueurs tiraient des péniches de charbon. Timmy Walsh ronflait sur sa chaise.

Les deux jeunes gens franchirent les trois mètres qui les séparaient du rivage, puis ils retirèrent leurs souliers et leurs chaussettes. A part le bruit des vaguelettes qui venaient mourir sur les rochers, aucun son ne troublait le silence.

Ils entrèrent dans l'eau.

– Mon père était pêcheur, murmura Dino. Il me

disait toujours qu'on peut tenir des heures dans la mer à condition de savoir faire la planche. L'essentiel, c'est de ne pas s'affoler.

– Et de ne pas se séparer. Si l'un de nous a des ennuis...

– D'accord. Allons-y. Bonne chance !

– Bonne chance.

Ils ne nageaient bien ni l'un ni l'autre mais ils avancèrent néanmoins à une bonne allure pendant les dix premières minutes. Soudain, Marco sentit des remous l'entraîner vers le sud.

– Le courant ! cria Dino. Il nous emporte...

– Nous allons dériver sur Staten Island...

– C'est trop loin ! Merde...

Dino avait raison. Ils devaient lutter contre le courant, sous peine d'être déportés vers le large. Marco redoubla d'efforts, mais il commençait à se sentir fatigué. Il déboutonna son bleu de travail et le retira en se tortillant; au moment où, d'un coup de pied, il s'en libérait, un détritus malodorant lui frôla la figure.

– Saloperie ! cria-t-il. J'ai failli avaler une crotte !

– Cette eau est dégueulasse...

Dino, qui nageait en avant de Marco, avait lui aussi du mal à maintenir le rythme. Marco tourna la tête : ils n'avaient parcouru qu'une trentaine de mètres; Ellis Island semblait désespérément proche, New Jersey effroyablement lointain. Il s'efforça de refouler la panique qui montait en lui. *Courage,* se dit-il. *Courage...*

Marco avait mal au bras et au dos, ses poumons le brûlaient. Il voulut faire la planche pour se reposer un moment, mais s'enfonça aussitôt. Il resta cinq secondes sous l'eau; puis, le souffle court, il remonta à la surface : le courant l'avait encore éloigné de Dino.

Il accéléra la cadence, mais pratiquement sans résultat. Alors qu'il commençait à désespérer, un tronc d'arbre passa à sa portée; il s'y cramponna, tout en battant furieusement des jambes pour reposer ses bras. Il parvint ainsi à avancer un peu. Au bout de cinq minutes, il sentit à son grand soulagement le courant faiblir : il avait franchi la zone dangereuse.

C'est alors qu'il vit les lumières du remorqueur foncer sur eux.

– Dino! hurla-t-il. Un bateau!

Le remorqueur filait douze nœuds et Marco savait bien que, dans l'obscurité, le timonier ne pourrait jamais les repérer.

Le bateau se dirigeait droit sur Dino, qui se mit à crier. Puis, d'un seul coup, ce fut le silence.

– Dino! s'époumona Marco.

Il se démenait frénétiquement pour s'écarter du chemin de la péniche. Celle-ci était maintenant si proche qu'il entendait le grondement des moteurs. Il continua de hurler, affolé, mais le bruit des machines devait couvrir sa voix. L'avant du bateau se trouvait à moins de trois mètres, juste en face de lui. Face à la péniche, il agrippa le tronc d'arbre pour s'en servir comme bouclier. Une formidable secousse le souleva presque hors de l'eau et lui fit lâcher prise. Le vacarme des moteurs lui écorcha les oreilles, puis décrut rapidement.

Il était sauvé.

– Dino! cria-t-il une nouvelle fois.

Pas de réponse.

– *Dino!*

Dino était mort.

– Bon Dieu... Dino!

Il se remit à avancer, économisant son souffle et ses forces. L'adolescent de Sorrento avait coulé à pic : il était seul, à présent, terrorisé.

De toute façon, il était trop tard pour reculer. Choqué par la mort brutale de son jeune compatriote, il se laissa aller quelques instants sous l'eau pour détendre ses muscles engourdis. Puis il refit surface et regarda New Jersey. Il était à mi-chemin.

Il se remit à nager, en se répétant sans cesse : *Courage, courage...* Vingt minutes s'écoulèrent, interminables. Il avançait toujours, mais ses forces l'abandonnaient.

J'y arriverai, j'y arriverai...

Le rivage approchait. Il se dirigea vers un quai dont il distinguait la masse sombre. C'est alors que la première crampe le saisit. Plié en deux par la douleur qui lui tordait les intestins, il se retrouva la tête sous l'eau. Il fit un effort désespéré pour remonter, mais il coulait inexorablement et commençait à suffoquer. Soudain, la crampe cessa, aussi brusquement qu'elle était venue. Marco battit frénétiquement des mains et des pieds, les poumons en feu. Il remonta vers la surface, mais celle-ci paraissait hors d'atteinte. Il se sentait sur le point d'étouffer, quand enfin il émergea à l'air libre.

A présent, il s'en rendait compte, c'était une course entre lui et la crampe suivante. Il respira un grand coup et se remit à nager. On eût dit que le quai rampait sur l'eau noire, s'éloignant à chaque brasse autant que lui-même approchait. Le but n'était plus qu'à six mètres mais il semblait au bout du monde. Chaque mouvement était une torture. Cette traversée à la nage, qui avait paru si facile, se révélait un cauchemar.

A trois mètres du rivage, la seconde crampe le saisit avec la brutalité d'un coup de fouet. De nouveau il s'enfonça, plié en deux par la douleur. De nouveau il s'affola, sa réserve d'air épuisée. De nouveau il sombra dans l'eau noire, toujours plus profonde... *Georgie...* Brusquement, il songea que la jeune aveugle vivait dans un monde de ténèbres semblable à celui-ci, un peu comme si elle était condamnée à passer le restant de ses jours au fond de l'Océan. *Georgie... je vais mourir... Georgie... par pitié, de l'air!*

La crampe se calma. Il fendit l'eau de ses bras douloureux, le corps tendu vers la surface. *De l'air, de l'air... Dans une seconde, c'est fini... de l'air... courage... de l'air... merde... j'y suis! Ça y est!*

DE L'AIR!

Sa main s'était refermée sur le dernier barreau de l'échelle du quai. *Plus jamais. Plus jamais,* pensa-t-il, *ils ne me jetteront dehors. Plus jamais je n'aurai à m'enfuir. Je viendrai à bout de ce foutu pays. Je le vaincrai!*

Il vola un pantalon de toile accroché à une corde à linge. Il n'avait pas d'argent, pas de chaussures, mais il était de retour en Amérique. *Il me faut de l'argent,* se répétait-il. *On n'expulse pas les gens riches. L'Amérique est réservée aux riches. Il me faut de l'argent...*

Il attendit l'aube, puis il se rendit à pied à Jersey City; là, après avoir quémandé cinq *cents* à un laitier, il téléphona à Jake. Deux heures plus tard, celui-ci le rejoignait en taxi avec trois cents dollars, des vêtements propres, un rasoir et une brosse à dents. Marco donna au chauffeur l'adresse d'un hôtel miteux.

– Je vais me cacher pendant une quinzaine en attendant le retour de Maud, dit-il à Jake. Avec un peu de chance, ils croiront que je me suis noyé. Et... merci pour ton aide, Jake; je n'oublierai jamais ce que tu viens de faire. (Il prit la main de Jake dans les siennes.) Tu es le meilleur ami que j'aie jamais eu.

– Ecoute, nous sommes dans un pays où il faut se battre. Tu m'as aidé; maintenant, c'est mon tour. C'est à cela que servent les amis.

– Je n'oublierai jamais, répéta Marco.

Il me faut de l'argent, pensait-il. *Il faut que je devienne riche...*

21

En 1892, Florenz Ziegfeld junior se rendit en Europe pour persuader le célèbre chef allemand Hans von Bülow de venir l'année suivante à Chicago y donner des concerts qui rehausseraient l'éclat de l'Exposition Universelle. Florenz Ziegfeld junior agissait à la demande de son père, le Dr Florenz Ziegfeld, fondateur du conservatoire de musique de la ville.

Quoique issu d'une famille de musiciens, Ziggy, élégant jeune homme au long nez, ne s'intéressait guère à la musique. Au lieu de ramener Hans von Bülow, il revint – au grand désespoir de son père – avec la fanfare von Bülow (un parent de l'autre) et avec un hercule de foire baptisé Sandow. Ziggy fit coller des affiches dans tout Chicago et présenta Sandow sur une scène vêtu seulement de son maquillage et d'une feuille de vigne. La foule délirait à la vue de l'hercule soulevant un pianiste d'une main et son instrument de l'autre. Et quand l'astucieux Ziggy persuada Mmes Potter Palmer et George Pullman – les deux femmes les plus en vue de la haute société de Chicago – de payer trois cents dollars chacune le privilège de tâter les biceps de Sandow, tous les journaux d'Amérique rapportèrent l'anecdote. La carrière météorique de Ziggy dans le show-business était lancée.

Il connut un second triomphe en introduisant à New York Anna Held, petit bout de chanteuse juive, d'origine franco-polonaise. A cette occasion, il imagina un gros coup publicitaire : il fit courir le bruit qu'une crèmerie de New York intentait un procès à Mlle Held pour non-paiement des cinquante bouteilles de lait qu'on lui livrait quotidiennement depuis son arrivée à New York. Naturellement, on voulut savoir à quel usage était destinée une telle quantité de lait. Une meute de journalistes prit d'assaut l'hôtel de la chanteuse. On y renseigna les curieux : Mlle Held, à l'instar de Poppée, prenait des bains de lait. Tout simplement. Cette révélation sensationnelle rendit Anna Held célèbre du jour au lendemain et, du jour au lendemain, des centaines d'Américaines se baignèrent dans du lait.

Naturellement, c'était de l'invention pure et simple.

Ziggy tomba amoureux de sa chanteuse et l'épousa. En 1907, il eut l'idée de génie qui lui vaut de figurer aujourd'hui dans les manuels d'histoire. Les spectacles de music-hall sont en principe le reflet de leurs spectateurs : ce n'était pas le cas à Broadway.

Broadway offrait à un public élégant et sophistiqué des revues miteuses où la médiocrité des danseuses rivalisait avec celle des décors. Ziggy décida de reprendre les choses en main. Il fit sauter le toit du New York Theater et décora la salle à la manière d'un café parisien, avec marquises bariolées, plantes vertes et paravents en toile multicolore. A l'époque, les théâtres de Broadway fermaient l'été à cause de la chaleur; Ziggy, lui, annonça que son « théâtre en terrasse » bénéficiait de la brise marine, pur mensonge, car un dôme en verre coiffait l'établissement. La première représentation des « Folies Ziegfeld » eut lieu en juillet 1907, par une soirée particulièrement moite. C'était une revue menée tambour battant, composée de nombreux sketches comiques, de chansons et de numéros dansés. Les « Folies » connurent un succès fulgurant. Ziggy écuma le pays à la recherche des plus belles filles. Il les trouva. Dès 1910, le nom de Ziegfeld évoquait pour le public américain : charme, gaieté, décors et costumes fabuleux...

Tel était l'homme extraordinaire qui, installé sur la terrasse du New York Theater, en ce matin de mai 1910, écoutait Nellie Byfield chanter *A la clarté de la lune argentée.*

– Je n'aime pas sa voix, déclara-t-il à William Morris, l'imprésario de Nellie, mais elle est bien roulée. Demandez-lui si elle accepterait de faire partie de mes girls.

Pour toute réponse, Nellie fondit en larmes et quitta la scène en courant.

Une heure plus tard, dans le living-room de son appartement, elle confiait à Jake son amertume :

– Une girl ! Moi, Nellie Byfield ! Je n'ai jamais été aussi humiliée. Jamais !

– Les Ziegfeld Girls ne sont pas vraiment des girls comme les autres...

– Je serai une star ou rien du tout ! l'interrompit-elle avec rage.

– Mais... Nellie, un contrat avec Ziegfeld représente une aubaine. Fanny Brice était tellement excitée quand il l'a engagée qu'elle a passé sa journée à Times Square à montrer son contrat à tous les passants.

– Fanny Brice n'a pas ma classe, déclara-t-elle avec dédain. (Et elle se remit à pleurer.) Le goujat ! Il n'a aucune oreille. C'est bien connu. Et il a le culot de ne pas aimer ma voix ? Il se prend pour qui, ce Ziegfeld ?

Jake la serra dans ses bras.

– Tu as la plus belle voix de New York, dit-il d'un ton apaisant. Compte sur moi pour la faire entendre à Broadway... et, qui plus est, dans un spectacle de Ziegfeld.

— D'un coup de baguette magique, peut-être ?

— Ziegfeld monte un nouveau spectacle intitulé « Le carnaval de Manhattan ». Il m'a demandé d'écrire la partition.

Elle le regarda les yeux écarquillés.

— Jake ! parvint-elle à articuler.

— Je signe le contrat la semaine prochaine. Abe m'a bien prévenu que Ziegfeld exploitait honteusement ses auteurs, mais on ne refuse pas de participer à un show de Ziegfeld...

— Pourquoi ne m'en as-tu pas parlé ?

— Je voulais d'abord que tu passes ton audition. Nous savons maintenant que ton physique lui plaît; j'arriverai peut-être à le convaincre d'aimer ta voix. Tu serais parfaite dans le rôle principal.

— Oh, Jake, je t'adore ! (Elle lui couvrit le visage de baisers.) Tu es le compositeur le plus merveilleux du monde. Je t'adore !

— Veux-tu m'épouser ?

— Quoi ?

— Je t'ai dit : veux-tu m'épouser ?

Elle se leva et s'approcha du piano.

— Tu es décidément plein de surprises ce matin.

— Nellie, tu sais que je suis fou de toi... Regarde.

Il sortit de sa poche un écrin noir, qu'il ouvrit. La boîte contenait un énorme solitaire.

— Il est somptueux, Jake, mais...

— Mais quoi ? Tu ne m'aimes donc pas, Nellie ?

Elle hésita un instant avant de répondre :

— Je n'en sais rien... Je n'ai jamais envisagé le mariage. D'abord, tu es juif et moi...

— Rien ne nous oblige à aller à la synagogue. Un mariage civil suffira. Dis oui, Nellie, je t'en prie. Je t'écrirai les meilleures chansons de Broadway.

— Serait-ce du chantage, Jake ?

Ce fut au tour du jeune homme d'hésiter.

— Non, répondit-il enfin. Tu sais bien que, quoi qu'il arrive, je t'écrirai des chansons. Mais si tu deviens ma femme...

Elle prit la bague et la passa à son doigt. Après l'avoir examinée un moment, elle dit :

– Très bien. C'est ni plus ni moins du chantage, mais ça m'est égal. Marions-nous.

– Nellie ! s'écria-t-il en la prenant dans ses bras.

– J'espère au moins que ta partition sera à la hauteur, se contenta de dire Nellie.

22

Garden Court, la somptueuse propriété que possédait Phipps Ogden sur la côte nord de Long Island, lui avait coûté plus de quatre millions de dollars – sans compter le mobilier. Juchée sur une colline surplombant le détroit, la maison offrait une vue imprenable sur l'océan. Au rez-de-chaussée, un immense hall de marbre – huit mètres sous plafond – ouvrait sur une terrasse précédant de magnifiques jardins à la française. De chaque côté de ce vestibule se trouvaient : un grand salon, qui n'aurait pas déparé le palais de Buckingham; une salle de bal; une salle à manger prévue pour une bonne soixantaine de convives; une bibliothèque abritant les incunables de Phipps; un jardin d'hiver; un salon de musique équipé de grandes orgues; un boudoir, et les cuisines. A l'étage : deux suites principales et huit appartements d'amis. Vingt-cinq chambres de domestiques occupaient le deuxième étage.

Comme si cela ne suffisait pas, Phipps avait fait construire derrière le garage une « maison de jeux » comprenant une piscine de trente mètres, quatre courts de tennis, deux courts de squash, un gymnase et un sauna. Le domaine comportait aussi des écuries, car la fille de Phipps, Vanessa, était une passionnée d'équitation. Sur le détroit, un embarcadère était réservé au yacht de Phipps, *L'Etoile du Nord,* à bord duquel Maud et lui avaient voyagé pendant leur voyage de noces; son voilier – un sloop de dix-huit mètres – était amarré au yacht-club tout proche. Pour entretenir ce domaine princier, Phipps employait près de cent personnes – dont quatorze jardiniers à plein temps.

C'est dans cette oasis de luxe que Marco se rendit un beau matin de juillet 1910. Il avait appelé Maud, la veille, de Jersey City, plutôt inquiet de l'accueil qu'elle lui ferait. Après tout, il représentait pour la nouvelle Mme Ogden une éventuelle source d'embarras. En outre, il avait refusé de suivre des études à ses frais – tout comme il avait refusé, des années auparavant, en Calabre, de devenir son chauffeur – et voilà qu'il revenait la trouver, le chapeau à la main... Il faudrait bien la comprendre si elle l'envoyait au diable.

Au contraire, elle avait été ravie d'avoir de ses nouvelles. Lorsqu'il lui avait dit qu'il réfléchissait à sa proposition, elle avait répondu :

– Tu deviens raisonnable, ce n'est pas trop tôt. Viens me voir demain; nous en discuterons.

Il longea l'allée, béat d'admiration devant les massifs de rosiers et les fontaines de marbre, ébahi par l'immensité de Garden Court et par cet incroyable étalage de richesse. Il se rappela son enfance pauvre. La puanteur des troisièmes classes, la crasse du sordide immeuble de Cherry Street. Pas étonnant que Maud eût mis tant d'empressement à épouser Phipps Ogden !

Il ressentit un pincement de jalousie.

Yates, le majordome, guettait son arrivée. Il conduisit Marco à la bibliothèque, frappa, ouvrit la porte et déclara d'un ton cérémonieux :

– Monsieur Santorelli.

C'était la première fois que Marco se faisait annoncer. Il en conçut une joie mêlée d'orgueil. Debout devant les baies vitrées, Maud et Phipps bavardaient tout en admirant le détroit. Maud portait une robe d'été blanche, et son mariage avec le multimillionnaire semblait lui réussir. Elle vint vers lui, la main tendue.

– Je suis heureuse de te revoir, dit-elle. Phipps, je vous présente Marco.

Le sénateur était vêtu d'un pantalon blanc et d'un blazer bleu marine orné de l'écusson du yacht-club. Il dévisagea Marco un moment – assez fraîchement, se dit le jeune Italien – puis il retira la main de sa poche et la lui tendit.

– Maud m'a parlé de vous, dit-il avec une politesse que Marco jugea forcée. Elle m'a raconté vos... déboires avec les services d'immigration. Je connais Casey O'Donnell, qui ne fait pas partie de mes amis. Ses sbires irlandais et lui sont mêlés à la moitié des trafics douteux de New York. Le sale tour qu'il vous a joué ne m'étonne pas de sa part. Heureusement, le responsable du service d'immigration est un de mes bons amis et je suis sûr de pouvoir arranger les choses avec lui.

– Ce serait formidable, monsieur, dit Marco.

– Yates va te montrer ta chambre, dit Maud.

– Ma chambre?

– Mais oui. Tu ne peux pas retourner dans ton appartement tant que Phipps n'a pas réglé ton affaire; le mieux est donc de t'installer ici. Rassure-toi, il y a toute la place. Et puis... nous devons discuter de tes études. Le déjeuner est à une heure; nous nous reverrons à ce moment-là.

Il remercia et se tourna vers Phipps, qui l'observait toujours.

– J'ai été ravi de faire votre connaissance, monsieur.

Phipps attendit que Marco fût sorti pour prendre la parole.

– Intéressant, ce jeune homme, dit-il en allumant une cigarette. Extrêmement séduisant, en outre.

– Oui, n'est-ce pas? C'est un plaisir de le regarder.

– Est-ce pour cette raison que vous vous intéressez tant à lui? Parce que vous aimez le regarder?

– Je dois l'avouer : ce ne serait peut-être pas le cas s'il était bossu.

– Il était votre amant?

Maud arbora un air surpris.

– Quelle drôle d'idée!

– J'attends la réponse.

– J'ai l'impression que nous allons avoir notre première dispute, dit-elle en souriant. Délicieux, vraiment! Si vous désirez absolument le savoir : oui, il a été mon amant. J'espère que vous n'allez pas me faire la morale ?

– Et vous voudriez que je paie les études de votre ancien amant ? Vous en demandez un peu trop, Maud. Je ne suis pas un naïf, je sais que vous avez eu beaucoup d'hommes dans votre vie. Si je commence à payer les études de tous ces messieurs, je risque d'y laisser ma fortune.

Maud éclata de rire.

– Vous êtes vraiment trop drôle, mon chéri ! Non, je ne vous demande pas un tel effort. Je prendrai les frais à ma charge. Je vous demande seulement d'être gentil avec lui. C'est un charmant garçon, qui me rappelle le soleil d'Italie et un tas d'autres choses que j'aime. Alors traitez-le avec bienveillance. Vous voulez bien ?

Elle lui prit la main.

– Oui, si je n'ai pas à me demander en permanence ce que vous faites ensemble derrière mon dos. L'Amérique n'est pas l'Europe, et encore moins l'Italie. Je suis un homme public. Je dois présenter une façade irréprochable à mes électeurs. Devrai-je considérer ce garçon comme un rival ?

Elle l'embrassa sur la joue.

– Non. Je vous ai, à présent. Et rassurez-vous : ça me plaît d'être Mme Phipps Ogden, la femme du plus fringant sénateur de New York. (Elle lissa le revers de sa veste.) Je n'ai pas l'intention de vous perdre. Mais je voudrais aider Marco. Disons que je le considère comme mon œuvre charitable personnelle... Pensez aux centaines de milliers d'électeurs italiens qui peuplent New York ! Ne pensez-vous pas que ce beau geste en faveur d'un des leurs pourrait influencer heureusement leur vote ?

– Vous devriez organiser ma campagne électorale, Maud, répondit-il en riant. C'est bon, je serai indulgent avec Marco. Il y a près de Philadelphie une boîte à bachot où, s'il a un tant soit peu de cervelle et la volonté de travailler jour et nuit, il pourra atteindre en deux ans le niveau suffisant pour entrer à l'Université. Je vais appeler le directeur pour lui demander si nous pouvons y inscrire Marco. Mais, vous savez, je devrais vous en vouloir terriblement de corrompre de jeunes jardiniers.

– Vous êtes vraiment très fâché ?

– Oui.

Il l'attira contre lui et l'embrassa avec fougue.

– Si jamais vous recommencez, murmura-t-il, je vous tuerai. Vous êtes à moi, Maud. Vous m'avez ensorcelé !

Fidèle à sa parole, Jake se mit en campagne pour faire attribuer à Nellie le rôle principal du *Carnaval de Manhattan*. Ce n'était pas une tâche facile : Ziegfeld trouvait Nellie bien faite, mais il persistait à ne pas aimer sa voix; les supplications de Jake le laissèrent de marbre. De son côté, Jake apprenait les chansons à Nellie au fur et à mesure qu'il les écrivait. La comédie musicale racontait l'histoire d'une jolie trapéziste qui se trouvait entraînée dans des complications sentimentales et qui, pour finir, était obligée de choisir entre un dompteur de lions et un dandy de la 5e Avenue. Jake persuada Nellie de prendre des leçons de voltige avec un artiste de cirque, pour être en mesure d'épater Ziggy le moment venu. En pure perte : Ziggy ne voulut rien savoir. En vérité, il voulait confier le rôle à sa maîtresse, la belle – et peu douée – Lillian Lorraine. Mais la vie ressemble parfois à une intrigue de comédie musicale : une semaine avant le commencement des répétitions, Lillian prit la poudre d'escampette avec un séduisant milliardaire. Ziggy, en plein désespoir, dut bien lui trouver une remplaçante. Jake ne laissa pas passer l'occasion : il emmena chez Ziggy Nellie, enveloppée dans une grande cape. Elle n'était vêtue en dessous que d'un costume de trapéziste. Ziggy reluqua le galbe de ses jambes et rendit aussitôt les armes. Nellie décrocha le rôle. Les répétitions se passèrent étonnamment bien. On ne parlait dans tout Broadway que du *Carnaval de Manhattan :* le spectacle allait faire un malheur et la partition de Jake Rubin était l'une des meilleures de ces dernières années. La « première », fixée au 22 septembre 1910, au théâtre Maxime Elliott, se présentait sous d'excellents auspices : tous les billets étaient vendus, l'automne était clément... Le moral était au beau fixe. Et puis, une heure avant le lever de rideau, Nellie piqua une crise de nerfs.

— Je n'y arriverai pas ! cria-t-elle en arpentant sa loge, que Jake avait garnie de fleurs pour la circonstance. Je vais être exécrable !

Jake s'efforça de la réconforter :

— C'est le trac, Nellie... c'est normal...

— Je sais bien que c'est le trac ! Je suis nerveuse, évidemment. Tout le monde est nerveux le soir d'une première. Mais moi, j'ai des raisons de l'être ! Seigneur, je ne me souviens pas des paroles... Jake, je n'y arriverai pas. Tu m'entends ? Je vais tout rater...

Elle sanglota sur son épaule. Abe Shulman, les mains dans les poches, levait les yeux au ciel, se bornait à répéter : « Oy... Oy... »

Nellie courut s'enfermer dans la salle de bains. Les deux hommes l'entendirent vomir.

— Elle s'en tirera très bien, dit Jake en se frottant les mains avec nervosité. J'en suis sûr... C'est simplement le trac...

Dans la salle de bains, les bruits continuaient.

— La grande star de Broadway qui dégueule, grogna Abe. Foutrement élégant.

— Vous pourriez compatir un peu ! s'indigna Jake.

Abe haussa les épaules.

— C'est toujours le même cirque les soirs de première. Ne t'inquiète pas, elle sera parfaite. C'est une dévoreuse. Toi aussi, tu y passeras, si tu n'y prends pas garde.

— Que voulez-vous dire ?

— Elle t'a enroulé autour de son petit doigt. Tu la suis partout comme un chiot amoureux, la langue pendante. Cornichon !

— Bon Dieu, Abe, mêlez-vous de vos oignons...

La porte de la salle de bains se rouvrit à cet instant. Jake se tourna vers Nellie, livide.

— Nellie, mon amour, ça va ?

– Très bien, répondit-elle, glaciale.

Elle s'assit devant sa coiffeuse et se contempla calmement dans le miroir. A gestes lents, elle prit une houppette et se poudra le nez.

– Ce soir, dit-elle posément, je vais être sensationnelle. On parlera de cette première pendant des années.

Abe adressa à Jake un petit signe de tête, l'air de dire : Tu vois? Qu'est-ce que je te disais? C'est une dévoreuse.

Tout se passa comme l'avait prévu Nellie. Les gens parlèrent de cette soirée pendant des années. Le spectacle connut un véritable triomphe. Le public se gaussa de l'intrigue bêbête, adora la musique et les chansons de Jake, et tomba amoureux de Nellie. Les rappels succédaient aux rappels. Caché dans les coulisses, Jake, lui aussi, applaudissait l'amour de sa vie. Nellie l'enivrait et, ce soir, son ivresse submergeait tout. Aussi fier qu'il fût de son propre succès, il jubilait à la pensée que l'élue de son cœur venait d'être sacrée vedette en interprétant des chansons qu'il avait écrites. Jake était au comble du bonheur.

Après la représentation, Ziggy emmena tous les comédiens, les machinistes et les membres de l'orchestre au *Club 60* de Jack Rumsey, à Times Square. Ce club – très fermé – était célèbre pour son majestueux escalier qui permettait aux actrices de faire une entrée spectaculaire (et, souvent, après boire, une sortie moins reluisante); Nellie gravit les marches au bras de Jake; un tonnerre d'applaudissements l'accueillit.

– C'est enfin arrivé, dit-elle à Jake. Je suis une star!

– Tâche de garder la tête froide, plaisanta Jake.

– Pourquoi donc? répliqua-t-elle avec le plus grand sérieux.

A présent, l'argent coulait à flots. Le succès de Nellie amena Ziggy à lui verser généreusement un salaire de 1500 dollars par semaine. Ses droits d'auteur rapportaient à Jake presque le double – net d'impôts. Nellie se lança dans de folles dépenses : un manteau de zibeline avec traîne et une voiture de sport qu'elle fit peindre en blanc, sur un coup de tête. Plus raisonnable, Jake déposa son argent à la banque; il pressait Nellie de respecter sa part du contrat et de fixer une date pour le mariage. Nellie se fit prier, inventant des excuses qui mettaient Jake au bord du désespoir – car épouser Nellie était devenu pour lui une obsession.

Finalement, un mois après la première, alors qu'ils se trouvaient dans l'appartement de Sniffen Court, il aborda la question de front :

– Tu me mènes en bateau, Nellie, et je ne vois pas pourquoi. Cherches-tu à me faire comprendre que tu ne veux pas m'épouser ?

– Bon, soupira-t-elle, il est temps de parler franchement. Je reconnais que je n'ai pas été honnête avec toi. L'ennui, c'est que tu veux avoir beaucoup d'enfants, Jake; moi, je n'en veux pas... du moins, pas avant un bon moment.

– Pas d'enfants ? s'écria-t-il, incrédule. Pourquoi ? Tu ne les aimes donc pas ?

– Pas particulièrement. Je n'ai pas l'instinct maternel. Et je n'ai pas envie de devenir grosse et laide... Je suis au sommet de ma carrière, Jake ! Je suis une star ! C'était mon rêve depuis toujours. Je mourrais de devoir renoncer à tout cela pour une ribambelle de mômes braillards.

Il s'assit auprès d'elle.

– Ton absence ne serait que temporaire; d'ailleurs, tu n'arriveras jamais à être laide. C'est absurde de dire qu'il te faudrait renoncer à tout; tu n'aurais que trois ou quatre mois au maximum à rester à l'écart de la scène... Tu ne serais pas la seule artiste à avoir des enfants.

– Et voilà ! J'étais sûre que tu dirais ça. Je ne veux pas d'enfants, point à la ligne. J'ai bien vu ce qu'est devenue ma mère, qui en a eu huit. A trente ans, c'était déjà une vieille femme et à trente-sept elle était morte.

– Qui te parle d'en avoir huit ? Je me contenterais de deux ou trois.

Il la prit par la taille et l'attira contre lui. Au bout d'un moment, elle dit :

– Bon, d'accord : dès que les représentations du Carnaval seront terminées, nous aurons un bébé. Mais un seul. Je m'arrêterai là, Jake. Je n'ai pas l'intention de me transformer en pondeuse.

– Ça te plaira peut-être. Qui sait ?

– N'y compte pas trop. Alors, Jake, nous sommes d'accord ? Un bébé et un seul ?

Il hésita avant de répondre :

– Si j'accepte, est-ce que nous fixerons une date pour le mariage ?

– En ce qui me concerne, nous pouvons nous marier dès demain.

– Alors, c'est oui.

Il pourrait toujours, songeait-il, la persuader par la suite d'avoir d'autres enfants. Pour le moment, c'était le mariage qui importait. Bien qu'il vécût dans le milieu du spectacle, un monde aux mœurs assez relâchées, Jake demeurait extrêmement conformiste et traditionaliste. Tout au fond de lui-même, il ressentait comme un péché les nuits qu'il passait avec Nellie.

Il voulait une épouse, pas une maîtresse.

Le lendemain, dans son bureau, Abe Shulman lui dit :

– Pourquoi l'épouses-tu, cornichon, puisque tu couches déjà avec elle ?

Jake s'efforça de se contenir.

– Abe, je veux bien continuer de travailler avec vous, mais à deux conditions. Primo, je vous demanderai de ne plus m'appeler « cornichon »; n'oubliez pas que je suis aujourd'hui le compositeur le plus couru de Broadway. Secundo, vous devrez apprendre à respecter Nellie. Je sais que vous ne l'aimez pas, mais elle va devenir ma femme.

Abe mâchonna son cigare.

– D'accord, tu n'es pas un cornichon. Mais laisse-moi te dire une chose à titre amical, Jake. Tu fais une erreur en épousant une *shiksa*. Choisis plutôt une fille de ta race.

Jake rougit – d'embarras, non de colère. S'il avait conservé sa moralité puritaine, il était conscient d'avoir renié sa religion.

– C'est grotesque, marmonna-t-il.

– Pourquoi donc ?

– Nous sommes dans le Nouveau Monde, Abe ! Je suis un Américain... enfin, presque. Je peux épouser qui je veux. Nellie et moi, nous avons décidé de nous marier civilement.

Abe secoua la cendre de son cigare.

– L'Amérique a à peine plus de cent ans, dit-il. Nous autres, juifs, existons depuis cinq mille ans.

– Et puis après ? J'aime Nellie ! Je me fiche de savoir quelle est sa religion. Bon sang, Abe, vous êtes, en sens inverse, encore plus sectaire que le tsar !

Abe haussa les épaules.

– A ta guise. Mais quand même : cinq mille ans, ça fait un sacré bail à jeter par la fenêtre.

– Je ne vois pas de quoi vous parlez, grogna Jake.

En réalité, il le savait très bien.

Ils se marièrent le 10 novembre au *Club 60*. Jake ne regarda pas à la dépense. Le père de Nellie, conducteur de tramway, et ses sept frères et sœurs ouvrirent de grands yeux à la vue des innombrables célébrités, des monceaux de caisses de champagne et de la pièce montée monstre. Nellie avait grande allure dans sa robe dessinée spécialement pour elle par Ziggy. Jake, resté mince malgré la fortune, était éblouissant dans une queue-de-pie bien ajustée. Son cadeau de mariage à Nellie était un collier de perles et de diamants avec un fermoir en rubis. Parmi les centaines d'invités, on remarquait Fanny Brice, Victor Herbert, Lillian Lorraine, les Castle, Ethel et John Barrymore, Nora Bayes, le dramaturge Ned Sheldon, Diamond Jim Brady et Lillian Russell.

Jake embrassa son épouse en se persuadant qu'il était le plus heureux des hommes.

Tout au fond de lui-même, une voix – vieille de cinq mille ans – chuchotait : *Tu as fait une bêtise, cornichon.*

SIXIÈME PARTIE

VANESSA

23

L'un des joueurs de l'équipe de football fit une passe à Pete Johnson, qui traversa le terrain en courant pour reprendre le ballon.

– Pas mal ! cria Eddie Forbes.

Eddie était le fils du président de la Compagnie d'équipement pétrolier Forbes; il avait été recalé à Choate. Pete Johnson, dont le père était promoteur à Chicago, avait été recalé à Exeter.

Peter renvoya le ballon à Eddie, qui s'élança pour l'attraper. En cet après-midi d'octobre, le petit campus de l'Académie Bryant, au nord de Philadelphie, resplendissait dans sa parure automnale. Les arbres aux feuilles cuivrées encadraient les six bâtiments en brique de cette école privée où dix-huit professeurs s'efforçaient d'inculquer à leurs cinquante-trois élèves assez de connaissances pour leur assurer l'entrée à l'université. Certains d'entre eux étaient des cancres. D'autres, comme Eddie et Pete, étaient de joyeux lurons davantage portés sur le sport que sur les études – d'autant que la fortune paternelle leur garantissait un avenir sans problèmes. Les parents expédiaient leurs enfants à Bryant pour qu'on les y empêchât de faire des bêtises. Ceux qu'on envoyait à Bryant cherchaient néanmoins par tous les moyens à commettre ces sottises auxquelles on voulait les soustraire.

Eddie feinta avec le ballon. A cet instant, il vit un jeune homme se diriger vers son dortoir, ses livres de classe sous le bras. Eddie savait qu'il s'agissait de l'unique élève à prendre l'Académie au sérieux.

– Hé! Marco, cria-t-il en lui lançant la balle. Tou essaies d'attraper, hé? Tou joues au football americano, non?

Marco vit la balle arriver droit sur lui. Il voulut l'attraper de sa main libre mais la manqua. Le ballon rebondit par terre et heurta un arbre.

– Renvoie-le, Marco! hurla Eddie. Sois un gentil métèque, renvoie-le!

– Tou auras double ration de spaghettis au dîner, cria Pete Johnson.

Les deux garçons éclatèrent de rire. Marco posa ses livres, alla ramasser le ballon et l'envoya à Eddie.

– Pas mal! Tu lances très bien, Marco. Essaie avec le pied, maintenant!

Il renvoya le ballon à Marco qui l'attrapa.

– Allez, shoote, vas-y! Le football est un jeu américain à cent pour cent. Il faut que t'apprennes à shooter.

Marco, qui avait assisté à quelques matchs sur le campus, saisit le ballon à bout de bras, le lâcha et donna un grand coup de pied dedans. Le ballon partit à la verticale et rebondit dans les branches de l'arbre avant de retomber à quelques centimètres de la tête de l'Italien. Pete et Eddie s'esclaffèrent.

– Hé! C'est pas passé loin, hein, Marco?

Sans répondre, Marco renvoya le ballon, ramassa ses livres et se remit en route vers son dortoir en pestant : *Sales petits merdeux!*

– Hé! Eddie, cria Pete, pourquoi les Italiens commencent-ils leurs études à vingt-deux ans?

– Parce qu'il leur faut deux ans pour apprendre à marcher et vingt ans pour apprendre à pousser une brouette!

Hilarité générale.

Les petits merdeux. Ils sont à tuer avec leurs plaisanteries idiotes!

Marco prenait Bryant au sérieux parce qu'il s'était engagé à fond : après avoir échoué dans toutes ses tentatives en Amérique, il était décidé à s'instruire – dût-il mourir à la tâche. D'ailleurs, il devait bien cela à Phipps Ogden. A la grande surprise de Marco, le sénateur avait insisté pour lui payer ses études, ses livres de classe et ses vêtements; il lui versait, en outre, une généreuse allocation pour ses menues dépenses. Il était vrai que, aux yeux de Phipps, l'argent ne représentait rien. Dans ses moments de cynisme, Marco se demandait si ce n'était pas là pour le sénateur le moyen le plus facile et le plus correct d'éloigner un rival. Quels que fussent ses motifs, Phipps se montrait généreux et Marco n'avait nullement l'intention de le décevoir. Il se sentait un peu ridicule à cause de son âge, et il souffrait des incessantes moqueries de ses condisciples, mais il s'efforçait de ne pas en tenir compte. Ce serait son tour de rire lorsqu'il entrerait à l'université, car ces petits imbéciles n'avaient guère de chances d'y arriver jamais. Ce dont, d'ailleurs, ils se moquaient éperdument.

De son côté, il se découvrait du goût pour les études. La lecture des manuels scolaires éveillait son cerveau jusque-là engourdi. Depuis sept semaines qu'il était à Bryant, il avait conscience de faire des progrès sensibles. Les professeurs – notamment le directeur, le Dr Hill – s'intéressaient à cet élève peu ordinaire; après avoir constaté que Marco entendait travailler, ils se firent un devoir de l'encourager. Pour des enseignants qui voyaient défiler par centaines des gosses de riches trop gâtés, c'était rafraîchissant d'avoir affaire à un paysan italien décidé à entrer à l'université. Tous voulaient le succès de Marco.

Tous, sauf ses camarades de classe.

Il se languissait de Georgie. Sitôt réglé son problème avec le service d'immigration, Marco avait appelé la jeune fille pour la rassurer sur son sort. Georgie était folle d'inquiétude, car on avait retrouvé sur le rivage le corps de Dino, déchiqueté par l'hélice du remorqueur.

Marco lui avait expliqué qu'il lui fallait choisir entre le mariage ou l'Académie Bryant; elle l'avait encouragé à opter pour les études; elle saurait l'attendre. Il sentait bien qu'elle avait raison, mais il répugnait à la quitter. Il avait besoin de sa présence, regrettait leurs petites sorties au cinéma et avait du mal à l'écarter de son esprit pour se concentrer sur ses livres. La nuit, allongé dans son lit, il pensait à elle, et il se demandait s'il n'aurait pas été plus heureux dans la peau d'un chauffeur de camion rentrant chez lui tous les soirs pour retrouver sa femme.

Puis il se remémorait sa fuite d'Ellis Island, et cela le raffermissait dans sa détermination à acquérir la sécurité que procure l'argent.

Son amour pour Georgie devrait attendre.

Le lendemain soir de l'incident du ballon, Marco, seul dans sa petite chambre, planchait sur un problème de mathématiques. Comme il débutait dans cette matière, son professeur, M. Higgins, lui donnait des cours de rattrapage afin de lui inculquer – en l'espace d'une année – les rudiments de l'arithmétique, de la géométrie et de l'algèbre; c'était là une tâche que Marco jugeait particulièrement ardue. Alors qu'il séchait sur une division, il entendit au-dehors la musique d'un orgue de Barbarie. Puis deux voix entonnèrent à pleins poumons *Santa Lucia*.

Marco alla regarder par la fenêtre. En bas, sur la pelouse, Eddie Forbes et Pete Johnson chantaient, un foulard rouge autour du cou. Une douzaine d'autres élèves les entouraient. Lorsqu'ils aperçurent Marco, ils se mirent à applaudir et à scander sur l'air des lampions :

– Garibaldi, tutti-frutti, mamma mia ! Garibaldi, tutti-frutti, mamma mia !

Marco baissa rageusement le châssis de sa fenêtre et retourna s'asseoir à son bureau, en essayant de se concentrer sur sa division. *Ignore-les,* se dit-il. Mais la musique et les cris redoublaient.

Repoussant son livre, il souleva le panneau de la fenêtre et hurla :

– La ferme, bon Dieu !

– Garibaldi, tutti-frutti, mamma mia ! Garibaldi, tutti-frutti, mamma mia !

– Vous vous fichez d'entrer à l'université, bande de crétins, mais pas moi !

– Garibaldi, tutti-frutti, mamma mia ! Garibaldi, tutti-frutti, mamma-mia !

Garde ton sang-froid, se dit-il. *Tu es plus malin qu'eux. Tâche de trouver un moyen de leur clouer le bec. Il doit bien en exister un.*

Soudain, il eut une idée.

Le samedi suivant, il alla au village voisin acheter un ballon et des chaussures de football. Après quoi, il parcourut les bois à la recherche d'une clairière. Lorsqu'il l'eut trouvée, il se chaussa et s'entraîna à taper dans le ballon.

Je vais battre ces petits morveux à leur propre jeu, se promit-il. *C'est une simple question de persévérance, et Dieu sait si j'en ai !*

Quatre jours plus tard, il alla assister à l'entraînement de l'équipe de football de l'école. A la première pause, il s'approcha de Pete Johnson et lui dit, avec un grotesque accent italien :

– Football est oun grande jeu americano, si ?

– *Si, signor,* ricana Pete.

– Je peux essayer taper oun fois ?

– Bien sûr, vas-y. N'envoie pas le ballon dans un arbre, c'est tout ce qu'on te demande.

Marco pénétra sur le terrain, prit le ballon et se posta sur la ligne de but, à trente mètres du filet.

– Hé ! les gars, visez un peu le champion ! cria Pete.

Les autres joueurs tournèrent la tête pour voir le spectacle. Face au but, Marco frappa le ballon, qui fendit l'air en une trajectoire parfaite et passa entre les deux poteaux.

Stupéfaits, les témoins écarquillèrent les yeux.

– C'est un jeu sans intérêt, déclara Marco à Pete en quittant le terrain.

– Hé, attends ! C'était fantastique, Marco... Ne t'en va pas !

Jubilant intérieurement, Marco s'éloigna sans se retourner.

Le lendemain, l'entraîneur lui proposa d'entrer dans l'équipe. Marco déclina l'offre, arguant qu'il faisait passer ses études avant le football.

L'entraîneur eut du mal à en croire ses oreilles.

24

La salle à manger de Garden Court était d'un luxe inouï. On avait démonté entièrement le salon d'un château français du XVIIIe siècle et reconstitué la pièce dans la demeure de Phipps Ogden. Les boiseries crème et or étaient délicatement sculptées d'un motif rocaille à coquilles, avec du lierre et des oiseaux. Quatre grands miroirs surmontaient chacun une console à tablette de marbre où trônait un énorme vase Ming blanc et bleu. Du plafond voûté pendait un lustre de cristal encore garni de ses bougies, car Phipps avait refusé de faire installer l'électricité dans la pièce. Quatre baies vitrées, face aux glaces, donnaient sur le détroit de Long Island. En cette matinée de Thanksgiving (1), des flocons de neige tourbillonnaient au-dessus de l'océan tandis que les cinq invités des Ogden, assis autour de la grande table, savouraient la dinde traditionnelle.

Il s'agissait de la sœur aînée de Phipps, Edwina, et de son mari archéologue, le Dr Emmet Vaughn; de Vanessa; du comte de Saint-Denis, un jeune aristocrate français que les Ogden cherchaient à pousser dans les bras de Vanessa; enfin, de Marco, qu'on avait invité à Garden Court pour les vacances de la Toussaint. Quatre

(1) *Thanksgiving Day :* jour d'action de grâces institué par les premiers colons pour célébrer la première moisson. Les Américains observent cette fête chaque année, le quatrième jeudi du mois de novembre (*N.d.T.*).

valets de pied passaient les plats : la dinde, les oignons à la crème, les pommes rissolées, les carottes, les petits pois, les toasts et la farce aux marrons. Malgré l'excellent champagne, le déjeuner se déroulait dans une atmosphère plutôt morne. Le comte de Saint-Denis parlait un anglais incompréhensible et Vanessa ouvrait à peine la bouche, trop occupée à couler des regards indiscrets à Marco. Au bout d'un moment, Edwina Vaughn – une femme très digne, grisonnante et vêtue de tweed – se tourna vers Marco pour lui demander, avec son accent snob :

– Montez-vous à cheval ?

Marco la regarda, pris de court.

– Non, répondit-il, mais je conduisais autrefois un cheval de labour.

Maud éclata de rire. Edwina se racla la gorge.

– Oui, bien sûr, suis-je sotte ! Mais nous sommes si nombreux par ici à faire de l'équitation... Vanessa, par exemple, est inséparable de sa monture.

Edwina s'adressa à François-Marie Hubert de Longueville, comte de Saint-Denis, qui fréquentait la maison des Ogden dans l'unique espoir de mettre le grappin sur la fortune de Vanessa.

– François, il faut absolument que vous demandiez à Vanessa de vous montrer ses statuettes en terre cuite. Elle a un vrai talent artistique ! (Le comte n'ayant manifestement rien compris à ce qu'elle venait de dire, Edwina expliqua en français :) *Ma nièce est une femme sculpteur.*

– Ah ! Vous êtes comme Rodin ? dit François à Vanessa.

– Pas vraiment.

– J'aimerais bien voir.

– Phipps lui a fait aménager un petit atelier dans la maison de jeux, reprit Edwina. Ses statuettes sont ravissantes ! Vanessa, ma chérie, va donc montrer tes œuvres à François après le déjeuner.

– Je n'admets personne dans mon atelier, répliqua Vanessa. Je tiens à mon intimité.

– Oh ! cette pauvre enfant est trop modeste, déclara Edwina sans insister. Mais elle est vraiment douée.

Marco finit par remarquer l'intérêt muet dont Vanessa le gratifiait.

– On raconte à Washington que le président Taft a encore grossi, intervint Maud. Personnellement, je pense qu'un pays aussi puissant que l'Amérique mériterait d'avoir un Président séduisant.

– Vos idées politiques me semblent quelque peu superficielles, Maud, dit Edwina. Je préfère mille fois Taft à Theodore. Pensez : un Roosevelt – et un voisin ! – qui s'en prend à la haute finance ! C'est choquant.

– Ne pensez-vous pas que la haute finance mérite qu'on l'attaque, tante Edwina ? demanda Vanessa en posant sa fourchette. La plupart des gros hommes d'affaires sont des porcs avides qui se moquent que des millions de pauvres vivent dans des taudis infâmes. (Elle s'adressa à Marco :) Papa m'a dit que vous veniez des quartiers misérables; expliquez donc à tante Edwina ce que c'est.

Phipps intervint :

– Vanessa, je ne pense pas que ce jour d'action de grâces soit bien choisi pour discuter des taudis.

– Pourquoi donc ? Nous avons toutes les raisons de rendre grâces; pas les prolétaires. Nous pourrions au moins leur consacrer quelques minutes. Cela nous ferait peut-être du bien. Allez-y, Marco... Parlez-nous des taudis.

Silence tendu. Tous les yeux étaient braqués sur Marco.

– La seule chose que je peux vous dire, c'est qu'on est heureux d'en sortir.

– Oui, mais décrivez-les-nous, insista-t-elle. Parlez-nous de la crasse, de la puanteur, des cafards...

– Oh ! gémit Edwina.

– Vanessa ! s'écria son père. Ça suffit ! Si tu aimes tant les taudis, va donc y vivre. Je me ferai un plaisir de payer ton loyer. En attendant, tâchons de terminer tranquillement ce repas.

– Très bien, papa. Mais il faut savoir que les pauvres existent.

Le déjeuner se poursuivit. Pour essayer de meubler la conversation, Edwina se tourna vers le Français :

– Et vous, François, montez-vous à cheval ?

– Je vous demande pardon ?

Il ne devait pas davantage avoir compris quoi que ce fût à la tirade de Vanessa.

– *Chevauchez-vous ?* répéta Edwina en français.

Il sourit.

– Ah, le cheval ! Oui, j'aime bien.

Marco surveillait Vanessa du coin de l'œil, en pensant que c'était une jeune fille décidément bien étrange.

Après le déjeuner, on servit le café dans le grand salon.

– Ne montrez-vous donc vos sculptures à personne ? s'enquit Marco en apportant une tasse à Vanessa.

– Eh bien... cela dépend. (Elle ajouta dans un murmure :) Je ne peux pas supporter François, mais si ça vous dit de les voir, je veux bien vous les montrer.

– Cela me plairait beaucoup.

– Dans ce cas, venez me rejoindre tout à l'heure à la maison de jeux. Mon atelier se trouve derrière la piscine.

Dans l'univers de Phipps, rien n'était à l'échelle humaine. La maison de jeux ne faisait pas exception à la règle : la piscine était de taille olympique, cernée par un bataillon de divinités antiques dans le plus simple appareil et ornée, à une extrémité, d'une grosse grenouille en marbre qui crachait l'eau. Tandis qu'il longeait le bassin, Marco sentit une idée lui traverser l'esprit. Une idée qui ne lui plaisait pas, mais qui le fascinait...

Il frappa à la porte de l'atelier et Vanessa, souriante, ouvrit.

– Entrez. Cette pièce était autrefois une remise de jardinier, mais mon père me l'a donnée quand il a fait construire la serre. Il n'approuve pourtant pas de me voir sculpter... Remarquez, ce n'est pas, chez moi, la seule chose qu'il condamne...

Tout un côté du studio était occupé par une grande baie à carreaux, dont la moitié inférieure était cachée par un rideau beige. Une longue étagère en bois courait sur le mur d'en face, encombrée d'objets divers : une motte d'argile à potier, des burins, des carnets de croquis, une cafetière posée sur un brûleur à gaz...

– J'aime beaucoup faire des esquisses, déclara Vanessa. Je passe des heures ici.

– C'est donc davantage qu'un simple passe-temps ?

– C'est une passion ! Je voudrais devenir un jour sculpteur professionnel, mais cela demande énormément de travail. Je suis des cours en ville deux fois par semaine et j'étudie l'anatomie. (Elle marqua une légère hésitation.) J'espère que je ne vous ai pas embarrassé, au déjeuner, quand je vous ai demandé de parler des taudis.

– Moi non, mais vous avez embarrassé les autres.

– Oh ! ça ne leur fait pas de mal. J'aime papa mais, du point de vue politique, il est l'instrument du grand capital. Il a besoin qu'on le secoue de temps en temps.

– A mon avis, il y a un autre motif à votre comportement. Vous aimez attirer l'attention sur vous.

– C'est sans doute un peu vrai, dit-elle en riant. Vous êtes très observateur... Puis-je vous poser une question indiscrète ?

– Certainement.

– Pourquoi Maud s'intéresse-t-elle tant à vous ?

Elle s'adossa à l'étagère, le regard fixé sur Marco.

– J'ai travaillé pour elle autrefois, en Italie.

– Oui, je sais. (Elle l'examina de la tête aux pieds.) Je ne l'aime pas particulièrement, mais j'ai fait la paix avec elle parce qu'elle rend papa heureux – et c'est l'essentiel. M'en voudrez-vous si je vous pose une question vraiment indiscrète ?

– Allez-y.

– A-t-elle... enfin, pensez-vous l'avoir intéressée sur le plan sentimental ?

– Maud? Jamais de la vie! C'est une dame; je suis un moins que rien.
– Il arrive aux dames de s'intéresser à des moins que rien. J'ai lu dans le journal, la semaine dernière, qu'une femme très riche – terriblement mondaine, ma chère – s'était enfuie avec son valet de chambre.
Marco haussa les épaules.
– Ce n'est pas le genre de Maud.
– Alors je l'ai mal jugée... Tenez, voici des figures d'animaux que j'ai faites. J'aime les animaux. Ça, c'est un lapin.
Elle lui tendit la sculpture, qu'il examina d'un air admiratif.
– Il est remarquable.
– Non, mais c'est un début. Voici un chien beaucoup plus réussi. Resterez-vous ici tout le week-end?
– Je dois aller ce soir à New York pour emmener une amie au cinéma. Je lui raconte l'intrigue, parce qu'elle est aveugle.
– C'est très généreux de votre part!
– Nous aimons tous les deux le cinéma.
– Pas moi. Ce n'est jamais qu'une autre manière d'exploiter les pauvres.
– Les exploiter? s'exclama Marco, incrédule. Quelle folie! Ils adorent ça!
Vanessa battit en retraite :
– Peu importe... Vous ne comprendriez pas.
– Pourquoi ça? J'ai été pauvre. Je le suis encore.
– Vous devez nous haïr, dit-elle, un peu gênée.
– Pour quel motif? Votre père me paie mes études.
– Oui, mais... Papa est tellement riche... trop, à mon avis. Cela ne vous dérange vraiment pas?
– Non.
Elle secoua la tête, sidérée.
– Vous auriez peut-être beaucoup à m'apprendre, murmura-t-elle. Reviendrez-vous pour Noël?
– Je n'en sais rien. On ne me l'a pas encore proposé.
– Oh, il faut que vous veniez; à Noël, papa fait toujours une croisière sur *L'Etoile du Nord*. J'ai beau être

contre les yachts, je dois reconnaître que c'est très amusant.

– Où va-t-il ?

– Du côté des îles : les Bahamas, la Jamaïque... C'est superbe. Nous vivons à bord du yacht, nous nous baignons, nous pêchons... cela vous plairait beaucoup. Je dirai à papa de vous inviter, si vous me promettez d'accepter.

– Certainement, dit-il. Comment refuser pareille proposition ?

Tant pis pour les vacances de Noël avec Georgie, pensa-t-il. *Marco tu es une ordure.*

En France, Roscoe Haines se sentait un être humain à part entière : les Français considéraient les Noirs comme des gens pittoresques mais nullement inférieurs. Flora avait connu un immense succès à Paris en interprétant les chansons de Jake, et le propriétaire d'une petite boîte appelée *Le Chat qui rit* l'avait engagée, ainsi que Roscoe. Flora chantait. Roscoe jouait du piano, et ils se partageaient les gains. Ils louaient un appartement sur la rive gauche et commençaient à apprendre le français.

– Veux-tu que je te dise ? déclara Roscoe au bout de quelques mois. Vu la façon dont tu me régentes, tu pourrais aussi bien devenir ma femme.

Flora le dévisagea.

– Serait-ce une demande en mariage ?

– Tout juste, répondit-il avec un grand sourire.

Ils prirent une semaine de congé pour leur lune de miel. Ils louèrent une voiture et se rendirent aux Andelys, dans la vallée de la Seine, où leur employeur mettait à leur disposition un ravissant moulin.

Les champs fleuris, le troupeau de vaches, le petit château en pierre de l'autre côté de la route : tout contribuait à faire de l'endroit un paradis. Le lendemain de leur arrivée, ils pique-niquèrent dans le champ, en face du moulin, en buvant du muscadet et en jetant aux vaches des morceaux de pain.

– Voilà comment je conçois la vie, soupira Roscoe, allongé dans l'herbe.

Flora rangea la bouteille vide dans le panier en osier.

– Vraiment ? dit-elle.

Il la regarda, sourcils froncés.

– Pas toi ? Des champs, un moulin, du bon vin... qu'est-ce que tu veux de plus ?

– New York me manque.

– Tu ne vas pas remettre ça ? dit-il, l'air excédé.

– Si, justement. Combien de temps allons-nous rester à Paris ? Nous ne faisons aucun projet; nous nous contentons de vivre au jour le jour.

– Ça a du bon, je trouve.

– Maintenant que nous sommes mariés, il serait peut-être temps de commencer à envisager l'avenir.

– Peuh ! Je savais bien que je n'aurais pas dû t'épouser. Tu peux faire tous les projets que tu voudras, mon amour, mais il n'est pas question pour moi de retourner à New York. J'aime la douce France.

Elle lui lança un regard courroucé.

– C'est ce que nous verrons, dit-elle.

Il y avait au moulin un vieux Pleyel complètement désaccordé. Le troisième jour de leur lune de miel, Roscoe s'installa devant l'instrument et se mit à pianoter une mélodie.

– Qu'est-ce que tu joues là ? demanda Flora en sortant de la cuisine pour le rejoindre dans le living-room.

– Ça te plaît ?

– C'est drôlement entraînant. C'est de toi ?

– Hmm-hmm.

– Pourquoi ne notes-tu jamais ces improvisations, Roscoe ? Certaines sont très bonnes.

Il la prit par la taille.

– Primo, parce que j'ai pas de parolier. Secundo, parce que je ne travaille pas pendant mon voyage de noces.

– Pour ce qui est du parolier, on pourrait t'en trouver un.

Pensivement, il regardait, par la fenêtre, tourner la roue du moulin.

– Qu'en dis-tu ? insista-t-elle, on pourrait t'en trouver un... surtout si nous retournions à New York.

Il éclata de rire.

– Toi, au moins, tu as de la suite dans les idées ! Non merci, ma fille. Je laisse ce métier-là à Jake Rubin; il est doué pour ça.

– Mais toi aussi ! Tu devrais au moins essayer.

– Ma parole, Flora, tu oublies que nous sommes des Noirs. C'est-à-dire paresseux, empotés et bons à rien. Tu n'arriveras pas à me changer.

– Moi, je ne suis ni paresseuse, ni empotée, ni bonne à rien ! répliqua-t-elle avec colère. Mais c'est sûr que toi, depuis une semaine, tu mérites haut la main le premier prix d'oisiveté. Le problème, c'est que la couleur de ta peau te sert d'excuse. Si tu arrêtais un peu d'être un Noir pour devenir un être humain, tu te surprendrais peut-être toi-même !

Là-dessus, elle regagna la cuisine en coup de vent, laissant Roscoe interdit.

– Merde, grogna-t-il.

Au bout d'un moment, il retourna près du piano et s'absorba dans la contemplation du clavier.

Mais il ne s'assit pas.

25

L'Etoile du Nord, le luxueux yacht de Phipps, mit le cap sur les Caraïbes le matin du 10 décembre avec, à son bord, Phipps, Maud, Edwina, Vanessa et Marco. A peine le bateau avait-il quitté le détroit de Long Island qu'il essuya un grain. Edwina fut la première à se retirer dans sa cabine, victime du mal de mer; Phipps et Maud la suivirent de peu. Marco, lui, en pleine forme, mit à profit sa liberté pour explorer le palace flottant.

C'était évidemment autre chose que les troisièmes classes du *Kronprinz Friedrich.* Construit six ans auparavant, *L'Etoile du Nord* bénéficiait de l'équipement le plus moderne. La cuisine rutilante était le domaine d'un gros Lyonnais barbu, nommé Edmond Castre. Ses six marmitons étaient capables de préparer toutes sortes de mets, des plus simples aux plus sophistiqués. Il y avait un grand salon lambrissé de noyer, une salle à manger Louis XV, une bibliothèque de cinq cents volumes, avec une fausse cheminée à manteau de marbre; enfin, dix cabines plus ou moins somptueuses selon les gens à qui elles étaient destinées. Le yacht avait coûté un million et demi de dollars en 1904 et son entretien revenait à cinquante mille dollars par an. Le capitaine Forbes McIntyre, un Bostonien, régnait sur les vingt membres de l'équipage.

Après avoir exploré les merveilles du bateau, Marco sortit sur le pont pour contempler l'océan. Un vent violent fouettait l'Atlantique, mais *L'Etoile du Nord* fendait fièrement les vagues. Ils se trouvaient à quatre milles du New Jersey et Marco songeait à sa fuite d'Ellis Island à la nage, quand Vanessa le rejoignit. Elle portait un manteau de tweed et un foulard sur la tête.

– Vous n'avez pas le mal de mer? lui demanda-t-elle en s'accoudant à la rambarde.

– Pas du tout.

– Moi non plus. J'aime ce gros temps; l'océan paraît si beau, si vivant... Vous savez, je suis rudement heureuse que vous soyez venu avec nous, parce que vous allez pouvoir m'aider.

– Comment cela?

– Voilà... j'ai beaucoup réfléchi, et je me suis aperçue que j'étais dans une position assez privilégiée. Comme vous le savez, papa en est à son troisième mandat au Sénat. Théoriquement, vu son ancienneté, il devrait devenir le prochain président de la commission des Affaires étrangères, un poste très important. La politique est une question de mentalité, et mon père a une mentalité très à droite; compte tenu de son âge, je suppose que c'est naturel. Mais si, pendant cette croisière, vous lui parliez des taudis et de l'horrible condition des pauvres... et si moi, de mon côté, j'essayais de le rendre un peu plus ouvert aux idées progressistes qui ont cours en Europe... à nous deux, nous arriverions peut-être à le faire évoluer vers la gauche. Pensez aux conséquences que cela aurait pour ce pays ! Si Phipps Ogden – avec le pouvoir et les relations qu'il a – virait à gauche, le Sénat suivrait peut-être la même tendance, puis le Congrès, et ainsi de proche en proche... Vous me comprenez ? Nous pourrions faire énormément de bien.

Il put constater, lorsqu'elle se tourna vers lui, qu'elle parlait sérieusement.

– Me permettez-vous de vous donner un petit conseil ? dit-il.

– Je vous en prie.

– Je ne pense pas que le meilleur moyen d'atteindre votre but soit de parler de cafards pendant le déjeuner.

– Vous avez sans doute raison.

– Cessez donc de chercher à choquer les gens pour le plaisir, et parlez politique avec naturel. A part ça, je ne vois pas très bien comment vous être utile. Je ne connais rien à la politique. Je ne sais même pas la liste des présidents.

– Votre soutien moral me serait précieux. La conversation de Maud se limite à la mode et Edwina ne parle que de chevaux... Votre présence est une bénédiction : vous, au moins, vous savez ce qu'est la vraie vie. Vous avez été pauvre. Vous n'avez pas idée de l'admiration que je vous porte pour les épreuves que vous avez traversées.

Ma parole, se dit-il, *elle est amoureuse de ma pauvreté !*

– Vous pouvez compter sur mon soutien moral. Du moins jusqu'à un certain point : vous devez bien comprendre que je ne peux pas me mettre votre père à dos. Il me paie mes études; sans lui, je me retrouve à la rue.

Elle fronça les sourcils, l'air songeur.

– Naturellement... Surtout, ne succombez pas au charme de tout ça.

– Quoi, tout ça ?

– Le monde de mon père : *L'Etoile du Nord,* Garden Court... C'est magnifique, bien sûr, mais c'est injuste. Le jour où j'hériterai, je donnerai la moitié de cette fortune aux pauvres.

– Comme ça, j'aurai une part du gâteau.

– Oh, dit-elle en riant, vous ne redeviendrez jamais un prolétaire, Marco. Vous êtes trop ambitieux. En attendant, sommes-nous alliés ?

– J'espère que nous serons davantage.

L'espace d'un instant, il vit une lueur s'allumer dans son regard. De crainte? de curiosité? d'excitation? Peut-être les trois à la fois.

Vanessa avait la ferveur des néophytes, mais elle était totalement dépourvue de tact. Au dîner, elle avait déjà oublié les conseils de Marco; elle interrompit la conversation d'un maussade :

– On ne pourrait vraiment pas parler de choses plus intéressantes ?

Tous les yeux se tournèrent vers elle.

– De quoi, par exemple ? gronda son père. D'art ?

– D'art, oui ! Ou des suffragettes... Maud, quelle est votre position par rapport au droit de vote pour les femmes ?

– Ce sujet m'assomme. Je crois que les femmes devraient agir comme elles l'ont toujours fait au cours de l'histoire : en se servant de leur intelligence, si elles en ont.

– Bravo, approuva Phipps.

– Si les femmes deviennent les égales des hommes, reprit Maud, ce sera la fin de la galanterie...

– Que vient faire la galanterie dans les taudis ? l'interrompit Vanessa. Qu'y a-t-il de romantique dans l'exploitation des travailleurs à la chaîne ?

– C'est reparti ! gémit son père.

– Il faut pourtant bien discuter de ces choses-là ! Des immigrants triment dans des conditions épouvantables pour un penny de l'heure pendant que nous, nous nous prélassons sur un yacht à parler de bridge !

Phipps jeta sa serviette sur la table.

– Vanessa, je suis tout disposé à dire au capitaine d'accoster à Roanoke pour te laisser descendre de ce yacht dont le luxe semble peser tant sur ta conscience. Tu n'as qu'à prononcer encore une fois – une seule – le mot « taudis ». Crois-moi, je parle sérieusement ! Je suis en vacances, et j'entends suffisamment parler de ces satanés taudis au Sénat ! C'est compris ?

– Mais... papa, c'est important !

– Mon bonheur aussi est important !

Vanessa se leva.

– Vous êtes tous des troglodytes égoïstes ! lança-t-elle.

Et elle quitta la pièce en courant.

– Seigneur Dieu, soupira Phipps, quel dommage que cette fille ait appris à lire !

– Excusez-moi, monsieur, dit Marco, mais je pourrais essayer de lui parler...

Songeur, Phipps le regarda.

– Oui, c'est une bonne idée... Oui, Marco, allez donc lui parler; vous avez son âge... Je vous en serai reconnaissant.

Marco s'excusa et sortit sur le pont. Après son départ, il y eut un silence. Puis Phipps dit à Maud :

– Ce garçon est très prévenant. S'il pouvait arriver à la raisonner...

– C'est aussi un jeune homme très séduisant, déclara Maud en adressant à Phipps un sourire plein de sous-entendus.

– Oui, dit-il. Oui, en effet...

Il jeta un coup d'œil vers la porte, en pensant : *Sacrebleu, voilà ce qu'il lui faut : un beau métèque !*

Maud, elle, rêvassait : *Marco et Vanessa... Quelle intéressante combinaison ! Et pourquoi pas, après tout ? Ce serait une bonne chose pour tous les deux. Et puis, cela retiendrait définitivement Marco, ce qui ne serait pas pour me déplaire...*

Très astucieux de la part de Marco ! Je l'avais sous-estimé, ce cher enfant...

Dehors, le vent était tombé et la mer s'était calmée, mais il faisait encore froid. Marco rejoignit Vanessa sur le pont et ôta sa veste pour en couvrir les épaules de la jeune fille.

– Vous voulez attraper une pneumonie ? dit-il.

– Qui s'en soucierait ?

– C'est ridicule !

– Pas du tout. Oh ! je sais ce que vous allez me dire : je n'aurais pas dû faire de scène. J'aurais dû parler de bridge, de golf ou d'autres sujets stupides... D'accord, vous avez raison. J'ai toujours été différente, et je le resterai sans doute éternellement. C'est aussi pour cela que votre présence ici me réjouit.

– Je ne comprends pas.

Elle lui fit face :

– Vous non plus n'êtes pas comme les autres...

Il contempla un moment son visage faiblement éclairé par la lune, en se demandant comment diable elle pouvait se considérer comme une marginale. Soudain, il l'attira contre lui et l'embrassa. Elle s'abandonna un instant.

– Nous n'aurions pas dû faire ça, murmura-t-elle en le repoussant.

– Pourquoi ? Ça m'a plu.

– Oui, c'est agréable, mais... les baisers, l'amour... je n'y connais pas grand-chose.

– Il est temps que vous appreniez.

De nouveau, il l'embrassa. Cette fois, elle n'opposa aucune résistance, mais il la sentit trembler contre lui.

– Détendez-vous, chuchota-t-il en lui caressant les cheveux. Détendez-vous...

– Oui, je voudrais bien pouvoir...

Il trouva ces paroles bizarres.

– Vous n'avez pas peur de moi, n'est-ce pas ?

– Non... je ne crois pas...

Elle se dégagea et rendit sa veste à Marco.

– Je dois aller me coucher.

Elle s'éloigna vivement en direction de sa cabine.

Phipps la remplaça presque aussitôt. Phipps qui, même en pleine mer, s'habillait pour le dîner. Phipps, le sénateur distingué, qui fumait sa rituelle pipe d'après-dîner.

– Comment cela s'est-il passé? demanda-t-il.
– Je l'ai calmée. Elle m'écoute, je crois.
– Bien.

Phipps demeura un moment silencieux à regarder jouer les reflets de la lune sur la mer.

– C'est une bonne petite, dit-il enfin, mais elle est obsédée par les grands problèmes du monde. Je l'admire... mais elle est difficile à vivre. (Il se tourna vers Marco.) Elle n'a jamais manifesté beaucoup d'intérêt pour les hommes. C'est un peu normal : elle est jeune et n'a fréquenté que des collèges de jeunes filles... Vous croyez que vous lui plaisez?

Marco enfouit les mains dans les poches de son pantalon.

– Je n'en sais rien.

– J'espère que oui, dit Phipps en souriant. Bonne nuit, Marco.

Il s'éloigna, sans cesser de tirer sur sa pipe.

Carl Travers avait profité de la mort de sa logeuse pour racheter la maison de Grove Street, car Bridget attendait son premier enfant et ils n'auraient pas trop des deux étages du pavillon. Pour la veillée de Noël de l'année 1910, ils invitèrent Casey, Kathleen, Georgie et une douzaine d'amis à boire du flip (1) et à chanter des cantiques autour du sapin magnifiquement décoré. Le salon, une grande pièce au plafond mouluré, était typique d'une vieille demeure du XIXe siècle. La neige qui tombait à gros flocons ajoutait encore à la chaleureuse intimité de la fête. Bridget tendit à sa sœur un bol de flip. Georgie portait une robe nouvelle; la bonne humeur générale la stimulait; elle s'amusait beaucoup.

– J'ai là un jeune homme qui meurt d'envie de faire ta connaissance, dit Bridget en s'asseyant à côté d'elle. Il travaille dans la publicité et n'est pas vilain du tout. Il ne t'a pas quittée des yeux de la soirée, mais

(1) Boisson chaude très épicée, à base d'œufs battus (*N.d.T.*).

le pauvre garçon est tout intimidé. Je vais te le présenter...

– Tu ne renonceras donc jamais, Bridget ? dit Georgie en souriant.

– Voyons, il n'y a rien de mal à rencontrer d'autres garçons. D'autant que notre bel ami italien est en croisière sur un yacht, du côté des Caraïbes...

– C'est moi qui lui ai dit d'y aller. C'était pour lui une bonne occasion de mieux connaître le sénateur. Et puis, il avait bien besoin de vacances après les épreuves qu'il a traversées.

Bridget eut une moue sceptique.

– Peut-être. Mais pourquoi ne t'a-t-il pas invitée ?

– Comment l'aurait-il pu ? Ce yacht ne lui appartient pas.

– Georgie, tu es vraiment naïve ! Tu es folle de lui, mais tu ne connais rien aux hommes.

De ses doigts tâtonnants, Georgie serra la main de sa sœur.

– Ne comprends-tu donc pas ? J'ai confiance en lui.

Bridget soupira mais ne dit mot.

Dio, Dio ! Le Masque Rouge tient Helen dans ses griffes ! Il la ligote à une chaise ! Ah ! voilà Dick Derring ! Il a un revolver ! Le Masque Rouge l'aperçoit... Il s'élance vers le mur et tire une manette... Aïe ! Une trappe s'ouvre sous les pieds de Dick... il tombe dans un bassin rempli de requins !

J'ai confiance en lui, se dit-elle. *Il m'aime autant que je l'aime. J'ai confiance en lui.*

Le troisième soir de la croisière, peu après minuit, Marco se glissa hors de sa cabine. Il était pieds nus, vêtu d'un pantalon blanc et d'un gilet rayé. Il tendit l'oreille mais ne perçut que le ronflement étouffé des puissants moteurs du yacht. Alors, il s'engagea sur le pont jusqu'à la porte de la cabine de Vanessa. Tous les hublots étaient obscurs; tout le monde dormait.

Il frappa un léger coup, puis se glissa dans la pièce,

en refermant vivement la porte derrière lui. Vanessa lisait dans son lit.

— Que voulez-vous? murmura-t-elle en remontant les couvertures sur sa poitrine.

— Chut...

Il s'avança et s'assit à côté d'elle sur le lit. Vanessa l'observait d'un air craintif. Il lui caressa la joue, ce qui la rassura un peu. Lentement, il se pencha et posa ses lèvres sur les siennes. Puis il baissa délicatement les draps, révélant de jolies épaules nues sur lesquelles se croisaient les fines bretelles qui retenaient sa chemise de nuit. Sans cesser de l'embrasser, il fit glisser la bretelle gauche, puis la droite.

— Non, dit-elle dans un souffle.

D'un geste sec, il rabattit les couvertures et s'allongea près d'elle.

— Je vous aime, murmura-t-il en la prenant dans ses bras. Vous êtes celle que j'attends depuis toujours...

Sale menteur, pensa-t-il. *C'est Georgie que tu aimes et aucune autre.* Mais tout cet argent...

— Marco, ne faites pas cela...

Il retroussa sa chemise de nuit et couvrit de baisers ses seins nus.

— Oh! Seigneur... gémit-elle en fermant les yeux.

— Dites que vous m'aimez, répétait-il entre deux baisers. Dites-moi que vous m'aimez...

— Je ne sais pas... Je n'ai jamais été amoureuse...

— Dites que vous m'aimez, répéta-t-il avec plus d'insistance, en frottant son corps contre le sien.

— Oh oui... Je vous aime, Marco, je vous aime!

Elle criait presque; Marco la fit taire d'un baiser. *Si seulement c'était Georgie!* se disait-il. *Comment puis-je faire une chose pareille à Georgie? S'il n'y avait pas ce sacré pognon...*

Il sortit du lit et ôta son gilet.

— Enlevez votre chemise de nuit, lui souffla-t-il.

Elle s'exécuta pendant que Marco déboutonnait son pantalon. Il ne portait pas de slip. Nu, il éteignit la lampe et se glissa de nouveau auprès d'elle.

— Détendez-vous, chuchota-t-il.

Comme il s'en doutait, elle était vierge, mais elle se donna à lui sans la moindre retenue et, même, le plaisir lui arracha un cri à réveiller les morts.

Le lendemain matin, *L'Etoile du Nord* fit escale au port de Hamilton, aux Bermudes. Marco dévorait un petit déjeuner copieux lorsque Maud le rejoignit dans la salle à manger. Vêtue d'une élégante jupe kaki et d'une veste assortie, elle paraissait d'excellente humeur.

– Bonjour, dit-elle en s'asseyant en face de Marco. Quel temps superbe, n'est-ce pas ? Aujourd'hui, nous déjeunons tous chez lord et lady Despard. Ils possèdent une petite île dans la baie de Somerset. Ils s'y sont fait construire une ravissante maison avec piscine... Emporte ton costume de bain.

Elle remercia d'un sourire le steward qui lui servait son thé et un jus d'orange, et reprit à voix basse :

– Phipps et moi, nous avons été réveillés cette nuit par un bruit bizarre, qui semblait provenir de la cabine de cette chère Vanessa. Petit malin, va !

Marco se contenta de l'observer en mastiquant son troisième toast. Maud sirotait son jus d'orange.

– Comme nous n'arrivions pas à nous endormir, poursuivit-elle, nous avons parlé de Vanessa. Phipps se fait beaucoup de souci pour elle... Il est persuadé qu'elle se stabiliserait si elle avait un mari et des enfants. L'ennui, c'est qu'elle ne s'est jamais intéressée aux hommes. Elle est immature, je veux bien, mais tout de même...

Marco beurrait son quatrième toast.

– Naturellement, de nombreux prétendants très acceptables ne demanderaient pas mieux que de l'épouser. C'est l'une des plus riches héritières actuellement disponibles sur le marché. Seulement voilà : Phipps désapprouve les mariages de convenance. Le cher homme croit à l'amour... Enfin, il sera intéressant de voir comment cela se terminera. N'est-ce pas ?

Elle vida son verre et Marco mordit dans son toast. Ils s'observèrent un moment en silence.

– Je me souviens d'un merveilleux proverbe italien, reprit-elle. Comment était-ce déjà ? Ah oui ! *Se il sedere avesse soldi...*

– ... *si chiamerebbe « Don Sedere »*, acheva Marco.

– C'est cela ! J'adore ce bon sens populaire... *Si un cul avait de l'argent, on l'appellerait Monsieur!* Vous avez vraiment l'esprit pratique, vous autres Italiens.

Elle but son thé, qu'elle prenait sans sucre.

26

La lettre, postée à la Jamaïque et datée du 2 janvier 1911, ne parvint à Georgie qu'une semaine plus tard.

– Tu as une lettre de Marco, annonça Kathleen en apportant le courrier dans le living-room.

– Ouvrez-la vite ! s'écria Georgie, le visage radieux.

Kathleen décacheta l'enveloppe et s'assit près de sa nièce, qui déchiffrait *Quo Vadis ?* en braille.

– Elle vient de Jamaïque. Il y en a qui ne s'embêtent pas ! (Elle commença de lire :) *« Georgie, ma chérie... »*

Elle s'interrompit net, alarmée par la dernière phrase. La lettre était très courte; elle la parcourut encore une fois rapidement, se demandant comment elle allait amortir le choc pour sa nièce.

– Eh bien ? s'impatienta Georgie.

Seigneur Dieu ! pensa Kathleen. *Le gredin ! L'ignoble fripouille !*

Elle prit une profonde inspiration.

– Ma chérie, il va te falloir du courage...

– Pourquoi ? Qu'y a-t-il ?

– C'est un type sans scrupules. Nous te trouverons un meilleur parti.

– Que dit-il ? murmura-t-elle, livide.

– Il épouse la fille du sénateur. Il prétend être tombé amoureux d'elle, mais je n'en crois pas un mot. Tout ce qui l'intéresse, c'est l'argent...

Georgie se leva, en chancelant; à tâtons, elle chercha la table pour y prendre appui. Kathleen s'élança vers elle et la prit dans ses bras.

– Ma pauvre chérie, il n'était pas digne...

– Ne me plaignez pas ! dit Georgie d'une voix stridente en repoussant sa tante. Ça va passer. Surtout, ne me plaignez pas...

Elle se dirigea vers l'escalier en se retenant aux meubles pour se guider. Kathleen la regardait, les larmes aux yeux.

– Ça va passer, répétait Georgie, ça va passer...

Elle s'engagea dans l'escalier mais s'affala sur la troisième marche, la tête dans les mains, et sanglota comme une petite fille, le cœur brisé.

Ils se marièrent le 5 juin 1911. Il faisait un temps superbe et les jardins de Garden Court resplendissaient. Maud avait orné toute la maison de pivoines. L'effet était grandiose.

A midi pile, Vanessa descendit au bras de son père l'escalier en marbre du hall central, accompagnée à l'orgue par la *Marche nuptiale*. La mariée était ravissante dans sa robe de satin blanc. Ils traversèrent le hall et entrèrent dans la vaste salle de bal, remplie d'invités assis sur des chaises dorées. Maud, qui portait une robe de dentelle ornée d'une énorme broche de rubis et de diamants, regarda d'un air satisfait son mari et sa belle-fille longer l'allée centrale sur un chemin de satin blanc. Les choses s'étaient arrangées pour le mieux.

Le mari et son témoin, Jake Rubin – tous deux en redingote –, attendaient à l'hôtel. Nellie, enceinte de trois mois, détaillait, ébahie, les splendeurs de Garden Court. Après la cérémonie, les invités sortirent sur la pelouse où l'on avait installé, face au détroit, une grande tente à rayures vertes et blanches. Quinze tables rondes, de huit couverts chacune, étaient à la disposition des convives. On servit du caviar, de la sole et du rôti de bœuf. Le champagne coula à flots. Au début de l'après-midi, le marié – déjà quelque peu éméché – et sa jeune femme coupèrent le gâteau de deux mètres de haut. On porta de nombreux toasts. Puis, la mariée monta se changer pour le voyage de noces, une croisière de dix jours à bord de *L'Etoile du Nord;* le couple devait ensuite passer le reste de l'été à Stoney Brook Farm, un « cottage » de vingt-huit pièces que Phipps possédait à Newport.

Marco entra dans la maison d'un pas chancelant, une coupe à la main. Il aperçut Jake dans le salon, en contemplation devant un immense tableau.

– C'est un Titien, dit le marié dans un hoquet en rejoignant son ami. Un grand peintre rital. A en croire Maud, cette toile vaut un million de dollars. Et là-bas, tu as une Madone de Raphaël... encore un peintre métèque.

Il éclata de rire.

– Cette propriété est d'un luxe incroyable, chuchota Jake, médusé. Je n'en reviens pas.

Marco haussa les épaules.

– Ce n'est pas grand-chose, mais c'est intime, déclara-t-il d'une voix brouillée. Qu'est-ce que tu en dis, Jake? Quatre ans après avoir débarqué du *Kronprinz Friedrich,* tu es le meilleur compositeur d'Amérique et moi le meilleur étalon. Pas mal, non? (D'un geste large, il indiqua les portes-fenêtres donnant sur la pelouse.) Tu vois tous ces gens importants, dehors? Ces hommes politiques, ces milliardaires et compagnie? Tu sais ce qu'ils pensent depuis ce matin? Ils se disent : « Vanessa Ogden s'est payé un beau métèque qui la rendra heureuse au lit. » Voilà ce qu'ils pensent, Jake; mais ils se trompent. (Hilare, il se pencha à l'oreille de Jake et murmura :) C'est moi qui ai séduit Vanessa. En Italie, nous disons : *La pera matura cade sola,* ce qui signifie : *La poire mûre tombe toute seule.* Vanessa n'était pas tout à fait assez mûre, je lui ai donné un petit coup de pouce; tu saisis? Elle est tombée dans mes bras.

Il vida sa coupe.

– Tu ferais mieux de ne pas abuser de ce champagne, lui conseilla Jake.

– Pourquoi ? Je suis riche. Au diable tout le reste ! Au diable l'amour... (Il s'absorba dans la contemplation de la cheminée.) Au diable Georgie O'Donnell... Elle doit me maudire à l'heure qu'il est !

Le jeune marié jeta brutalement sa coupe dans l'âtre, puis, d'un pas mal assuré, il monta se changer.

SEPTIÈME PARTIE

MEURTRE

27

Le monde des nantis reçut un premier coup en 1913, avec l'instauration de l'impôt sur le revenu, puis un second en 1916, avec la création de l'impôt sur la fortune. Mais pour Tom Banicek, le compagnon d'immigration de Jake et de Marco, cela ne changeait pas grand-chose : les inégalités sociales en Amérique lui semblaient aussi scandaleuses en 1916 qu'en 1907. Après son licenciement, Tom avait laissé sa femme à la ferme pour aller chercher du travail à Pittsburgh. Il s'y était heurté à la fameuse liste noire – celle-là même qui avait poussé Sam Fuller, au comble du désespoir, à devenir mouchard. C'était au tour de Tom d'être interdit de travail. Il ne pouvait se faire embaucher.

Il finit par décrocher un emploi de balayeur des rues qui lui permit de subsister. Le petit Tchèque entêté était bien décidé à ne pas se laisser écraser, quelle que fût l'apparente puissance de l'adversaire. Heureusement, les victimes de la liste noire avaient commencé un peu partout à se rassembler pour former un réseau. Tom fit la connaissance d'un socialiste serbe, un certain Josip Nardo, qui travaillait pour les « Wobblies » (ainsi qu'on appelait les membres du Syndicat International des Travailleurs Industriels). Grâce à Nardo, il entra ensuite en contact avec un ancien mineur, Joe Haines, qui avait un poste important au syndicat des mineurs. Joe se prit d'amitié pour Tom et lui procura un emploi au syndicat. Le salaire, quoique minime, permit à Tom de louer une chambre dans une pension convenable et de faire venir Della de Staunton.

Durant les six années suivantes, Tom gravit peu à peu les échelons de la hiérarchie syndicale. Della lui donna deux enfants, Stanislas et Ward. En 1915, les Banicek purent enfin se permettre de louer une petite maison dans une banlieue ouvrière de Pittsburgh.

Ce matin de 1916, Della mettait du linge à sécher dans le jardin, quand un son de klaxon vint troubler le silence du quartier où ils habitaient. Agacée par ce bruit intempestif, Della entendit soudain une voix familière crier :

– Viens vite voir, Della !

Elle posa vivement son panier et contourna la maison en courant. Une Ford Modèle T était garée contre le trottoir, son mari au volant.

– Arrête ce vacarme, Tom, lui dit-elle. Où as-tu pris cette voiture ?

– Elle est à nous ! s'exclama-t-il. Monte, je t'emmène faire un tour.

– Comment ça, à nous ?

– Je l'ai achetée à Phil Stone, un collègue. Quatre-vingt-dix dollars... et elle n'a que vingt-cinq mille kilomètres !

En 1916, une Modèle T neuve coûtait trois cent soixante dollars.

– Où as-tu trouvé les quatre-vingt-dix dollars ? demanda-t-elle.

– J'avais économisé en secret. Maintenant, cesse de poser des questions idiotes et monte. C'est la plus belle voiture de Pittsburgh – la plus belle d'Amérique ! – et elle est à nous, Della !

Elle l'avait rarement vu aussi heureux. Elle savait que Tom raffolait des voitures et rêvait depuis des années d'en posséder une. Ce n'était pas le moment de lui gâcher son plaisir, même si elle désapprouvait une aussi grosse dépense. Elle grimpa sur le siège avant et examina le tableau de bord.

– Tu sais la conduire ?

– Regarde, tu vas voir. (Il passa les vitesses et démarra.) J'ai pris dix jours de vacances; nous partons à la ferme en voiture avec les gosses. Envoie un télégramme à tante Edna. Sa tête, quand elle verra ça !

Della se pencha pour l'embrasser sur la joue.

– Frimeur ! dit-elle en riant. Elle est magnifique, Tom.

– C'est la plus belle voiture d'Amérique, répéta-t-il avec fierté.

Pour Tom Banicek, ses années de lutte se révélaient enfin payantes : il possédait maintenant sa petite part du « Rêve américain ».

Le lendemain, à l'aube, ils installèrent les deux garçons sur la banquette arrière et partirent pour la Virginie-Occidentale. Hawksville n'était qu'à cent quatre-vingt-dix kilomètres mais, en 1916, ce trajet représentait une véritable expédition. Ils se donnèrent donc la journée entière pour atteindre leur destination. Heureusement, les routes étaient sèches, car l'enlisement était l'un des plus grands dangers de ce genre d'aventure. L'Amérique tout entière était sous le charme de la Ford Modèle T – une voiture remarquablement robuste – et Tom était amoureux de la sienne. Tout en conduisant, il fredonnait et s'extasiait sur les beautés de la campagne. A le voir ainsi, sa femme retomba amoureuse de lui comme au premier jour.

Ils arrivèrent à la ferme à cinq heures de l'après-midi : crottés, couverts de poussière, fatigués, mais heureux. Tante Edna les embrassa et se montra favorablement impressionnée par la voiture. Après quoi, toute la famille s'attabla à la cuisine pour savourer le délicieux repas tout en bavardant de choses diverses – en particulier des fréquents maux d'oreilles dont avait souffert leur petit Stan durant l'hiver.

– Tu en avais toi aussi à son âge, dit tante Edna à Della. Tu n'as qu'à faire à Stan ce que j'ai fait pour toi. Tu prends une cuillerée d'urine...

— Maman !

— Veux-tu que je t'explique le traitement, oui ou non ? Je disais donc : tu prends une cuillerée d'urine, tu la fais chauffer, puis tu en mets quelques gouttes dans l'oreille malade. L'urine n'a rien de dégoûtant; c'est Dieu qui l'a créée et ça guérit les maux d'oreilles. Ecoute le conseil de ta mère et tu n'auras pas besoin de médecin. Passez-moi le pain de maïs, Tom... Stan est un beau petit garçon, Della. Il te ressemble.

— Heureusement, dit Tom en souriant.

— C'est ma foi vrai, la beauté n'a jamais été votre fort, déclara sans ambages tante Edna.

— Moi, je le trouve très séduisant, dit Della en lui prenant la main.

— Tous les goûts sont dans la nature. Dites donc, Tom, quand est-ce que votre syndicat va s'occuper de Staunton ?

— Un de ces jours.

— Ça fait des années que vous dites ça, dit tante Edna d'un ton revêche. Qu'est-ce que vous attendez ? S'il y a au monde des mineurs qui ont besoin d'un syndicat, ce sont bien ceux-là. Cet assassin de Monty Staunton devrait être le premier de votre liste !

— Monty Staunton figure en tête de ma liste personnelle, mais le syndicat préfère laisser de côté la Virginie-Occidentale pour l'instant. Les propriétaires de la région sont les plus coriaces de tout le pays; nous voulons élargir notre influence avant de nous attaquer à Monty Staunton.

— C'est un meurtrier, déclara tante Edna d'une voix sourde. Il a assassiné mon mari. Ses mines sont toujours aussi dangereuses, et il y aura forcément d'autres victimes. Votre syndicat sait peut-être ce qu'il fait, mais il aura sur la conscience la mort de tous ceux qui vont encore y passer. Et laissez-moi vous dire autre chose, Tom : les mineurs commencent à ne plus croire au syndicat. Chaque jour qui passe vous rend la tâche plus difficile.

Tom ne répondit pas.

– Nous avons tous les deux beaucoup de mauvais souvenirs dans cette vallée, dit Della à Tom ce soir-là. Pourtant, je m'y sens toujours chez moi. C'est bon de retrouver son foyer.

– Mon foyer à moi est à Pittsburgh.

– Tu ne te plais donc pas ici ?

– Oh si ! La région est magnifique; on ne peut que s'y plaire. Mais je hais Monty Staunton.

– Penses-tu que maman ait raison quand elle dit que le syndicat devrait intervenir à la mine sans plus tarder ?

– Ta mère a pratiquement toujours raison. Sur ce point précis, entre autres.

Allongés côte à côte dans le lit en bois, ils restèrent silencieux un moment. Della humait avec délices l'odeur oubliée de la paillasse, qui lui rappelait ses souvenirs d'enfance. Soudain, elle sentit la main de Tom se poser sur la sienne.

– Je t'aime, dit-il tendrement.

Il lui disait toujours cela avant de lui faire l'amour. Le plus merveilleux, c'était qu'il le pensait sincèrement; ce n'était pas une simple formule. Tom vouait à sa femme un amour franc et pur.

Della le considérait comme l'homme le plus doux du monde, mais elle savait qu'il pouvait aussi se montrer implacable. Elle ne doutait pas qu'un jour il s'attaquerait à Monty Staunton. Restait à voir qui sortirait vainqueur du combat.

Le lendemain matin, Tom gravit la colline qui faisait face à la ferme. Arrivé au sommet, il contempla un moment les puits et la cité minière.

Un jour, se dit-il. *Bientôt...*

28

Le 6 avril 1917, les Etats-Unis déclarèrent la guerre à l'Allemagne. Tom Banicek voulut s'engager, mais on le réforma à cause de taches aux poumons qu'il avait dû contracter dans les mines. Les supérieurs de Tom au syndicat ne partagèrent pas sa déception, car ils avaient besoin de lui. En effet, l'entrée en guerre de l'Amérique provoquait une brutale vague de répression des compagnies contre les mineurs. La mort d'un garçon de douze ans devait mettre le feu aux poudres.

Alfie Davis était employé à la salle de broyage de la Compagnie minière Staunton, un hangar métallique situé à l'entrée de la mine. On payait les enfants dix cents de l'heure pour enlever le schiste du charbon qui défilait sur des tapis roulants aboutissant aux machines de cassage. En ce 3 mars 1918, il faisait moins onze degrés. Dans le hangar uniquement chauffé par un petit poêle, la température était inférieure à zéro. Les deux douzaines de gosses qui y travaillaient portaient des mitaines, des vestes et des foulards, mais Alfie Davis était déjà enrhumé en arrivant ce matin-là, à huit heures.

A dix-huit heures, quand il quitta la salle de broyage pour rentrer chez lui sous la neige, il avait le nez qui coulait et il toussait. En le voyant dans cet état, sa mère comprit qu'il était gravement malade. Elle le mit aussitôt au lit et lui donna de la soupe brûlante. Le lendemain matin, il avait quarante de fièvre et le médecin de la compagnie diagnostiquait une pneumonie.

Le soir, Alfie Davis était mort.

Son père, Llewellyn – un colosse chauve qui avait émigré du Pays de Galles dans les années quatre-vingt-dix –, travaillait pour Staunton depuis dix-huit ans. De ses quatre enfants, Alfie, le dernier, était son préféré. Lorsque Llewellyn vit le médecin fermer les yeux de son fils, il éprouva autant de fureur que de chagrin :

– Dix-huit ans dans ces foutues mines ! Et voilà toute ma récompense !

Il sortit de la chambre. Sa femme, qui était assise au chevet du lit, se leva et le rejoignit dans la pièce voisine. Epouvantée, elle vit Lew Davis décrocher son fusil.

– Que vas-tu faire, Lew ?

Il chargea son fusil.

– Venger mon fils.

Elle voulut le retenir, mais il la repoussa et disparut dans la nuit.

Dans leur propriété de Belle Meade, Monty et Christine Staunton se mettaient à table. Charlotte, leur fille, et son mari, un médecin de Charleston nommé Howard Bennet, étaient là aussi.

– O Seigneur, récita Monty, les yeux fermés, nous Vous remercions de tous Vos bienfaits. Nous implorons de Votre bonté une bénédiction particulière pour notre pays dans l'épreuve qu'il traverse, et nous Vous demandons de protéger nos braves soldats américains qui se battent, sur le sol français, contre les féroces Allemands. Nous Vous confions plus spécialement Votre serviteur, Montgomery Staunton, mon fils, qui fait la guerre dans l'aviation. Enfin, bénissez ce repas que nous allons prendre. Amen.

– Amen, reprirent en chœur les autres convives.

Puis les domestiques passèrent le premier plat.

– J'ai reçu aujourd'hui une lettre de Montgomery, déclara Christine en buvant une généreuse gorgée de meursault. Il était en permission à Paris. Il dit que les restaurants et les théâtres parisiens ne désemplissent pas. Je trouve que les Français pourraient au moins prendre la guerre au sérieux !

– Il a déjà descendu neuf Allemands, dit fièrement Monty en plongeant sa cuiller dans son consommé. Avec Montgomery dans la bagarre, le Kaiser n'a aucune chance.

– Je me fais beaucoup de souci, poursuivit Christine. Tout cela paraît tellement dangereux.

– Qu'est-ce que c'est, pour toi, la guerre ? s'écria Monty. Une partie de plaisir ? Evidemment que c'est dangereux ! C'est ce qui fait l'intérêt de la chose.

– Je ne pense pas que ce soit très amusant de se faire tuer, objecta Christine en vidant son verre. (Elle lança un coup d'œil au serviteur noir, ganté de blanc, qui montait la garde près des bouteilles de vin.) Si jamais Montgomery était blessé... tenez, je préfère ne pas y penser!

– Montgomery s'en sortira très bien, dit son mari. Ce garçon a du cran. Et de la chance... comme tous les membres de la famille!

Tandis que le valet remplissait le verre de Christine, ils entendirent une bousculade dans le hall. Tout à coup, ils virent les doubles portes s'ouvrir sur Lew Davis, un fusil à la main. Derrière lui, le majordome criait en essayant de le retenir :

– Monsieur Staunton, je n'ai pas pu l'empêcher...

Le mineur braqua son arme sur le visage stupéfait de Monty.

– Vous avez tué mon fils! Œil pour œil, dent pour dent!

Davis tira, mais le valet le frappa au bras avec une bouteille et le coup partit en l'air, arrachant du plafond un gros morceau de plâtre. Christine poussa un cri strident, Monty s'écarta, tandis que les plâtres s'abattaient sur la table. Le majordome s'était jeté sur Davis qui se débattit comme un forcené, mais Howard Bennet et Monty, aidés des deux domestiques, parvinrent enfin à le ceinturer. Christine téléphonait à la police.

– Ouvrez une autre bouteille, dit-elle, haletante, après avoir raccroché. Mes nerfs! J'ai besoin d'un remontant. Seigneur, quel fou furieux!

La police embarqua Lew Davis, et Monty, s'agenouillant devant sa famille, joignit les mains, ferma les yeux et lança d'une voix vibrante :

– Mon Dieu, merci de m'avoir protégé de ce déséquilibré. Votre mansuétude m'apporte la preuve de mon bon droit. J'ai toujours été Votre fidèle serviteur, et Vous savez que je le resterai éternellement. Mais je tenais à Vous dire, Seigneur, que je n'oublierai jamais ce que Vous avez fait pour moi ce soir. Ça non, je ne l'oublierai jamais! Amen.

Il se releva et sortit de son portefeuille quarante dollars, qu'il partagea entre son majordome et le valet qui lui avaient sauvé la vie.

Le lendemain matin, tante Edna se rendit en buggy à Hawksville, chez le pompiste Dale, où se trouvait le téléphone le plus proche, et elle appela son gendre à Pittsburgh.

– Lew Davis a tenté de tuer Monty Staunton à Belle Meade hier soir, expliqua-t-elle. Il l'a malheureusement raté, mais il n'a pas une chance de s'en sortir s'il est jugé ici.

– Je sais. Mais pourquoi a-t-il commis pareille folie ?

– Parce que son fils, qui travaillait dans la salle de broyage, est mort d'une pneumonie. L'endroit n'est même pas chauffé. Croyez-moi, Tom, vous feriez bien d'envoyer un gars de votre syndicat pour le défendre. Lew n'a pas de quoi se payer un avocat; c'est l'occasion idéale pour le syndicat de se faire bien voir dans le coin.

Tom réfléchit quelques instants avant de répondre :

– Vous avez raison. Je serai là demain.

Le lendemain, en fin d'après-midi, le shérif introduisit Tom dans la cellule qu'occupait Lew à la prison de Hawksville. Davis était assis sur la paillasse, emmitouflé dans son pardessus car il faisait un froid glacial.

– Lew, je suis Tom Banicek. Tu te souviens de moi ?

– Oui.

– Je fais partie du syndicat. Je viens t'aider à obtenir un avocat.

– Tu perds ton temps, Banicek. Ici, j'ai pas une chance. Staunton a tous les juges dans sa poche. D'ailleurs, je suis heureux de ce que j'ai fait; je regrette seulement d'avoir loupé ce sagouin.

– Je te comprends, Lew. Mais il te faut un avocat, c'est très important. Si tu ne peux pas t'en payer un, le syndicat a une caisse de prévoyance...

– Fous-moi la paix avec ton syndicat ! s'emporta Lew. Pas la peine de me raconter des conneries... Le syndicat est à la solde de Staunton, lui aussi ! Tu crois peut-être qu'on est pas au courant ? Ce sont les propriétaires qui vous paient !

– C'est faux.
– Ah oui ? Alors pourquoi est-ce qu'il vient pas dans la vallée, le syndicat ? Pourquoi vous restez à Pittsburgh ?
– Parce que nous devons attendre d'être plus forts pour nous attaquer aux propriétaires des mines de Virginie-Occidentale.
Lew Davis le regarda avec mépris.
– Va dire ça à mon fils, gronda-t-il. Allez, fous-moi le camp. Je ne veux pas de ton aide. Qu'ils m'envoient en prison. Ce ne sera pas pire que la mine.
– Si tu changes d'avis, dit Tom, je serai chez ma belle-mère.
Il fit signe au shérif de lui ouvrir la grille.

Ce soir-là, attablé dans la cuisine de la ferme, il déclara, découragé :
– Par ici, le syndicat est à peu près aussi populaire que la chaude-pisse.
– Tom ! protesta Della, qui donnait à manger aux deux garçons.
– Excuse-moi, mais c'est la vérité.
– Je vous avais prévenu, dit tante Edna. Les mineurs ont le sentiment d'être trahis par tout le monde. Ils croient que personne ne s'occupe d'eux, en quoi ils n'ont peut-être pas tort.
– Moi, je m'intéresse à eux.
– Alors, qu'est-ce que vous allez faire ?
– Dès demain, j'essaierai de convaincre Joe Haines de fonder un syndicat à la Compagnie minière Staunton.
Tante Edna sourit. Della prit une expression soucieuse.
– Joe Haines sait ce qu'il fait, Tom, dit-elle. Il a une stratégie sur le plan national. Monty Staunton est un coriace; si le syndicat essuie une défaite ici, ça aura des conséquences néfastes pour le mouvement dans tout le pays.
– Je sais. Mais le syndicat n'essuiera pas de défaite chez Staunton.

Le petit Stan Banicek frappa son bol avec sa cuiller pour réclamer de la soupe.

29

En 1872, plusieurs hommes d'affaires de Charleston avaient fait construire dans la grand-rue de la ville une imposante et plutôt sinistre maison en brique, destinée à abriter les activités de leur groupe, la Société Jeremy Bentham. Ce fut dans la bibliothèque de ce club, une vaste pièce aux sombres boiseries, que Monty Staunton prit la parole devant dix hommes assis dans des fauteuils de cuir.

– Si je vous ai réunis ici, messieurs, commença-t-il, c'est parce qu'il y a un syndicaliste dans ma vallée. (Il observa une pause pour souligner l'effet dramatique de ses paroles.) Il s'appelle Tom Banicek, reprit-il. C'est un immigrant tchèque qui a travaillé pour moi autrefois, jusqu'au jour où je l'ai inscrit sur la liste noire parce qu'il fomentait des troubles. Il a eu l'inconscience – ou peut-être devrais-je dire l'impudence ? – de me demander de lui louer ma salle des fêtes pour haranguer mes mineurs. Je l'ai envoyé paître, naturellement, mais il a distribué des tracts pour annoncer qu'il tiendrait une réunion d'information sous le porche.

– Vous n'avez qu'à l'en empêcher, déclara Ludwell Tyson, le président de la Compagnie minière Tyson.

– Comptez sur nous pour ça. Mais ce petit corniaud est un entêté; il s'arrangera pour aller ailleurs. Messieurs, je crois venu le moment de considérer notre situation avec réalisme. Le mouvement syndical marque des points dans tout le pays. Si je laisse Banicek fonder un syndicat dans ma compagnie, ses amis auront du même coup une base importante en Virginie-Occidentale. Ce sera ensuite le tour de vos mines, et vous ne pourrez pas vous y opposer. Voilà où nous en sommes.

– Bon sang, Monty, vous n'allez quand même pas renoncer à lutter ? protesta Tyson.

– Je n'ai pas dit cela. J'essaie simplement de vous faire comprendre que, si l'un d'entre nous cède, nous coulons tous ensemble. Je suis décidé à combattre Banicek par tous les moyens, mais j'attends de vous un soutien sans faille.

– Vous savez bien qu'il vous est acquis ! Nous résistons au syndicat depuis vingt ans dans cet Etat, et nous lui résisterons encore longtemps !

Monty sourit.

– Voilà ce que j'espérais vous entendre dire, Ludwell. Mais cette fois la bagarre sera plus rude. Heureusement, nous avons un gros atout : la guerre. Le président Wilson est de notre côté. Il m'a encore dit le mois dernier à la Maison Blanche que l'effort de guerre nécessitait qu'on mette les bouchées doubles et que le gouvernement était prêt à tout pour empêcher l'interruption de la production de charbon. En d'autres termes, Washington nous donne carte blanche. Par ailleurs, suite à la tentative d'assassinat dont j'ai été victime, l'opinion publique a tendance à considérer les mineurs comme un ramassis de révolutionnaires. Nous sommes donc en mesure de riposter par la force. Entre eux et nous, messieurs, c'est la guerre; et dans toute guerre, il y a du sang versé. Et toute guerre se livre avec des armes. Nous allons réciter tous ensemble une petite prière, puis je vous montrerai les plans d'une nouvelle arme de mon invention. Tom Banicek et ses petits copains vont en faire dans leur froc. Vous verrez : le gouvernement et le pays tout entier vont nous soutenir parce que nous faisons œuvre patriotique : nous produisons du charbon pour assurer le succès de la démocratie dans le monde.

– Quelle est donc cette arme secrète? dit Tyson. Vous comptez les empoisonner au gaz?

– Non, c'est un projet auquel je travaille depuis plusieurs mois avec Bill Fargo. Ce sont des machines que nous avons fait construire ici même, à Charleston. Elles ressemblent aux tanks que les Français utilisent, mais Bill et moi nous les appelons des « engins de mort ». (Il ricana.) Ils sont terrifiants ! Mais commençons par la prière... (Il leva la tête au plafond et ferma les yeux :) O Seigneur, aidez-nous dans notre juste lutte contre les ennemis de la propriété privée...

— Ni le syndicat ni moi-même nous n'approuvons le geste de Lew Davis contre M. Staunton, déclara Tom le lendemain matin.

Debout sur le perron de la salle des fêtes, un porte-voix à la main, il haranguait quelque cent mineurs accompagnés de leurs femmes. Le temps était gris et froid mais il y avait foule pour l'écouter.

— Nous ne croyons pas qu'il y ait place pour la violence dans le mouvement syndical américain, poursuivit-il. Mais si Lew a décroché son fusil, c'est parce qu'il était à bout ! C'est parce que des conditions de travail scandaleuses avaient causé la mort de son fils ! C'est parce qu'il ressentait le besoin urgent d'en finir avec cet esclavage ! Mais le seul moyen — le seul, je dis bien — d'améliorer votre situation est de créer un syndicat...

Un grondement l'interrompit. Les mineurs, qui avaient entendu le bruit eux aussi, se retournèrent. Deux camions se dirigeaient vers eux, chargés d'hommes vêtus de sombre et armés de fusils. Les deux « engins de mort », impressionnants, fermaient le convoi. C'étaient des sortes de tanks, à cette différence qu'ils n'avaient pas de chenilles; on les avait manifestement conçus à partir de châssis de camions caparaçonnés d'acier. Ils n'avaient pas d'ouvertures; en revanche, chaque véhicule était équipé d'une tourelle mobile d'où pointait une mitrailleuse.

Le convoi fit halte à vingt pas du perron. Bill Fargo, qui était à bord de l'un des camions, hurla sans porte-voix :

— Vous êtes sur le domaine de la Compagnie. Rentrez chez vous !

— Allez au diable ! répliqua Tom. Vous n'allez pas me dire que l'air vous appartient ? Tant que je ne suis pas dans vos bâtiments...

Les mitrailleuses pivotèrent vers Tom.

— Vous vous trouvez sur les terres de la Compagnie, l'interrompit Fargo. Si vous ne vous dispersez pas, les gars, vous perdrez vos emplois et vos maisons.

— Toujours la même menace! cria Tom, en se demandant si Fargo oserait tirer. Il est temps de montrer à la direction que nous ne nous laissons plus traiter comme des criminels ou des esclaves...

Le crépitement des mitrailleuses l'interrompit. Les balles sifflèrent au-dessus des têtes : le vacarme était effrayant. Des femmes hurlèrent. Une fois la fusillade terminée, Tom reprit :

— Très bien, je continuerai mon discours à la ferme de ma belle-mère. Tous ceux d'entre vous qui estiment — comme moi — que nous sommes dans un pays démocratique, où la liberté de parole est garantie par la constitution, peuvent me suivre chez tante Edna. Ils seront les bienvenus.

Il descendit les marches du perron et s'engagea dans la rue.

— Je suis pour Banicek! s'écria l'un des mineurs en lui emboîtant le pas.

— Moi aussi! lança un autre, puis un troisième.

Finalement, la foule tout entière remonta la rue derrière le petit Tchèque qui savourait son succès. Quelqu'un se mit à scander : « Grève! Grève! Grève! », aussitôt imité par les autres. « Grève! Grève! Grève! » La clameur résonna dans l'air comme un défi.

Bill Fargo regarda s'éloigner le cortège, décontenancé.

Della faisait prendre leur bain aux enfants lorsqu'elle entendit crier : « Grève! Grève! Grève! » Tante Edna courut regarder par la fenêtre.

— Gloire à Dieu! s'exclama-t-elle. Ton gringalet de mari a réussi!

Della se précipita sur la véranda. Tom traversait le champ, suivi de la foule excitée. Il s'arrêta à proximité de la ferme et leva les bras pour réclamer le silence.

— Bon! Ici, personne ne peut nous déloger. Dites-moi, tous : vous criez « Grève ! », parlez-vous sérieusement ?

– Oui ! s'exclama l'assistance.

– Par le passé, ils nous ont toujours fait taire en nous menaçant de confisquer nos maisons. Il n'y a qu'un moyen de les contrer sur ce plan : abandonnez vos maisons les premiers ! (Il se tut un instant pour permettre à l'idée de faire son chemin dans la tête des mineurs.) Si vous êtes vraiment décidés à vous battre, reprit-il, le syndicat vous fournira des tentes, des provisions et des médicaments. Nous installerons le campement ici même, sur les terres de ma belle-mère, et la Compagnie n'aura qu'à en prendre son parti. Voilà ce que je vous propose : rentrez chez vous préparer toutes les affaires dont vous aurez besoin pour tenir le coup : vêtements, couvertures, batterie de cuisine, etc. Dès que j'aurai les tentes, je vous préviendrai et vous viendrez vous établir ici. D'ici là, ne changez rien à vos habitudes. Le moment venu, nous ferons la grève... et nous gagnerons ! Est-ce que cela vous convient ?

Un bref silence, puis des cris fusèrent : « Oui ! », « Nous sommes avec toi, Tom ! »

– Parfait. Rentrez chez vous, je vais appeler le syndicat.

Sur le seuil de la ferme, tante Edna dit à Della :

– Il commence enfin à se secouer. Pas trop tôt !

Rouge d'excitation, Tom s'approcha de sa femme et l'embrassa.

– Cette fois, nous irons jusqu'au bout !

– Le syndicat va-t-il te suivre ? demanda Della.

Un grand sourire aux lèvres, Tom se dirigea vers sa Ford.

– S'il ne nous soutient pas, nous en fonderons un nouveau.

Il s'installa au volant de sa voiture.

Tandis qu'il parlait au téléphone avec Joe Haines, à la station d'essence de Dale, un camion se gara derrière sa Ford. Bill Fargo et quatre de ses hommes en descendirent. La rue était presque déserte; en voyant ce qui allait se passer, les rares piétons s'égaillèrent. Les hommes de Fargo s'attaquèrent à la Ford à coups de barre de fer. Ils brisèrent les vitres et phares, éventrèrent la capote de toile, défoncèrent la carrosserie et crevèrent les pneus.

Lorsque Tom sortit du garage et vit sa voiture démolie, la rage s'empara de lui.

– Bande de salauds ! hurla-t-il en s'élançant vers les vandales.

Il ne faisait pas le poids.

Ils le rouèrent de coups et l'abandonnèrent dans le caniveau, inconscient et ensanglanté.

– Ça lui servira de leçon, à ce petit con ! gronda Bill Fargo en remontant dans son camion.

30

Mais cela ne lui servit pas de leçon.

Farley Dale appela le médecin de la ville, qui donna à Tom les premiers soins avant de l'emmener à son cabinet, où il lui banda le poignet gauche et désinfecta ses nombreuses blessures. Le travail terminé, Tom avait l'air d'un rescapé des tranchées, mais il était vivant. Farley Dale lui promit de remettre la Ford en état et lui prêta un camion pour rentrer à la ferme.

– Que t'est-il arrivé ? s'écria Della en le voyant.

– Bill Fargo et ses hommes m'ont tabassé, répondit-il en s'affalant sur une chaise. Tout va bien.

– Comment ça, tout va bien ? On croirait que tu as reçu une grenade !

– Joe Haines envoie dès demain les tentes par camion. C'est ça l'important : le syndicat me soutient.

– L'important, c'est toi, dit Della en l'embrassant.

Il se força à sourire.

– Les Banicek sont des coriaces... Mais la voiture, elle, est en piteux état. S'en prendre à un homme, c'est une chose; mais démolir sa voiture, c'est vraiment... (il réfléchit un instant, puis trouva le mot adéquat :)... ignoble.

Adossé à sa Rolls-Royce, Monty Staunton contemplait, à ses pieds, le champ transformé en campement. Le temps s'était radouci. Des dizaines de familles étaient réparties dans une centaine de tentes. Partout, on s'affairait, des femmes faisaient chauffer des marmites sur des feux de bois.

— La grève entre dans sa troisième semaine, monsieur Staunton, dit Bill Fargo. L'épreuve de force risque de s'éterniser.

Monty se retint de cracher par terre.

— Dites à Banicek que je veux lui parler, gronda-t-il en ouvrant la portière de sa voiture. Amenez-le-moi à Belle Meade.

Ce soir-là, Tom — à qui on avait retiré ses pansements, sauf celui de son poignet — se retrouva attablé, face à Monty, dans la salle à manger de Belle Meade. Les deux hommes s'observèrent un moment en silence, puis Monty prit la parole :

— Qu'est-ce que tu veux au juste, fiston ?

— Un syndicat.

— Tu sais peut-être que le pays est en guerre ? Le charbon a une importance vitale pour nos dirigeants. Tu es patriote, n'est-ce pas ? Tu ne veux pas nuire au gouvernement des Etats-Unis ?

— J'aime ce pays, pourtant mes hommes n'extrairont pas un gramme de charbon tant que vous n'aurez pas accepté par contrat la création d'un syndicat.

— Tes hommes, dit Monty. Voilà qui est intéressant. Tu fumes ?

— Des Camel.

— Et des cigares ? (Il sortit de sa poche un étui en cuir qu'il tendit à Tom.) Prends donc un Villar y Villar 1911 ; c'est une année fabuleuse. Après le torpillage du *Lusitania* par les Boches, j'en ai commandé deux cents. On ne sait jamais, ils pourraient envahir Cuba... (Il rit.) Tu imagines ces imbéciles de Fridolins essayant de mater les Cubains ?

Tom coupa le bout de son cigare et l'alluma. Monty l'observait, les yeux mi-clos.

– Il est excellent, dit Tom en exhalant une bouffée.

– A trois dollars pièce, ils peuvent l'être. Tu es un gars sympathique, tu sais. Ça me fait mal au cœur de te l'avouer, mais j'admire ton cran. Bill Fargo m'a dit que tu n'avais pas reculé d'un pouce devant mes engins de mort... (Il gloussa.) J'adore ce nom, pas toi ? Engins de mort... Ça ne fait pas très sérieux, hein ? (Il rejeta un nuage de fumée et sourit.) Et pourtant, ils tuent vraiment. Tu as deux gosses, à ce qu'il paraît ?

– Oui. Deux garçons : Stanislas et Ward.

– Stanislas... C'est un prénom tchèque ?

– C'est le nom du saint patron de mon village natal.

– Je vois. Tu comptes les envoyer un jour à l'université, Stanislas et Ward ? Leur donner les avantages que tu n'as pas eus ?

– Je l'espère, oui.

– Ça coûte cher, tu sais, l'université. Très cher. Surtout qu'il faut leur acheter de beaux vêtements... et une voiture, pour impressionner les filles... Ça demande de l'argent, tout ça. Beaucoup d'argent. Où vas-tu le trouver, Tom ?

– Peut-être que je dévaliserai une banque.

Monty eut un petit rire.

– Il y a plus simple que ça, fiston. Beaucoup plus simple. Je pourrais prendre en charge les études de tes gosses. Je pourrais les faire entrer à Princeton, si tu voulais ! C'est mon ancienne université, et je lui ai fait des dons coquets... Si je demandais qu'on y prenne tes enfants, on ne me le refuserait pas. Je pourrais vous être très utile, à ta famille et à toi, si tu coopérais. Je pourrais t'offrir une place au soleil, Tom, t'acheter une petite affaire quelque part. Qu'est-ce que tu en dirais ?

– Si vous cherchez à me corrompre, monsieur Staunton...

– Allons, voyons, Tom ! Ce n'est pas de la corruption; c'est une proposition. Bon, je reconnais que tu me coûtes un fric fou en ce moment. Alors j'ai deux solutions : soit j'essaie de te tuer – ça a déjà raté une fois –, soit je passe un marché avec toi. Ecoute, tu aimes les automobiles, hein ? Et mes gars ont démoli ta Ford ? Eh bien ! je suis d'accord pour la remplacer par la voiture de ton choix, à concurrence de cinq mille dollars. C'est une offre tout ce qu'il y a d'honnête... Alors, ta réponse ?

– Non.

Le visage de Monty se rembrunit.

– Tout homme a un prix, dit-il d'une voix sourde. Quel est le tien ?

– Un contrat pour fonder un syndicat.

– Je vais faire un dernier effort. J'accepte d'accorder à *tes* hommes une augmentation de vingt pour cent. Vingt pour cent ! Je ferai installer des puits de ventilation, j'améliorerai les conditions de sécurité... je te donnerai tout ce que réclame le syndicat ! Et par-dessus le marché j'enverrai tes gosses à l'université et je t'achèterai une voiture de cinq mille dollars. Tu ne vas pas me dire que ce n'est pas une proposition honnête, ça ?

– Ma foi... murmura Tom, hésitant.

Monty avait vu le défaut de la cuirasse. Il se leva.

– Inutile de me donner une réponse tout de suite. Va retrouver ta femme et discutes-en avec elle. Entre gens raisonnables, nous arriverons bien à régler cette affaire, pas vrai ?

Tom se leva à son tour.

– Qu'avez-vous contre le syndicat ? demanda-t-il. A partir du moment où vous êtes prêt à accepter toutes ses revendications...

– Je vais t'expliquer, Tom. C'est très simple... Cette compagnie a toujours été *ma* compagnie, et les mineurs ont toujours été *mes* mineurs. Et voilà que tout d'un coup tu les appelles *tes* mineurs. Voilà ce que j'ai contre le syndicat.

Tom le dévisagea. Pour la première fois, il commença à comprendre ce qui faisait courir Monty Staunton.

Ce soir-là, à la ferme, Tom, tante Edna et Della débattirent la question autour du feu.

– Il a une idée derrière la tête, déclara tante Edna. Je ne peux pas croire que Monty Staunton consente à une augmentation de vingt pour cent.

– Et toi, Tom, qu'en penses-tu ? s'enquit Della.

– J'en pense que Monty Staunton est beaucoup plus rusé que je ne me le figurais. Et je crois sa proposition sincère. (Il regarda Stan et Ward qui jouaient par terre.) De la façon dont il présente les choses, c'est extrêmement difficile pour moi de refuser.

– Vous a-t-il proposé quelque chose à titre personnel, Tom ? demanda tante Edna.

– Oui : de payer les études des enfants. Il m'a fait encore d'autres offres, mais c'était celle-là la plus alléchante.

– Le démon tentateur, quoi ! dit tante Edna.

– Exactement. D'un autre côté, le moment est peut-être mal choisi pour une épreuve de force. Le pays est en guerre; pouvons-nous prendre le risque de faire passer les mineurs pour des traîtres ?

– Cette guerre est une aubaine pour Monty Staunton et pour les autres propriétaires de mines, dit tante Edna. Ils s'en mettent plein les poches.

Tom continuait à observer ses deux garçons.

– Princeton, murmura-t-il d'un ton rêveur. C'est une université très chic, pas vrai ? Imaginez-vous mes fils à Princeton ?

– Ça en fera des mauviettes, dit tante Edna.

– Qu'en penses-tu, Della ?

Della se balança lentement.

– C'est à toi de décider, Tom.

– Non, c'est à nous. Ce sont nos enfants.

– Si tu refuses, que fera-t-il ?

– Je n'en sais rien. Mais il risque d'y avoir des victimes.

– Dans ce cas, tu devrais peut-être accepter.

Tom gémit. Il savait comment s'y prendre avec le Monty Staunton tyrannique; en revanche, le Monty Staunton raisonnable et généreux le laissait désarmé.

Quoique considéré par ses mineurs comme un hypocrite dont les fréquentes « conversations avec Dieu » n'étaient que tartuferie, Monty avait une foi sincère. C'est pourquoi Bill Fargo ne fut pas surpris, en entrant dans la bibliothèque de Belle Meade, le lendemain soir, de trouver son employeur absorbé dans la lecture de la Bible.

– Vous désirez me voir, monsieur Staunton ?

Monty leva la tête.

– Ah !... oui, Bill. Asseyez-vous.

Monty demeura silencieux quelques instants, puis il se lança dans un discours étonnant.

– Voyez-vous, Bill, si vous lisez la Bible – notamment l'Ancien Testament –, vous arrivez forcément à la conclusion que Dieu n'est pas un être particulièrement tendre.

Athée, Bill garda ses commentaires pour lui.

– Par exemple, reprit Monty, laissez-moi vous lire ce passage de l'Exode, chapitre 12, versets 29 et 30 : *Au milieu de la nuit, Yahvé frappa tous les premiers-nés dans le pays d'Egypte : le premier-né de Pharaon, qui devait s'asseoir sur son trône, aussi bien que le premier-né du captif dans sa prison, et tous les premiers-nés du bétail. Pharaon se leva pendant la nuit, ses courtisans aussi, et tous les Egyptiens. Ce fut, en Egypte, une immense clameur, car il n'y avait pas de maison où il n'y eût un mort.* (Il regarda Bill.) Ce n'est pas gentil, n'est-ce pas ?

– Pas précisément, non.

– Evidemment, du point de vue des juifs, le résultat a été atteint. Mais du point de vue des Egyptiens, ce fut une sacrée catastrophe. Pas vrai ? (Bill, qui ne voyait pas du tout où son patron voulait en venir, acquiesça.) A la place des Egyptiens, si Dieu m'avait joué un tour pareil, j'aurais été furieux. Mais voyez-vous, Bill, il faut comprendre comment Dieu agit. La situation en Egypte était désespérée; alors Dieu, pour débloquer les choses, a été contraint d'employer des méthodes, disons, déplaisantes. Car il est des fois où l'on doit se montrer cruel pour le bien de tous. N'est-ce pas votre avis ?

– Si.

– Or, dans notre cas, le bien de tous nécessite que nous remettions les mineurs au travail pour pouvoir fournir du charbon au gouvernement. Mon fils est en France où il risque sa vie tous les jours et ça me fout en rogne de voir ces sacrés mineurs refuser de reprendre le collier. Surtout après les concessions que je leur ai accordées ! Si j'étais un monstre, je comprendrais ! Mais enfin, la proposition que je faisais à Banicek était généreuse... Sans doute trop; c'était une faiblesse de ma part. Mais, tonnerre, je veux la paix dans cette vallée ! Je veux que le gouvernement ait son charbon et je veux que mes mineurs soient heureux. Bon, d'accord, j'ai commis des erreurs dans le passé, comme tout un chacun. Les choses évoluent si vite, de nos jours... c'est parfois difficile de suivre le mouvement. Pourtant, hier, j'ai essayé de tout reprendre de zéro. J'ai proposé un marché honnête, susceptible de contenter tout le monde. Et voilà que ce petit avorton rejette la main que je lui tends !

D'un geste rageur, il referma la Bible.

– Quoi ? s'écria Fargo, incrédule. Banicek a refusé ?

– Parfaitement ! Il m'a répondu que la création du syndicat était une question de principe. Ces foutus révolutionnaires ont une vue manichéenne du monde; ils ignorent les nuances, les compromis raisonnables, les principes. Je vous demande un peu ! A quoi ça servirait aux mineurs d'avoir un syndicat, puisque je leur offre exactement ce qu'ils réclament ? Bon sang, je n'y comprends rien.

– Que fait-on, à présent ?

– Si je ne réagis pas, les choses en resteront au point mort. Banicek n'est manifestement pas décidé à céder. En attendant, on n'extrait plus de charbon et la guerre continue. J'ai essayé la douceur, j'ai essayé la concertation... Mais ils ne veulent rien entendre. Ce sont eux qui m'obligent à recourir à la force. C'est comme dans la Bible, Bill : il faut parfois se montrer cruel pour le bien de tous. J'ai bien réfléchi, j'ai prié, j'ai parlé au Seigneur, j'ai lu le Livre saint, et j'ai passé un coup de fil au gouverneur pour mettre la loi de mon côté.

– Excusez-moi, monsieur Staunton, mais je ne vous suis pas très bien...

Monty se pencha en avant.

– Demain à l'aube, Bill, vous prendrez les engins de mort et vous irez détruire le campement qu'ils ont installé dans le champ. Puisqu'ils ne veulent pas se montrer raisonnables, par Dieu, nous non plus !

– Détruire ? répéta Bill avec circonspection. Qu'entendez-vous exactement par là, monsieur ?

– Emportez des torches et mettez le feu aux tentes. Ratissez le terrain avec les engins de mort. Et s'il y a des victimes... je pense à une personne en particulier... nous aurons au moins montré une fois pour toutes qui commande dans cette vallée. Ne vous en faites pas, Bill, ce sera légal. Je demanderai au gouverneur de décréter l'état d'urgence. De votre côté, vous vous serez contenté d'exécuter les ordres. (Il posa une main sur la bible.) Malheureusement, il arrive un moment où l'on doit se montrer cruel pour le bien de tous.

Bill Fargo songea que ce n'était pas la première fois, depuis les origines du monde, que les puissants se retranchaient derrière la religion et le patriotisme pour justifier leurs massacres. N'étaient-ce pas là, au fond, les prétextes qu'avaient invoqués les dirigeants européens pour provoquer cette guerre qui décimait toute une génération ?

Paisiblement endormis dans les bras l'un de l'autre, Tom et Della furent réveillés par le crépitement des mitrailleuses. Tom se mit sur son séant et se frotta les yeux. Il entendait dans le lointain des cris et, plus près, le piaillement terrifié des poules d'Edna.

– Qu'est-ce que c'est ? murmura Della d'une voix ensommeillée.

Tom sortit du lit et alla regarder par la fenêtre. Le

spectacle qui s'offrait à ses yeux lui arracha un cri de stupeur.

— Monty Staunton est devenu fou! Complètement fou!

Une brume fantomatique enveloppait le champ avoisinant, où une douzaine de tentes flambaient déjà. Tels des monstres aveugles, les engins de mort ratissaient le campement, leurs mitrailleuses crachant le feu, tandis que les hommes de Bill Fargo, à bord de camions, lançaient des torches enflammées sur les tentes. Les mineurs et leurs familles, la plupart en chemise de nuit, couraient de tous les côtés pour échapper au carnage. Tom vit une femme et deux hommes fauchés par une rafale.

— Mon Dieu...

Il saisit son pantalon sur le montant du lit et l'enfila à la hâte.

— Tom, tu ne vas pas y aller? s'écria Della.

— Il faut les arrêter. Ils massacrent les gens!

— Reste ici, Tom! N'y va...

Trop tard. Il s'élançait déjà dehors, tout en endossant sa chemise. Della bondit du lit, attrapa son peignoir et se précipita à sa suite :

— *Tom!*

Sur le seuil de la maison, il se retourna, courant déjà.

— Je t'aime, Della.

Sur ces mots, il disparut dans la nuit. Della gagna la véranda. Le campement n'était plus qu'un immense brasier. Les gens affolés détalaient dans tous les sens pour tenter d'échapper aux engins de mort qui roulaient droit devant eux, écrasant tout sur leur passage. Della n'avait jamais rien vu d'aussi terrible.

Tom courait au-devant des engins meurtriers, en agitant les bras comme un fou et en hurlant :

— Arrêtez! Arrêtez!

— Reviens, Tom! cria-t-elle, les larmes aux yeux.

Elle vit la tourelle de l'un des tanks pivoter vers son mari. Celui-ci continua de foncer vers les véhicules, comme s'il était le seul à pouvoir les stopper. C'était du suicide, c'était aussi de l'héroïsme.

La mitrailleuse crépita furieusement. Tom reçut la rafale en pleine poitrine. Son corps fut projeté en l'air.

Puis il s'écroula, face contre terre.

— Tom ! hurla Della.

Elle voulut courir auprès de lui, mais sa mère la retint par le bras et la serra contre elle.

— Il est trop tard, mon petit, murmura tante Edna.

Della sanglotait, éperdue de douleur.

Tout était fini.

HUITIÈME PARTIE

FOLIES

31

En septembre 1916 débuta la saison des Folies Ziegfeld avec, dans les rôles principaux : W.C. Fields, Ina Claire, le comique noir Bert Williams, Geraldine Farrar et Nellie Byfield. Nellie jouait le rôle de Cléopâtre devant un colossal décor représentant le Sphinx et le Nil. Le spectacle était d'un luxe inouï et d'une sottise rare; mais la partition de Jake était sublime, Nellie était au faîte de sa beauté, et les spectateurs furent enchantés. Une fois de plus, le grand Ziegfeld tenait un triomphe entre ses mains. Il possédait à ce jour – entre autres richesses – cinq Rolls-Royce (toutes de couleur différente), plusieurs piscines couvertes et découvertes, un gymnase, deux mille pigeons, cinq cents poulets, quatre chiens et un singe. Ziggy n'aimait rien tant que les excès.

A l'occasion de la première des Folies 1916, il donna une réception à l'Ansonia, le luxueux hôtel de Broadway où il occupait une suite. Les invités, très nombreux, eurent droit au caviar. Cédant aux instances de Ziggy, Jake joua la valse qu'il avait composée pour la revue; juchée sur le piano à queue, Nellie interpréta la chanson et tout le monde reprit le refrain. Mais Jake semblait étrangement déprimé; malgré les supplications de l'assistance, il refusa de jouer autre chose. Il alla s'enfermer dans la chambre à coucher pour donner un coup de téléphone.

– Qu'a donc ton mari ? demanda Ziggy à Nellie.

– Oh ! Laura est enrhumée, et vous connaissez Jake : il se met martel en tête pour un rien. Il suffit que Laura renifle pour qu'il la voie déjà sur la table d'opération.

Elle prit une coupe de champagne sur un plateau et changea de sujet. Ziggy, qui savait le souci que Jake se faisait pour sa fille, ne parla plus de Laura.

Grâce à l'immense popularité de ses chansons, Jake était vite devenu multimillionnaire. Un an après son mariage, il avait sur la 62e Rue Est un superbe hôtel particulier de quatre étages, doté de tout le confort moderne : électricité, chauffage central, téléphone, et même un petit ascenseur. La porte d'entrée – un double panneau en verre et en fer forgé – s'ouvrait sur un vestibule dallé de marbre et sur un escalier derrière lequel était dissimulé l'ascenseur. La cuisine, l'office et la buanderie occupaient le rez-de-chaussée. Le premier étage comprenait un grand salon sur la rue et, à l'arrière, une salle à manger d'où on pouvait admirer leur jardin privé. Au deuxième étage se trouvaient le bureau-bibliothèque, deux immenses chambres à coucher et une petite pièce dans laquelle Jake s'enfermait pour composer. Le troisième était occupé par la chambre de Laura et par la salle de jeux; le dernier étage, enfin, abritait les chambres de Mme Fleming, la nourrice anglaise, et des deux bonnes.

Dès son retour de l'Ansonia, Jake se rua au troisième étage. Mme Fleming, qui sortait juste de la chambre de Laura, mit un doigt sur ses lèvres.

– Elle a fini par s'endormir, chuchota-t-elle.

– Comment va-t-elle?

– Beaucoup mieux, je vous l'ai dit. La fièvre est tombée. Il n'y a vraiment pas de quoi vous agiter ainsi, monsieur Rubin.

Il se détendit un peu.

– Pensez-vous que je puisse aller l'embrasser?

La nourrice – une femme avenante et grisonnante – eut un sourire compréhensif.

– Ma foi, si vous promettez de ne pas la réveiller... Allez-y donc... mais rien qu'une minute, attention ! Elle a besoin de repos.

– Merci, madame Fleming.

Il entra sur la pointe des pieds et, l'espace d'un instant, la lumière du couloir éclaira un univers de contes de fées. L'année précédente, Jake avait chargé Maxfield Parrish de peindre des fresques sur les murs de la chambre; Blanche-Neige, Alice, le Lapin Blanc, la Reine Rouge, le Magicien d'Oz et des douzaines d'autres personnages de légende batifolaient autour de la pièce en une ronde féerique. Jake s'approcha du lit et regarda sa fille.

A quatre ans et demi, Laura avait les cheveux blonds de Nellie et ressemblait vaguement à Jake. N'eût été sa tête trop grosse et légèrement difforme, elle aurait pu être jolie.

Elle ouvrit les yeux et considéra son père.

– Papa, dit-elle d'une voix curieusement voilée.

Il se pencha et déposa un baiser sur sa joue. La fillette se cramponna à lui, en serrant ses petits poings déformés.

– Où est maman ? demanda-t-elle.

– Elle est restée à la réception. Le spectacle a été un énorme succès; on a beaucoup applaudi ta maman.

– Comment s'appelle le spectacle ?

Cela faisait bien la cinquantième fois en un mois qu'elle posait cette question.

– « Les Folies Ziegfeld de 1916 », répondit patiemment Jake.

– C'est quoi, des folies ?

– Oh... quelque chose de déraisonnable. Regarde ce que papa t'a rapporté de chez M. Ziegfeld.

Il sortit de sa poche un chocolat, dont il retira le papier et qu'il lui mit dans la bouche. Elle le mastiqua, l'avala, puis déclara :

– C'est bon.

– Tu m'as l'air d'aller mieux.

Laura ne répondit pas. Il l'embrassa de nouveau, puis il dénoua avec douceur les petits bras crispés autour de son cou.

– Maintenant, ma chérie, rendors-toi.

– Je t'aime, papa.

– Moi aussi, je t'aime. Enormément. Bonne nuit, ma petite fille.

Il s'arrêta sur le seuil pour jeter un dernier regard vers le lit, puis il sortit.

– Je la trouve beaucoup mieux, murmura-t-il à Mme Fleming, qui l'attendait dans le couloir.

– Oh ! dès demain, elle sera complètement rétablie. (Elle rougit légèrement en voyant Jake froncer les sourcils.) Je veux dire... sa grippe sera terminée.

– Bonsoir, madame Fleming, dit-il sèchement.

Il descendit attendre sa femme dans la bibliothèque.

– Ziggy a eu l'amabilité de me faire raccompagner par son chauffeur, déclara Nellie deux heures plus tard, en ôtant l'un des quatre bracelets de diamants qu'elle avait portés à la soirée. Evidemment, j'aurais préféré que mon mari me ramène.

– Je me tracassais pour Laura, dit Jake, assis dans son lit.

– Oh ! je sais. Mais c'est à Mme Fleming de s'en occuper, et elle est parfaitement qualifiée pour cette tâche. Tu ne vas quand même pas couver Laura sous prétexte qu'elle est débile ?

– Bon sang, tu es donc incapable d'éprouver la moindre pitié ? protesta Jake.

Elle pivota brusquement vers lui.

– Bien sûr que si, j'ai pitié d'elle ! Mais ça n'avance à rien de se retrancher derrière des euphémismes pour qualifier son état.

– « Débile » est un mot si cruel...

– Bon, d'accord, disons qu'elle est mentalement retardée. Cela te convient-il mieux ? Il n'en reste pas moins qu'elle est incurable : autant regarder la vérité en face et en prendre notre parti. Cette réception chez Ziggy était importante pour toi, et tu as été grossier de filer sous prétexte que Laura était enrhumée. Toute autre considération mise à part, cela ne fait que mettre en évidence le... handicap de notre fille.

Elle entreprit de déboutonner sa robe en mousseline bleue, ornée à la taille d'une rose en soie. Jake la regarda se déshabiller. Il la désirait toujours autant, mais il s'était aperçu au fil des années de leur vie commune que Nellie n'avait pas de cœur. Il se demandait parfois s'il l'aimait vraiment ou s'il était simplement fasciné par sa beauté.

– Je trouve que le spectacle a formidablement bien marché, reprit-elle, mais on ne s'en serait pas douté à voir la tête de Ziggy. C'est l'homme le plus... comment dit-on, déjà... le plus flegmatique du monde. Flegmatique, Jake, c'est bien le mot ? Toi, le dictionnaire ambulant...

– Oui, c'est le mot. J'ai été fier de toi ce soir, Nellie.

– Merci, chéri. Je n'ai pas besoin de te dire que ta partition était fantastique... je ne ferais que répéter ce que tout le monde a dit. N'empêche, je le dis quand même : ta musique était merveilleuse. Cette valse est vraiment l'air le plus ravissant que tu aies composé.

Elle passa dans son dressing-room pour suspendre sa robe. Le placard, long de quatre mètres et équipé d'un miroir, contenait plus de quatre-vingts toilettes différentes et une cinquantaine de paires de chaussures, sans compter des commodes remplies de lingerie de soie, un coffre-fort pour ses bijoux et une armoire en cèdre pour ses six manteaux de fourrure. Nellie faisait de son mieux pour dépenser les énormes revenus du ménage, et elle étalait sa fortune sans la moindre vergogne. Si jamais elle avait éprouvé le besoin de se justifier – ce qui n'était pas le cas – elle aurait pu affirmer qu'on attendait cela d'elle, car elle était une star.

Elle revint dans la chambre, vêtue de sa chemise de nuit en soie blanche.

– Je suis fourbue, dit-elle en bâillant. Et j'ai bu trop de champagne. J'espère que je n'aurai pas la migraine demain matin.

Elle éteignit la lampe en cristal posée sur sa coiffeuse et se coucha.

– Il y a quelque chose pour toi sous l'oreiller, dit Jake.

C'était un écrin de chez Cartier, contenant une broche de diamants en forme de papillon, avec deux yeux en émeraudes et deux antennes en platine terminées par des rubis.

– Oh! chéri, c'est splendide! s'exclama-t-elle en l'embrassant avec fougue. Merci.

– C'est pour ce soir, dit-il, avant d'ajouter : Il y a aussi une carte.

Elle glissa de nouveau la main sous l'oreiller et en sortit une enveloppe, qu'elle décacheta. A l'intérieur se trouvait une carte sur laquelle était écrit : « *Tu es la plus belle étoile de Broadway. Je voudrais un autre enfant. Tendrement, Jake.* »

Le visage de Nellie se durcit. Elle posa le bijou et le bristol sur sa table de chevet, éteignit sa lampe et tourna le dos à son mari.

– As-tu lu mon petit mot? demanda-t-il.

– Oui, et je n'ai pas envie de reprendre cette discussion sans intérêt.

– Je ne la trouve pas sans intérêt, dit-il d'un ton sec.

– Nous avions fait un pacte, Jake : un enfant... et un seul. J'ai rempli ma part du contrat; nous avons Laura. Ce n'est pas de ma faute si la marchandise est en mauvais état.

Il la saisit par l'épaule et la força à se tourner vers lui.

– Salope! gronda-t-il. Tu n'as pas le droit! J'exige une seconde chance!

– Lâche-moi! Et ne me raconte pas de salades... Tu as déjà eu ta chance!

– Je-veux-un-autre-en-fant!

A cheval sur elle, il la secouait de fureur. Elle tenta vainement de le repousser.

– Laisse-moi tranquille, Jake! Bon sang, vas-tu...

– Ça fait trop longtemps que ça dure. Ce soir, pas de préservatif...

– Tu crois peut-être que je vais accepter de faire l'amour après ce que tu viens de dire !

– Tu n'as pas le choix !

Il lui déchira sa chemise de nuit.

– Jake ! hurla-t-elle.

Il baissa son pantalon de pyjama et la força en lui maintenant les bras pour l'empêcher de se débattre.

– Je te préviens, parvint-elle à dire. Si je me retrouve enceinte, j'irai voir un médecin. Tu perds ton temps, Jake, je t'avertis.

Il se retira, lui lâcha les poignets et sortit du lit. Les épaules voûtées, il s'affala dans un fauteuil et se mit à pleurer.

– Mais enfin, Nellie, je suis généreux avec toi ; pourquoi ne veux-tu pas l'être avec moi ?

Elle s'assit sur le lit et ralluma sa lampe de chevet.

– Généreux, toi ? Alors que tu essaies de me violer la nuit même de ma première ? Si c'est ça que tu appelles être bon, que serait-ce si tu étais méchant ?

Il la regarda, les yeux rougis.

– Je voudrais un enfant normal, dit-il d'une voix enrouée. J'aime Laura de toutes mes forces, mais je veux un enfant normal.

Elle se leva et examina ses bras.

– Tu n'as qu'à en adopter un... Bon sang, Jake, tu m'as fait de ces bleus ! Enfin, j'espère que ça ne se verra pas avec le maquillage. (Elle s'approcha du fauteuil dans lequel il était prostré et lui lança :) Ne t'avise plus jamais de me brutaliser, tu entends ?

Elle se dirigea vers la porte.

– Où vas-tu ? dit-il en se redressant.

– Dans la chambre à côté. Je ne me sens pas le courage de partager le lit de M. Hyde.

Elle sortit en claquant la porte.

32

Au début de ce siècle, la haute société new-yorkaise se divisait en deux clans : celui des *goyim* – les Phipps

Ogden, les Astor, les Vanderbilt, etc. –, qui avait ses principes et ses préjugés; l'autre, celui des juifs – les Loeb, les Schiff, les Guggenheim et les Seligman – qui avait aussi des principes et des préjugés; mais pas forcément les mêmes... En 1916, zénith de cette richissime aristocratie américaine, les deux mondes se côtoyaient fréquemment; on assistait même à des mariages entre membres des deux clans. En fait, il était difficile à quelqu'un d'extérieur de distinguer la frontière qui les séparait. Parmi les riches juifs, nombreux étaient ceux qui partageaient l'antisémitisme des *goyim*; la règle tacite imposait qu'on se montrât aussi peu « juif » que possible.

C'est pourquoi, le jour où Simon Weiler – le magnat des grands magasins – annonça qu'il avait invité Jake Rubin à venir prendre le thé le lendemain, son épouse, Rebecca, femme imposante et dépourvue d'humour, prit l'expression dégoûtée de celle qui vient de trouver un énorme cafard dans sa salade.

– Pour quoi faire? s'exclama-t-elle.

Les yeux écarquillés, elle regarda son mari, un gros homme barbu qui possédait vingt-six magasins dans tout le pays et qui disposait d'une fortune dépassant les cinquante millions de dollars.

– Comme tu le sais, le président Wilson a axé sa campagne électorale sur le non-engagement de l'Amérique dans la guerre; néanmoins, mes amis du ministère des Finances estiment qu'il prêche dans le désert. Selon eux, il y a de grandes chances que nous entrions très prochainement dans...

– Mais, mon cher Simon, comment veux-tu que nous nous battions contre les Allemands? Nous sommes nous-mêmes allemands! Je trouve cette idée grotesque.

– Grotesque ou pas, soupira son mari, les gens du ministère sont convaincus que nous allons bientôt devoir nous battre, et ils commencent déjà à chercher des idées pour financer notre participation au conflit. Ils envisagent, par exemple, de lancer un emprunt de guerre, sur une échelle sans précédent, pour amener les gens à soutenir financièrement le gouvernement. Ils m'ont demandé de siéger à la commission d'étude; entre autres projets, nous voudrions convaincre les meilleurs artistes de Broadway de créer une comédie musicale. J'ai téléphoné à M. Rubin pour lui demander s'il consentirait à écrire la musique d'un tel spectacle, et il a accepté de venir en discuter demain. Il m'a l'air d'un jeune homme charmant.

— Voyons, il vient des bas quartiers ! s'écria Rebecca d'une voix sifflante.

Mme Weiler avait été autrefois une beauté mais, à quarante-huit ans, elle n'était plus qu'une matrone grisonnante.

— Et alors ? Maintenant, il habite les beaux quartiers. A trois blocs d'ici, très exactement.

— N'empêche que c'est un askénase.

— Tu oublies que nous sommes nous aussi des askénases, Rebecca.

— Nous sommes allemands, pas russes.

— Ta connaissance de l'histoire juive me paraît fort imprécise, ma chère. Il y a les juifs sépharades — comme les lazarus — qui sont originaires d'Espagne et du Portugal. Et puis il y a tous les autres, qui sont askénases. C'est le cas de M. Rubin... et le nôtre, j'ai le regret de te l'apprendre.

— L'histoire ne m'intéresse pas. Ce que je sais, c'est que nous autres Allemands nous sommes des gens cultivés et raffinés, tandis que les juifs russes sont des pouilleux qui prennent rarement un bain. J'espère que tu ne me demanderas pas de rencontrer ce M. Rubin ?

— Justement si, Rebecca, et j'insiste même sur ce point. M. Rubin possède une chose dont notre pays a besoin : le talent. Je vais lui demander de mettre ce talent à notre service. En conséquence, je te prie de lui réserver bon accueil.

— Une comédie musicale ! dit-elle avec dédain, en s'essuyant la bouche avec sa serviette damassée. Cela ne me paraît guère une distraction pour nous — ni digne du gouvernement, d'ailleurs, Pourquoi n'organiseriez-vous pas plutôt une représentation de *Lohengrin* ?

Son mari émit un soupir.

– Parce que, primo : Wagner était allemand, or l'Allemagne est l'ennemie. Secundo : l'opéra ennuie le public.

– N'as-tu jamais réfléchi qu'il était peut-être de notre devoir d'améliorer les goûts du public ? Dieu sait qu'il en a besoin !

– Si le public devient trop sophistiqué, il ne fréquentera plus mes magasins et c'est nous qui n'aurons plus les moyens d'aller à l'opéra.

Rebecca Weiler eut une moue de désapprobation.

– Ce n'est pas amusant, Simon. Je trouve même cette remarque d'assez mauvais goût.

Elle agita la clochette en cristal pour faire desservir.

L'hôtel particulier des Weiler, à l'angle de la 65e Rue et de la 5e Avenue, avait été construit en 1897 dans le style Renaissance. C'était un grandiose édifice orné de flèches, de donjons, de tourelles, de fenêtres en encorbellement et de cheminées en pierre, cerné d'une grille de fer forgé très solide malgré son apparence de dentelle. Le lendemain après-midi à cinq heures, Jake sonna à la porte tout en appréciant en connaisseur les fantaisies architecturales de l'impressionnante demeure. Il portait pour l'occasion un costume sombre, un pardessus à col d'astrakan et un chapeau melon. Le majordome le fit entrer dans le hall, le débarrassa de ses vêtements et le conduisit au salon.

– Monsieur Jake Rubin, annonça-t-il d'un ton solennel.

Jake eut l'impression de pénétrer chez le roi Midas en personne. Tout avait l'apparence de l'or : les meubles français, les consoles, les cadres des tableaux, les hauts rideaux en soie, les deux lustres... Même la lumière que le soleil automnal déversait par les fenêtres était dorée. Simon Weiler, vêtu d'un costume croisé qui l'amincissait, s'avança vers Jake et lui serra la main.

– Ravi de faire votre connaissance, monsieur

Rubin. Je vous suis infiniment reconnaissant d'être venu.

– Tout l'honneur est pour moi, monsieur.

Jake remarqua aussitôt la jeune fille en robe blanche assise sur le divan, à côté de l'énorme dame en mauve dont la plantureuse poitrine s'ornait de trois rangs de perles énormes.

– Voici mon épouse, déclara Simon. Rebecca, je te présente Jake Rubin.

Rebecca tendit la main, un sourire figé sur les lèvres.

– Mon mari et moi, nous avons vu plusieurs de vos revues musicales, monsieur Rubin. Nous aimons bien votre musique, mais les dialogues ne sont pas toujours à la hauteur de ce qu'on est en droit d'attendre.

– A vrai dire, euh... ce n'est pas moi qui écris les dialogues, madame Weiler.

– Je suis heureuse de l'apprendre. Permettez-moi de vous présenter notre fille, Violet, qui a insisté pour vous rencontrer.

C'est surprenant, pensait Rebecca, *il s'habille mieux que je ne m'y attendais, et il est plutôt séduisant... pour un askénase.*

Violet portait bien son prénom : elle avait des yeux violet pâle, qui formaient avec ses cheveux auburn un ensemble saisissant. C'était une jeune fille de dix-neuf ans, mince et fraîche de teint, ravissante. Elle serra la main de Jake en souriant.

– Mon premier amour est la danse classique, monsieur Rubin, dit-elle, mais votre musique vient aussitôt après. Je suis une de vos grandes admiratrices.

– Je vous remercie.

– Un peu de thé, monsieur Rubin? proposa Rebecca.

Il s'arracha à la contemplation de la fille pour répondre à la mère.

– Euh... oui, s'il vous plaît.

– Lait ou citron?

– Les deux. Pardon... du lait, je vous prie.

Le cadre – à peu près aussi intime que le palais de Buckingham – et la maîtresse de maison – à peu près aussi avenante que la reine Victoria – le mettaient mal à l'aise. Lorsqu'elle lui tendit sa tasse, il tremblait tellement qu'il faillit renverser du thé dans sa soucoupe, ce qui le rendit encore plus nerveux. Les mains moites, il s'assit sur un siège parfaitement inconfortable. *Cette fille,* se dit-il, *quelle merveille! Se peut-il que cette vieille guenon soit sa mère?*

Mme Weiler entama la conversation :

– Mon mari m'a appris votre aimable intention de mettre vos talents au service du gouvernement, monsieur Rubin. Quel genre de spectacle envisagez-vous, au juste?

– Ma foi, euh... je n'y ai pas encore beaucoup réfléchi. M. Weiler m'a appelé il y a quelques jours à peine. Je pense que, sans doute, une sorte de revue...

– Une revue... Dans le style des fantaisies de M. Ziegfeld, je présume?

– En moins... somptueux, dirais-je. Mais il y aura des chansons, bien sûr. Et des numéros de danse. Et des sketches.

– Des sketches, répéta-t-elle. Il est vrai que, de nos jours, on appelle « comédie » des choses qui relèvent plus prosaïquement de la plaisanterie de bas étage. Le temps des spirituelles épigrammes est malheureusement révolu.

– Oscar Wilde est mort, vous savez, voulut plaisanter Jake.

Suivit un silence pesant, troublé seulement par le cliquetis de la tasse de Jake.

– Nous ne prononçons jamais le nom de cet homme dans notre maison, monsieur Rubin, dit Mme Weiler d'un ton glacial.

Jake ne savait plus où se mettre. Simon Weiler vint à son secours :

– Rebecca, je pense que M. Rubin est mieux placé que nous pour juger des désirs du public. Il est dans le show-business, ne l'oublions pas. (Il s'adressa à Jake.) Ainsi donc, vous estimez que le mieux serait une revue? Pouvez-vous nous proposer des auteurs de comédies un peu moins... scandaleux que M. Wilde?

– Certainement. Il y a Morry Klein, qui est très fort pour raconter des histoires drôles; vous avez aussi Yuri Kadinsky, le spécialiste des sketches grivois...

– Des sketches grivois? l'interrompit Mme Weiler, la bouche pincée. Mon cher monsieur Rubin, permettez-moi de vous rappeler que ce spectacle sera patronné par le gouvernement des Etats-Unis. Je présume qu'il y aura de hauts dignitaires parmi les spectateurs : des diplomates, des sénateurs, peut-être même le Président en personne! Des « sketches grivois » seraient fort déplacés en la circonstance.

– Le Président n'aimerait-il pas les femmes? s'enquit Jake avec une feinte innocence.

Il commençait à en avoir plus qu'assez de Mme Weiler.

– La question n'est pas là. A mon point de vue, s'il doit y avoir des numéros comiques, il serait plus approprié de jouer des extraits de pièces de Sheridan ou de Shakespeare. Au fait, oui, pourquoi pas? Ce serait une charmante idée d'interpréter un passage de *Comme il vous plaira*. Pour ce qui est de la musique, il me paraît indispensable – en ma qualité de marraine du Metropolitan Opera – de prévoir des morceaux choisis de grands opéras. L'objectif n° 1 est d'attirer les masses, je sais bien; mais on ne peut faire fi des goûts de l'élite. Je veux parler des personnes susceptibles de prêter au gouvernement les sommes les plus substantielles, n'est-ce pas?

Jake était maintenant de marbre. Sa main ne tremblait plus.

– Je pense que vous vous êtes trompés de compositeur. (Il se leva et posa sa tasse sur une table.) J'ai été ravi de faire votre connaissance, mais je m'en voudrais de vous faire perdre davantage votre temps. Bonsoir.

– Attendez, dit Simon en se levant à son tour. Ma femme n'a pas compris du tout...

– Je regrette, monsieur Weiler, mais je crois avoir compris que vous désiriez un spectacle plus sophistiqué que celui que je pourrais vous offrir. Si vous le souhaitez, je vous mettrai en relation avec le signor Puccini. C'est un de mes amis.

– Puccini ! De vos amis ? dit Mme Weiler, abasourdie.

– Oui, répondit Jake en souriant. J'ai fait sa connaissance pendant son séjour à New York, voici quelques années. L'une de mes chansons lui a tellement plu qu'il a insisté pour que je lui dédicace un disque.

Ça te la coupe, hein ? pimbêche ! pensa-t-il en sortant de la pièce.

Violet semblait furieuse :

– Vous savez, maman, nous ne sommes plus au quatorzième siècle !

– Violet ! Je t'interdis de me parler sur ce ton !

– Vous avez été avec lui d'une grossièreté incroyable. Je vais de ce pas lui présenter des excuses.

– Nous ne lui devons rien du tout. Puccini, voyez-moi ça ! Comme si je croyais un pareil mensonge ! Puccini ne parle même pas l'anglais. Bon débarras, voilà ce que je dis à M. Rubin !

Violet rejoignit le visiteur dans le hall d'entrée.

– Monsieur Rubin ! Je... enfin, je vous demande d'excuser ma mère. Elle ne pensait pas la moitié de ce qu'elle a dit...

– Croyez-vous ?

– Enfin, peut-être que si. En tout cas... (Elle se sentit stupide, d'un seul coup.) Moi, j'aime votre musique, comme tout le monde. Maman est tellement collet monté qu'elle me donne envie de hurler... Un jour quelqu'un la remettra à sa place.

Il sourit.

– Ce serait pour moi un plaisir, dit-il en franchissant le seuil.

Le sourire de Jake l'enchanta; c'était l'un des plus doux qu'elle eût jamais vus. Elle posa une main sur le bras du jeune homme.

– Monsieur Rubin ?

Il se tourna.

– Oui.

— Vous allez sans doute... je veux dire, vous détestez probablement le théâtre d'amateurs, mais je fais de la danse avec Mme Levitska et notre classe donne un récital demain après-midi, dans une salle de Carnegie Hall... Moi, je danserai le pas de deux du *Lac des Cygnes* et... (Elle rougit.)... Tout le monde serait surpris et heureux si vous veniez. Je ne vous en voudrais pas de refuser, mais je suis vraiment douée, vous savez. Enfin, pas tant que cela, mais...

— Votre mère y sera-t-elle ?

— Oui, mais je pourrais vous réserver une place de l'autre côté de la salle. Le spectacle ne durera qu'une heure en tout; cela ne devrait pas trop vous ennuyer. Remarquez, ce n'est pas si sûr... Excusez-moi, je n'aurais pas dû vous en parler.

— A quelle heure commence la représentation ?

— A cinq heures.

— J'y serai... si vous me promettez de prendre un verre avec moi après.

— Un verre ? Un cocktail, vous voulez dire ?

— Oui. Au Plaza.

Un homme marié qui m'invite à prendre un verre ? pensa-t-elle, un peu étourdie. *Quelle aventure !*

— Avec grand plaisir, répondit-elle. (Puis elle songea à sa mère :) Mais maman ne doit pas savoir...

— Si vous l'amenez, je quitte la salle.

— Oh ! il ne me viendrait pas à l'idée de l'amener... Ecoutez, vous n'aurez qu'à partir tout seul de chez Mme Levitska; je vous retrouverai plus tard au Plaza. Je raconterai un mensonge à maman...

— Parfait. (Il sourit.) A demain, alors.

Violet le regarda s'éloigner. *Quel homme intéressant !* se dit-elle.

33

Jake considérait sa rencontre avec la charmante Violet Weiler comme une bouffée d'air frais : cela le changeait de ses disputes avec Nellie et de sa perpétuelle inquiétude au sujet de sa fillette handicapée. Il était flatté de l'évidente admiration qu'elle lui vouait; bien qu'il pensât avoir peu de chances d'entretenir avec elle des relations autres que platoniques, il n'en caressait pas moins l'idée de la séduire. Après tout, il n'était pas tellement plus âgé qu'elle – et rien n'aurait pu l'empêcher d'assister au récital chez Mme Levitska, pas même la perspective d'affronter pour la seconde fois Mme Weiler, le dragon.

Mme Levitska était une petite femme menue et gazouillante, qui – à l'en croire – avait été autrefois la favorite du tsar Alexandre III. Son studio, situé au troisième étage de Carnegie Hall, était entièrement garni de miroirs, avec l'inévitable barre et un vieux piano à queue. Pour l'occasion, on avait disposé des chaises pliantes devant un rideau accroché au plafond. Plusieurs douzaines de parents – parmi lesquels les Weiler – étaient déjà installés. A la vue de Jake, Rebecca eut un haut-le-corps, puis elle détourna ostensiblement la tête. Jake poussa un soupir de soulagement et se plongea dans la lecture du programme.

– Mesdames et messieurs, annonça Mme Levitska, nous sommes fiers de vous présenter le petit spectacle mis au point par nos jeunes élèves.

Elle s'installa au piano et attaqua *La danse des heures*. Le rideau s'écarta, et huit ballerines en tutu exécutèrent leur pas; l'une des filles, un peu pataude, faillit renverser sa voisine. De toute évidence, aucune n'avait le talent requis pour entrer au Bolchoï; les parents applaudirent néanmoins consciencieusement. Vint ensuite le numéro de danse de Violet et de son partenaire – et, cette fois, ce fut magique.

Jake ne s'y connaissait pas suffisamment en danse classique pour juger de la perfection technique; en revanche, il put constater – comme tout le monde – que Violet dansait avec une grâce exceptionnelle. La musique sentimentale et le charme de la jeune fille firent vibrer son âme romantique. Violet incarnait l'innocence, la pureté, la fragilité... Ces qualités, Jake avait naïvement cru les trouver chez Nellie, bien des années auparavant, lors de son numéro au Cavendish Club; malheureusement, leur vie commune s'était chargée d'apporter un cruel démenti à cette première impression. Une fois le pas de deux terminé, il bondit de sa chaise en criant « Bravo! Bravo! » et en applaudissant à tout rompre, au point que Mme Weiler le foudroya du regard et glissa à son mari :

– Quel manque de discrétion! Ce M. Rubin est décidément bien vulgaire. Je me demande d'ailleurs ce qu'il fait là.

– Peut-être s'intéresse-t-il à Violet, répondit Simon, une lueur malicieuse dans le regard.

Elle eut une expression horrifiée, tellement comique qu'il se sentit presque dédommagé des trente années passées auprès de son épouse à écouter ses pompeuses inepties.

Violet rejoignit Jake au Plaza, trois quarts d'heure plus tard.

– Vous avez été magnifique! s'écria le jeune homme.

Le compliment parut la ravir.

– Le pensez-vous sincèrement? Entendre cela de votre bouche, monsieur Rubin... J'ai été bonne, n'est-ce pas? Jim – mon partenaire – était mort de trac et moi aussi, mais tout s'est merveilleusement passé. Maman m'a littéralement abrutie de questions au sujet de votre présence.

– Que lui avez-vous répondu?

– La vérité : que je vous avais invité. Alors, de son air le plus pincé, elle a dit : « Eh bien! C'est tout un spectacle de le voir applaudir! » A quoi j'ai rétorqué : « Après tout, maman, M. Rubin est un homme du métier. Il sait reconnaître le talent quand il le rencontre. » Elle en est restée sans voix, affolée à l'idée que je puisse être tentée de faire carrière dans le spectacle.

Ils éclatèrent de rire.

– Que voulez-vous boire?

– Quelque chose de très fort. Pour être tout à fait

honnête, c'est la première fois de ma vie que je sors avec un homme marié; ma réputation étant certainement déjà compromise, autant aller jusqu'au bout et m'enivrer en public. Que dois-je prendre, à votre avis ?

– Aimez-vous le champagne ?

– Beaucoup.

Il en commanda une bouteille tandis que le regard de Violet parcourait la salle comble.

– J'espérais repérer quelqu'un de connaissance afin que ma mère apprenne mon escapade, mais je ne vois personne. Bah ! c'est sans doute aussi bien. J'ai dit à maman que j'allais chez Olivia Hamilton, une de mes amies; si elle apprenait qu'en réalité je suis avec vous, elle sauterait au plafond. Je vous suis infiniment reconnaissante de m'avoir invitée, monsieur Rubin. C'est la chose la plus passionnante qui me soit jamais arrivée.

– Vous plaisantez !

– Je vous assure que non. Maman me surveille comme un dragon.

– Vous n'avez donc pas de petit ami ?

– Je n'ai pas dit cela, répondit-elle, surprise. Je suis pratiquement fiancée.

Il encaissa le choc, feignant l'indifférence.

– Ah oui ? Avec qui ?

– Il s'appelle Craig Wertheim. Je le connais depuis des années : sa famille a un cottage voisin du nôtre dans les monts Adirondacks. C'est un garçon très sympathique. Il est en ce moment en Italie, où il est ambulancier. Il s'est porté volontaire, ce que je trouve très courageux de sa part. Bref, dès son retour, nous allons nous fiancer officiellement et nous marier. Mais d'ici là je suis décidée à profiter de la vie le plus possible... ce qui signifie, entre autres, prendre beaucoup de cocktails avec des hommes mariés ! Attendez que je raconte ça à Olivia ! Elle en mourra de jalousie.

Le garçon s'approcha pour servir le champagne.

– Au *Lac des cygnes* ! dit Jake.

– A Tchaïkovski, mon second compositeur favori.

– Et le premier ? s'enquit Jake sans trop d'espoir.

– Mozart...

— Ah...
Ils trinquèrent.
— Votre femme est très belle, dit Violet. Ce doit être merveilleux d'être marié à une artiste aussi fascinante. Reçoit-elle des lettres d'admirateurs?
— Des wagons...
— Vous devez être terriblement amoureux d'elle.
Il fit glisser son index sur le bord de sa coupe.
— Oui, je crois.
— Vous n'en êtes pas sûr?
Il la regarda tristement.
— Non. Plus maintenant.
Pour la première fois, elle le sentit vulnérable et en fut embarrassée.
— Excusez-moi, je ne voulais pas... être indiscrète.
— Non, je vous sais gré de m'avoir posé la question.
Il l'observa avec une telle intensité qu'elle se sentit mal à l'aise. Elle se rendait compte qu'elle avançait à l'aveuglette dans un monde adulte dont elle ignorait tout.
— J'ai écrit beaucoup de chansons d'amour, reprit-il, mais je ne suis même pas sûr de savoir ce qu'est réellement l'amour. Je sais ce qu'est un coup de foudre, car c'est ce que j'ai éprouvé naguère pour ma femme. Mais l'amour est censé durer, n'est-ce pas?
— Je crois, oui. Je n'y ai jamais vraiment réfléchi.
— Moi non plus, en fait. Oh! je sais qu'amour rime avec toujours, mais c'est à peu près tout. Je me demande si, pendant des années, je n'ai pas propagé des idées fausses dans mes chansons. Des illusions.
— L'amour ne serait donc qu'illusion? protesta-t-elle. Quelle idée affreuse!
— Oh! je me trompe sans doute. Je ne suis pas très lucide, en ce moment. Mais trêve de pleurnicheries! Encore un peu de champagne?
— Merci. Je ne vous trouve pas pleurnichard, vous savez. Je pense simplement que vous ressentez les choses plus profondément que la plupart des gens; je trouve cela émouvant.

Et séduisant, ajouta-t-elle intérieurement. *Très séduisant.*

– Votre mère est dans la bibliothèque, mademoiselle Violet, lui dit le majordome à son retour. Elle désire vous voir.

Des ennuis en perspective, pensa-t-elle. La bibliothèque était la seule pièce de la maison à offrir un semblant d'intimité. Elle y trouva sa mère occupée à faire de la dentelle.

– Où étais-tu, Violet ?

– Je vous ai dit que j'allais chez Olivia, répondit-elle, sur la défensive.

Rebecca Weiler n'était peut-être pas la femme la plus intelligente de New York, mais elle n'en était pas moins redoutable.

– Vraiment ? dit-elle. Quand je pense que ton père et moi nous t'avons prodigué sans compter notre amour, cela me blesse profondément d'être récompensée par des mensonges. Il se trouve que la mère d'Olivia m'a téléphoné voici une demi-heure. Je lui ai demandé si tu étais partie, elle m'a répondu que tu n'étais pas venue du tout. Maintenant je veux la vérité, ma petite !

Violet s'assit.

– La vérité, c'est que M. Rubin m'a invitée à prendre un cocktail au Plaza. Comme je savais que vous ne m'autoriseriez jamais à y aller, j'ai menti.

Silence lourd de menaces.

– Je vois ! M. Rubin est marié. Tu es au courant, j'imagine ?

– Naturellement. Oh ! maman, c'est inutile d'en faire tout un plat. Je savais ce que je faisais; ce n'est pas la fin du monde. Je le trouve sympathique et intéressant, c'est tout. Je te demande quel mal il y a à prendre un verre avec lui ?

– C'est un petit Russe méprisable...

– Il n'est pas méprisable ! Si seulement vous essayiez de le connaître un peu mieux, vous vous apercevriez que c'est un homme bon et charmant, très intelligent et profond...

– Profond? Ce fabricant de mélodies à la chaîne? Quel vaste réservoir de philosophie as-tu donc découvert en lui? Que « soleil » rime avec « merveille »? La vie, ma petite, c'est autre chose que ce qu'on en dit dans les rengaines!

– Vous êtes impossible, maman, soupira Violet.

– J'essaie simplement de comprendre ce qui a pu te pousser à compromettre ta réputation en te montrant en public avec cet homme vulgaire.

– Il n'est pas vulgaire! Il est différent, original...

– A mon point de vue, la recherche de la nouveauté à tout prix n'est pas un signe de bonne éducation. D'autre part, dois-je te faire observer que ton attitude n'est guère loyale envers Craig et ses parents? Pendant que ce courageux garçon risque sa vie en Italie, mademoiselle boit des cocktails au Plaza avec un homme marié et beaucoup plus âgé. Qu'en penserait Craig? Qu'en penseraient ses parents?

– Je suis sûre que Craig comprendrait, et ses parents aussi. Après tout, je n'ai rien fait de condamnable.

Sa mère la dévisagea d'un air soupçonneux.

– Qu'entends-tu exactement par « condamnable »?

Violet se trémoussa sur son siège.

– Je ne sais pas, moi. Si je l'avais embrassé, par exemple...

– Je suis stupéfaite qu'une telle pensée te soit seulement passée par la tête! La vulgarité de cet homme doit être contagieuse. A-t-il essayé de t'embrasser?

– Bien sûr que non. Il s'est comporté en parfait gentleman.

– Dans ce cas, pourquoi cette allusion? Oh! Violet, tu es si inconsciente, si égoïste...

– Bon, d'accord! dit-elle, exaspérée. Je regrette ce que j'ai fait et je ne recommencerai plus, là!

– Si je comprends bien, tu n'envisages pas d'autre rendez-vous clandestin avec M. Rubin? Du moins, je l'espère.

– Non. Je ne le reverrai plus.

– Dans ce cas, je crois que nous pouvons oublier ce sordide incident : il ne mérite pas davantage. Il y a les gens de notre milieu, ma chère, et puis il y a les autres. Craig Wertheim est des nôtres. Pas M. Rubin. Tu peux m'embrasser, mon enfant. Nous aurons de la sole Véronique au dîner. Je sais que tu aimes ça.

Violet se leva et se dirigea vers la porte.

– Je n'ai pas faim.

– Violet! dit sa mère d'un ton sévère. Je t'ai dit de m'embrasser.

Violet la regarda d'un air de défi et sortit sans un mot.

34

A une époque plus récente, le snobisme de Rebecca Weiler eût été risible; mais Jake Rubin, lui, le prenait très au sérieux. Il savait parfaitement à quoi s'en tenir sur les préventions des juifs allemands à l'égard des « Russes ». Les juifs allemands, arrivés en Amérique au XIXe siècle, avaient édifié leur fortune en dépit d'obstacles redoutables : non seulement l'antisémitisme des chrétiens, mais aussi l'hostilité que leur vouaient les riches juifs sépharades. Vers 1900, les juifs allemands, enfin « installés », s'étaient bien intégrés à la société américaine. Sur ces entrefaites, les vannes d'Ellis Island s'étaient ouvertes, déversant un flot de pauvres juifs « russes ». Ainsi était réapparu ce vieil antisémitisme que les juifs allemands craignaient tant de voir se retourner contre eux. Jake comprenait donc parfaitement l'antipathie qu'il inspirait, en tant que « Russe », à Mme Weiler : il représentait une vague menace pour sa sécurité. Dans ces conditions, si Rebecca soupçonnait la moindre idylle entre sa petite fille chérie et Jake Rubin, elle lui ferait la guerre.

Jake put, dès le lendemain, mesurer l'ampleur des hostilités. Il n'aurait su dire s'il était amoureux de Violet, mais la jeune fille l'enchantait et l'intriguait; il téléphona donc chez les Weiler en demandant à lui parler. Dès qu'il eut décliné son nom, le majordome répondit par un glacial : « Mlle Violet est absente, monsieur Rubin. Elle vous prie, de toute façon, de ne plus lui rendre visite à l'avenir. » Clic!

Jake décida alors de lancer une attaque sur deux fronts : l'une vers Violet, l'autre vers sa mère. Moins pour des raisons humanitaires que pour « rendre présentables » les foules misérables de juifs russes qui faisaient de New York l'une des villes les plus juives du monde, les juifs allemands avaient fondé un certain nombre d'organisations philanthropiques pour venir en aide à leurs coreligionnaires. L'une de celles-ci était le Fonds juif unifié, dont Mme Weiler était la présidente honoraire. Jake envoya un chèque de vingt-cinq mille dollars à l'association. Ainsi contribuerait-il à soulager les souffrances des immigrés; mais, surtout, il espérait que son gros chèque ne manquerait pas d'impressionner Rebecca Weiler.

Il se rendit ensuite au studio de Mme Levitska, où il savait que Violet avait une leçon tous les matins à dix heures. Si Mme Weiler pouvait intercepter ses appels téléphoniques, elle ne pouvait pas l'empêcher d'aller chez Mme Levitska.

Violet terminait ses exercices à la barre. A la vue de Jake, son visage s'éclaira, puis se rembrunit aussitôt. Dès la fin de la leçon, elle s'empressa d'aller le rejoindre dans son coin.

– Maman a appris notre rencontre d'hier soir, dit-elle à voix basse. J'ai eu droit à une scène terrible...

– Je sais. Elle vous a ordonné de ne plus me revoir.

– Comment le savez-vous?

Il sourit.

– J'ai deviné quand votre majordome m'a éconduit au téléphone. Nous déjeunons ensemble?

– Ma foi, monsieur Rubin...

– Appelez-moi Jake, je vous en prie.

– Je ne sais que vous répondre, Jake... Si jamais maman l'apprend – et elle finit toujours par tout savoir – cela ne fera que me mettre encore plus mal avec elle. C'est très aimable à vous de m'inviter, mais j'ai promis à maman de ne plus vous revoir et... et je ne vois pas très bien à quoi cela nous avancerait.

– Je connais un merveilleux restaurant chinois à deux pas d'ici. Acceptez d'y déjeuner avec moi et je vous expliquerai pourquoi je désire vous parler.

Elle se mordilla la lèvre d'un air hésitant.

– Vous êtes infernal, dit-elle enfin. Je vous retrouve en bas dans vingt minutes.

Une demi-heure plus tard, ils étaient attablés et commandaient deux menus.

– Comment savez-vous que j'adore la cuisine chinoise ? demanda Violet.

– Dans le monde du spectacle, tout le monde aime la cuisine chinoise.

– Je n'appartiens pas au monde du spectacle.

– Vous faites de la danse classique.

– Ce n'est pas pareil.

– Vous avez raison, c'est un art. Mais vous aimez être en représentation, n'est-ce pas ?

– Oh oui ! Je suis cabotine dans l'âme.

– Vous êtes donc une artiste; cela vous rattache au monde du spectacle; voilà pourquoi vous aimez la cuisine chinoise. Vous m'avez dit que votre mère craignait de vous voir devenir danseuse professionnelle. Avez-vous envisagé cette possibilité ? Vous avez des dispositions...

– J'y ai réfléchi, bien sûr. Plus exactement, j'en ai rêvé... C'est pour cela que j'ai quitté Vassar : pour pouvoir travailler davantage ici, à New York. De toute façon, maman considère qu'une « dame » n'a pas besoin de faire plus de deux ans d'université. Mais je ne me fais aucune illusion sur mes chances de devenir ballerine; en Amérique, c'est un métier sans avenir. Et puis... j'ai beau ne pas m'entendre avec ma mère, je ne voudrais pas lui infliger le supplice d'une telle publicité. Je resterai donc amateur.

– Quel genre de publicité ?

– Vous savez bien : les jeunes filles de la bonne

société ne sont pas censées monter sur les planches. De toute manière, personne ne me prendrait au sérieux.

– L'opinion des gens de votre monde a donc une telle importance pour vous?

– Je n'en sais rien. Je ne le pense pas, mais j'ai été élevée dans ce moule et... il faut beaucoup d'aplomb pour transgresser les règles de son milieu. C'est ce que je fais – c'est vrai – en ce moment même, en déjeunant ici avec vous. (Elle prit un air guindé et singea le ton pincé de sa mère :) Les restaurants chinois ne sont pas des endroits convenables, mon enfant.

– Vous l'imitez très bien, dit-il en souriant.

– Rien d'étonnant, je l'entends depuis suffisamment longtemps. Mais c'est votre tour de faire la conversation. Je suis votre invitée, ne l'oubliez pas.

– De quoi voulez-vous que je vous parle?

– Dites-moi le but de ce déjeuner.

– Vous connaître mieux, c'est tout. Je me plais en votre compagnie.

– Mais pourquoi moi? Ne croyez surtout pas que je me plaigne; je suis seulement curieuse. Vous êtes un musicien célèbre, qui doit avoir à ses pieds toutes les danseuses de music-hall de New York. En quoi diable puis-je vous intéresser?

De crainte de l'effaroucher, il n'osa pas lui avouer qu'il était amoureux d'elle. Il se contenta de répondre :

– Disons que, si nous étions les personnages d'une de mes comédies musicales, je ferais sans doute chanter au héros – moi, en l'occurrence – une chanson vantant votre douceur, votre charme, votre fraîcheur. Et j'expliquerais dans le refrain que vous êtes tout le contraire de ma femme – raison pour laquelle j'aime tant votre compagnie.

Elle rougit.

– Je crois que cette chanson me plairait, dit-elle. Mais...

– Mais quoi?

Elle devenait nerveuse.

– Je ne veux pas être la rivale de votre femme. Ce

serait trop injuste. Pour elle. Pour moi... Ce que j'essaie de vous faire comprendre, c'est...

Elle s'interrompit, hésitante.

– Oui ?

Elle le regarda droit dans les yeux :

– Je commence à vous trouver trop séduisant pour que nous puissions continuer à nous voir.

Le serveur leur apporta les pâtés impériaux. Jake s'attaqua au sien avec énergie, en cherchant désespérément une réplique appropriée. Il admirait l'honnêteté de Violet autant qu'il détestait sa propre duplicité.

– Dans ce cas, dit-il enfin, nous avons le choix entre deux solutions. La plus simple : cesser de nous voir. Ou la plus compliquée : tomber amoureux l'un de l'autre.

– Je pensais que vous ne croyiez plus à l'amour ?

– Quand je suis avec vous, j'y crois.

Elle savoura un moment ces paroles agréables.

– Oui, mais... une idylle entre nous est impossible, n'est-ce pas ? Vous êtes marié, je suis pratiquement fiancée...

– Ce n'est pas impossible, mais cela risque de nous valoir bien des désagréments. C'est pourquoi il nous faut avancer prudemment et bien réfléchir avant de prendre une décision que nous pourrions regretter. (Il sortit de son portefeuille une carte de visite qu'il lui tendit.) Voici le numéro de téléphone de mon bureau. Si jamais vous voulez me revoir, appelez-moi là-bas. Vous me joindrez directement et cela restera strictement entre nous. Je ne veux pas vous attirer des histoires qui risqueraient de gâcher votre vie; croyez-moi, je vous respecte trop pour cela. Quant à moi, je mène actuellement une vie infernale; vous ne pourriez que la rendre plus supportable... c'est pourquoi j'espère que vous me téléphonerez. Quelle que soit votre décision, Violet, sachez que, grâce à vous, j'ai été heureux comme je ne l'avais plus été depuis des années. Même si nous ne devons jamais nous revoir, je garderai toujours le souvenir de ces précieux moments passés avec vous.

Il est sincère, c'est sûr, pensa-t-elle. *Seigneur, que*

vais-je faire ? Qu'entend-il par ces « histoires » qui risqueraient de gâcher ma vie ?

Si seulement je comprenais de quoi il parle ! Veut-il que je devienne sa maîtresse ? Je ne sais même pas comment doivent se comporter les maîtresses !

35

Au début du mois de juin 1916, Marco emmena son fils Frank – un beau garçon brun de presque cinq ans – à Washington pour lui faire découvrir la capitale et pour rendre visite à Phipps. Normalement, Phipps aurait dû être parti pour Newport, car le sénateur (qui s'était fait réélire pour la quatrième fois en 1912) ne supportait pas la moiteur de Washington en été. Mais la guerre en Europe empêchait les membres du Congrès de quitter la capitale; et, bien qu'il eût perdu la présidence de la commission des Affaires étrangères, Phipps continuait à mener le combat pour l'engagement de son pays dans le conflit, car il était convaincu que les Allemands gagneraient la guerre si l'Amérique ne se rangeait pas aux côtés des Alliés. Phipps était donc resté à Washington; et Marco, après avoir montré la Maison Blanche à son fils, l'emmena au Capitole, où on les introduisit auprès du sénateur.

En raison de son ancienneté, Phipps avait l'un des plus majestueux bureaux de l'édifice, une pièce immense, ornée d'un impressionnant lustre en cristal – vestige des années 1870 – qui fascina l'enfant.

– Le voilà ! s'exclama Phipps en prenant son petit-fils dans ses bras pour l'embrasser. Celui qui fait la joie et la fierté de son grand-père ! Comment vas-tu, petit vaurien ?

– Très bien, grand-père. Vous avez un bureau drôlement grand ! Vous devez être très important.

– Oh, ça oui ! dit Phipps en riant. Aucun citoyen de cette ville ne fait un geste sans me demander d'abord la permission.

– Il est drôle, le lustre.

— Il est accroché là depuis quarante ans; à ce qu'on raconte, le décorateur l'a fait payer au Congrès le double de sa valeur réelle. Comment allez-vous, Marco? Je suis content de vous voir.

Ils se serrèrent la main, puis Phipps confia Frank à l'un de ses adjoints pour une visite du bâtiment.

— Vanessa me charge de vous transmettre son affection, dit Marco en prenant un siège.

Phipps retourna s'asseoir derrière son bureau.

— Quand compte-t-elle aller à Newport?

— Dans une quizaine. Elle travaille en ce moment à une nouvelle statue — dans le plus grand secret.

Phipps alluma sa pipe.

— A-t-elle cessé de boire? s'enquit-il posément.

— Elle ne boit plus pendant le déjeuner; c'est déjà ça.

— Qu'a-t-elle donc, Marco? D'abord ses sautes d'humeur, maintenant l'excès de boisson... Je ne la comprends pas. Elle a un fils adorable, un mari dévoué, tout ce qu'elle peut souhaiter au monde; et pourtant, son seul plaisir est d'aller dans son atelier travailler à ces satanées statues. Elle paraît m'en vouloir, pour des raisons qui m'échappent. Elle n'approuve pas ma politique, je le sais bien, mais je suis quand même son père. Le plus étrange, c'est que je m'entends bien avec vous et pas avec ma propre fille. Vraiment, je n'y comprends rien.

— C'est en partie de ma faute, dit Marco. J'étais à l'université ces quatre dernières années, si bien que je ne me suis pas occupé d'elle autant que j'aurais dû. Et puis je ne gagnais pas ma vie et j'ai vécu à vos crochets. C'était une situation bancale, qu'elle a mal supportée. Mais maintenant que j'ai mon diplôme, je vais peut-être pouvoir subvenir aux besoins de ma famille. C'est d'ailleurs l'une des raisons de ma venue à Washington.

— Comment cela?

— Je veux me lancer dans la politique.

— Dans la politique? répéta Phipps, surpris. Vous?

— Pourquoi pas?

— Vous n'y connaissez rien.

– Vous n'aurez qu'à m'apprendre. J'ai l'intention de me présenter contre Bill Ryan, à l'automne prochain, dans la circonscription de Silk Stocking. Je veux être le premier immigrant élu au Congrès.

– Ryan est un rude adversaire. Il a le clan irlandais derrière lui et il est acoquiné avec tous les escrocs de Greenwich Village...

– Mais il ne parle pas l'italien, l'interrompit Marco. Moi, si. Le Village est plein d'Italiens qui connaissent à peine l'anglais mais qui sont là depuis suffisamment longtemps pour bénéficier du droit de vote. Je suis le seul immigrant italien sur un million – sinon sur dix millions – à avoir fait des études – grâce à vous –, à parler anglais presque aussi bien que vous et à bénéficier du soutien nécessaire pour se présenter au Congrès. Ces gens-là, Ryan ne les représente pas; il les exploite. Si je leur dis, moi, dans leur langue, qu'un des leurs défendra leurs intérêts au Congrès, je pense qu'ils voteront pour moi.

Phipps se carra dans son fauteuil, le sourire aux lèvres. Quoique patricien, il n'aimait rien tant qu'un bon duel politique.

– L'idée me plaît, dit-il. Elle me plaît même beaucoup. Un immigrant au Congrès ! Pourquoi pas, après tout ? Le moment est peut-être venu. (Il se leva et poursuivit, d'une voix vibrante d'enthousiasme :) Tonnerre, si quelqu'un est capable de battre ce requin de Ryan, c'est vous ! C'est l'évidence même ! (Il contourna son bureau et serra la main de Marco avec effusion.) Je vous soutiendrai jusqu'au bout, à cent pour cent ! Nous aurons deux membres de la famille au Congrès. Venez, je tiens à vous présenter à Jerry Foster dans les règles de l'art. C'est lui le grand manitou en ce qui concerne le choix des candidats.

Avant de sortir, Marco embrassa la pièce du regard. *Ce bureau sera peut-être un jour le mien,* se dit-il.

Dans le lointain, les bombardements illuminaient le ciel nocturne, mais les pièces d'artillerie étaient à une bonne distance de Paris. Debout devant les doubles fenêtres de son studio de la rive gauche, Flora Mitchum Haines contemplait le spectacle, fascinée.

Roscoe fit irruption dans la pièce.

– Ça y est, ma belle ! s'écria-t-il. Je l'ai !

Elle se détourna de la fenêtre.

– Rio... ?

– Rio de Janeiro, tout juste ! Dix semaines au Palace Hotel de Copacabana : l'orchestre de jazz de Roscoe Haines accompagne la célébrissime chanteuse Flora Mitchum, la Vénus noire à la voix sensuelle ! Ça va faire un tabac, en portugais !

Il la souleva dans ses bras et la fit tournoyer avec allégresse.

– Combien ? demanda-t-elle.

– Mille dollars par semaine pour l'orchestre, trois cents pour toi. En plus, il paraît que la vie n'est pas chère à Rio. On va gagner des gros sous, ma belle ! Et on va fuir cette sacrée guerre. Pas trop tôt ! (Il lâcha Flora pour tirer une bouteille de scotch du buffet.) Ça s'arrose ! dit-il en sortant un verre. A ce qu'on dit, Rio est superbe : la plus grande baie du monde, des plages sensationnelles... Et puis là-bas, c'est l'été...

– Assez, Roscoe !

Il s'immobilisa, la bouteille en suspens au-dessus de son verre.

– Hein ?

– Ça suffit.

– Merde, ma belle, il faut bien fêter ça !

– Et demain, ce sera encore toute une histoire pour te réveiller... Je connais la musique ! Donne-moi la moitié de ton whisky dans un autre verre. Ensuite, fais-moi le plaisir de ranger cette bouteille.

Roscoe obéit à contrecœur.

– Tchin-tchin ! dit-il en lui tendant le deuxième verre.

Ils trinquèrent et burent.

– Alors on continue à fuir, hein ? dit Flora en le regardant bien en face. Quand allons-nous nous arrêter ?

– Aller à Rio, pour toi, c'est une fuite ? Tu es cinglée.

– C'est pourtant ça. Oh ! tu t'es bien débrouillé, Roscoe. Tu as mis sur pied le meilleur orchestre de jazz de Paris, et nous avons gagné de l'argent. Sur ce plan-là, je n'ai pas à me plaindre. Mais, tant que tu ne seras pas prêt à retourner à New York et à assumer la couleur de ta peau, tu resteras un fugitif.

D'un geste violent, il brisa son verre par terre.

– Fous-moi la paix !

Il se mit à gifler Flora avec une telle force qu'elle tomba à la renverse sur le lit. Lui continuait de la frapper en hurlant :

– Sale négresse ! Espèce de salope ! Je n'arriverai donc jamais à te clouer le bec ?

Elle mit un terme à la peignée en lui décochant un coup de genou dans le bas-ventre. Plié en deux par la douleur, Roscoe se détourna en gémissant. Flora se redressa, le visage dur.

– Je la bouclerai le jour où tu me diras : « Flora, je suis noir et fier de l'être. Et je n'ai pas peur de rentrer au pays ! »

Prostré sur le lit, les mains crispées sur son ventre, Roscoe se mit à sangloter.

– Je n'ai pas de pays... Je ne suis chez moi nulle part...

– Arrête, tu vas me faire pleurer ! Ecoute-moi bien : nous allons partir pour Rio, nous jouerons pendant dix semaines au Palace de Copacabana et nous mettrons notre argent de côté. Mais après, nous rentrerons à New York. C'est compris ? Au pays !

La « trahison » de Marco – pour reprendre l'expression de tante Kathleen – eut sur Georgie O'Donnell un effet encore plus dévastateur que la perte de sa vue. Georgie avait appris à vivre avec sa cécité, mais il lui fallut des années pour apprendre à vivre sans Marco. La nouvelle de son mariage avec Vanessa Ogden lui avait causé un choc terrible. Puis ç'avait été le désespoir, puis la haine, puis l'amertume. Casey O'Donnell jugeait l'attitude de Marco d'autant plus condamnable que Bridget et Georgie l'avaient aidé à s'échapper d'Ellis Island. (Casey préférait oublier qu'il était lui-même à l'origine de l'expulsion de Marco.) Le jeune Italien fut voué aux gémonies et son nom banni des conversations familiales.

Mais le cœur humain est complexe : la déloyauté même de Marco le rendait paradoxalement encore plus séduisant aux yeux de Georgie. Elle avait beau se répéter que c'était un scélérat et qu'elle l'avait rayé de sa vie pour toujours, elle le retrouvait sans cesse dans ses rêves; et le souvenir du bonheur qu'ils avaient connu ensemble flottait dans son esprit comme le parfum entêtant d'une fleur vénéneuse. Bien qu'elle fût passionnée et sensuelle, Georgie décida d'enfouir ses sentiments au plus profond d'elle-même et de fuir désormais les hommes. Il lui suffisait d'avoir été meurtrie une fois; elle ne voulait sous aucun prétexte revivre une telle expérience. Elle se résigna à devenir une vieille fille aveugle, celle dont on dirait bientôt tout bas qu'elle avait connu autrefois une tragique histoire d'amour. Elle accepta son destin d'éternelle victime, et elle résolut de profiter au maximum des rares joies que lui offrait la vie.

Son oncle, homme pourtant peu sentimental, fut bien près d'avoir le cœur brisé par ce chagrin. Avec le sens pratique qui le caractérisait, il se mit en devoir de lui trouver un emploi qui comblât le vide de son existence. Grâce à ses relations politiques, il lui obtint un poste de réceptionniste dans une bibliothèque pour aveugles de Bleecker Street, à Greenwich Village. On décida que Georgie habiterait en semaine chez les Travers, à Grove Street, et qu'elle passerait les week-ends à Irvington, dans la nouvelle maison de son oncle et de sa tante. Après avoir fait plusieurs fois avec Bridget le trajet entre la bibliothèque et l'appartement des Travers, Georgie se sentit suffisamment en confiance pour se rendre toute seule à son travail. Elle aimait ce qu'elle faisait, et son modeste salaire lui donnait un sentiment d'indépendance financière. Heureuse de vivre auprès de sa sœur et de Carl, elle satisfaisait son instinct maternel en jouant avec ses deux jeunes neveux et sa nièce. Les années s'écoulèrent paisiblement et le temps, peu à peu, cicatrisa la blessure causée par Marco. A défaut de connaître par elle-même les voluptés de l'amour, elle les vivait par le truchement des romans en braille qu'elle dévorait tout au long des jours dans le silence de la bibliothèque.

Mais ces lectures ne valaient pas les excitantes aventures du Masque Rouge, et Georgie rêvait encore des baisers passionnés qu'elle échangeait avec Marco au dernier rang du petit cinéma.

La dernière semaine de juin, Phipps put enfin s'échapper de Washington. Il se rendit à New York en train, dans son wagon privé, et il continua avec Marco sa route vers Newport où ils devaient retrouver Maud, Vanessa et Frank. Phipps, que le népotisme ne gênait pas le moins du monde, avait, grâce à son influence au sein du parti, obtenu sans difficulté l'investiture pour son gendre. D'ailleurs, aucun autre candidat n'était particulièrement désireux d'affronter Bill Ryan, solidement implanté dans sa circonscription. Durant le trajet, Phipps recommanda chaudement à Marco de s'en remettre à Gene Fairchild, un journaliste new-yorkais, pour l'organisation de sa campagne :

– Il travaille au *World* depuis des années; il connaît toute la classe politique et est l'ami de tous les journalistes spécialisés. Il s'arrangera pour qu'on parle de vous dans la presse. Il sait aussi dans quels placards se trouvent les cadavres, et cela peut se révéler utile. Il boit trop, mais qu'importe : tous les journalistes en font autant ! Je pense qu'il vous plaira. Voulez-vous que j'arrange un rendez-vous ?

– Bien volontiers.

– Vous savez sans doute que Bill Ryan n'est que l'homme de paille de votre vieil ami Casey O'Donnell ? C'est Casey qui dirige aujourd'hui l'appareil politique du clan irlandais, et Bill Ryan lui obéit au doigt et à l'œil. Casey a tenté une fois de vous faire expulser; tout porte à croire qu'il va encore avoir recours à des méthodes déloyales. Mieux vaut vous tenir prêt à riposter.

Tout en regardant par la vitre, Marco pensait à Georgie. Il pensait souvent à elle, et il se sentait toujours aussi coupable. Il était conscient de l'avoir profondément meurtrie; Georgie avait été sa victime, le marchepied qui lui avait permis d'accéder au monde puissant et riche de Phipps Ogden. Il se sentait maintenant en sécurité dans cet univers : jamais plus on ne pourrait l'en chasser. Mais il était si malheureux en ménage qu'il se demandait parfois s'il n'était pas, lui aussi, une victime. S'il s'était lancé dans la compétition électorale, c'était dans l'espoir que, peut-être, en se présentant contre le poulain de Casey O'Donnell, il rencontrerait Georgie. Sans doute était-ce là un espoir stupide... D'ailleurs, que pourrait-il bien trouver à lui dire si jamais il la revoyait? « Excusez-moi, je suis désolé »? Elle devait le haïr de toutes ses forces. Il n'était même pas sûr, si l'occasion se présentait, d'avoir le courage de lui adresser la parole.

Il caressait néanmoins cette idée.

Ils arrivèrent à Newport à trois heures et demie. Près d'une heure plus tard, Marco et son fils embarquaient sur un petit dériveur. C'était une journée torride, sans un souffle d'air. Frank hissa la voile avec application et prit la barre, en attendant patiemment que le vent veuille bien se lever. Il y avait une certaine ironie dans le fait que Marco, le fils d'un paysan calabrais, se fût pris de passion pour le yachting, sport de riche par excellence. L'été précédent, à bord d'un dériveur grossièrement fabriqué de ses mains, il avait transmis à son fils ses connaissances en matière de voile. Il n'avait pas voulu se servir du sloop de son beau-père, le *Sprite* : c'est sur un petit bateau qu'on apprend le mieux à exécuter les manœuvres.

Après cinq minutes de course erratique, Frank dit d'un ton plaintif :

— Nous faisons du surplace, papa.

— Nous allons avancer à l'aviron.

Marco se mit à ramer pour tenter de capter un souffle de vent. Le soleil dorait son torse et son visage déjà tannés.

A son modeste échelon, Marco avait contribué à l'histoire sociologique de Newport : lors de sa lune de miel, il avait popularisé le bronzage. A présent, on ne voyait plus de visages blêmes à Newport. Les femmes elles-mêmes remisaient leurs parasols et s'agglutinaient sur les plages, au mépris de la tradition voulant que les « dames » eussent toujours le teint pâle. Déjà, en cette deuxième année de guerre (et quatre ans avant l'amendement constitutionnel accordant aux femmes le droit de vote), se précisait la lente et subtile révolution dans le comportement des sexes. Le conservatisme avait encore ses bastions, et Mme Weiler était l'une des plus actives militantes des ligues de vertu. Pourtant, dans de nombreux cercles cosmopolites, des jeunes femmes commençaient à se donner des « allures de garçon ». Les amples costumes de bain des dernières années cédaient la place aux maillots de bain d'une pièce. La jeune fille idéale telle qu'on la concevait à l'ère victorienne était ridiculisée par la femme nouvelle, indépendante, athlétique, pleine de curiosité intellectuelle et de plus en plus agressive sur le plan sexuel. Les vieux préjugés tenaient encore bon, mais des lézardes commençaient à apparaître dans l'édifice. On admettait le divorce. Si les hommes pouvaient entretenir des maîtresses sans trop faire scandale, certaines femmes, de leur côté, osaient prendre des amants. A mesure que s'estompaient les différences entre les sexes, l'homosexualité gagnait discrètement du terrain — sans distinction de catégorie sociale. Les gens commençaient à parler de Freud et, même si beaucoup se moquaient de ses théories et le traitaient d'illuminé, on prenait conscience de la sexualité et remettait en cause la conception victorienne du péché.

Parmi ces soubresauts annonciateurs de mœurs nouvelles, on voyait également se dessiner une nouvelle conception de la conscience sociale, car les forces du XXe siècle contribuaient non seulement au nivellement des sexes mais aussi à celui des classes. Marco fut l'un des rares à en faire l'expérience avec sa fulgurante ascension sociale. Lors de son mariage avec Vanessa, les richissimes amis des Ogden avaient d'abord réagi par le mépris. Comme l'avait pressenti Marco, on chuchota que Vanessa l'avait « acheté » pour ses performances amoureuses. Lorsqu'on parlait de lui, les mots « métèque », « Rital », « immigrant », « paysan » revenaient sans arrêt dans la conversation. Ses efforts pour suivre des études – à l'Académie Bryant d'abord, puis à l'université de Columbia – ne lui valurent que des sarcasmes. « Que cherche-t-il à devenir? Un gentleman? » plaisantait-on dans les salons.

Marco avait supporté suffisamment de vexations du temps de sa pauvreté pour accucillir ces réactions avec philosophie. Il se moquait bien de ce que les gens pensaient de lui ou racontaient sur son compte. Le comportement de la haute société à son égard avait alors commencé à évoluer. Naguère en butte à des plaisanteries grossières, Marco devint peu à peu un objet de curiosité, puis d'intérêt. Naturellement, ce furent les femmes – sensibles à sa séduction – qui déclenchèrent le processus. Les jeunes hommes de Newport devenant de plus en plus languides et efféminés, la virilité de Marco n'en fut que plus prisée. Son léger accent italien ne paraissait plus risible, il était délicieux; où qu'il aille, les femmes de Newport le suivaient des yeux avec convoitise. Les grandes bourgeoises, qui auparavant ne l'invitaient que parce qu'on ne snobe pas le gendre d'un Phipps Ogden, commencèrent à se l'arracher. Il fallait, bien sûr, convier avec lui Vanessa. On se prit vite à regretter de ne pouvoir le recevoir tout seul.

En 1916, Marco fut le premier amusé de constater qu'il était devenu à la mode.

– Voilà un peu de vent, dit-il à Frank en regardant la voile gonfler.

Il rangea les avirons et alla s'asseoir à l'arrière près de son fils.

– Dirige-toi vers cette bouée, reprit-il. Après, nous ferons demi-tour.

Frank se concentra un moment sur sa tâche, puis il demanda :

– Est-ce que vous irez ce soir à la grande réception de Renfrew Hall, maman et toi ?

– Oui.

– Et est-ce que maman recommencera à faire des histoires quand elle rentrera ?

– Ne parle pas ainsi de ta mère, Frank.

– Mais c'est vrai : le soir, elle fait toujours des tas d'histoires. Et ensuite, vous vous disputez... Je n'aime pas quand vous vous disputez. Ça me fait peur.

Marco passa un bras autour des épaules de Frank et le serra contre lui. Il adorait son fils et il souffrait de le voir malheureux.

– Je préférerais qu'on ne se dispute pas, moi aussi. Mais tu ne dois pas avoir peur; nos querelles ne sont jamais bien graves.

Tu parles ! se dit-il.

– Pourquoi vous vous attrapez, alors ?

– C'est difficile à expliquer, soupira Marco. Tiens, voilà la bouée. Maintenant, virons de bord.

Frank tint la barre jusqu'au port.

Millicent Renfrew, duchesse de Dorset, était la fille de Harley Renfrew, le magnat de l'acier. En 1904, à une époque où les mariages princiers faisaient fureur, elle avait épousé Ian Fitzalan Maurice Sackville-Hyde, cinquième duc de Dorset. Le duc avait vingt-six ans, il était assez séduisant, mais stupide et sans le sou. Après le mariage, son beau-père paya le titre qu'il avait apporté à Millicent avec quarante mille parts de la société Renfrew Steel, d'une valeur totale de quatre millions de dollars. Le duc et la duchesse regagnèrent l'Angleterre d'où, au bout de deux ans, le duc s'enfuit en Espagne avec une danseuse de flamenco. Millie ne pouvait supporter son aristocratique mari : cette désertion fut pour elle un soulagement plutôt qu'une tragédie. Millie Dorset – comme l'appelaient tous ses amis – se lança alors dans le tourbillon des mondanités internationales, partageant son temps à égalité entre l'Europe et l'Amérique. En cette soirée de juillet, elle donnait un bal à Renfrew Hall, le palace que possédait son père à Newport.

Millie était une hôtesse accomplie; c'était aussi une amie intime de Maud et une admiratrice inconditionnelle de Marco. Aussi accueillit-elle les Ogden avec chaleur :

– A présent, la soirée peut commencer! s'exclama-t-elle en embrassant Maud. Cette robe est ravissante, ma chérie! A côté, la mienne a l'air d'un chiffon.

– Un chiffon coûteux, fit observer Maud.

– Je l'ai achetée à Paris avant la guerre; maintenant, elle sent la naphtaline. Mais que faire? Avec ce satané conflit... Phipps, mon cher, vous êtes divinement beau, comme toujours. Où est donc votre gendre Apollon? Ah, le voilà! Marco, chaque fois que je vous vois, je voudrais avoir quinze ans de moins et être vingt fois plus séduisante. J'exige que vous me réserviez une danse... Oh! bonsoir, Vanessa.

Son sourire et son entrain parurent tout à coup un peu forcés. Comme tous les habitants de Newport, la duchesse de Dorset estimait que l'indifférence de Vanessa pour les toilettes constituait un crime de « lèse-société »; la robe jaune fripée que portait la jeune femme ne lui seyait pas et, en plus, on la lui avait déjà vue sur le dos la saison précédente; c'était rédhibitoire. Tout le monde connaissait les fameuses « idées » de Vanessa à l'égard de sa classe sociale et du luxe insolent qui régnait à Newport. Personne n'aime être critiqué, surtout pas les riches; conséquence logique, Vanessa était à peu près aussi populaire que le choléra.

Tandis que Marco l'escortait dans le hall, Vanessa murmura :

– Seigneur, je déteste cette femme!

– Arrange-toi seulement pour que ça ne se voie pas trop...

Elle lui lança un regard courroucé.

– Je suppose que toi, tu la trouves merveilleuse parce qu'elle est riche et titrée.

– Je la trouve sympathique parce qu'elle est drôle

et qu'elle aime danser. Et j'aimerais bien que tu te surveilles ce soir.

– Ce qui veut dire ?

– Je te demande de ne pas trop boire. N'oublie pas que tu es maintenant la femme d'un candidat au Congrès.

– Laisse-moi rire ! Si tu es élu, que feras-tu en faveur des pauvres et des opprimés ? En faveur des immigrants que tu as laissés tomber dès que tu l'as pu ? Tu devrais plutôt te présenter ici, à Newport. Eux, ils t'éliraient tout de suite ! Millie Dorset accepterait certainement de distribuer des tracts pour ta campagne électorale. « Votez pour Marco Santorelli : non seulement il épouse les riches, mais il leur baise les pieds ! »

Ils entrèrent dans la salle de bal en marbre rose, où l'orchestre jouait un tango. Devant les quatre portes-fenêtres donnant sur la terrasse étaient disposées des corbeilles ornées d'immenses bouquets de glaïeuls blancs. Dans les jardins, des lanternes japonaises éclairaient le vaste bassin. Quelques invités flânaient sur les pelouses; d'autres dansaient sur la terrasse ou dans la maison. Marco contemplait le spectacle, en s'efforçant d'oublier la malveillance de Vanessa. Il chercha des yeux Celia Bartlett, la belle divorcée avec laquelle il avait une liaison.

– Veux-tu danser ? demanda-t-il à Vanessa. Ou préfères-tu monter sur une chaise pour haranguer la foule ?

– Je déteste le tango.

– Tu détestes tout. Pourquoi n'essaies-tu pas d'aimer quelque chose, pour changer ?

– Qu'y a-t-il à aimer ? répliqua-t-elle en tournant les talons.

– Où vas-tu ?

– Au bar.

– Vanessa, surveille-toi...

– Oh ! la ferme.

Elle passa devant des douairières emplumées et se dirigea vers la serre, où on avait installé un buffet au milieu des palmiers. Marco la suivit des yeux un moment, en se demandant ce qui le retenait de l'assassiner. Il vit alors Celia Bartlett entrer dans la salle de bal. Celia était tout le contraire de Vanessa : élégante, gracieuse et un peu sotte. Vanessa avait transformé leur ménage en champ de bataille; Celia, elle, adorait son bel amant italien. Vanessa avait interdit l'accès de sa chambre à Marco; Celia, elle, était trop heureuse de lui ouvrir la sienne.

Marco la rejoignit et la prit par le bras.

– Dansons, dit-il en l'entraînant vers la piste.

– Vous avez l'air contrarié. Vanessa aurait-elle encore fait des siennes ?

– Vanessa est une...

Il s'interrompit. Celia éclata de rire.

– Emmerdeuse ? suggéra-t-elle.

– Emmerdeuse, convint-il.

Ils continuèrent de danser.

Une heure plus tard, la duchesse de Dorset profita d'une valse avec Marco pour lui glisser à l'oreille :

– Vous devriez inciter Vanessa à mieux s'habiller. Vous, Marco, vous êtes très élégant, tout comme Phipps; mais Vanessa est vraiment fagotée comme l'as de pique.

– Elle ne s'intéresse pas aux toilettes.

– Ce n'est que trop évident, mon cher, mais elle le devrait. Maintenant que vous êtes un homme important, votre femme doit vous faire honneur. Je vais en parler à Maud, elle a un goût très sûr. A nous deux, nous parviendrons peut-être à convaincre Vanessa.

Elle fut interrompue par un cri en provenance du buffet.

– Que se passe-t-il... ?

Ils s'arrêtèrent de valser. D'autres cris retentirent. L'orchestre cessa de jouer, les danseurs se figèrent, un murmure envahit la salle. Marco se fraya vivement un passage à travers la foule, Millie Dorset sur ses talons. Il écarta les invités entassés à la porte du bar et vit sa femme asperger de champagne deux jeunes débutantes trempées, peureusement recroquevillées dans un coin. Vanessa, complètement ivre, riait à gorge déployée.

Marco se précipita dans la pièce, arracha la bouteille

des mains de sa femme et la tendit à l'un des serveurs. Alors, Vanessa se tourna vers les spectateurs agglutinés sur le seuil et hurla en français :

– De la merde ! Vous êtes tous de la merde !

L'assistance se récria, horrifiée, car tout le monde connaissait suffisamment le français pour comprendre. Marco ignorait cette langue, mais le mot italien *merda* était assez ressemblant pour qu'il lui fût permis de saisir le sens général de l'apostrophe. Il plaqua une main sur la bouche de Vanessa. Elle le mordit avec une telle hargne qu'il poussa un cri de douleur et retira vivement ses doigts. Titubant, elle repartit à l'attaque, hurlant – toujours en français :

– Newport, c'est de la merde ! Les riches sont de la merde ! Et mon mari, c'est la plus grosse merde du monde !

Incapable d'en supporter davantage, Marco s'approcha de sa femme et lui décocha un direct au menton. La destinataire s'effondra au milieu des palmiers.

La foule éclata en applaudissements.

Marco installa Vanessa sur la banquette arrière de sa voiture et la ramena à Stoney Brook Farm, où il la porta dans sa chambre et la coucha. Phipps et Maud rentrèrent à l'instant où il redescendait.

– Au moins, déclara Maud en ôtant ses gants, Vanessa n'aura plus l'occasion de dénigrer les réceptions de Newport. Elle ne sera plus jamais invitée dans cette ville.

– N'y a-t-il pas dans le Connecticut une clinique où elle pourrait suivre une cure ? demanda Marco.

– Si, répondit Phipps. Silver Lake, près de Darien. Un de mes cousins a été l'un des premiers patients. Et le traitement a été efficace : il n'a pas bu, depuis, une goutte d'alcool.

– J'irai, dès demain matin, y faire un tour. Il devient urgent qu'on soigne Vanessa.

Vanessa se réveilla le lendemain avec de douloureux maux de tête et un bleu à la mâchoire. Elle s'assit dans son lit en gémissant.

– Tu veux du bicarbonate ? proposa Marco, qui se tenait à son chevet.

Elle le regarda d'un air hébété.

– Que s'est-il passé ?

– Mieux vaut ne pas en parler. Désires-tu du bicarbonate ?

– Oui.

Il alla en chercher dans la salle de bains. Elle le but, puis se laissa retomber sur ses oreillers.

– Pourquoi me harcèles-tu ? demanda Marco en s'asseyant près d'elle. Me détestes-tu à ce point ?

Elle détourna la tête et s'absorba dans la contemplation d'une des fenêtres ensoleillées.

– Je n'en sais rien, répondit-elle d'un ton las. Qu'est-ce que j'ai fait hier soir ?

– Tu t'es couverte de ridicule. J'ai été obligé de t'assommer pour te calmer.

– C'est donc pour ça que j'ai mal à la mâchoire ?

– Oui. Si jamais j'échoue dans la politique, je pourrai me recycler dans la boxe. (Il se tut un instant avant d'ajouter :) Il faut que nous mettions les choses au point, Vanessa.

– Qu'y a-t-il à expliquer ? Tu ne m'aimes pas. Me prends-tu pour une imbécile ? Avoue que tu m'as épousée uniquement pour mon argent !

– D'accord, c'est vrai. Quelle autre raison aurait-on de t'épouser, je te le demande ? Tu es maussade, capricieuse, râleuse, tu n'aimes pas faire l'amour... Accepterais-tu de divorcer ?

– Non, soupira-t-elle. Nous devons penser à Frank... Je ne sais pas... Je suis si malheureuse...

– Pourquoi ?

– Je n'en sais rien ! Je ne sais pas où j'en suis. Je ne sais pas qui je suis. C'est pour ça que je bois, sans doute...

Elle se mit à sangloter. Marco la prit dans ses bras et

tenta de la réconforter. Malgré leurs incessantes disputes, il lui arrivait d'avoir pitié d'elle, et là, il avait honte qu'elle lui eût reproché d'être un coureur de dot.

– Bon, dit-il, sérions les problèmes. J'ai eu un entretien avec le Dr Conrad, qui dirige une clinique aux environs de Darien. Acceptes-tu d'y passer quelques semaines pour te désintoxiquer ?

– Oui, dit-elle en ravalant ses larmes.

– Alors je t'y conduirai tout à l'heure. Te sens-tu assez en forme pour t'habiller ?

– Je crois, oui... Marco, m'aimes-tu un peu ?

– Hier soir, je t'ai haïe.

Elle se redressa, les yeux injectés de sang.

– M'as-tu aimée un peu, à un moment ou à un autre ?

Il la dévisagea sans aménité.

– Tu veux la vérité ?

– Oui. J'en ai assez des mensonges.

– Eh bien, non, je ne t'ai jamais aimée. Je suis encore amoureux d'une Irlandaise que j'ai connue sur le bateau qui nous amenait en Amérique. Amusant, non ? Je suis marié avec toi et je suis reçu chez la duchesse de Dorset, alors que je suis amoureux d'une passagère de troisième classe ! Et aveugle, en plus ! J'ai laissé tomber une aveugle amoureuse de moi pour t'épouser, toi !

– Uniquement pour l'argent ?

– Oui, dit-il avec amertume. Tu fais du romantisme à propos des taudis parce que tu n'y as jamais vécu. Moi, je sais ce que c'est, et je peux te dire que c'est salement moche d'être pauvre en Amérique... Mais j'ai payé le prix – un prix élevé – pour m'en sortir. Le prix, Vanessa, c'était toi. Toi et ce mariage sans amour. Mais je suis disposé à faire tout mon possible pour que notre couple marche; au moins savons-nous maintenant à quoi nous en tenir.

Elle rit, amère.

– Le plus drôle, c'est qu'on t'aime et que moi, on me déteste, alors que c'est toi le véritable salaud ! (Elle le gifla.) Ça, c'est pour hier soir. Et pour chacune des nuits de notre abominable vie commune !

Il se leva et se dirigea vers la porte.

– Je t'envoie la bonne pour préparer tes affaires.

– Tu seras content d'être débarrassé de moi, hein ? Même, je suis sûre que si tu pouvais m'enfermer dans un asile de fous... Parce que je suis devenue pour toi un obstacle, pas vrai ? Je n'étais pas un obstacle il y a cinq ans, quand tu louchais sur mon argent, mais maintenant je te gêne, pas vrai ? Je te dérange. Je t'embarrasse. Pauvre Marco, il est si merveilleux, quel dommage qu'il soit marié à cette horrible ivrognesse ? C'est peut-être uniquement pour ça que je me soûle : pour t'embêter !

– Tu sais, hier soir, j'ai vraiment envisagé de te tuer.

– Pourquoi ne l'as-tu pas fait ? Ç'aurait été un service à me rendre. Je préférerais être morte que de continuer ainsi !

Elle se remit à sangloter. Il la considéra en silence et sortit.

36

Silver Lake était une sorte de grande ferme perchée sur une colline, au-dessus du lac du même nom. La clinique ne pouvait accueillir plus de vingt personnes et l'atmosphère y était détendue. La méthode des médecins consistait à priver d'alcool les patients pendant assez longtemps pour qu'ils se désaccoutument et retrouvent leur forme physique.

Dès le premier jour, à son réveil, Vanessa se sentit mieux : pour une fois, elle n'avait pas la migraine. Elle fit sa toilette, s'habilla et descendit prendre son petit déjeuner. Quatre tables rondes, de cinq couverts chacune, étaient disposées dans la vaste salle à manger. Vanessa prit place entre un agent de change de Wall Street – dont le scotch avait détruit le ménage, le foie et le cabinet – et l'éditeur d'un journal de Hatford, qui avait fait scandale en urinant dans un bol à punch au bal du country club. Vanessa commença de se détendre : ses voisins étaient sympathiques, le personnel aussi, et la nourriture était délicieuse. Elle remarqua alors, à la table voisine, une superbe brune qui l'observait avec insistance. Un peu gênée par ce regard scrutateur, Vanessa adressa un vague sourire à l'inconnue et s'intéressa à ses œufs au bacon. L'autre ne la quittait pas des yeux.

Son petit déjeuner terminé, Vanessa alla se promener jusqu'au lac. Des ormes centenaires et des pins splendides ombrageaient la pelouse; malgré la chaleur, une brise légère faisait frémir le feuillage tout bourdonnant d'abeilles et peuplé d'écureuils. Elle vit même un serpent lové sur un rocher, en plein soleil. Elle aimait la nature et les animaux; ce cadre bucolique endormait sa rébellion naturelle et, même, lui procurait une certaine paix.

Elle s'assit sur un banc, au bord du lac, et contempla le paysage. Une voix grave la tira de sa rêverie.

– Me permettez-vous de vous tenir compagnie ?

Elle tressaillit et se retourna. La brune qui l'avait observée au petit déjeuner se tenait derrière elle. Grande et mince, d'une saisissante beauté, l'inconnue avait une peau très claire et des yeux très sombres. La teinte de son rouge à lèvres s'accordait parfaitement avec le beige de sa toilette : une robe sans manches qui révélait des bras superbes aux poignets chargés de bracelets. Quoique dépourvue de distinction, Vanessa savait l'apprécier chez les autres femmes. Celle-là n'en manquait pas.

– Je vous en prie, dit-elle.

– Je m'appelle Una Marbury. Certains patients prennent des noms d'emprunt pour préserver leur anonymat, mais je n'ai pas recours à de tels subterfuges.

– Je m'appelle Vanessa Santorelli. C'est mon vrai nom, à moi aussi.

Una s'assit à côté d'elle.

– C'est curieux, vous n'avez pas le type italien.

– C'est mon mari qui est italien.

– Oh, vous êtes mariée ? (D'un geste de la main, elle chassa une mouche, comme on chasse une pensée importune.) Je suis dans cette clinique à cause du gin. Et vous ?

– Pour l'alcool, répondit Vanessa en souriant. Sous toutes ses formes.

– Auriez-vous fait quelque chose d'inconvenant ?

– Sans doute, mais personne n'a voulu me dire quoi.

– J'adore choquer. Par exemple, il m'arrive de me déshabiller pendant les réceptions.

– Complètement ?

– Voyons, ma chère, cela n'aurait aucun intérêt de se limiter aux chaussures. Je suis manifestement une nudiste frustrée.

– Vous n'avez pas tellement l'air frustrée.

– J'ai une amie actrice qui laisse toujours la porte ouverte quand elle va aux cabinets. Elle prétend que ses intestins refusent de fonctionner si personne ne la regarde.

– Quelle horreur ! C'est dégoûtant !

Una sourit.

– Oui, n'est-ce pas ? J'ai une quantité d'amis dégoûtants. Je les adore positivement.

– Où habitez-vous ?

– A Greenwich Village. Je tiens une galerie d'art. Oh ! je suis terriblement bohème, ma chère. Terriblement. Les membres de ma famille ne m'adressent plus la parole depuis des années... Dieu merci ! Ce sont des raseurs patentés. Mon père vote même républicain ! Il est farouchement partisan de cet abominable sénateur Ogden. Vous vous rendez compte ?

Vanessa éclata de rire.

– Ai-je dit quelque chose de drôle, ma chère ?

– Cet abominable sénateur Ogden est mon père.

– Aïe ! La gaffe ! Mais vous, vous désapprouvez sa politique, j'espère ?

– Je suis socialiste.

– Délicieux, ma chère ! Moi aussi. Nous allons avoir de quoi discuter... Heureusement ! Cet endroit est mortellement ennuyeux. Et cette abominable nature ! Pour ma part, j'aspire à quelque chose d'artificiel.

Vanessa écoutait, fascinée.

37

C'était l'âge d'or du progressisme en Amérique, et Greenwich Village était le lieu de ralliement des révolutionnaires. Des publications telles que *Les Masses* ou *L'Appel* glorifiaient les travailleurs, attaquaient la bourgeoisie et les « exploiteurs » capitalistes, prônant l'amour libre et entretenant la sainte flamme du marxisme. La plupart des intellectuels qui écrivaient dans ces revues et qui les lisaient n'avaient jamais mis les pieds dans une mine ni dans une usine, et ils considéraient les ouvriers comme des ignares. Mais peu importait : l'essentiel, à Greenwich Village, c'était la révolte pour la révolte. On se rebellait contre le réalisme en art, contre l'intrigue en littérature, contre l'harmonie en musique, contre le mariage.

Qu'importait que nombre de ces joyeux révolutionnaires dussent finir leurs jours dans de bien autres dispositions – comme Max Eastman, l'éditeur nudiste des *Masses*, qui termina sa carrière à l'extrême droite comme directeur du *Reader's Digest* ? En 1916, le communisme était encore un idéal intact et la vie de bohème représentait aux yeux de la jeunesse une aventure exaltante.

On parlait beaucoup du Greenwich Village des artistes, car c'était le plus pittoresque. Mais il existait un autre Greenwich Village : celui des pauvres – en majorité italiens – qui menaient une petite vie entre leurs blanchisseries, leurs minuscules boutiques, leurs gargotes, leurs étals de fruits et leur échoppes de cordonnier. C'étaient les suffrages de tous ces gens-là que Marco cherchait à obtenir. L'annonce de sa candidature au Congrès laissa de marbre les intellectuels du Village (Que leur importait la politique locale, puisqu'ils allaient changer le monde ?); certains ricanèrent, persuadés que Marco était l'instrument de son riche beau-père. Mais la rumeur se propagea rapidement au sein de la communauté italienne, très émue à l'idée qu'un des leurs pût les représenter au Congrès. Le fait qu'un immigrant eût réussi à épouser l'une des jeunes filles les plus riches d'Amérique provoquait chez les mâles italiens d'innombrables plaisanteries sur certains avantages physiques qu'à coup sûr, pensaient-ils, devait posséder l'heureux élu. Les Italiennes, qui n'avaient pas le droit de vote, contemplaient les affiches du candidat qui commençaient à fleurir un peu partout dans le Village et soupiraient en chœur : « *Bellissimo!* » Dès le début, tout se passa comme si Marco était appelé à obtenir un triomphe – du moins, chez ses compatriotes.

Avec l'aide financière de Phipps, Marco loua une petite maison de deux étages à Jones Street, une ruelle située entre Bleecker Street et la 4ᵉ Rue Ouest. Il installa sa permanence électorale au rez-de-chaussée et au premier, et transforma le deuxième étage en pied-à-terre afin d'avoir – ainsi que l'exigeait la loi – une résidence sur sa circonscription. Il emprunta des tables et des machines à écrire, engagea trois secrétaires d'origine italienne et se ménagea un bureau dans une petite pièce du bas.

D'autre part, suivant le conseil de Phipps, il choisit Gene Fairchild comme organisateur de sa campagne. Gene était un quadragénaire maigrichon et chauve, adepte des nœuds papillons et des chemises rayées. Il avait une toux rauque de fumeur invétéré, mais il s'y connaissait en politique. Le premier conseil qu'il donna à Marco fut celui-ci :

– Méfiez-vous de deux hommes : Mike Murphy et Sandro Albertini.

Le deuxième nom disait quelque chose à Marco.

Confortablement carré dans son fauteuil, les pieds sur son bureau, Casey O'Donnell déclara :

– Je vais vous raconter une histoire... Voici neuf ans, un métèque pauvre comme Job arriva à New York en troisième classe. Il n'avait pas d'argent, aucune instruction, et il parlait à peine anglais. A votre avis, qu'est-il devenu ?

Il s'adressait à Mike Murphy, le responsable de la campagne électorale du congressiste William Ryan. Murphy était un ancien docker de trente-huit ans, qui commençait à s'empâter. Bien qu'il eût retiré sa veste et desserré sa cravate, il transpirait et sa chemise était tachée sous les bras.

– Ouvrier sur un chantier, je suppose, répondit-il. Ou coiffeur.

– Pour quatre-vingt-dix pour cent des métèques, ce serait vrai. Mais celui-là a fait la connaissance de Mme Charteris, la célèbre actrice anglaise. Mme Charteris jouait une pièce à New York. Le Rital était jeune et beau garçon. Du jour au lendemain, il s'est mis à porter des costumes de chez Brooks Brothers et il s'est acheté deux camions. Que s'était-il passé, selon vous ?

Mike Murphy eut l'air intéressé.

– Je dirais qu'il couchait avec Mme Charteris. S'agissait-il de Santorelli ?

– En personne. Attendez, l'histoire continue... Mme Charteris a épousé le sénateur Ogden. Et voilà que, subitement, le sénateur a pris notre pauvre métèque sous son aile protectrice et l'a envoyé – à ses frais – dans une école privée. Pour quelle raison ?

Les lèvres charnues de Mike Murphy esquissèrent un sourire mauvais.

– Deux possibilités : ou Santorelli faisait chanter le sénateur, ou il était encore l'amant de sa femme... auquel cas Mme Charteris voulait lui donner de l'instruction pour ne pas avoir honte de lui en société.

– Dans les deux hypothèses, nous tenons un bon petit scandale bien juteux, pas vrai ? Vous connaissez la fin de l'histoire : Santorelli a épousé la fille du riche sénateur et obtenu ainsi les fonds nécessaires pour se présenter contre Bill Ryan. J'espère qu'il est inutile de vous expliquer quelle devra être la teneur des discours de Bill ? Grâce aux antécédents de Marco Santorelli, cette campagne électorale devrait aller comme sur des roulettes.

Mike Murphy s'essuya le front.

– Bill n'aura pas besoin de l'attaquer sur ce point. D'ailleurs, nous n'avons aucune preuve de cette liaison; cela risquerait de nous retomber sur le nez au moment du vote. Les Ritals admirent les types qui se hissent à la force du sexe – si je puis me permettre cette expression... Mais rassurez-vous, Casey, nous nous arrangerons pour propager la rumeur...

– Cette ordure de Santorelli a plaqué ma nièce pour épouser la fille d'Ogden, dit Casey d'une voix sourde. Non seulement je veux que Bill le batte, mais je veux qu'il l'enterre. Définitivement.

Peu avant minuit, les quatre hommes firent un tour à La Baie de Naples. Le petit bar était sur le point de fermer.

Souriant, Mike Murphy s'approcha du zinc, derrière lequel un barman monstrueusement obèse essuyait des verres.

– Alors, Guido, comment ça marche?

Guido Martinelli haussa les épaules.

– Pas trop mal, Mike. Pas trop mal.

Mike jeta un regard circulaire autour de la salle. Quatre affiches de Marco étaient collées sur les murs. Les trois compagnons de Mike se tenaient légèrement en retrait, immobiles.

– Nous te livrerons ta bière dans la matinée, Guido, dit Mike, qui était l'un des sous-directeurs de l'entreprise de camionnage de Casey O'Donnell.

Guido se figea.

– Quelle bière? Je n'ai rien commandé.

Mike adressa un signe de tête à ses hommes, qui s'approchèrent des tables où étaient installés les derniers consommateurs.

– On ferme.

– Comment ça, « on ferme »? s'exclama Guido, rouge d'indignation. Qu'est-ce que ça signifie? C'est moi le patron, ici!

– Ta gueule, grogna Mike.

Les derniers clients dehors, les trois hommes fermèrent la porte à clé et baissèrent les stores. Guido commençait à transpirer.

– Qu'est-ce qui se passe, Mike? Je suis un bon client. Je ne vous cause pas d'ennuis. Qu'est-ce que vous me voulez?

– M. O'Donnell estime que tu n'achètes pas suffisamment de bière, Guido, dit Mike en prenant une poignée de pop-corn sur le comptoir. Nous n'en avons livré que deux caisses le mois dernier. Ce n'est pas suffisant, Guido.

– Mes clients ne boivent pas de bière, vous le savez bien! Ce sont des Italiens, ils boivent du vin.

– Peut-être, mais il se trouve que nous fournissons de la bière et non du vin. C'est pourquoi tu en recevras plusieurs caisses dans la matinée.

– Vous ne pouvez pas me faire ce coup-là! bredouilla Guido, désemparé.

– Tu crois?

Sur un signe de Mike, l'un des sbires sauta par-dessus le bar et, d'un revers de la main, balaya tous les verres alignés sur une étagère. Guido se mit à trembler.

– C'est pas bien, ça, c'est pas bien, protesta-t-il.

– Simple avertissement, gros lard. On ne voudrait pas être obligés de casser autre chose. Alors, tu la prends, cette bière?

– Oui... d'accord. Je ne veux pas d'ennuis, Mike. Je la prends.

– Parfait. Ah! Autre chose : tes idées politiques ne nous plaisent pas.

Il montra du doigt les affiches de Marco. Ses hommes les arrachèrent du mur et les réduisirent en charpie.

– C'est mon candidat! s'écria Guido. Il est italien, comme moi!

– C'est un métèque et un raté, comme toi. Demain matin, nous t'apporterons – outre la bière – quelques affiches de Bill Ryan, que tu colleras sur tes murs. Ça t'évitera d'autres ennuis, *capice*? (Guido acquiesça.) Très bien, Guido. *Buona sera*. Venez les gars.

Ils quittèrent le bar. Guido secoua tristement la tête et commença de balayer les débris de verre.

– Salopards, marmonna-t-il.

Le *Blue Grotto Club* de Thompson Street n'était pas – de loin – le bordel le plus chic du village, mais les Italiens l'appréciaient à cause de ses tarifs abordables. Au rez-de-chaussée se trouvaient un bar et quatre machines à sous; des bancs de bois étaient alignés contre les murs pour permettre aux « michetons » d'éloigner à leur aise les filles qui paradaient en petite tenue dans la salle. Certaines étaient italiennes, d'autres canadiennes ou originaires du Sud. Tortillant des hanches, elles roucoulaient des phrases prometteuses dont la plus grande qualité n'était pas l'originalité : « Tu veux te payer du bon temps, mon chou? Je sais le faire à la française; ça te plaira, tu verras. »

Les couples montaient au premier étage. Sur le palier, une certaine Mme Cosmatani, assise à un petit bureau, recevait l'argent et remettait à chaque fille une serviette et un jeton métallique. Les chambres – de simples cellules meublées d'un lit – se trouvaient au bout du couloir. Mme Cosmatani ajoutait encore à l'atmosphère romantique de l'endroit en psalmodiant d'une voix monocorde : « Allez-y, numéro huit... Allez-y, numéro dix... les clients attendent, n'y passez pas toute la nuit. »

A deux heures du matin, un homme élégamment vêtu d'un pardessus en poil de chameau entra au *Blue Grotto Club*, accompagné d'un ancien boxeur nommé Paolo. Il s'approcha du comptoir. Le barman accourut.

– Comment vont les affaires? s'enquit Sandro Albertini.

– Très bien, monsieur Albertini. Ça marche du tonnerre, ce soir.

– Tu as quelque chose pour moi?

– Un instant, monsieur Albertini.

Le barman courut prendre dans la caisse enregistreuse une enveloppe qu'il rapporta précipitamment à son patron. Albertini l'empocha et consulta sa montre.

– Un certain M. Murphy va demander à me voir, dit-il.

– Il est déjà là, monsieur Albertini. Il attend dans l'arrière-salle. Je lui ai servi une bière. Pour vous, ce sera un verre de lait, comme d'habitude ?

– Ouais. Fais-le-moi porter. Viens, Paolo.

Ils se dirigèrent vers le fond du bar et entrèrent dans une petite pièce faiblement éclairée, au centre de laquelle se trouvait une table ronde, recouverte d'un tapis en feutrine verte. Assis derrière la table, Mike Murphy buvait un demi en fumant un cigare. Il se leva et s'avança en souriant, la main tendue.

– Content de vous voir, Albertini.

– Epargnez-moi les salamalecs, grogna Albertini en prenant un siège. De quoi s'agit-il ?

Paolo ferma la porte et Mike se rassit.

– Des élections, dit-il en secouant la cendre de son cigare. Le vote italien ne nous satisfait pas.

– Qui ça, « nous » ? Ryan ? O'Donnell ?

Mike opina du menton.

– Il paraît que vous faites du racket auprès de certains propriétaires de bars, dit Albertini. Ça ne me plaît pas. On pressure déjà assez les Italiens.

– Nous vous céderons la place avec plaisir. Pouvez-vous mettre l'électorat italien de notre côté ?

– Ça peut se faire. En échange de quoi ?

– Nous ferons en sorte que les flics se montrent compréhensifs pendant encore deux ans.

On frappa à la porte. Paolo alla ouvrir, prit le plateau qu'apportait le barman et le posa sur la table. Albertini but une gorgée de lait.

– Ça ne suffit pas, dit-il.

– Plus dix mille dollars en espèces.

Albertini se leva.

– J'y réfléchirai, dit-il.

– Pas trop longtemps, j'espère.

– Vous aurez ma réponse quand je serai prêt à vous la donner. Allez, Paolo, on s'en va...

Ils sortirent.

Mike Murphy tira une bouffée de son cigare, puis jeta le mégot dans le verre de lait.

Marco dictait une lettre à l'une de ses assistantes lorsque l'homme au pardessus en poil de chameau entra dans sa permanence électorale. Marco se souvenait de Sandro Albertini – le petit usurier qui était devenu le chef des gangsters de Greenwich Village – mais ce n'était apparemment pas réciproque. Néanmoins, Albertini reconnut le candidat d'après ses affiches et s'avança vers lui.

Quand il le voulait, Albertini pouvait se montrer affable.

– Monsieur Santorelli ? Je m'appelle Sandro Albertini. Me serait-il possible de vous parler quelques minutes ?

Marco dévisagea l'homme qui, bien des années auparavant, l'avait fait attacher à un radiateur brûlant. Au bout d'un moment, il serra la main tendue.

– Certainement. Suivez-moi dans mon bureau.

Malgré la chaleur de la pièce, Albertini garda son pardessus. Marco lui offrit un siège et s'installa dans son fauteuil.

– Peut-être savez-vous qui je suis, déclara Albertini.

– Je le sais.

– Parfait. J'irai donc droit au but : je voudrais vous aider à remporter cette élection.

– Pourquoi ? Parce que je suis italien ?

– Vous pourriez aussi bien être serbo-croate ou turc, je m'en fiche pas mal. Non, si je vous offre mon appui, c'est parce que votre beau-père est plus puissant que Casey O'Donnell et qu'il dépense plus d'argent en une semaine qu'O'Donnell en plusieurs années.

– Vous êtes un idéaliste, à ce que je vois.

– Hein ?

– Rien. Je n'ai pas besoin de votre aide, Albertini. Je pense m'être déjà assuré le vote des Italiens.

– Sait-on jamais ? Il peut se passer beaucoup de choses d'ici à novembre. Moi, je peux vous garantir le vote italien. Considérez-moi comme une assurance, en quelque sorte.

– Combien me coûtera cette assurance ?

– Vingt-cinq mille dollars en espèces. Ça correspond à la note de chauffage mensuelle de votre beau-père.

– Humm, humm. Et si je refuse ?

– Vos adversaires m'ont déjà proposé cette somme. Si vous refusez, je marcherai avec eux.

– Qu'est-ce qui me prouve que vous ne prendriez pas mon argent en plus du leur ? Je sais que Bill Ryan vous a évité des déboires avec la police; vous avez donc tout intérêt à maintenir le statu quo. Je ne suis pas naïf, Albertini.

Persuadé que le jeune candidat n'était qu'un pion sans cervelle à la solde du sénateur Ogden, Albertini fut surpris de la perspicacité de Marco, mais il n'en laissa rien paraître.

– Renseignez-vous dans tout le Village : on peut se fier à ma parole.

Marco se leva.

– Au moins, vous ne manquez pas de culot ! répliqua-t-il en éclatant de rire. Vous ne vous souvenez pas de moi, n'est-ce pas ?

– Pourquoi ? Je devrais ?

– Nous nous sommes déjà rencontrés... il y a bien longtemps. Je n'étais alors qu'un pauvre immigré qui tentait de réunir un peu d'argent, et je suis allé vous trouver. Vous m'avez prêté deux cents dollars pour acheter un camion, que j'ai aussitôt démoli. Pour me punir, vous avez ordonné à un de vos gorilles de m'attacher à un radiateur pendant une demi-heure.

Il ôta sa veste et remonta les manches de sa chemise.

– Vous voyez ces cicatrices ? Ce sont mes souvenirs. Ça m'a fait un mal de chien, Albertini; mais ce n'est pas à cause de cela que je refuse de marcher dans vos sales combines : ma réponse aurait été la même de toute façon. Et je vais vous dire autre chose, si je gagne cette élection, j'obligerai les flics à s'occuper de vos affaires pourries : vos bordels, vos rackets, vos pratiques usuraires et tout le reste. J'ai mené ma petite enquête dans cette circonscription et je sais tout ce qui s'y trame. Cela fait suffisamment longtemps que vous saignez à blanc ces malheureux Italiens; si je l'emporte, ce sera la fin de votre règne!

Albertini sourit.

– Voilà un excellent discours politique, Santorelli. (Il se leva.) Quand j'en aurai terminé avec vous, le supplice du radiateur vous paraîtra bien peu de chose en comparaison.

Après le départ de son visiteur, Marco appela son beau-père à Washington.

– Sandro Albertini sort de mon bureau. Il voulait que je lui verse vingt-cinq mille dollars pour m'assurer le vote italien. Je l'ai envoyé paître. Ai-je fait une bêtise?

– Non, au contraire, répondit Phipps sans hésitation. Vous n'avez pas besoin d'escrocs. Mais je ne serais pas surpris qu'il vous joue un sale tour. Engagez un garde du corps.

– Pas question.

– Albertini est capable de tout.

– Je le sais, mais il ne me fait pas peur.

– C'est un point de vue courageux, Marco, mais pas nécessairement réaliste. Achetez au moins un revolver, voulez-vous? Albertini est dangereux, je vous assure, il faut vous protéger.

Marco se souvint du radiateur.

– D'accord, dit-il à contrecœur. J'achèterai une arme.

38

Etant donné la surface réduite du Village, ils devaient inévitablement finir par se rencontrer. Lorsque cela se produisit, un après-midi, il fut sidéré de constater l'effet qu'elle lui faisait encore après tant d'années.

Elle rentrait chez les Travers, à Grove Street, à la fin

de sa journée à la bibliothèque. Marco, lui, s'en revenait d'une réunion de travail avec Gene Fairchild. A Sheridan Square, il s'arrêta net en la voyant traverser la rue.

– Qu'y a-t-il ? demanda Fairchild.

Bien qu'elle fût à une vingtaine de pas, Marco fit signe à Gene de se taire. Elle portait une robe blanche toute simple et un chapeau assorti. Elle avait sa canne à la main, mais elle connaissait si bien le trajet qu'elle s'en servait uniquement pour sentir le bord du trottoir. Marco la regarda venir dans sa direction. *Un lis...* C'était la comparaison qui lui était aussitôt venue à l'esprit en la voyant à bord du *Kronprinz Friedrich,* et la comparaison demeurait juste. Elle avait toujours cette beauté éclatante, et elle marchait avec une assurance que peu d'aveugles possèdent. Il se plaqua contre la devanture d'une librairie pour la laisser passer. Il éprouva le violent désir de lui prendre la main, de prononcer le mot magique : « Georgie »... Mais il n'en fit rien.

– Allez-vous me dire ce qui se passe ? chuchota Gene.

Marco ne quittait pas Georgie du regard. Il attendit qu'elle eût disparu dans la maison de Bridget pour répondre :

– C'est la nièce de Casey O'Donnell.

– Sans blague ! Elle est aveugle ?

– Oui.

– Sacrée beauté ! Vous la connaissez ?

– Je l'ai connue autrefois.

– Pourquoi ne l'avez-vous pas saluée ?

Marco ferma les paupières.

– Je donnerais n'importe quoi pour en avoir le courage. (Il rouvrit les yeux.) Allons, venez.

Les deux hommes se remirent en route vers leur permanence. Mais Marco ne pensait pas à la politique, il songeait à l'époque où il racontait à Georgie, enthousiaste, les aventures du Masque Rouge. Il songeait à l'amour, à la trahison, au remords. Cinq ans auparavant, il avait sacrifié Georgie à la puissance, à l'argent, à la sécurité...

Aujourd'hui, il possédait l'argent et la sécurité; et la puissance était à portée de sa main. Pourtant, en cet instant, c'est elle qu'il aurait aimé tenir dans cette main, tout simplement.

Pendant plusieurs jours, Georgie eut la vague impression d'être suivie tout au long de son trajet jusqu'à la bibliothèque; il lui semblait entendre des pas juste derrière elle. Le troisième jour, elle s'arrêta net et se retourna.

– Il y a quelqu'un ?

Les piétons qui passaient par là lui lancèrent des regards curieux. Marco, lui, se figea sur place sans répondre. C'était ridicule, il le savait, mais il ne pouvait s'empêcher de la suivre – sans avoir pour autant le courage de l'aborder.

Parle-lui ! criait son cœur.

Mais pour lui dire quoi ? gémissait sa raison.

Il se rendait bien compte que cette obsession l'empêchait de se concentrer sur sa campagne électorale. Pendant trois jours, il s'efforça de chasser Georgie de son esprit. Mais, le quatrième jour, il renonça à lutter. Décidé à lui parler – quelles qu'en fussent les conséquences –, il quitta sa permanence avant midi et gagna, à Bleecker Street, le petit immeuble portant la plaque de cuivre : BIBLIOTHÈQUE POUR AVEUGLES. Il monta l'escalier et entra.

Cinq personnes, installées à des tables en bois, faisaient courir leurs doigts sur les pages de livres en braille. Des étagères et des classeurs tapissaient les murs. Les hautes fenêtres laissaient pénétrer le soleil d'été. Assise derrière un bureau, face à la porte, Georgie lisait elle aussi. Elle était vêtue d'un corsage bleu clair et d'une jupe noire.

Lorsqu'il s'approcha, elle leva la tête, le sourire aux lèvres.

– Oui ?

Il voulut dire quelque chose, mais une vague de culpabilité le submergea. Elle était si vulnérable... comment avait-il pu se comporter ainsi avec elle ? Il ne put parler. Les sourcils de Georgie se froncèrent.

– Qui êtes-vous ?

Il tourna les talons et sortit de la bibliothèque en courant.

Ce soir-là, Georgie demeura soucieuse pendant tout le dîner. Après le café, elle demanda à Bridget de monter avec elle dans sa chambre.

– C'est Marco, déclara-t-elle en s'asseyant sur le lit.

– Marco ? Qu'est-ce que tu racontes ?

– Toute cette semaine, quelqu'un m'a suivie... Et hier, ce quelqu'un est venu à la bibliothèque. Il s'agissait de la même personne, j'en suis certaine. Je l'ai senti. Et je suis sûre que c'est Marco.

– Mais pourquoi chercherait-il à te revoir ?

– Je crois qu'il veut me parler mais qu'il n'ose pas. Sa permanence électorale se trouve à deux pas de la bibliothèque... Il a dû me voir dans la rue et me suivre...

Elle tremblait. Bridget s'assit auprès d'elle et lui prit la main.

– Voyons, ma chérie, tu te fais peut-être des idées. Si ça se trouve, c'est un gigolo qui s'intéresse à toi... A ta place, j'en parlerais à la police

– A la police ? Certainement pas ! Non, c'est bien Marco, et je le tiens enfin à ma merci. Je vais le faire ramper... Si jamais il essaie de m'amadouer, je lui revaudrai toutes les souffrances qu'il m'a causées. Et au centuple ! Ah, le salaud, la canaille... Avec sa femme milliardaire...

Elle fondit en larmes et enfouit son visage contre la poitrine de Bridget.

– Oh ! Bridget, je l'aimais tant, dit-elle en sanglotant. Je l'aimais tant...

Bridget lui caressait les cheveux pour tenter de l'apaiser.

– Pauvre petite... Tu l'aimes encore, n'est-ce pas ?

– Je n'en sais rien... Je l'aime tel qu'il était avant ;

j'ignore les sentiments qu'il m'inspirerait aujourd'hui... Mais...

– Oui, ma chérie ?

Georgie releva la tête, les yeux rougis.

– Je me suis efforcée de... de me résigner à mon état. Mais quelquefois je me réveille au milieu de la nuit, et je me sens si seule...

– Mais c'est toi qui refuses de rencontrer d'autres hommes, ma chérie...

– J'ai peur de souffrir encore, tu comprends ? D'un autre côté... souffrir, c'est peut-être vivre... je ne sais pas... (D'une voix raffermie, elle ajouta :) En tout cas, si Marco doit recommencer à me torturer, Dieu fasse que son âme aille rôtir en enfer !

Ils se baignaient nus tous les deux dans l'étang d'une forêt.

Marco s'avança vers elle dans l'eau froide, les bras tendus, le corps enflammé de désir. Georgie l'attendait, immobile, sa blonde chevelure tombant sur ses épaules. Il la rejoignit, la prit dans ses bras et la couvrit de baisers. Georgie gémissait doucement.

– Je t'aime, murmura-t-il. Je t'aime plus que tout au monde...

Alors il se réveilla. Il était couché dans sa chambre de la maison de Jones Street, dans un état d'excitation qu'il n'avait pas connu depuis le temps lointain de ses dix-sept ans.

Le lendemain matin, Nellie Byfield Rubin, fort élégamment vêtue, un coquet chapeau sur l'oreille et une ombrelle blanche à la main, descendit de sa limousine blanche. Son chauffeur noir, en uniforme blanc, lui tenait la portière. D'un pas majestueux, Nellie gravit le perron de la permanence électorale de Jones Street, passa sous la banderole proclamant : SANTORELLI AU CONGRES – et entra dans le bureau au rez-de-chaussée. A la vue de l'illustre star, les secrétaires écarquillèrent les yeux. Gene Fairchild s'empressa d'accueillir la visiteuse.

— Mademoiselle Byfield ! s'exclama-t-il, le souffle un peu court. Que puis-je pour vous ?

Nellie lui décocha son sourire le plus irrésistible.

— Je voudrais voir le candidat; c'est un ami personnel. Est-il là ?

— Nous l'attendons d'une minute à l'autre... Il avait une réunion à Perry Street... Voulez-vous l'attendre dans son bureau ?

Il s'effaça pour la laisser passer et finit par dire ce qui semblait le tourmenter si fort :

— Mademoiselle Byfield... pourrais-je vous demander un autographe pour mon fils Edgar ? C'est un de vos plus fervents admirateurs. Il a dix-sept ans, et je crois bien qu'il est amoureux de vous.

— Touchant ! apprécia la star.

Gene la conduisit dans le petit bureau de Marco et lui offrit un siège. Il prit dans l'un des tiroirs une feuille de bloc-notes à l'en-tête du candidat, la tendit à Nellie avec un stylo.

Avec une majesté de reine mère inaugurant un bal de bienfaisance, Nellie griffonna : « *Pour Edgar. Bien affectueusement, Nellie Byfield.* »

— Tenez, dit-elle.

— Il va être fou de joie ! Merci ! Merci infiniment !

— Tout le plaisir est pour moi, dit-elle en souriant.

Mais elle pensait : *Le petit vaurien va probablement s'enfermer dans la salle de bains avec ce papier et se masturber.*

— Voilà Marco qui arrive...

Il était déjà sur le seuil, vêtu d'un costume de velours, coiffé d'un canotier.

— Nellie ! s'écria-t-il en lui prenant les mains. Quel plaisir de vous voir ! Comment va Jake ?

— Très bien. Nous suivons votre campagne avec beaucoup d'intérêt; Jake vous a même écrit une chanson... (Elle ouvrit son sac et en sortit une feuille.) Elle est intitulée : *Pour manger plus de spaghettis, votez Marco Santorelli.*

Marco éclata de rire.

— Excellent ! Accepterez-vous de la chanter ?

– J'ai lu dans le journal que vous teniez votre premier meeting dimanche prochain. J'ai pensé que cela vous attirerait peut-être du monde si je la chantais à cette occasion.

– Ce serait fantastique, Nellie! (Il s'adressa à Gene :) Pouvez-vous vous arranger pour que ça paraisse dans les journaux de demain?

– C'est comme si c'était fait! déclara Gene en sortant du bureau en coup de vent.

Marco se retourna vers Nellie, le sourire aux lèvres.

– Je ne sais comment vous remercier, tous les deux. Je dois tant à Jake. Vous êtes pour moi de précieux amis.

Nellie se leva, le regard lourd et la lèvre prometteuse :

– Il faudra que nous déjeunions ensemble, un de ces jours. J'aimerais beaucoup faire plus ample connaissance avec vous...

Le sourire de Marco se figea.

– Oui, bien sûr... Mais après la campagne... Je suis extrêmement pris pour le moment.

D'un geste caressant, elle lissa un pli imaginaire sur le revers du veston de Marco.

– Ne pourriez-vous pas vous libérer l'espace d'un déjeuner?

– Je demanderai à Gene de consulter mon emploi du temps.

Le téléphone sonna et Marco s'excusa pour aller répondre.

– Encore merci, Nellie. Merci de votre proposition...

Elle ne le quittait pas des yeux.

– Ce n'est rien. A quelle heure voulez-vous que je vienne, dimanche?

– Gene vous donnera tous les détails.

Il décrocha le combiné et Nellie se retira.

Lorsqu'elle apprit qu'Una Marbury avait terminé sa cure à Silver Lake et qu'elle rentrait à New York, Vanessa décida de repartir avec elle. Son séjour à la clinique n'avait duré que dix jours, mais elle se sentait en pleine forme et ne pensait plus à l'alcool maintenant qu'elle connaissait Una. Si artificielle et décadente qu'elle fût, la belle Una tenait Vanessa sous son charme. Son langage affecté, ses étranges bijoux africains, ses théories sur l'art et sur la vie en général, le monde sophistiqué et quelque peu pervers dans lequel elle évoluait, tout en elle fascinait Vanessa.

Consciente d'être *persona non grata* à Newport après le scandale qu'elle avait provoqué au bal de la duchesse de Dorset, Vanessa se rendit à Garden Court. Dès le lendemain matin, elle prit le train pour Manhattan, puis un taxi jusqu'au Village. Pleine d'impatience, elle traversa une charmante petite place et frappa à une porte sur laquelle une discrète plaque en métal annonçait : GALERIE DE SCULPTURES MODERNES.

Una attendait sa visite, elle ouvrit aussitôt.

– Tu es en avance, dit-elle. C'est une faute abominable; ne t'avise pas de recommencer.

– Excuse-moi, je... Oh!

Elle se trouvait dans une vaste salle entièrement nue et uniformément blanche – y compris le plancher – qui faisait ressortir de manière saisissante les sculptures exposées. Et quelles sculptures! Vanessa connaissait les nouvelles tendances de l'art contemporain, mais elle avait eu au début une réaction de rejet. Malgré ses allures affranchies, Vanessa, tout au fond d'elle-même, était restée conservatrice.

Pourtant, en cet instant, elle contempla avec un réel intérêt une sculpture abstraite en acier. La fréquentation d'Una lui avait déjà beaucoup ouvert l'esprit.

– Comment s'appelle celle-ci? demanda-t-elle en admirant l'objet, qui avait vaguement la forme d'un sein de femme.

– *Promesse de Printemps,* répondit Una en portant à ses lèvres un fume-cigarette de trente bons centimètres. C'est un Carol de Witt. Carol a un talent exceptionnel – insolent, pourrait-on dire. Une femme d'une beauté! Mais d'une beauté... Elle est persuadée d'être un vampire. Il se peut fort bien qu'elle ait raison, d'ailleurs. Je ne l'ai jamais vue à la lumière du jour, et il n'y a pas un miroir dans son appartement. Elle est peut-être morte...

Vanessa examinait la sculpture.

– Elle est très... suggestive.

– Elle est érotique, ma chère! Parfaitement obscène, même. J'ai dû faire appel à tout mon sang-froid pour ne pas céder à la tentation d'inviter mes parents et leur pasteur à venir l'admirer. Je pense que ce cher McDonald en tomberait raide mort. Je me suis toujours demandé comment il arrivait à lire en chaire certains passages de la Bible. Elle te plaît, ma chère?

– Oh, beaucoup.

– Comprends-tu maintenant ce que j'entends par le mot « suggestion »? On exprime bien plus de choses en suggérant qu'en essayant de copier la nature. Quel intérêt offre un arbre? Ou un écureuil? A mon avis, cette chère Carol a réussi à capter l'essence même de la luxure. C'est atrocement intéressant.

– Quel est son prix?

– Oh, ma chère, quelle mesquinerie de discuter d'argent lorsqu'on se trouve dans le temple de l'art! Cinq cents dollars...

– Je la prends.

– Aurais-tu l'intention de l'installer dans ce monument de mauvais goût qu'est la maison de ton père?

– Oui, si tu le permets. Oh, Una, tout cela est tellement palpitant! Tu ne m'avais pas menti : c'est nouveau, excitant, différent...

Una alla prendre une bouteille de gin dans un petit meuble de chêne.

– Maintenant que nous voilà sorties de cette horrible clinique, ma chère, si nous prenions un verre?

Vanessa secoua négativement la tête.

– Pas moi, merci.

– Ce brave médecin t'a donc réellement guérie? Dommage... Je suis fermement convaincue que la santé est un bienfait dont il ne faut pas abuser. L'excès de choses saines est parfois mortel. A ta santé!

Tout en sirotant son gin, elle observait Vanessa qui se promenait parmi les sculptures.

– Ma chérie, murmura-t-elle, t'a-t-on déjà dit que tu es très, très séduisante?

Vanessa se retourna, interloquée.

Le premier meeting important de Marco avait été prévu un dimanche après-midi afin de permettre aux ouvriers italiens d'y assister. Il eut lieu sur le perron de l'église Saint-Antoine, en plein cœur du Village italien. Par chance, il faisait beau. Gene Fairchild avait fait du bon travail : plus de mille personnes se pressaient dans Sullivan Street, curieuses de voir le gendre d'un des hommes les plus riches du pays. Marco avait fait un don généreux à la paroisse et le père Piero Domenici, curé de Saint-Antoine, avait accepté de lui prêter l'église et de déployer au-dessus du porche une banderole proclamant, en anglais et en italien : MARCO SANTORELLI, L'UN DES VOTRES AU CONGRÈS! Cette collaboration était plutôt courageuse de la part du brave père dont la plupart des ouailles étaient d'origine irlandaise. Le jeune prêtre était italien et il tenait à soutenir Marco; il consentit même à ouvrir le meeting par une prière, ce qui ne pouvait pas faire de mal au candidat.

L'oraison terminée, Marco annonça – en italien – dans un porte-voix :

– Mes amis, j'ai l'honneur de vous présenter l'incomparable star des Folies Ziegfeld, mademoiselle Nellie Byfield. (Applaudissements nourris.) Le mari de Mlle Byfield est le grand Jake Rubin, un vieil ami à moi. Nous sommes arrivés ensemble dans ce pays, en troisième classe; ensemble, nous avons franchi le barrage d'Ellis Island – et je suppose que vous savez ce que cela représente. (Tumulte indescriptible.) Jake a écrit pour moi une chanson, Nellie va maintenant vous l'interpréter. Nellie Byfield!

Sous les ovations des Italiens, Nellie gravit les marches du perron tandis que Jake s'asseyait au piano qu'on avait installé sous le porche. Jake plaqua un accord, puis Nellie entonna *Pour manger plus de spaghettis, votez Marco Santorelli.* La plupart des spectateurs ne comprirent pas les paroles, mais l'air était tellement entraînant qu'ils se mirent bientôt à le fredonner. Les dernières notes déclenchèrent un tonnerre d'applaudissements. Le meeting se transformait en kermesse.

Marco revint au centre de la scène :

– Mes amis, mon programme est tout simple : je veux être le premier immigrant de l'histoire des Etats-Unis à être élu au Congrès. Il y a des millions de gens comme vous et moi qui, ces vingt dernières années, ont lutté pour survivre dans un monde totalement inconnu, se sont débattus avec une langue qui n'était pas la leur, ont été contraints d'accepter les salaires les plus bas parce qu'ils étaient étrangers. Vous et moi, nous avons été ceux que les Américains de souche pouvaient exploiter. Eh bien ! Il est temps que les immigrants soient représentés au Congrès des Etats-Unis, et je me mets à votre service...

– C'est comme ça que tu as offert tes services à ta belle-mère ? hurla en italien un homme qui se tenait à la lisière de la foule. Elle t'a donné combien pour que tu lui fasses l'amour ? Hé ! beau gosse, tu ne serais pas un peu gigolo, des fois ?

Des cris de surprise et de protestation montèrent de l'assistance.

– Raconte-nous comment on t'a exploité à ton arrivée en Amérique ! hurla un autre. Tu n'as pas dû tirer longtemps le diable par la queue. Ce serait plutôt le diable qui t'aurait tiré par la tienne !

Des rires gras saluèrent la boutade. Mais Marco ne se laissa pas démonter : il avait prévu que Casey O'Donnell exploiterait ce filon, et il était prêt à riposter.

– Ce sont des mensonges ! Ces provocateurs sont payés par Casey O'Donnell, le patron de mon adversaire Bill Ryan ! Allez donc retrouver votre employeur, messieurs, et parlez-lui des actions qu'il a dans le *Blue Grotto Club* – un bordel, comme chacun sait ! Je suis parfaitement au courant de toutes ses combines avec la ville de New York afin d'obtenir des contrats pour son entreprise de camionnage. Je suis parfaitement au courant des activités de son bras droit, Mike Murphy, qui oblige les propriétaires de bar – sous peine de représailles – à faire appel aux camions d'O'Donnell pour livrer de la bière. Et je tiens à la disposition de la presse une liste de deux douzaines de magouilles du même genre. Pour ne rien vous cacher, la lutte contre la corruption de mon adversaire, William Ryan, et de son patron, Casey O'Donnell, est l'autre point fort de mon programme. Les habitants de ce quartier sont exploités par des politiciens véreux qui n'ont qu'une idée en tête : faire le maximum de profit. Par n'importe quel moyen. C'est pour cela qu'ils se cramponnent à leurs postes. Il est temps de chasser ces requins ! Je vous jure que si vous m'accordez votre confiance, à moi, Marco Santorelli, une fois au Congrès des Etats-Unis, je ferai tout ce qui est en mon pouvoir pour assainir cette circonscription et pour vous représenter honnêtement !

Il avait parlé avec passion, et son discours atteignit son but. Les Italiens en délire lui firent une ovation monstre. On avait oublié les provocateurs. Pour ces immigrants extrêmement pauvres, les peccadilles passées de Marco n'avaient aucune importance; ils avaient enfin trouvé un homme jeune et résolu, un des leurs disposé à se battre pour eux.

Nellie, qui n'avait pas compris un mot de la tirade mais qui avait senti la fougue de Marco, était aussi excitée que les immigrants.

– Il est vraiment doué, dit-elle à Jake qui applaudissait à tout rompre. Il va gagner !

La foule se mit à scander : « Mar-co ! Mar-co ! » Nellie joignit sa voix au chœur.

Seigneur, pensait-elle, *ce qu'il est sexy ! Il me le faut dans mon lit.*

– Mar-co ! Mar-co ! Mar-co !...

NEUVIÈME PARTIE

LIAISONS

39

C'était une pluvieuse journée de septembre, Violet Weiler rentrait chez ses parents après son cours de danse. Elle trouva au majordome une « tête de circonstance ».

– Vos parents désireraient vous voir dans le grand salon, mademoiselle Violet.

Elle entra dans la pièce dorée. Son père vint au-devant d'elle et la serra contre lui.

– Sois courageuse, mon petit...

– Qu'y a-t-il ?

Sa mère, qui regardait par l'une des fenêtres donnant sur la 5e Avenue, se retourna. Elle avait les mains mélodramatiquement jointes.

– Quel malheur, ma chérie !

– Mais enfin, que se passe-t-il ?

– Craig... Sa mère a appelé tout à l'heure. Elle a reçu un télégramme de notre ambassadeur en Italie. Les Allemands ont bombardé l'ambulance qu'il conduisait.

Violet demeura pétrifiée. Elle n'arrivait pas à imaginer.

– Est-il... ?

– Oui, murmura son père.

Elle se revit, dix ans plus tôt, nageant avec le jeune

garçon dans un lac des Adirondacks. Elle commença à comprendre ce que signifiait la guerre.

La mort de Craig Wertheim la plongea dans une profonde dépression. Pour la première fois de sa courte existence, elle faisait l'expérience du malheur; elle découvrait ce qui se passait à l'extérieur de son univers douillet. C'était très bien de lire des ouvrages sur la guerre et d'écouter ses parents discuter d'œuvres charitables au profit des déshérités; mais il y avait la réalité : Craig s'était fait tuer sur le champ de bataille et Jake, au temps de sa pauvreté, avait vécu dans les taudis. Car Violet pensait de plus en plus souvent au compositeur qui, au restaurant chinois, lui avait offert son amour. Mais en quoi consistait l'amour, au juste? Quel était le grand secret? Pourquoi certaines femmes en parlaient-elles à voix basse? Qu'avait donc fait Oscar Wilde de si horrible pour que sa mère refusât d'entendre prononcer son nom dans la maison?

Violet décida d'en avoir le cœur net. Elle alla à la bibliothèque municipale et consulta le fichier à la rubrique « Biologie ». A l'université, elle avait choisi cette matière; malheureusement, l'hypocrisie des programmes était telle qu'elle en savait davantage sur la sexualité des grenouilles que sur celle des êtres humains. Elle prit deux ouvrages sur les rayons et s'installa dans la vaste salle de lecture pour les étudier à son aise.

C'était donc cela! se dit-elle un moment plus tard. Elle essaya d'imaginer ses parents en pleine action, mais c'était difficile à concevoir. Cela avait pourtant bien dû arriver, puisqu'elle était là.

Elle remit les livres en place et quitta la bibliothèque. Elle comprenait, à présent, la proposition que Jake lui avait faite au restaurant; et elle se rendait compte que si elle acceptait, elle risquait d'aller tout droit au désastre. Etait-ce cela qu'elle désirait? Son univers avait beau être étouffant et éloigné des réalités, il était indéniablement confortable. Si elle bafouait les usages en devenant la maîtresse de Jake Rubin, elle risquait de ne jamais trouver de mari – du moins, un mari appartenant à son milieu, comme Craig Wertheim.

S'épuisant à peser le pour et le contre, elle atteignit la 57e Rue. Une chose était sûre : elle trouvait Jake fascinant. Jake avait souffert. Jake sentait les choses en profondeur. Jake avait vécu. Elle avait une immense affection pour lui, peut-être même de l'amour. En tout cas, maintenant, elle le savait : elle le désirait.

Mais le désirait-elle au point de lui donner le coup de téléphone qui risquait de la perdre ? Le désirait-elle au point d'essuyer la réprobation outragée de sa mère ? L'indécision la torturait. Si seulement elle avait quelqu'un à qui demander conseil !

Et si elle s'adressait à Mme Levitska ?

Celle-ci n'avait-elle pas été – à l'en croire – la maîtresse du tsar ?

Nadeshda Maximova Levitska habitait un appartement de trois pièces au-dessus de son studio, à Carnegie Hall. Le living-room était digne d'un roman de Dostoïevski : de lourds rideaux lie-de-vin maintenaient la pièce dans une pénombre permanente que la lampe à globe d'opaline dissipait à peine. Le mobilier se composait de divans, d'ottomanes et d'innombrables étagères ; le tapis d'Orient était constellé de taches là où les deux chiens de Mme Levitska s'entêtaient à faire leurs besoins. Des revues, des livres et des disques russes jonchaient tout l'appartement ; des photographies de la famille royale et du tsar Alexandre III – l'amant supposé – trônaient dans des cadres d'argent sur le piano à queue. Au-dessus de la cheminée, un portrait à l'huile représentait la jeune et belle Mme Levitska. Sous la toile, assise dans un fauteuil poussiéreux et enveloppée dans un châle, Mme Levitska – toujours belle mais ridée – servait le thé avec un samovar d'argent.

– Alors tu penses être amoureuse ? (Elle parlait avec un fort accent et émaillait ses phrases d'expressions russes.) Et de qui, je te prie ?

– Jake Rubin, le compositeur. Oh, madame, c'est un homme merveilleux ! Il...

– Oui, oui, je sais. (Elle lui tendit sa tasse de thé.) Il est beau, gentil, drôle, attentionné... comme tous les autres. Il est aussi marié. Et à ce qu'il paraît, cette Nellie Byfield n'est pas tendre. Tu vas au-devant de gros ennuis. Et ta maman? *Bojhié moï* (1)*!* J'ose à peine y penser!

– C'est bien pour cela que je suis venue vous voir, gémit Violet. Je ne sais que faire.

– Quand j'étais la maîtresse de Sa Majesté... (Elle ferma les yeux et sourit.) Ah, quel amant! Quel étalon! *Bojhié moï!* (Elle battit des paupières.) Bref, du temps où j'étais sa maîtresse, j'ai appris la règle la plus importante du jeu : négocier.

– Comment cela?

– Il faut faire un petit pas en avant, voir ce que ça donne, puis faire un autre petit pas. Attendre ses propositions. Pas de précipitation, surtout. Jamais! Il faut avancer progressivement. Négocier. C'est toi qu'il désire; s'il veut t'avoir, qu'il paie!

– Mais je ne veux pas d'argent...

– *Bojhié moï,* quelle bécasse! Ecoute : tu crois l'aimer et lui, de son côté, te fait de grandes déclarations. Parfait! voyons jusqu'à quel point il t'aime. T'aime-t-il suffisamment pour renoncer à son dragon de femme et pour t'épouser, toi? Hein? Avons-nous pensé à ça?

Violet fronça les sourcils.

– Cela résoudrait certainement beaucoup de problèmes.

– Et comment! Tu ne ferais pas une bonne maîtresse, petite. Tu es trop bourgeoise – cela dit sans t'offenser. Mais l'important, c'est de lui faire croire que tu es prête à le devenir. Toute maîtresse digne de ce nom doit avoir son chez-soi, oui? Bon, voyons s'il est disposé à te payer un appartement. Mais attention, tu es une fille riche, habituée au luxe : il faut que ce soit un bel appartement! Voyons ce qu'il te propose. En attendant, sois gentille avec lui mais cramponne-toi à ce que tu as. Compris? Fais-le un peu tourner en bour-

(1) « Mon Dieu! »

rique. C'est toujours bon pour les hommes. Encore une tasse de thé, petite ?

– Non, merci. Mais que dois-je faire s'il me propose un tel appartement ? De toute manière, mes parents m'interdiraient de m'installer aux frais d'un homme...

– Pas la peine de déménager; continue de négocier. Tous les prétextes sont bons : il faut faire repeindre l'appartement... les rideaux ne te plaisent pas... la salle de bains n'est pas à ton goût... On trouve toujours des excuses. Lui, pendant ce temps, il s'impatiente; le temps passe; il devient fou d'amour, petite; et toi, à ce moment-là, tu lui suggères qu'il s'est peut-être trompé d'épouse. Compris ? Surtout, cramponne-toi à ce que tu as ! Ça vaut de l'or.

– C'est la méthode que vous avez employée avec le tsar ?

– Euh... avec les princes, c'est différent. D'ailleurs, à l'époque où je l'ai rencontré, je n'avais plus rien à quoi me cramponner.

Ses cinq bracelets en argent tintèrent joyeusement lorsqu'elle remplit sa tasse.

Négocier... songeait Violet. *Ce n'est pas très romantique, évidemment, mais elle a peut-être raison. Et puis, ce serait assez amusant de voir la réaction de Jake...*

Pour ce qui était de quitter ses parents pour s'installer chez elle, Violet avait sa petite idée là-dessus.

Le cabinet de travail de Jake lui convenait tout à fait malgré son exiguïté. Il y avait disposé son piano, un petit bureau et un divan sur lequel il s'allongeait quand l'inspiration lui faisait défaut. Lorsqu'il travaillait, il baissait le store de l'unique fenêtre afin d'éliminer tout risque de distraction. Dans cette pièce d'une simplicité quasi monacale, Jake écrivait une quantité phénoménale de partitions. A Tin Pan Alley, on l'avait surnommé « l'Usine à chansons » – un compliment où perçait une pointe de jalousie.

Assis au piano, Jake travaillait à une nouvelle chanson intitulée *Je me souviens de toi, pourquoi m'as-tu oublié ?* lorsque le téléphone sonna. Croyant que c'était Abe Shulman, il décrocha.

– Allô ?

– Jake ? Ici Violet Weiler.

Violet ! La délicate, la délicieuse Violet... Deux semaines s'étaient écoulées depuis leur déjeuner en tête-à-tête au restaurant chinois. Jake avait pensé que sa proposition n'intéressait pas la jeune fille. Au son de sa voix, il se remémora le plaisir sans mélange qu'il avait éprouvé en sa compagnie.

– Vous m'avez manqué, dit-il. Comment allez-vous depuis la dernière fois ?

– J'ai pensé à vous. (Il lui sembla qu'elle avait une voix différente, plus rauque, plus... aguichante ?) Je voudrais vous parler de votre proposition.

– Avec joie ! Quand pourrais-je vous voir ?

– Ce n'est pas facile... vous connaissez maman. Mais ce soir elle accompagne papa à l'opéra. J'arriverai peut-être à sortir en douce.

– A quelle heure ?

– La représentation commence à huit heures, donc ils partiront vers sept heures et demie. Maman aime arriver tôt, pour avoir le temps de faire admirer ses bijoux. Ça irait si je vous retrouvais devant la maison à huit heures moins le quart ?

– Très bien. Je vous emmènerai dîner au Village. Je connais un petit restaurant français.

Elle raccrocha sans répondre.

A huit heures moins le quart, assis à l'arrière d'un taxi, Jake surveillait la porte d'entrée de la demeure des Weiler. Elle avait, dix minutes plus tôt, livré passage à M. et Mme Weiler qui s'étaient engouffrés dans leur limousine. Il pleuvait.

La porte s'ouvrit de nouveau et Violet sortit en courant. Elle portait un imperméable par-dessus sa robe jaune et s'abritait sous un parapluie. Jake descendit de voiture pour lui tenir la portière, puis donna au chauffeur une adresse à Greenwich Village.

– Je suis heureux que vous m'ayez appelé, dit-il en souriant. Très heureux.

Il se pencha et l'embrassa sur la bouche. Cela plut à Violet, mais elle se remémora l'avertissement de Mme Levitska : *Cramponne-toi à ce que tu as !*

Le restaurant s'appelait Le Bec Fin et se trouvait au rez-de-chaussée d'une ravissante maison à la façade couverte de vigne vierge. Après les avoir débarrassés de leurs imperméables, le patron, qui connaissait Jake, les conduisit à la meilleure table, près d'une fenêtre.

– Monsieur a commandé du champagne, dit-il à Violet.

– Oh, Jake, quelle merveilleuse idée !

Le patron déboucha la bouteille et les servit.

– A la nôtre ! dit Jake en levant sa coupe.

– A l'amour, dit Violet avec un soupir.

Elle but une gorgée et attaqua aussitôt :

– Voyons, à votre avis, dans quel quartier devrions-nous chercher un appartement ?

– Je vous demande pardon ?

– L'appartement... Si nous devons avoir une liaison – et je suis tellement impatiente, si vous saviez ! – nous ne pourrons certainement pas nous retrouver chez moi, ni chez vous... et il est hors de question que je fréquente un hôtel de deuxième ordre. Il nous faut donc bien trouver un appartement où je puisse m'installer, comme une maîtresse digne de ce nom. Et nous devrons en trouver un dans l'Upper East Side; ma mère ne me laissera jamais habiter ailleurs.

Jake la regarda, interloqué.

– Pensez-vous, pour commencer, que votre mère vous autoriserait à déménager ? Même pour vous installer dans l'Upper East Side ?

– Ce sera difficile, évidemment, mais ma décision est prise. Elle ne va pas régenter ma vie définitivement ! Pour en revenir à notre affaire, ce sera naturellement à vous de payer le loyer.

– Bien sûr.

– Et j'imagine que vous devrez me verser une allocation pour les dépenses courantes. J'ai comme l'impression que mes parents cesseront de subvenir à mes besoins si je deviens votre maîtresse, vous comprenez? Je toucherai une grosse somme d'argent à ma majorité mais, en attendant, je n'ai pas un sou.

Jake paraissait de plus en plus sidéré.

– Une allocation? Oui, certainement...

– Et puis il y a aussi la question des vêtements, des bijoux... mais nous en reparlerons plus tard.

– Oui, parlons plutôt de nous deux. Je ne puis vous dire à quel point je suis heureux de vous...

– Je le sais, mon chéri. (Elle lui sourit.) Je suis heureuse, moi aussi. Pensez, ma première liaison! *(Négocier...)* Mais il nous faut songer aux détails pratiques. Je commencerai dès demain à consulter les annonces de location, mais je dois déjà avoir une idée du prix que vous êtes disposé à y mettre. Combien diriez-vous, mon chéri?

Jake en demeura bouche bée. *Seigneur,* pensa-t-il, *qu'est devenue la gracieuse et innocente petite ballerine? Que lui a-t-on fait? J'ai l'impression de discuter avec un agent immobilier!*

– Euh... ma foi, je n'en sais rien. A vous de juger.

– Bon, je verrai. Si j'ai le coup de foudre pour un appartement, je vous le ferai visiter aussitôt. D'accord? Pourrons-nous aussi avoir un piano, Jake? Pour que vous m'interprétiez vos chansons? Vous voulez bien, Jake? Ce serait tellement romantique...

– Euh... oui, bien sûr. Pourquoi pas? J'en louerai un...

Seigneur, cette histoire va me coûter une fortune!

Devant l'expression affolée de Jake, Violet ne put s'empêcher d'éclater de rire.

– Qu'y a-t-il de si drôle? demanda-t-il, surpris.

– Vous, pardi! (Elle porta sa serviette à sa bouche pour étouffer ses gloussements.) Je crois que j'ai un peu trop négocié.

– Pardon?

– Mme Levitska... Je lui ai demandé conseil avant de vous rappeler; elle a plus l'expérience que moi de ce genre de situation... Et elle m'a recommandé de négocier avec vous... mais je crois... (Elle tressautait sur sa chaise, en proie à un fou rire.) Je crois que j'y suis allée un peu fort!

Jake se mit à rire, lui aussi.

– Vous êtes allée voir Mme Levitska?

Violet acquiesça entre deux hoquets.

– Eh bien! vous pouvez vous vanter de m'avoir fait une belle peur.

Ils s'esclaffèrent de plus belle.

Le Metropolitan Opera, l'un des bastions les plus conservateurs de la société new-yorkaise, était également une forteresse de l'antisémitisme. Il était interdit aux juifs d'acheter une loge; ils pouvaient juste en louer une à l'occasion d'une représentation isolée. Cette soirée de gala était organisée au bénéfice de la Croix-Rouge belge à laquelle Simon Weiler avait versé un don de quinze mille dollars, aussi les Weiler furent-ils aimablement autorisés à louer la loge 32. Le Tout-New York était là, et Mme Weiler exhibait une tiare de diamants et de rubis avec un collier à trois rangs et des boucles d'oreilles assorties, trois bracelets de diamants, une bague ornée d'un solitaire de quarante carats et des jumelles de théâtre incrustées de pierres précieuses, qui avaient coûté soixante-quinze mille dollars. Néanmoins, Rebecca ne trouvait nullement ostentatoire cette débauche de bijoux; la femme qui occupait la loge voisine portait, elle, sept bracelets de diamants.

A l'opéra, la coutume voulait qu'on partît à la fin du premier acte car personne, dans la haute société, ne s'intéressait beaucoup au chant ni à la musique : on allait à l'opéra uniquement pour étaler ses richesses. Ce soir-là, cependant, du fait qu'il s'agissait d'un gala et que *La Tosca* était une œuvre populaire, la plupart des spectateurs restèrent jusqu'au bout. Les Weiler sortirent d'un pas majestueux, en bavardant avec leurs amis. Une longue file de limousines attendait devant le perron, sous le regard curieux des badauds qui observaient le défilé, frileusement engoncés dans leurs pardessus.

Le majordome attendait leur retour.

— Violet est-elle couchée, Jarvis ? demanda Rebecca.

— Non, madame. Elle est sortie.

— Ah ? Elle ne m'avait pas prévenue qu'elle sortait. Avec qui ?

— Elle ne l'a pas précisé, madame.

Sous le triple collier, l'ample poitrine de Rebecca se souleva. Sept cent mille dollars de diamants suivirent le mouvement.

— Elle a quand même bien dit où elle allait ?

A cet instant, la porte s'ouvrit et Violet entra précipitamment. A la vue de ses parents, elle s'immobilisa. Elle avait bien eu l'intention de rentrer avant eux, mais elle avait laissé passer l'heure : elle se trouvait tellement bien en compagnie de Jake...

— Où étais-tu ? tonna la mère.

— Je suis allée dans une brasserie. J'avais faim.

Un regard outré la toisa.

— Tu es allée dans une brasserie en robe de soirée ? Avec tout ce qu'il y a à manger dans cette maison, il me semble déjà saugrenu d'aller dans une brasserie; mais avec sa plus belle robe, ça dépasse l'entendement !

— C'est pourtant la vérité, répliqua Violet avec hauteur en se dirigeant vers l'escalier. Bonne nuit à tous.

Sourcils froncés, sa mère la suivit des yeux.

— Elle ment, c'est sûr, chuchota-t-elle à son mari...

— Voyons, Rebecca, laisse-la tranquille. Je te trouve parfois bien stricte avec Violet.

— On n'est jamais trop strict avec sa fille ! A quelle heure est-elle sortie, Jarvis ?

— Peu de temps après vous, madame, me semble-t-il.

— Tu vois ? s'exclama-t-elle à l'adresse de Simon. Elle ment ! Quatre heures dans une brasserie ? Allons donc ! Je vais avoir une conversation avec cette petite.

Violet se brossait les cheveux lorsque sa mère entra dans sa chambre. Elle soupira en la voyant foncer sur elle, toutes voiles dehors et parée comme une châsse.

– Jarvis m'informe que tu es sortie peu après nous. Tu n'espères certainement pas me faire croire que tu as passé quatre heures dans une brasserie ?

Violet continua de se coiffer.

– Vous pouvez croire ce que vous voulez, maman.

– J'exige la vérité, Violet ! Où as-tu passé la soirée ?

D'un geste sec, elle posa sa brosse et fit face à sa mère.

– Si vous cessiez un peu de me harceler ?

– Je ne te harcèle pas. J'exerce mes responsabilités de mère, c'est tout. Où étais-tu ?

– Ça ne vous regarde pas !

Violet courut s'enfermer dans la salle de bains.

– Violet ! s'écria Rebecca en cognant à la porte. Sors de là immédiatement !

Au bout d'un moment, le visage boudeur de Violet apparut dans l'entrebâillement.

– Mais enfin, qu'est-ce que vous voulez, maman ?

– Tu le sais très bien. Je veux savoir ce que tu as fait ce soir.

Violet prit une profonde inspiration.

– Puisque vous y tenez, je vais vous dire la vérité : je suis allée dîner à Greenwich Village avec un homme dont je commence à être amoureuse. Mieux vaut vous faire à cette idée, maman, car je pense vraiment l'aimer.

– Je vois, dit-elle d'un ton glacial. Et peut-on savoir qui est cet homme ?

Violet s'assit sur son lit et retira ses souliers dont elle fixait la pointe avec obstination.

– Jake Rubin...

Long, très long silence. Violet se leva pour aller ranger ses chaussures dans la penderie.

– Je sais ce que vous en pensez, maman; il est donc inutile de me faire un sermon. Je sais qu'il est russe, je sais qu'il n'est pas « de notre milieu », et je sais qu'il est marié. Tout cela ne m'empêche pas de l'aimer. C'est l'homme le plus merveilleux du monde.

Elle ôta sa robe et la suspendit à un cintre, en se

demandant pourquoi sa mère ne l'accablait pas de reproches.

En se retournant, elle eut la surprise de constater que Rebecca n'était plus là.

Le lendemain matin, Fanny – la servante noire de Nellie – annonça à sa maîtresse :

– Mademoiselle Nellie, vous avez de la visite en bas.

Nellie lisait dans son lit. Elle posa sa revue et s'étonna :

– De la visite ? Qui ça ?

– Quelqu'un de très important, si vous voulez que je vous dise. Elle est arrivée dans une énorme Rolls-Royce conduite par un beau chauffeur. Un très beau chauffeur...

– Mais enfin, Fanny, qui est-ce ?

La camériste tendit un bristol.

– Mme Simon Weiler, murmura-t-elle, subjuguée.

– Elle a l'air drôlement riche !

– Elle l'est, dit Nellie en rejetant ses couvertures. Son mari, c'est la chaîne de magasins Weiler.

– C'est vrai ! J'ai justement repéré une très jolie robe dans une de leurs vitrines, la semaine dernière... trop chère pour moi...

Nellie se précipita dans la salle de bains.

– Passe-moi ma robe blanche – celle qui a le col de dentelle – et descends lui dire que je suis prête dans dix minutes. Propose-lui du thé ou du café. Et surtout, sois polie !

Je me demande ce qu'elle peut bien me vouloir, songea-t-elle en se brossant les dents.

Un quart d'heure plus tard, Nellie faisait son entrée dans le salon. Rebecca Weiler, vêtue d'un tailleur en tweed et d'une toque ornée d'une immense plume, était assise, compassée, sur le bord d'un fauteuil.

– Madame Weiler ? Je suis Nellie Rubin.

Rebecca serra la main tendue mais ne se leva pas.

– Je m'excuse de cette visite impromptue, madame Rubin. Je ne vous dérange pas, j'espère ?

– Pas du tout. Fanny vous a-t-elle proposé quelque chose ?

– Oui. J'ai refusé. J'ai déjà pris deux tasses de café ce matin. Une troisième tasse serait une faiblesse. Je n'aime pas la faiblesse.

Charmante bonne femme, pensa Nellie en s'asseyant. *Quelle chaleur, quelle simplicité !*

– Eh bien, madame Weiler, que puis-je pour vous ?

Rebecca gratifia Nellie d'un regard glacial. *Séduisante mais vulgaire,* jugea-t-elle.

– Madame Rubin, je crains que cet entretien ne soit pas plus agréable pour vous que pour moi. Votre mari est-il là ?

– Oui, il travaille dans son bureau.

– Il ne risque pas de surprendre notre conversation, j'espère ?

– Certainement pas.

– Dans ce cas, je puis vous parler en toute franchise. Au risque d'être accusée d'avoir des idées vieux jeu sur le mariage, je crois fermement que le devoir des deux partenaires, une fois l'engagement pris, est de rester fidèles l'un à l'autre. N'est-ce pas votre avis, madame Rubin ?

Nellie s'agita sur son siège. Elle avait déjà trompé Jake deux fois, mais Jake n'en savait rien.

– Ma foi... oui, je pense.

– Vous ne semblez pas très convaincue, madame Rubin. Peut-on se contenter de « penser » que les serments du mariage sont sacrés ?

-- Excusez-moi, madame Weiler, mais j'aimerais connaître l'objet de votre visite.

– C'est très simple. Votre mari courtise ma fille.

– Jake ? s'écria Nellie, stupéfaite.

– En effet : « Jake », si c'est là son prénom.

– Mais quand ?... Comment... ?

– Ils se connaissent depuis déjà quelque temps. Violet est une enfant extrêmement raffinée et délicate, madame Rubin, mais elle est innocente. Très innocente. Elle est sans défense entre les griffes de votre mari, et je crains pour sa pureté. Bien entendu, ma sympathie vous est acquise, à vous qui êtes également victime de la duplicité de cet homme. C'est pourquoi je suis venue vous avertir du danger que court votre ménage. Il faut que vous interveniez auprès de votre mari, madame Rubin. Empêchez-le de détruire ma fille ! Et votre ménage par la même occasion.

– Quel âge a votre fille ?

– Elle aura vingt ans le mois prochain.

Ma parole, Jake les prend au berceau ! Incroyable ! Le sale hypocrite...

Nellie arbora une expression douloureuse.

– Je vous suis infiniment reconnaissante de m'avoir prévenue, madame Weiler. Je suis tellement choquée – scandalisée ! – d'apprendre que mon mari court après d'autres femmes ! Mais n'ayez aucune crainte : ce petit jeu va cesser immédiatement.

Rebecca se détendit visiblement.

– Et moi, chère madame, je suis soulagée de vous entendre dire cela. Nous vivons – hélas ! – à une époque de relâchement des mœurs. Il est réconfortant de savoir qu'il reste des femmes comme vous qui croient encore aux valeurs éternelles. (Elle se leva, la main tendue.) J'ai été très heureuse de faire votre connaissance, ma chère. Votre mari a eu bien de la chance de vous rencontrer.

– Vous êtes trop aimable. Encore merci d'être venue, chère madame.

– Nous avons certainement évité une tragédie.

Nellie raccompagna sa visiteuse, en pensant : *Maudit Jake ! Mais je sais comment lui rendre la monnaie de sa pièce...*

40

Ce soir-là, en descendant de voiture devant le New Amsterdam Theater, Nellie dit à son chauffeur :

– Je resterai après la représentation pour répéter un nouveau numéro, Billy. Cela risque de se prolonger : je rentrerai en taxi.

En réalité, dès la fin du spectacle, elle se fit conduire au Village par un taxi qui la déposa devant la permanence électorale de Marco. Seules les fenêtres du deuxième étage étaient éclairées; c'étaient justement celles qui intéressaient Nellie.

Elle gravit les trois marches du perron et sonna. Marco lui ouvrit, en robe de chambre et les pieds nus.

— Nellie! s'exclama-t-il, surpris. Qu'est-ce qui vous amène... ?

— Eh bien, voilà : comme vous ne m'avez toujours pas invitée à ce fameux déjeuner, je me suis dit que vous me proposeriez peut-être d'entrer prendre un verre, malgré l'heure tardive.

L'idée ne sembla pas enchanter Marco.

— Je m'apprêtais à me coucher...

Il embrassa d'un coup d'œil la rue déserte. Si quelqu'un le surprenait dans cette embarrassante situation, son image politique risquait d'en pâtir.

— Entrez, dit-il en s'effaçant pour lui livrer passage.

Il referma vivement la porte. Nellie portait une robe mauve, un manteau de velours noir à col de vison et un chapeau noir orné d'une large boucle. Cette élégance n'était certainement pas innocente.

— Jake est-il au courant de votre visite?

— Non, évidemment, répondit-elle en souriant. Vous ne me proposez pas de monter?

— Non, Nellie. Et je pense que vous feriez mieux de rentrer chez vous. Tout de suite.

Le hall était tellement étroit qu'ils se trouvaient à quelques centimètres l'un de l'autre. Elle lui mit les bras autour du cou.

— Rassurez-vous, murmura-t-elle, Jake n'en saura jamais rien. J'ai envie de vous, Marco. Vous êtes l'homme le plus séduisant qu'il m'ait été donné de rencontrer... Ne m'obligez pas à vous supplier...

Elle glissa une main dans l'encolure du peignoir de Marco et lui caressa amoureusement le torse.

— N'allez surtout pas croire que Jake m'est fidèle, reprit-elle. Il sort en cachette avec une gamine de dix-neuf ans. Puisqu'il s'amuse, pourquoi pas nous ?

Le contact de la main de Nellie sur sa peau rendit Marco fou de désir. Ce fut plus fort que lui : il la prit dans ses bras et sa bouche chercha la sienne. Leur baiser s'éternisa.

– Faisons l'amour, chuchota Nellie, haletante. Prends-moi, mon chéri...

Il la repoussa brusquement.

– Allez-vous-en, dit-il d'une voix sourde. Sortez d'ici !

Avec un petit sourire, elle se remit à lui masser la poitrine.

– Ne me dis pas que tu ne me désires pas...

Il lui saisit les poignets et la contraignit à baisser les bras.

– Naturellement, que je vous désire ! C'est bien là le problème ! Mais je ne ferai pas ça à Jake... Bon sang, il y a des fois où je voudrais être un eunuque ! En attendant, partez avant que je vous prenne, là, à même le plancher, comme une bête !

– Fais-le donc... oh oui ! Fais-le. Fais-le...

– C'est ça que vous attendez ? J'aurais dû m'en douter...

– J'aime te voir en colère, ça m'excite.

Il ferma les yeux.

– Bon Dieu, Nellie, ne me compliquez pas les choses. Vous êtes la femme de Jake... la seule au monde avec laquelle je ne puisse pas coucher. (Rouvrant les yeux, il lança d'une voix vibrante de rage :) Et maintenant, fichez-moi le camp ! Vous êtes stupide de tromper Jake; vous n'en trouverez jamais de meilleur que lui.

Ce fut au tour de Nellie de s'emporter. D'un geste sec, elle libéra ses poignets.

– C'est bon, je m'en vais. Mais je dirai à Jake que vous m'avez fait des avances ! Non, encore mieux : je lui dirai que vous m'avez demandé de venir ici et que vous avez tenté de me violer !

Il la gifla avec une telle force qu'elle se cogna contre le mur.

– Si jamais vous lui racontez ça, je vous tue ! Vous m'entendez ? Trompez-le avec qui vous voulez, mais ne vous avisez pas de lui faire croire que nous avons couché ensemble ! Jake est mon ami, figurez-vous. Je vous conseille donc de vous tenir tranquille !

La violence de sa réaction effraya passablement Nellie, mais elle s'efforça de n'en rien laisser paraître. La main sur sa joue en feu, elle se dirigea vers la porte.

– Je vous revaudrai ça, dit-elle posément. A vous et à Jake.

Sur ces mots, elle sortit.

Marco ferma la porte et s'y adossa, courbé en deux par la souffrance de son désir inassouvi. *Jake, tu m'as aidé quand je me suis enfui d'Ellis Island. Rien que pour ça, je me refuse à courir après ta femme.*

Et pourtant, j'ai été bien près de succomber !

Se redressant avec peine, il monta lentement l'escalier.

Après le dîner au Bec Fin avec Violet Weiler, Jake se sentit plus attiré que jamais par la jeune fille. Cependant, une fois rentré chez lui, il se dit que Violet – abstraction faite de ses hilarantes « négociations » – était effectivement en droit de savoir dans quelle aventure elle s'engageait. Après tout, elle était encore mineure. Sa mère – malgré son excès de puritanisme – incarnait parfaitement les idées morales de la bonne société; Jake savait que, s'il prenait Violet pour maîtresse, il la déconsidérerait aux yeux de ses parents et de ses amis. Pour l'instant, Violet aspirait à l'amour libre, mais qu'en serait-il dans cinq ans ? Ne risquait-elle pas de changer d'avis et de rechercher la respectabilité alors qu'il serait trop tard ? Jake était-il prêt à assumer cette responsabilité ? Il éprouvait pour la jeune fille des sentiments plus complexes qu'il ne l'avait cru tout d'abord. Il la désirait, bien sûr, et il était sous le charme de sa jeunesse; mais il ressentait également l'envie de la protéger, un peu comme un père. Cela n'était pas dû uniquement à leur différence d'âge, il avait aussi besoin de compenser l'indifférence hautaine dont faisait preuve Nellie.

La solution eût été de divorcer pour épouser Violet,

mais il y avait le problème de Laura. L'innocente Laura. Nellie avait rejeté sa fille en s'apercevant qu'elle était anormale; comment savoir si Violet ferait une meilleure mère? Toute compassion mise à part, Jake devait reconnaître que Laura n'était pas une enfant facile à vivre. Il fallait la surveiller constamment, et elle avait une santé beaucoup plus fragile qu'une fillette ordinaire. Jake avait les moyens de s'offrir les services de Mme Fleming, ce qui simplifiait la situation. Violet accepterait-elle pour autant de prendre en charge une enfant à problèmes qui n'était même pas sa fille?

Violet avait décidé de se trouver un appartement, mais elle comptait l'occuper toute seule et en payer elle-même le loyer. Plusieurs de ses amies avaient réussi à quitter leurs parents pour s'installer chez elles; mais cela ne s'était jamais passé sans drame, car la tradition voulait qu'une jeune fille vécût chez ses parents jusqu'à son mariage. La perspective d'échapper à la personnalité étouffante de sa mère grisait Violet. De toute façon, elle s'entendrait mieux avec Mme Weiler lorsqu'elles n'habiteraient plus toutes les deux sous le même toit. Elle se mit donc à éplucher les annonces immobilières des journaux, en cochant celles qui lui paraissaient intéressantes. Le surlendemain de leur dîner au Bec Fin, elle décida de téléphoner à Jake pour lui annoncer qu'en définitive il n'aurait pas à payer le loyer de l'appartement...

Elle savait que Jake se mettait généralement au travail à dix heures du matin, et elle l'appela peu après cette heure, mais à sa grande surprise elle n'obtint pas de réponse. Elle retourna s'asseoir devant la grande baie vitrée donnant sur la 5e Avenue et sur le parc. Cette vue splendide lui manquerait. De même que sa chambre, toute blanche, avec les rideaux de dentelle assortis, et le lit à baldaquin jonché d'animaux en peluche. Des photographies de ses danseurs favoris – dont une demi-douzaine de Nijinski – tapissaient les murs. Le grand danseur russe avait été à l'origine d'une dispute entre Violet et sa mère. En avril précédent, Nijinski était arrivé à New York pour ses débuts au Metropolitan Opera; naturellement, Violet avait demandé à aller le voir. Sa mère avait refusé, sous prétexte que Nijinski dansait d'une manière indécente. Mme Weiler n'ignorait rien de la représentation du *Prélude à l'après-midi d'un faune*, au cours de laquelle Nijinski avait mimé sur scène la masturbation, et elle n'entendait pas laisser sa fille assister à un tel spectacle.

Un quart d'heure plus tard, Violet essaya de nouveau le numéro de Jake. Avec succès cette fois.

– Ici Violet.

– Ah...

– Quelque chose ne va pas ?

– Ma fille est malade. Elle a attrapé froid et le médecin craint que ça ne dégénère en pneumonie.

– Je suis désolée...

– Elle a une grosse fièvre. Je...

Elle attendit, mais Jake n'acheva pas sa phrase.

– J'espère qu'elle va aller mieux, dit Violet.

– A vrai dire, nous sommes un peu inquiets.

– Dans ce cas, je ne vous retiens pas plus longtemps.

– Excusez-moi...

– Non, non, je comprends très bien. Au revoir, Jake. Je me languis de vous.

Elle retourna s'asseoir devant la fenêtre. Jake lui avait parlé une ou deux fois de sa fille, en laissant entendre qu'elle n'était pas tout à fait normale, mais Violet avait senti qu'il n'aimait pas aborder le sujet.

Pour la première fois, elle prit conscience qu'il menait sa propre vie, qu'elle avait passé relativement peu de temps avec lui et qu'elle savait finalement très peu de chose sur lui. Elle ne connaissait de sa vie que ce que tout le monde en connaissait : il avait émigré de Russie neuf ans auparavant, sans un sou vaillant, et il avait connu une ascension foudroyante à Broadway. Elle savait aussi que c'était un homme doux et courtois, de compagnie agréable. Enfin, elle savait qu'il l'attirait. Mais elle n'avait jamais rencontré sa femme; elle ne l'avait vue que sur scène.

Elle se rendit compte qu'elle s'apprêtait tout bonnement – avec la bénédiction de Mme Levitska – à détruire le ménage d'une autre femme en lui volant son mari. Vue sous cet angle, l'affaire prenait une tournure beaucoup moins sympathique.

Elle décida de continuer à chercher toute seule un appartement.

41

– Ma chère, de toutes les réceptions qui ont lieu ce soir à New York, celle-ci est la seule à présenter un quelconque intérêt, déclara Una Marbury à Vanessa. Carol a engagé un orchestre de jazz qui a fait un malheur à Paris, pas moins. Le chef s'appelle Roscoe Haines; il revient de Rio avec sa femme. D'après Carol, sa musique est totalement païenne et absolument irrésistible... Tout comme toi, mon chou. J'aurais envie de te couvrir de baisers ! Je compte bien céder à la tentation, d'ailleurs.

Elle caressa amoureusement la joue de Vanessa, qui tressaillit de plaisir et d'appréhension.

Lorsqu'elle était avec Una, Vanessa revivait l'époque où, écolière, elle écrivait des lettres d'amour à certaines de ses camarades et échangeait avec elles des baisers passionnés. Mais elle n'avait éprouvé alors ni honte ni culpabilité, car il ne lui était jamais venu à l'idée d'en arriver à des relations sexuelles. En un temps où Violet Weiler était contrainte d'aller à la bibliothèque municipale pour se renseigner sur les choses de la vie, il n'y avait rien d'étonnant à ce que Vanessa n'eût jamais entendu parler du saphisme. Au début, son amitié pour Una lui parut aussi innocente que ses « amourettes » d'écolière dont elle gardait un souvenir ému. Vanessa s'était toujours sentie plus à l'aise avec les femmes qu'avec les hommes et elle avait pratiquement rayé de sa vie Marco, son mari. A présent, elle cherchait quelqu'un pour combler ce vide; Una, qui était drôle et en révolte contre la société, semblait toute désignée pour jouer ce rôle.

Mais ces derniers temps les caresses d'Una devenaient presque embarrassantes, ses baisers plus intimes, au point que Vanessa commençait à éprouver une excitation qui l'effrayait. Après ce que lui avait dit Una de Carol de Witt et de ses amis, elle savait bien qu'en allant à cette réception elle s'exposait à une aventure aussi fascinante que dangereuse. Sa curiosité avait fini par l'emporter sur sa crainte.

En réponse au coup de sonnette d'Una, une grande femme en smoking vint leur ouvrir. La trentaine, coiffée en brosse, comme un homme, un monocle vissé à l'œil gauche, assez séduisante. On entendait, derrière elle, un brouhaha de voix et la musique syncopée d'un orchestre de jazz.

– Carol, ma chère, je te présente Vanessa, dit Una en embrassant l'hôtesse sur la joue. Je l'ai prévenue qu'elle risquait d'être choquée par ton raout. Je te demande instamment de la recevoir. (A voix basse, elle ajouta vivement :) Elle a acheté *Promesse de Printemps*.

Carol eut un sourire glacial. Vanessa ne fut pas étonnée que cette artiste, fille d'un riche commerçant de Chicago, se prît pour un vampire; c'était, au physique, une réplique assez réussie du comte Dracula.

– Je sais qui est Vanessa, répondit Carol d'un ton dépourvu de la moindre chaleur. Vous êtes la bienvenue, mais je ne pense pas que votre mari comptera beaucoup d'électeurs parmi mes invités.

Cette allusion fit tressaillir Vanessa. Elle avait beau détester Marco, il était encore son mari, le père de son fils, et il se présentait aux élections dans la circonscription de Greenwich Village. La présence de Vanessa à la réception de Carol de Witt risquait de lui faire du tort. Comme si elle devinait ses pensées, Una prit Vanessa par la main et l'entraîna dans le salon enfumé, où se pressaient des invités des deux sexes. Des femmes dansaient entre elles, des hommes entre eux, mais on pouvait noter également quelques rares spécimens de couples « traditionnels ». Si certains hommes étaient en smoking, la plupart arboraient des tenues plus originales : vestes de velours ou costumes bizarres inspirés de l'habit de lumière des toréadors; il y avait même, affalé par terre, un jeune homme nu comme un ver. Les femmes, elles, portaient soit des vêtements d'hommes – comme Carol –, soit des corsages et des jupes très amples. Una était l'une des rares à avoir adopté une tenue féminine : une robe bordeaux et une cape en crêpe de Chine, négligemment rejetée sur l'épaule.

– Et voilà ! s'exclama-t-elle. Délicieusement décadent, non ? Quand on y songe, un homme qui danse avec une femme, c'est terriblement commun. Ça, ma chère, c'est beaucoup plus intéressant. Nous dansons ?

Sans attendre la réponse, elle prit Vanessa par la taille et l'entraîna en valsant au milieu de la foule. D'abord tendue, Vanessa finit par constater qu'elle prenait à cette danse un certain plaisir.

– Savais-tu, ma chère, que le mot « jazz » nous vient d'un dialecte africain et qu'il signifie « sperme » ? C'est une musique essentiellement sexuelle; je trouve ça absolument fascinant. Tu me diras que la valse, il y a un siècle, était considérée comme une danse osée... Je suis sûre qu'on pourrait écrire une thèse assommante sur l'évolution de la libération sexuelle en fonction des différents types de danses. Pourquoi as-tu eu cette réaction quand Carol a parlé de ton mari ?

– Tu ne devines pas ?

– Ah ! mon doux cœur, tu te sens un tantinet coupable d'être ici, en plein Sodome ! Ma foi, c'est compréhensible. Aimerais-tu encore Marco, ma chère ?

– Je préfère ne pas parler de cela.

– C'est pourtant nécessaire ! Nous sommes là à danser joue contre joue. C'est évident : je suis follement, passionnément amoureuse de toi. Peut-on en dire autant de Marco ?

– Non...

– Et tu ne l'aimes pas davantage... Exact ?

– Je t'en prie, changeons de sujet...
– Non! Il est temps de nous parler en toute franchise. Pourquoi l'as-tu épousé? Tu devais bien savoir qu'il courait après ton argent.
– Je ne l'ai pas compris sur le moment... Il m'a séduite. Il est beau comme un dieu, tu sais.
– Pour ma part, je te laisse volontiers tous les dieux de l'Olympe. Ce sont d'ignobles bêtes poilues. Dieu a bien sûr créé Adam en premier, mais il s'est aperçu que le produit était de qualité inférieure. Son triomphe, ce fut Eve. Tu t'es laissé séduire parce que tu désirais un mari.
– Oui... non, je n'en sais rien...
– Tu voulais te marier parce que tu n'osais pas être différente, montrer ta véritable nature. Au fond de toi-même, tu n'es pas attirée par les hommes... c'est ça, n'est-ce pas? Tu n'as pas besoin de me répondre. Je le sais. Pour en revenir à Marco, tu t'es dit que c'était un pauvre hère que tu pourrais manipuler à ta guise. Et à la première occasion tu lui as mis le grappin dessus. Est-ce que je me trompe?
– Arrête!
– Regarde la vérité en face, Vanessa : nous nous aimons.
Soudain, elle s'arrêta de danser et embrassa Vanessa sur la bouche. Un baiser voluptueux. Vanessa n'y résista pas.
– Seigneur! dit Roscoe à Flora. Il y a encore plus de lesbiennes ici qu'à Paris. New York a bien changé.
– Pour ça, oui. Je ne suis pas sûre qu'on ait eu une bonne idée de venir ici, Roscoe.
– Elle a payé rubis sur l'ongle, n'oublie pas. Et puis, l'avantage, avec ces gens-là, c'est qu'ils ne lésinent pas quand on leur plaît. Allez, lève-toi et chante-leur *Je cherche mon homme.* C'est de circonstance.
Flora suivit Roscoe jusqu'au piano.
– Mesdames et messieurs, annonça-t-il avec un grand sourire, bien qu'il soit passablement difficile de distinguer les uns des unes... (A moitié ivres, les invités s'esclaffèrent.)... Ma femme va vous interpréter la chan-

son qu'elle a présentée à Paris : *Je cherche mon homme.* Place à Flora Mitchum !

Flora portait une robe pailletée et ornée de plumes noires autour du col, qui moulait à la perfection ses formes éblouissantes. Una la contempla d'un air appréciateur.

— Ma chère, dit-elle à Vanessa, il paraît que ces négresses sont fantastiques au lit.

— Tu n'irais quand même pas jusque-là ! protesta Vanessa, outrée.

— Ah non ? rétorqua Una en riant.

Flora commença par chanter en français, puis en anglais. Vanessa se prit à penser à son mari, à son fils, à son père... à Garden Court et à *L'Etoile du Nord.* Comme ce monde-là paraissait rétrograde et compassé par rapport à celui-ci, qui représentait à merveille le stade ultime de la révolte contre les anciennes valeurs !

Pourtant, l'univers où elle était née lui manquait cruellement.

Una lui passa un bras autour de la taille et lui mordilla l'oreille. Vanessa se sentit faiblir.

— Montons, chuchota Una. Carol a une chambre d'ami.

— Non...

— Je t'aime, ma chérie. Je t'adore. Je veux t'avoir toute à moi... ce soir-même...

Prenant Vanessa par la main, elle l'entraîna à travers la foule vers le vestibule. Vanessa suivit, incapable d'opposer la moindre résistance. Environnées de fumée et de musique, elles montèrent l'étroit escalier et s'arrêtèrent sur le palier. Una attira Vanessa contre elle et la couvrit de baisers passionnés.

— Dis que tu m'aimes ! murmura Una.

— Je t'aime.

— Dis que tu me désires !

— Je te désire...

— Bon. Viens...

Una l'entraîna vivement dans l'une des petites chambres. A peine avait-elle fermé la porte qu'elles entendirent un coup de sifflet suivi de cris.

– Que se passe-t-il ? dit Vanessa, affolée.

Una courut à la fenêtre.

– Une descente de police ! Nous allons fuir par le balcon... Allons, dépêche-toi !

Una souleva le châssis et enjamba l'appui de la fenêtre. Transie de peur, Vanessa la suivit.

Non loin de là, dans sa permanence électorale, Marco rédigeait un discours lorsqu'on sonna à la porte. Il était huit heures et demie du soir. Ses assistantes étaient rentrées chez elles; Marco était seul et n'attendait aucune visite. Il prit dans le tiroir de son bureau le pistolet qu'il avait acheté sur les instances de Phipps. Jusqu'à présent, Sandro Albertini ne lui avait pas causé d'ennuis; mais Marco se méfiait.

Il traversa le salon – jonché de cendriers pleins, de coupures de presse et de corbeilles à papiers – et ouvrit la porte. Il avait la main sur la crosse du pistolet, dans la poche droite de sa veste.

Sa femme se tenait sur le seuil.

– Vanessa ! Que... ?

Elle entra en le bousculant et claqua la porte. Elle avait l'air si éperdu que, sur le moment, Marco la crut ivre.

– Marco, dit-elle dans un souffle, acceptes-tu de m'aimer ? de reprendre la vie avec moi ?

Elle fondit en larmes et se jeta dans ses bras.

– Mais enfin, que s'est-il passé ?

– J'étais à une réception et... il y a eu une descente de police...

– Quoi ? Quel genre de réception était-ce ? (Elle ne répondit pas.) Allons, Vanessa, dis-moi !

Elle s'écarta de lui et prit une profonde inspiration.

– C'était une soirée où... où les hommes dansaient entre eux et les femmes entre elles... (De ses poings crispés, elle se martela les joues avec désespoir.) Pourquoi a-t-il fallu que j'y aille, Seigneur... ?

– Qui t'a invitée ? Qui t'accompagnait ?

– Una Marbury, l'amie que j'ai rencontrée à Silver Lake... Elle tient une galerie de sculptures à Greenwich

Village. Elle... (Vanessa eut un haussement d'épaules désabusé.) A quoi bon? Tu ne comprendrais pas. Qu'est-ce qui a donc pu me pousser à venir te trouver, toi?

Marco la regardait avec attention; pour la première fois, il commençait à la comprendre.

– Vanessa, dit-il doucement, que représente cette Una pour toi?

Elle baissa les yeux.

– Tu ne peux pas comprendre, répéta-t-elle. Excuse-moi de t'avoir dérangé.

Elle ouvrit la porte et partit aussi brusquement qu'elle était arrivée.

A pas lents, Marco regagna son bureau. Il rangea le pistolet dans son tiroir. Il comprenait maintenant pourquoi Vanessa ne voulait jamais faire l'amour...

Assis sur le lit vide, Jake contemplait d'un air morne les personnages de contes de fées qui décoraient les murs de la chambre de sa fille : Dorothy marchant sur la Route Jaune à la rencontre du Magicien d'Oz; Alice tombant dans le terrier du lapin...

Que faire de tout cela, désormais?

– Jake, dit Nellie en entrant dans la pièce, ne reste pas là à remuer des idées morbides. Cela ne sert à rien.

Il demeura silencieux et immobile. Nellie s'approcha et lui caressa les cheveux.

– Nous savions qu'elle avait peu de chances de vivre jusqu'à vingt ans, reprit-elle. C'est peut-être aussi bien ainsi... Elle est sans doute mieux là où elle est.

– Tu trouves mieux qu'elle soit morte?

– En un sens, oui. Songe à ce qu'était sa vie! Moi qui l'observais souvent, ça me brisait le cœur de la voir si pitoyable.

– C'est à moi que tu parles, Nellie... à moi, Jake. Inutile de jouer la comédie.

– Je suis sincère.

– Primo, tu n'as pas de cœur à briser. Secundo, tu n'avais jamais un regard pour Laura. La seule personne que sa mort arrange, c'est toi, parce que tu ne l'auras plus dans les jambes.

– Tu es odieux de me dire une chose pareille !

– C'est la vérité. Ecoute, Nellie, ça n'a plus d'importance, à présent... Mais j'avoue que tu m'as surpris, hier soir, en renonçant à aller au théâtre pour rester jusqu'au bout à son chevet. Tu aurais été capable d'envoyer ta doublure la veiller à ta place.

– En tout cas, je suis bien décidée à aller jouer ce soir, répliqua-t-elle sèchement. Et puisque tu le prends comme ça, tu n'as qu'à t'occuper toi-même des démarches pour l'enterrement.

– C'est bien mon intention. J'ai rendez-vous dans une heure avec le rabbin Sobol au temple Emmanuel.

– Avec un rabbin ? Laura n'était pas juive puisque je ne le suis pas !

– Si je vais voir le rabbin, ce n'est pas pour l'enterrement mais à titre personnel. Je ne suis pas allé au temple depuis mon arrivée en Amérique, et j'éprouve le besoin d'y retourner.

– Un peu tard pour devenir bigot, tu ne trouves pas ?

– Trop tard pour Laura. Peut-être pas pour moi.

– Tout ce que je te demande, c'est de ne pas mettre des tapis de prière dans toute la maison. Je ne tiens pas à ce que nos amis nous prennent pour des fanatiques.

Il la regarda avec tristesse.

– Je me demande bien comment j'ai pu tomber amoureux de toi, murmura-t-il.

– Que dois-je entendre par là ?

– Qu'il est temps de divorcer. Je ne t'aime plus, Nellie. Mon amour pour toi est mort... comme Laura. Divorçons avant que je ne commence à te haïr.

Elle demeura songeuse un moment.

– Et si je refuse ? dit-elle enfin.

– Je te donnerai plein d'argent, tu seras riche. Pourquoi voudrais-tu rester mariée à un homme qui te déteste ?

Une main sur la bouche, elle s'effondra sur le lit de Laura et se mit à pleurer.

– Je t'en prie, Nellie, arrête cette comédie!

– Ce n'est pas de la frime, espèce de fumier! Comment peux-tu être aussi cruel avec moi, après tant d'années? Et au moment où je viens de perdre ma petite fille...

Elle était sincère, mais Jake – qui pensait bien la connaître – ne le comprit pas. Nellie venait de subir l'une des secousses qui changent le cours d'une vie : elle se rendait compte qu'elle n'était plus toute jeune, qu'elle n'exerçait plus aucun ascendant sur son mari, qu'elle avait perdu l'unique enfant qu'elle eût mis au monde.

Elle leva la tête vers lui.

– Eh bien? Dis quelque chose, Jake.

– Que veux-tu que je te dise?

– Que tu m'aimes toujours.

– Ce serait un mensonge.

Nellie éprouva alors un deuxième choc : Jake ne la croyait plus, même lorsqu'elle disait la vérité.

– C'est à cause de la petite Weiler, n'est-ce pas? dit-elle en s'essuyant les yeux.

– La petite Weiler?

– Pas la peine de jouer les innocents, je connais toute l'histoire. Le vieux rouleau compresseur qui lui sert de mère est venu me voir la semaine dernière; elle voulait que je t'empêche de « courtiser » sa fille, comme elle dit. Il paraît que la petite n'a même pas vingt ans. Vas-tu raconter au rabbin Sobol que tu cours après un bébé? Voilà de quoi alimenter une passionnante conversation au temple Emmanuel.

– Je ne l'ai même pas touchée!

– Ben voyons! Je suis pourtant bien placée pour savoir que tu es un chaud lapin.

– Que veux-tu, au juste? dit-il d'un ton las.

– Notre situation actuelle me convient parfaitement. Je suis heureuse d'être Mme Jake Rubin. Tu es le meilleur auteur-compositeur de New York et je suis la meilleure chanteuse. Nous formons un couple idéal.

– Et si j'arrêtais de t'écrire des chansons ?
– Pourquoi ferais-tu cela ?
– Parce qu'on ne peut pas écrire des chansons d'amour pour une femme qu'on déteste.
– Dans ce cas, écris-les pour Mlle Weiler. D'ailleurs, je suis bien sûre que tu ne me détestes pas, Jake; si tu réagis aussi violemment, c'est à cause de Laura. Comment pourrais-tu haïr la mère de ton fils ?
– Mon fils ? répéta-t-il, décontenancé. Que veux-tu dire ?
Elle se leva et lui prit la main.
– Je n'ai pas été chic avec toi; je suis prête à tenter un nouvel essai. Tu as très envie d'un autre enfant. Nous aurons peut-être plus de chance cette fois-ci.
– Nellie... tu parles sérieusement ?
Elle sourit et l'embrassa.
– Et comment ! Tu pourras le constater, ce soir même, à mon retour du théâtre. Et pour te prouver ma largeur d'esprit, je ne vois aucun inconvénient à ce que tu continues de voir la petite Weiler. Avoue qu'on peut difficilement rêver épouse plus compréhensive !
Sur un dernier baiser, elle s'en fut.
Perplexe, Jake se dit qu'il devait y avoir un piège quelque part, mais il ne voyait pas où. Peut-être, en définitive, était-elle sincère et ne désirait-elle pas renoncer à ce qu'il lui apportait. Restait à savoir si lui, Jake, pourrait encore supporter de vivre à ses côtés, même si elle était enceinte de lui.
Et que devenait Violet, dans tout cela ?

42

– Georgie... C'est Marco, dit-il à voix basse.
Le son de sa voix, après tant d'années, éveilla en elle une foule de sentiments contradictoires dont elle n'aurait su dire lequel l'emportait sur les autres.
Elle chuchota, bien que la bibliothèque fût moins remplie que d'habitude :
– C'était donc bien vous. J'en étais sûre.

— Georgie, je sais ce que vous devez penser de moi, mais... j'ai des ennuis. Je voudrais vous parler.

Elle marqua une légère pause avant de répondre :

— Vous êtes vraiment un homme répugnant, Marco. Après tout le mal que vous m'avez fait, j'imagine que vous allez me demander d'espionner mon oncle pour votre compte...

— La politique n'a rien à voir là-dedans !

— Ne criez pas ainsi. Nous sommes dans une bibliothèque.

Deux aveugles, assises à une table proche, tournèrent la tête vers eux. Marco leur lança un bref coup d'œil, puis se pencha vers Georgie :

— Je voudrais vous parler de mon ménage. Vous êtes la seule à qui je puisse me confier... S'il vous plaît, Georgie. Je comprends vos sentiments, mais...

— Vous voulez que je vous aide à sauver votre ménage, c'est ça ? Eh bien, vous pouvez toujours courir ! Parlez-moi plutôt de mon mariage... celui qui n'a jamais été célébré.

Marco accusa le coup.

— Je vous comprends, dit-il en soupirant. Excusez-moi de vous avoir dérangée; cela ne se reproduira plus. Adieu, Georgie.

Il tourna les talons et s'éloigna. Il était à mi-chemin de la porte lorsqu'il entendit :

— Marco !

— Chut ! dirent les deux aveugles.

Georgie négligea cette protestation :

— Marco, revenez !

Il était déjà auprès d'elle.

— Oui, dit-il, le souffle court.

Georgie jouait nerveusement avec un crayon.

— Si vous avez vraiment des ennuis...

— C'est la vérité.

— Dans ce cas, si vous le désirez, parlons-en.

— Dînons ensemble ce soir. Je passerai vous prendre chez votre sœur à huit heures.

— Entendu. Mais, Marco...

— Oui ?

– Ne recommencez pas à me torturer. (Ces paroles lui serrèrent le cœur.) La blessure n'est pas fermée; faites bien attention.
– Oh, Georgie... Je vous le jure, murmura-t-il, les yeux embués.

Marco connaissait personnellement la plupart des restaurants italiens du Village. Lorsqu'il arriva avec Georgie à La Villa d'Este, Tony – le propriétaire des lieux – l'accueillit comme un héros victorieux.
– Ecoutez-moi, tous ! cria le petit homme à la grosse moustache noire en secouant vigoureusement la main de Marco. Voilà notre prochain député !
Les clients italiens firent une ovation au candidat qui les remercia d'un sourire. Puis Tony installa Marco et Georgie à une table du fond.
– Ce soir, c'est moi qui régale ! déclara-t-il en donnant un coup de torchon sur la toile cirée. Le dîner, le vin, tout ! *Va bene ?*
– Non, non, Tony...
– J'insiste ! Ce sera ma contribution à la campagne électorale. J'ai un fameux vin sicilien, Il Corvo. Je vous apporte une bouteille. *Si ?*
Et il s'éloigna sans laisser à Marco le temps de protester davantage.
Impassible, ses yeux sans regard levés vers lui, Georgie déclara, d'une voix dépourvue d'émotion :
– Je vous écoute.
– J'ai un fils qui s'appelle Frank. Un brave gosse...
– Je suis ravie de l'apprendre.
– Par contre, mon ménage ne marche plus du tout.
– Je suis également ravie de l'apprendre.
– Ma femme est lesbienne.
Pour la première fois, le visage de Georgie s'anima.
– Vous voulez dire... qu'elle n'aime que les femmes ?
– Oui. C'est pourquoi j'ai besoin d'un conseil. Je ne sais que faire par rapport à Frank. Vanessa ne s'est jamais beaucoup occupée de lui, mais... si jamais il découvrait, à son âge, que sa mère...

– Surtout pas ! Mais il n'y a aucune raison pour que cela se produise, n'est-ce pas ?

– Si justement. Figurez-vous que Vanessa a une amie, une certaine Una Marbury...

– Entendez-vous par là qu'elles... couchent ensemble ?

– Oui. Vanessa passe le plus clair de son temps chez Una, à Patchin Place. Et elle a décidé de présenter Una à son père et à Frank. A mon avis, c'est de la folie. Si mon beau-père soupçonne la vérité... je ne sais pas exactement ce qu'il fera, mais il y aura du grabuge. Quant à Frank, il découvrira fatalement ce qu'il en est – tôt ou tard.

– Connaissez-vous cette Una ?

– Non, et je n'y tiens pas. Si ma femme s'était enfuie avec un autre homme, j'en prendrais mon parti. Mais elle est en ménage avec une femme ! Ça me rend fou.

– Vous l'aimez donc à ce point ?

– Je ne l'aime pas du tout. Je l'ai épousée pour son argent. Elle le sait... et je suppose que plus personne ne l'ignore. Celle que j'aimais, c'était vous...

– Prenez garde, Marco !

– Mais c'est vrai ! J'étais follement amoureux de vous. Seulement voilà; quand j'ai vu, à portée de ma main, tout cet argent qui attendait d'être ramassé... Enfin, c'est passé. Ce que je ne me pardonne pas, c'est de vous avoir fait souffrir. Mais si ça peut vous consoler, ma vie privée est un désastre.

Tony arriva sur ces entrefaites, apportant une bouteille de vin blanc dans un seau à glace.

– Je sers la jolie signora, *si* ? dit-il d'un ton jovial.

Son sourire se figea à la vue des larmes qui coulaient sur les joues de Georgie. Il remplit prestement les verres, remit la bouteille dans le seau, chuchota à l'oreille de Marco : « Prévenez-moi quand vous voulez les menus, d'accord ? » et s'éloigna discrètement.

– Pourquoi pleurez-vous ? demanda Marco avec douceur.

– A cause du malheur que vous avez semé autour de

vous. Vous ne pouvez pas savoir à quel point vous m'avez rendue malheureuse, mais ça ne me console pas de savoir que vous l'êtes aussi. Quand on est malheureux, on n'a pas besoin de compagnons d'infortune; on aspire simplement à un peu de bonheur.

Il lui étreignit les mains.

– Est-il trop tard pour être heureux ensemble ?

– Je ne sais pas. Où est ma serviette ?

Il la lui tendit. Elle s'essuya les yeux et se frotta le nez.

– Avez-vous déjà vu des films de Charlot ? demanda-t-il.

– Je ne vais jamais au cinéma. Je n'y suis pas retournée depuis...

Elle n'acheva pas.

– Nous allons reprendre les bonnes habitudes, dit-il en souriant.

Vanessa était nerveuse pour deux raisons.

Elle avait invité Una à déjeuner à Garden Court, et elle se demandait comment allait réagir son père devant sa nouvelle « amie ». Phipps devinerait-il la vérité ? Certes, Una était beaucoup plus discrète que Carol de Witt, mais ce n'était pas pour autant une jeune femme ordinaire. Pour la circonstance, elle avait choisi une tenue relativement traditionnelle, mais elle avait gardé ses extravagants bracelets en ivoire. D'autre part, ses « ma chérie » et ses mines affectées risquaient de mettre la puce à l'oreille du sénateur. Que se passerait-il alors ?

Vanessa attendait également avec une certaine anxiété l'opinion d'Una sur ses sculptures. Dès l'arrivée de son amie, elle l'avait emmenée directement dans son atelier. Pour le moment, Una examinait la dernière œuvre de Vanessa : un grand S couché hérissé de deux « bras » dans la partie supérieure.

– Très provocateur, ma chérie, déclara-t-elle enfin. Très évocateur... Cela me fait penser à un cadavre.

– Un cadavre ? Pourquoi donc ?

– La courbe... On dirait un corps allongé par terre,

les bras tendus... la victime d'un meurtre, peut-être. Lui as-tu trouvé un nom ?

– Pas encore.

– Appelle-la *Mayerling*. Oui, *Mayerling* ! Le fin du fin du mystère ! Cette sculpture me plaît, ma chérie. Coule-la en métal et je me fais fort de te la vendre. Ce pourrait être pour toi le début d'une carrière.

– Mais pourquoi *Mayerling* ?

– Nous avons là le cadavre de l'archiduc Rodolphe ou de sa maîtresse, Marie Vetsera. Il vient de la tuer, avant de se faire sauter la cervelle. Nul ne sait exactement pourquoi... C'est mystérieux et romanesque à souhait. L'acte d'amour suprême : la mort ! Les gens adorent Mayerling. Crois-moi, ce nom fera vendre.

Malgré ses doutes, Vanessa décida de s'en remettre au jugement et à l'expérience d'Una.

– Et maintenant, ma chérie, dit Una en prenant Vanessa par la main, il est temps que tu me présentes ta famille. Ne te tracasse pas, je me tiendrai bien. Histoire de briser la glace, je commencerai par citer quelques paragraphes de Marx et d'Engels; ensuite, pour distraire ton père, je lui parlerai de l'interprétation freudienne des fantasmes masturbatoires dans les rêves de l'adolescent.

– Je t'en supplie...

– Tu as perdu ton sens de l'humour, ma chérie.

– J'en manque totalement quand il s'agit de mon père. Je te supplie d'être prudente, Una.

– Et s'il devine, quelle importance ? (Elle sourit.) Tu dois apprendre à être courageuse, ma chérie; je suis passée par là, moi aussi. Tu dois apprendre à t'accepter telle que tu es. Nous ne sommes pas des pestiférées.

Elle embrassa Vanessa sur la bouche et, d'un pas décidé, se dirigea vers la porte.

– Allons, ma chérie, viens. Jetons-nous à l'eau ! Comment se fait-il que Marco, le puissant immigrant, ne soit pas des nôtres ?

– Pendant la campagne électorale, il ne vient ici que les week-ends.

– Dommage, je voudrais bien faire sa connaissance.

Il va devenir mon député, si ça se trouve. (Elle sortit devant l'immense piscine dallée.) Tiens ! Qui est ce charmant jeune garçon ?

Vanessa vit Frank plonger à l'autre bout du bassin. Son nouveau précepteur, Barclay Simmons – un diplômé de Harvard, âgé de trente et un ans –, était avec lui.

– C'est Frank, répondit-elle.

Pour la première fois, le masque d'indifférence qu'arborait Una en public se lézarda un peu.

– Je t'envie, murmura-t-elle. Tu as un fils... C'est une expérience que je ne connaîtrai jamais.

Elle observa un moment les évolutions aquatiques de Frank. Puis, brusquement, elle redevint la femme artificielle que Vanessa connaissait bien :

– Viens, ma chérie, présente-moi. Et ne me plains pas : je ferais une mère atroce. Mes enfants me mordraient probablement le sein quand je leur donnerais la tétée... ou alors, ils s'enivreraient. J'imagine que mon lait doit être du gin pur !

Suivie de Vanessa, elle longea la piscine jusqu'au plongeoir.

– Barclay, dit Vanessa, je vous présente mon amie Una Marbury. Una, voici Barclay Simmons, le nouveau précepteur de Frank.

– Enchantée.

– Et voici Frank. Arrête de nous éclabousser, Frank, et viens saluer Una.

Frank agrippa le bord du bassin et leva la tête vers la visiteuse.

– Bonjour.

– Bonjour, dit Una. Tu es un très beau garçon. Et, en plus, tu nages bien.

– Barclay m'apprend le dos crawlé. Il était capitaine de l'équipe de natation de Harvard.

– Bravo à tous les deux.

– Quand je serai grand, je serai comme Tarzan ! s'écria Frank en replongeant dans l'eau.

– Il est adorable, dit Una d'une voix un peu altérée. Bon... nous allons déjeuner ?

Deux heures plus tard, Phipps et Maud prenaient le café dans la bibliothèque de Garden Court. Vanessa était partie se promener dans les jardins avec Una.

– Comment la trouvez-vous ? demanda le sénateur.

– Mlle Marbury ? Plutôt sympathique. Elle force un peu sur le côté artiste, mais si elle est vraiment en mesure – comme elle l'affirme – de vendre les sculptures de Vanessa, je lui donne ma bénédiction. Ce n'est pas à moi qu'elle arriverait à en caser une.

– Elle ne me plaît pas.

Maud fut surprise du ton cassant de son mari.

– Pourquoi ?

– Elle a une mauvaise influence sur Vanessa.

– Voyons, mon chéri, comprenez bien que Vanessa prend son art au sérieux; il est inévitable qu'elle fréquente des bohèmes. Ce n'est pas votre style, je sais, mais...

Phipps secoua la tête.

– Vous ne comprenez pas ce que je veux dire. C'est d'ailleurs normal, puisque Vanessa elle-même n'est pas au courant de cette histoire. Voyez-vous, il y a un cadavre dans les placards de la famille Ogden... et cette Una – sortie on ne sait d'où – réveille de troubles souvenirs.

– Quelle aubaine ! J'adore les scandales de famille. Qui est la brebis galeuse ?

– Elle est morte. C'était ma tante Alicia, la sœur cadette de ma mère. Elle avait un don réel pour la peinture... Je suppose que c'est d'elle que Vanessa tient son talent. Bref, lorsqu'elle avait une vingtaine d'années, tante Alicia partit étudier les beaux-arts à Paris. Et trois mois après, elle disparut.

– Où cela ?

– Mon grand-père reçut une lettre d'elle à Noël. Elle habitait à Sienne avec « une amie », pour reprendre ses propres termes. Elle vécut dix ans avec cette amie, puis elle mourut de la diphtérie. Cela remonte à trente ans; je n'étais alors qu'un jeune homme, mais je n'ai jamais oublié la réaction de ma famille. Du jour au lendemain, on n'entendit plus parler de tante Alicia; ce fut comme si elle n'avait jamais existé. J'appris par mon père, des années plus tard, que tante Alicia avait été très discrètement rayée du testament.

Maud regardait, par la fenêtre, Vanessa et Una marcher côte à côte vers le détroit. Elle voyait maintenant sa belle-fille sous un jour nouveau.

– J'imagine que l'amie de tante Alicia était... d'un genre particulier ?

– Exactement. Remarquez, j'ignore si Vanessa a réellement hérité des « tendances » de tante Alicia, et je me soucie peu de savoir. Mais je vais m'arranger pour qu'elle ne fréquente plus Mlle Marbury. Je ne veux pas d'une autre tante Alicia dans ma famille.

– Comment comptez-vous faire, mon chéri ?

– Les moyens ne manquent pas, répondit-il sans se troubler.

L'engouement du public pour les films de Charlie Chaplin était alors à son apogée.

Le comédien britannique, qui gagnait alors en moyenne dix mille dollars par semaine, avait conquis le monde avec sa démarche de canard. Pendant que la guerre faisait rage en Europe, les spectateurs trouvaient dans ses comédies un dérivatif à leurs angoisses. Le succès phénoménal de *Naissance d'une nation*, de Griffith, avait enfin, l'année précédente, rendu le cinéma respectable aux yeux de la bourgeoisie, vaste clientèle en puissance; conséquence de cette immense popularité, les propriétaires de cinémas commençaient à faire construire les gigantesques salles qui, dix ans plus tard, devaient connaître une affluence record.

– La salle est superbe ! dit Marco en guidant Georgie le long de l'allée du cinéma Rialto, récemment rénové. On se croirait à Venise : des gondoles sont peintes sur les murs... et le plafond est constellé d'étoiles pour donner l'impression d'un ciel nocturne.

L'odeur du pop-corn réveilla chez Georgie, frémissante d'excitation, des souvenirs depuis longtemps enfouis.

– C'est une grande salle, n'est-ce pas ?

– Immense. Elle peut contenir deux mille deux cents personnes, et elle est pleine à craquer. Ah ! voici le pianiste qui arrive...

Tandis qu'ils s'installaient, le pianiste se mit à jouer la chanson qui faisait fureur : *Amérique, je t'aime !* Georgie se carra confortablement dans son fauteuil de velours rouge et écouta la musique tout en mastiquant du pop-corn; pour la première fois depuis plus de cinq ans, elle se sentait vraiment heureuse.

– Le film s'appelle *La Banque,* chuchota Marco lorsque le générique apparut sur le vaste écran. Il est interprété par Charlie Chaplin et Edna Purviance. Charlot ressemble à un clochard : il a un pantalon en accordéon, de grandes chaussures éculées, un chapeau melon, une drôle de petite moustache noire et il se promène avec une sorte de badine. Ça y est, le film commence... Nous sommes devant une banque. Charlot marche sur le trottoir. En sens inverse arrivent une femme et son petit garçon qui mange une glace. Oh-oh... le gosse renverse sa glace sur le trottoir, juste devant Charlot... Charlot glisse dessus et tombe sur le derrière... le gosse se met à hurler, accusant Charlot de lui avoir fait perdre sa glace... la mère du gamin, furieuse, assomme Charlot à coups de parapluie...

A ce stade de l'histoire, les rires de l'assistance couvrirent sa voix.

Georgie se mit à rire, elle aussi.

Sandro Albertini, né en 1880 – un mois après l'arrivée de ses parents à New York –, était de nationalité américaine. Son père était marchand des quatre-saisons, et Sandro avait grandi dans le dénuement le plus complet. A dix ans, il avait commencé à voler. A dix-huit ans, il avait été condamné pour cambriolage et emprisonné quatre ans à Sing Sing, où il avait appris beaucoup de choses utiles. Ayant compris que le métier d'usurier était moins risqué que celui de cambrioleur, il s'était dès sa libération lancé dans cette nouvelle voie. Sandro était un homme rusé, sans scrupules, totalement impitoyable. A l'âge de trente ans, il comptait parmi ses activités : la prostitution, le jeu, le racket de protection, les opérations immobilières – à la limite de la légalité – et la pornographie. Il avait aménagé le premier étage d'un entrepôt en studio de cinéma où il tournait des scènes érotiques, interprétées par les filles de ses bordels. Généralement, ces films comportaient au moins une scène de flagellation, car Sandro était un sadique. Lors du tournage d'une de ces séquences, une prostituée fut malmenée à tel point qu'elle voulut porter plainte; des menaces de mort l'en dissuadèrent.

Sandro avait une épouse et deux filles, qui vivaient dans le New Jersey et qu'il retrouvait tous les week-ends. Durant la semaine, il occupait à King Street un petit appartement d'où il contrôlait ses diverses activités. Ce fut là qu'il donna rendez-vous à Paolo, son homme de main.

– Santorelli s'en prend à moi, dit-il.

Il sirotait un verre de lait. En dépit d'une vie sexuelle déréglée, Sandro était un puritain qui ne touchait ni au tabac ni à l'alcool.

– En plus, il traîne Bill Ryan dans la merde. Il va finir par gagner cette foutue élection.

– Qu'est-ce qu'on fait? interrogea Paolo.

– Tue-le, dit Sandro en vidant son verre.

Marco poussait une charrue tirée par un cheval efflanqué. Le soleil de Calabre le faisait transpirer, ainsi que ses deux frères cadets, Nino et Claudio, qui repiquaient des tomates dans le sillon qu'il traçait. La chaleur d'avril faisait fondre la neige des monts de Sila Piccola. Dans ce minuscule lopin de terre que louait le père de Marco, on plantait la récolte destinée à la vente. C'était un travail ardu, épuisant, interminable, celui de la famille Santorelli depuis des générations.

La chaleur devint brusquement intenable, au point que Marco s'interrompit dans sa tâche. Le soleil tapait si fort que le champ prit feu. « Courez! » cria-t-il à ses frères. Il voulut fuir, lui aussi, mais il avait les jambes tellement lourdes qu'il pouvait à peine bouger. Déjà, la fumée âcre remplissait ses poumons...

Il se réveilla alors dans sa chambre envahie d'une sorte de brouillard. Après quelques secondes de flottement, il rejeta ses couvertures et courut à la porte, sous laquelle s'insinuaient des rubans de fumée. En sortant sur le palier, il vit d'épaisses volutes noires tourbillonner dans la cage d'escalier. Affolé, il comprit que la maison brûlait.

Il se précipita vers la fenêtre et souleva frénétiquement le châssis. La chambre, située au deuxième étage, se trouvait à l'arrière; Marco se pencha. La lueur des flammes, au premier étage, baignait la minuscule cour pavée d'une clarté mouvante, irréelle. En face, de l'autre côté d'un mur en béton, se dressait le dos d'un hôtel particulier donnant sur Cornelia Street. Aucune fenêtre n'était éclairée. Les deux maisons qui encadraient celle de Marco étaient, elles aussi, plongées dans l'obscurité. Greenwich Village dormait. Selon toute vraisemblance, personne n'avait encore alerté les pompiers.

Marco était bloqué au deuxième étage d'une maison en feu, dépourvue d'escalier de secours.

L'incendie – à n'en pas douter – était d'origine criminelle.

– Au feu! cria-t-il.

Son regard tomba alors sur le vieil arbre qui poussait dans la cour. L'une des branches pointait à un mètre cinquante de la fenêtre et paraissait de taille à soutenir Marco. Encore fallait-il réussir à l'attraper d'un bond; en dernier recours, il pourrait toujours tenter le coup.

– Au feu! Réveillez-vous, bon Dieu!

Enfin, une lumière apparut dans la maison de Cornelia Street. Il continua à crier, malgré l'atmosphère de plus en plus irrespirable. La peinture de la porte cloquait sous l'effet de la chaleur. Les flammes avaient dû atteindre la cage d'escalier.

– Nous avons déclenché l'alarme! cria quelqu'un.

Marco vit un homme en chemise de nuit dans la cour

d'en face. D'autres lumières s'allumaient à mesure que le quartier s'éveillait. Au loin, il entendit la cloche des pompiers.

Il s'empara d'une chaise et fracassa la fenêtre. Il enjamba l'appui, les yeux rivés sur la branche de l'arbre, les muscles raidis.

– Ne sautez pas ! hurla le voisin. Les pompiers arrivent.

A cet instant, un fracas assourdissant ébranla la maison tout entière : le premier étage s'était effondré. Les flammes léchaient maintenant la porte de la chambre. Debout sur le rebord de la fenêtre, pieds nus et en chemise de nuit, Marco regarda le brasier gagner du terrain.

Qu'est-ce qu'ils fabriquent donc, ces pompiers ?

Il se tourna de nouveau vers la branche. Celle-ci avait perdu la plupart de ses feuilles, qui formaient un tapis au pied de l'arbre. Mais cela ne suffirait pas à amortir sa chute s'il manquait son saut. *Deux étages ! Miséricorde...*

Il entendit les pompiers crier dans la rue, de l'autre côté de la maison.

– Dites-leur que je suis ici ! hurla-t-il au voisin.

Le feu envahissait maintenant la pièce, et des brandons fusaient vers Marco. Il sentit une brûlure à son mollet gauche et s'aperçut que sa chemise de nuit prenait feu. Il faillit perdre l'équilibre en se démenant pour étouffer la flamme.

– Nous allons chercher un filet pour vous permettre de sauter ! lui cria un pompier.

– Dépêchez-vous, pour l'amour du ciel !

La chaleur devenait insoutenable, et la fumée était si épaisse qu'il suffoquait. Une flammèche lui frôla la nuque; une autre lui mordit la jambe. Au bord de l'asphyxie, il décida de ne pas attendre le filet.

Il sauta.

43

L'incendie fit les gros titres de tous les journaux. Marco – qui, grâce à sa campagne électorale, était déjà une sorte de héros aux yeux de la communauté italienne – devint du jour au lendemain célèbre dans toute la ville. Pressé de questions par les journalistes, il déclara qu'on avait provoqué le sinistre afin de l'éliminer avant l'élection. Il prit la précaution de ne pas citer de noms, mais les reporters laissèrent clairement entendre dans leurs articles que le « clan irlandais » – allié à Ryan – était à l'origine de l'attentat. Le public new-yorkais, toujours friand de nouvelles concernant les mœurs politiques, se lécha les babines devant cet exemple flagrant des méthodes expéditives employées par les politiciens de la ville. « M. Santorelli a eu le courage de s'attaquer à la corruption de Greenwich Village, écrivit solennellement le *Times.* Si les candidats aux élections risquent leur vie en disant la vérité, cela prouve que le processus démocratique est en danger de mort dans notre cité. » Outré, le père Domenici, curé de Saint-Antoine, rédigea un sermon cinglant dans lequel il vilipendait les méthodes du clan irlandais et vantait le courage de Marco.

Casey O'Donnell lut les journaux avec consternation. Il savait que cette affaire – et la publicité qui l'entourait – réduisait à néant les espoirs de Ryan.

Chez les Travers, lorsque Georgie entendit la nouvelle, au petit déjeuner, elle s'exclama :

– Dieu merci, il est indemne!

Sa sœur et son beau-frère échangèrent un coup d'œil.

– Georgie, dit Carl, tu ne vas pas retomber amoureuse de cet homme?

Georgie rougit.

– Ma foi, je...

– Serais-tu masochiste? Il t'a assez fait souffrir comme ça. Cela ne te suffit donc pas?

– Ne la brusque pas, Carl, intervint Bridget.

– Il faut bien la mettre devant ses responsabilités!

La voilà qui recommence à aller au cinéma avec lui... Il n'y a aucun avenir pour vous deux, Georgie. Il est marié...

– Et malheureux, dit Georgie.

– Qu'est-ce que cela change ? S'il veut faire de la politique, il est hors de question pour lui de divorcer. D'ailleurs, l'Eglise catholique t'interdit d'épouser un divorcé. A moins que tu ne veuilles devenir sa maîtresse – ce que tu n'envisages pas, j'espère – tu n'as rien à attendre de Santorelli. Tu te prépares simplement une autre désillusion, et j'estime que tu es folle de prendre ce risque. Bon sang, si seulement ce type n'était pas revenu t'empoisonner la vie !

Il y eut un silence embarrassé. Bridget se leva pour réconforter sa sœur.

– Il a raison, ma chérie, dit-elle tendrement. Sois prudente, pour ton bien.

Georgie ne répondit pas.

– Je vais desservir, dit-elle enfin.

A tâtons, elle rassembla les assiettes du petit déjeuner. Soudain, elle s'écria :

– Mais il me rend heureuse ! Tant pis s'il n'y a pas d'avenir pour nous deux... il n'y en a pas non plus pour moi sans lui. Autant prendre un peu de bonheur dès maintenant.

Elle emporta la vaisselle dans la cuisine. Bridget regarda son mari, qui secoua la tête d'un air soucieux.

– Elle l'aura cherché, murmura-t-il.

En automne 1916, par la grâce de cette force mystérieuse qu'on appelle la mode, le *Nepenthe Club* de Broadway était devenu le cabaret le plus chic de la ville. Phil Brinkman, son propriétaire, était toujours à l'affût de la dernière attraction. Lorsqu'il entendit parler de l'orchestre de jazz de Roscoe Haines et de la sensuelle Flora Mitchum, il leur fit passer une audition et les engagea pour une durée de six semaines, au tarif exorbitant de trois mille dollars par semaine. La nouvelle se répandit à toute allure et, le premier soir, Jake dut montrer patte blanche pour pouvoir pénétrer dans le restaurant bondé. Après avoir fait envoyer des fleurs à Flora et une caisse de scotch à Roscoe, il avait déposé Nellie au *New Amsterdam* et s'était rendu au *Nepenthe Club*. Comme toutes les célébrités présentes, il applaudit à tout rompre lorsque Flora, adossée au piano de Roscoe, se mit à chanter *Je cherche mon homme*; le spectacle terminé, il alla féliciter les artistes dans leur loge.

– Fabuleux! C'était fabuleux! Il faut que Ziggy voie ça; il retiendra votre numéro pour ses prochaines Folies! Et puis j'ai une idée de chanson pour toi, Flora...

– Hé là! Minute, l'interrompit Roscoe. Pour les Folies, c'est non.

– Comment ça? s'écria Jake, incrédule. Tu es fou?

– Raconte-lui, chérie, dit Roscoe à Flora. Moi, je vais me changer. Après ça, on ira se cuiter tous les trois... Avec votre permission, patronne.

– Ecoutez-le! s'exclama Flora avec une feinte indignation. On croirait que c'est moi qui porte la culotte!

– C'est pourtant ça, non?

– Que tu dis. Allez, bon! Je te permets de te soûler ce soir, mais à titre exceptionnel!

Roscoe leva les yeux au ciel.

– Y pa'aît qu'on a aboli l'esclavage, mais je m'en suis pas enco'ape'çu! dit-il en plaisantant.

Sur un clin d'œil, il disparut dans la salle de bains.

– Alors, quelle est cette grosse surprise? s'enquit Jake.

– La première grande surprise, c'est que Roscoe a fini de courir après son ombre. Il m'a donné du fil à retordre, à Paris. Comme tu le sais, il avait une sacrée dent contre ce pays.

– Plutôt, oui. Quand j'ai fait sa connaissance, à Hambourg, il disait toujours qu'il ne se sentait pas chez lui en Amérique.

– Eh bien! maintenant, nous y sommes chez nous. Pour le meilleur ou pour le pire... mais je crois que ce sera le meilleur. Nous avons décidé d'ouvrir notre propre night-club, Jake. A Harlem. Nous avons déjà repéré une maison dans la 106e Rue, et nous allons essayer de l'acheter. Quand Roscoe m'a dit que tu venais ce soir, nous nous sommes disputés. Il n'ose pas te demander d'investir dans notre projet; moi, je considère que tu as une dette envers nous : c'est quand même moi qui ai lancé ta première chanson. Je ne suis pas timide, Jake : je te demande de nous avancer des fonds. Mais je voudrais d'abord te montrer l'endroit; je pense que tu n'hésiteras pas à participer quand tu verras ce que nous envisageons de faire.

– Même si tu voulais tenir le rôle principal d'une comédie musicale à la gloire du Ku Klux Klan, Flora, je te signerais un chèque sur-le-champ! dit Jake en riant.

Le lendemain matin, à onze heures, Jake et Flora descendirent d'un taxi en plein cœur de Harlem. Roscoe, qui s'était offert une cuite mémorable la veille au soir, était retenu au lit par une gueule de bois.

– De plus en plus de Noirs s'installent à Harlem, expliqua Flora. Dès qu'un Noir s'installe dans un pâté de maisons occupé par des Blancs, les panneaux « A vendre » prolifèrent à une allure vertigineuse dans le quartier. Les Blancs poussent les hauts cris, mais en même temps ils plient bagage... Comme tu peux le constater, cet ensemble d'immeubles est habité par des Noirs. Mais la maison qui nous intéresse – celle-ci – appartenait à une vieille dame blanche, Mme van Deventer, qui était trop malade pour déménager. Elle est morte le mois dernier, et la baraque est à vendre... à bas prix.

– Combien? demanda Jake en contemplant la façade en grès.

– Dix mille dollars. Nous envisageons d'installer les cuisines au sous-sol, en réservant le rez-de-chaussée et le premier étage pour le club. Roscoe et moi, nous nous installerons au deuxième, et nous louerons peut-être le troisième. Ce n'est qu'une possibilité parmi d'autres. En tout cas, je pense que les travaux d'aménagement ne devraient pas excéder vingt mille dollars. Sachant que nous avons économisé un peu moins de dix mille dollars et que nous pourrons en emprunter dix mille, il nous en reste encore dix mille à trouver – et c'est là que nous faisons appel à toi.

L'agent immobilier les rejoignit et leur fit visiter les lieux. Construite en 1890 et dotée d'une installation électrique sept ans plus tard, la maison avait besoin d'un bon coup de peinture, mais Jake put constater qu'elle était solidement bâtie.

L'agent les laissa seuls au rez-de-chaussée pour aller chercher quelque chose au sous-sol.

– Je vous prête quinze mille dollars, dit Jake. Ça vous laissera une marge de cinq mille dollars. Remboursement sur dix ans, intérêt de trois pour cent.

– Je n'ai pas de garanties à t'offrir.

– Tu l'as déjà fait en chantant *Mon musicien à moi.*

– Combien veux-tu de parts dans l'affaire ?

– Pas une seule. Ce club est à toi et à Roscoe. Je vous demanderai simplement de me retenir une table le soir de l'inauguration. A ce propos... J'ai quand même une question à poser.

– Ah ! laquelle ?

– Le club sera-t-il réservé aux Noirs ou aux Blancs ?

– Je l'attendais, celle-là ! J'aimerais bien faire quelque chose pour ceux de ma race, Jake, mais on ne mélange pas les affaires et le sentiment. Ce sera un club pour Blancs; les clients de couleur ne seront pas admis. Ce sont les Blancs qui ont de l'argent, et ils ne viendront pas si nous acceptons les Noirs. On n'a pas le choix.

– Mais qu'en pense Roscoe ? Après toutes les difficultés qu'il a eues pour apprendre à vivre avec sa peau noire...

– Je sais bien. Nous nous sommes encore bagarrés à ce sujet. Mais je lui ai expliqué qu'on ne pouvait pas transformer ce pays en une nuit. Il faut y aller progressivement, par petites étapes; si notre club a du succès, au moins attirera-t-il les Blancs à Harlem et les amènera-t-il à côtoyer des Noirs. Ce sera déjà ça... Et Roscoe a fini par en convenir. Il a dit : « Oui, tu as raison. On ne peut pas faire beaucoup plus pour l'instant, et il vaut mieux avancer par petites étapes que de rester assis le cul par terre. »

– Dans ce cas, dit Jake en souriant, je serai fier d'investir dans cette petite étape.

Flora se mordit la lèvre.

– Je crois que je vais pleurer...

Elle sortit un mouchoir de son sac et se mit effectivement à sangloter.

– Je pleure de joie, tu sais ! lui dit-elle, en s'essuyant les yeux.

– Moi aussi.

Elle s'aperçut alors que de grosses larmes roulaient sur les joues de Jake.

– Je suis heureux pour toi et pour Roscoe. Je suis heureux, aussi, d'avoir les moyens de débourser quinze mille dollars. Il n'y a encore pas si longtemps, je croyais qu'une telle somme représentait tout l'argent du monde.

– C'est agréable d'être riche ?

– C'est merveilleux. Essaie, tu verras !

– Ma foi, c'est une idée !

Ils tombèrent dans les bras l'un de l'autre et se mirent à danser en riant comme des fous.

44

Violet Weiler répétait une scène du *Lac des cygnes* avec quatre jeunes ballerines lorsque Jake entra, son chapeau à la main, dans le studio de Mme Levitska. Assise au piano, Mme Levitska continua de jouer comme si de rien n'était, mais cette visite impromptue piquait sa curiosité. En voyant les regards langoureux que Jake lançait à Violet, elle murmura : « *Bojie moï*, l'amour ! »

Le morceau terminé, elle annonça :

– Très bien, les petites. Dix minutes de récréation.

Tout en allumant une cigarette, elle regarda Violet s'élancer vers Jake, son tutu ondulant gracieusement au rythme de ses pas.

– Jake ! Je n'osais pas vous appeler...

– Je comprends. Mais j'ai surmonté l'épreuve, à présent. Et j'ai beaucoup réfléchi depuis l'enterrement de Laura. En définitive, je n'ai pas envie d'avoir un autre enfant de Nellie; j'en veux un de vous.

La panique s'empara de Violet.

– Je n'ai pas eu l'occasion de vous en parler, Jake... Voilà : je comptais demander de l'argent à papa pour louer un appartement. Mais j'avais l'intention de m'y installer seule, et je ne voudrais pas mentir à papa... enfin, ce ne serait pas honnête de...

– Qu'est-ce que vous racontez ? dit-il, visiblement dérouté.

– Eh bien, je tiens à être indépendante, et... (Elle avala sa salive et se lança :) Jake, je ne suis pas sûre de vouloir devenir votre maîtresse. En tout cas, je ne veux sous aucun prétexte être une fille mère.

Il partit d'un grand éclat de rire.

– Qu'y a-t-il de si drôle ? demanda-t-elle.

– Je vous demande de m'épouser !

Violet en demeura bouche bée.

– Alors ? reprit-il. Acceptez-vous, ou faut-il que je vous supplie à genoux ? Mme Levitska serait enchantée d'assister à un tel spectacle.

– Mais... et Nellie ?

– Tout est fini entre nous. Depuis déjà longtemps, d'ailleurs; mais je ne pouvais me résoudre à admettre que mon mariage était un échec. Je vous aime, Violet. Je vous aime de tout mon cœur... Vous êtes la plus belle chanson d'amour qu'il m'ait été donné d'entendre. Je vous jure que ce mariage-là sera le bon. Voulez-vous m'épouser ?

– Oh oui ! murmura-t-elle, radieuse.

Elle bondit – littéralement – dans les bras de Jake et les quatre autres petits cygnes battirent des ailes et piaillèrent en les regardant s'embrasser.

– Chut ! souffla Mme Levitska. C'est une belle histoire d'amour...

Les ballerines se turent, fascinées par le long baiser

qu'échangeaient les deux jeunes gens à l'autre bout de la salle.

– Et maman ? demanda soudain Violet.

– Ne vous tracassez pas pour elle, je m'en occupe. Je vais acheter son affection. Pour le moment, gardons notre secret. Je n'ai pas encore prévenu Nellie, mais cela ne saurait tarder. Au fait... m'aimez-vous ?

– Vous plaisantez ? Je suis folle de vous !

Ils reprirent leur baiser interrompu.

– Violet ! appela Mme Levitska. Revenons-en au *Lac des cygnes*, s'il te plaît ! Nous sommes à un cours de ballet, pas à un thé dansant.

Rayonnante, Violet reprit sa place parmi ses petites compagnes.

Comme tous les lundis soir, la corbeille du Metropolitan Opera regorgeait de femmes aux bijoux étincelants. Mme Weiler était sans conteste la plus richement parée; elle ouvrit le programme de *Don Giovanni*, en savourant le suprême triomphe de sa vie mondaine : ce soir-là, pour la première fois, elle était installée dans sa loge personnelle, la numéro douze. A titre de reconnaissance pour les millions qu'il avait versés à l'opéra, on avait enfin autorisé Simon Weiler – quoique juif – à acheter une loge. Il lui en avait coûté cinquante mille dollars, mais sa femme ne regrettait pas l'investissement. Au comble de la félicité, littéralement couverte de diamants de la tête aux pieds, elle scrutait à l'aide de ses jumelles la salle bondée.

Huit minutes avant le premier acte, un homme en cravate blanche et en habit pénétra dans la loge.

– Bonsoir, madame Weiler, dit Jake Rubin.

Mme Weiler se retourna, hostile. Ce maudit Russe allait-il lui gâcher son triomphe ?

– Comment allez-vous, monsieur Rubin ? dit Simon Weiler en se levant pour serrer la main de Jake.

– Très bien, monsieur. Dites-moi, madame Weiler, j'ai envoyé récemment un chèque au Fonds juif unifié, l'œuvre charitable que vous présidez. Il s'agissait d'un assez gros chèque. J'ai été fort surpris de recevoir une simple circulaire pour me remercier de ce don.

– J'avais donné des instructions dans ce sens, répliqua Mme Weiler d'un ton glacial. Nous recevons beaucoup de dons, monsieur Rubin. On ne peut nous demander d'envoyer à chaque bienfaiteur un mot personnel.

– Il me semble néanmoins qu'une obole de vingt-cinq mille dollars méritait un traitement particulier, surtout dans la mesure où vous me connaissez.

– Vingt-cinq mille dollars ? répéta Simon, stupéfait. Et tu ne l'as pas remercié, Rebecca ?

Elle foudroya son mari du regard.

– Je lui ai envoyé la lettre circulaire, gronda-t-elle. Monsieur Rubin, nous apprécions votre générosité – si tant est que ce soit uniquement la générosité qui vous ait dicté ce geste. Cela dit, je vous rappelle que certaines personnes – des nouveaux riches ou des arrivistes en quête de publicité, par exemple – se servent sans vergogne des œuvres de charité pour se faire accepter dans un milieu qui n'est pas le leur. Cette « charité mondaine » – si j'ose m'exprimer ainsi – est de mon point de vue tout à fait condamnable. Si, comme je le crois, vous aviez pour seul but d'acheter ma bienveillance, vous avez gaspillé votre argent. Maintenant, monsieur, je vous demanderai de quitter cette loge. Je n'ai ni le désir ni l'habitude de me montrer en public avec des « personnalités » de Broadway.

Simon Weiler éclata :

– Ferme-la, Rebecca !

Le teint de sa femme vira au pourpre.

– Simon !

– Si tu désapprouves la « charité mondaine », comme tu dis, pourquoi m'as-tu fait dépenser des millions pour avoir accès à la corbeille ? Et là, tu n'as pas même l'excuse de faire œuvre charitable ! Ton seul mobile était la vanité et le plaisir d'exhiber tes bijoux.

– Simon, j'exige que tu retires ces paroles !

– Et moi, j'exige que tu présentes tes excuses à M. Rubin.

— Je refuse!

Jake sortit une enveloppe de sa jaquette.

— Oh! J'allais oublier : j'ai parlé de votre œuvre à quelques autres « personnalités » de Broadway, et j'ai pu ainsi réunir encore dix mille dollars. Voici le chèque... Inutile d'envoyer des circulaires pour remercier. Bonsoir. Profitez bien de l'opéra. Oh... une dernière chose : Mozart était une espèce d'arriviste, lui aussi, mais il n'a pas connu la gloire de son vivant parce que ses contemporains méprisaient les compositeurs. Loin de moi la pensée de me comparer à Mozart, mais j'aimerais croire que, dans cent cinquante ans, la réputation des pauvres musiciens que nous sommes se sera un peu améliorée.

Il lança à Mme Weiler un regard appuyé, lui tendit l'enveloppe et sortit.

— Rebecca, dit Simon en se rasseyant, pour la première fois de ma vie, j'ai honte de toi. (Elle eut une moue irritée.) Demain à la première heure, reprit-il, tu lui écriras un mot pour t'excuser. Et tu l'inviteras à la réception que nous donnons demain soir.

— Jamais!

— Rebecca, dois-je te rappeler qui était ton grand-père?

A cet instant précis, les lumières déclinèrent, annonçant le début de la représentation. Mme Weiler en fut soulagée car, dans l'obscurité, on ne pouvait voir qu'elle rougissait d'embarras.

— Ton grand-père te mépriserait, chuchota son mari.

Rebecca Weiler s'agita sur son siège. *Grand-père...* songea-t-elle. *Oui, Simon n'a pas tort. Et puis Jake Rubin au moins a un bon tailleur, lui. Il était fort élégant, ce soir...*

— Je lui écrirai, murmura-t-elle tandis que les premières mesures de l'ouverture s'élevaient de la fosse d'orchestre.

Le lendemain matin, la Rolls-Royce de Mme Weiler s'arrêta devant l'hôtel particulier de Jake. Son chauffeur remit deux lettres à Fanny, la bonne, qui en donna une à Jake et l'autre à Nellie. Jake déchira l'enveloppe et lut :

Mon cher monsieur Rubin,

Je vous dois des excuses pour mon comportement d'hier soir. Croyez que j'apprécie à sa juste valeur votre générosité; les remarques que je vous ai adressées dans notre loge étaient déplacées, et mon mari me l'a fait observer à juste titre. Il n'est pas dans mon rôle d'émettre des réserves sur les motivations de nos bienfaiteurs; je suppose, d'ailleurs, que nous sommes tous « arrivistes » à des degrés divers. C'est peut-être justement cela qui rend la vie intéressante.

J'espère qu'il sera possible à Mme Rubin et à vous-même d'être des nôtres pour le récital que nous organisons ce soir au profit de la Croix-Rouge belge. Mme Schumann-Heink chantera plusieurs lieder de Schubert (nous ne pouvons rendre ce pauvre Schubert responsable des horreurs que commettent aujourd'hui ses compatriotes!) et M. Rachmaninov jouera la sonate Dante *de Liszt et l'une de ses propres compositions. La soirée promet d'être culturellement stimulante, et toute contribution que vous jugerez bon d'y apporter ne pourra que servir une cause particulièrement noble. Je m'excuse de cette invitation tardive mais, pour être tout à fait franche, vous n'étiez pas inscrit sur ma liste. La tenue de soirée est requise naturellement et on servira un buffet à dix heures. Le programme débutera à huit heures.*

Encore merci, cher monsieur Rubin, pour le soutien considérable que vous accordez à notre œuvre, et toutes mes excuses pour mon impolitesse. Nous vivons, hélas! à une époque où les apparences priment sur le fond. Je regrette de n'avoir su percevoir plus tôt votre nature ardente et généreuse.

Sincèrement vôtre,
Rebecca Weiler

P.S. J'ai fait parvenir une invitation à votre charmante épouse. J'espère vous voir ce soir! R.W.

Un petit sourire aux lèvres, Jake plia la lettre et monta voir sa femme, qui était encore au lit.

– Tiens-toi bien ! lui dit Nellie. Nous sommes invités ce soir chez les Weiler ! La vieille bique serait-elle devenue folle ?

– Peut-être, répondit Jake. Veux-tu y aller ?

– Je ne raterais ça pour rien au monde ! Je vais appeler Ziggy pour lui dire que je suis grippée... Il sera furieux, mais ça permettra à ma chipie de doublure de s'entraîner un peu... Je me demande à quoi est dû le changement d'attitude de Mme Weiler. Quand elle est venue ici, il y a deux semaines, elle te considérait comme le monstre de Frankenstein. Ignorerait-elle que tu couches avec sa fille ?

Pas encore, Nellie. Mais bientôt... bientôt...

– Veux-tu que je te dise, Nellie ? Tu es une garce.

Il sortit de la chambre, laissant sa femme interloquée.

Cette guerre dont la plupart des gens pensaient, en 1914, qu'elle serait « terminée pour Noël » s'était transformée en un épouvantable carnage. Le nombre des victimes allemandes et françaises pour la seule bataille de Verdun s'élevait – au bas mot – à sept cent mille hommes. Malgré le souvenir vivace qu'ils conservaient de la longue et meurtrière guerre de Sécession, la plupart des Américains, avant 1914, considéraient un éventuel conflit européen comme une sorte de joute romantique entre des armées professionnelles commandées par des officiers aristocratiques, un conflit qui ne devait guère affecter les populations civiles.

Deux années de massacres avaient démenti ces naïves illusions, et les perspectives alarmantes pour la paix mondiale commençaient à gagner l'Amérique. Ainsi, Mme Weiler, qui, en tant qu'Allemande, n'avait pu se résoudre à considérer l'Allemagne comme une ennemie, fut contrainte de ravaler sa fierté et d'admettre que les « Huns » se comportaient comme des barbares. Quant à la grande cantatrice Ernestine Schumann-

Heink, quoique née en Autriche (pays allié à l'Allemagne), elle condamnait de toutes ses forces les événements qui se déroulaient en Europe et elle s'était empressée d'accepter l'invitation de Mme Weiler à venir chanter pour la Croix-Rouge belge.

La liste de Mme Weiler (celle sur laquelle Jake et Nellie ne figuraient pas) comprenait toutes les grandes familles de New York. Nellie avait sorti pour l'occasion sa robe la plus élégante et ses bijoux les plus clinquants. Elle avait une telle allure que Violet, assise non loin d'elle, la contemplait, subjuguée. *Qu'elle est belle !* pensa-t-elle avec dépit. *Qu'est-ce que Jake peut bien me trouver ?*

Nellie, elle, connaissait la réponse à cette question. Tout en observant Violet du coin de l'œil, elle songeait : *Tout à fait le genre de Jake : la petite demoiselle innocente et convenable. Je dois reconnaître qu'elle est jolie. Elle n'a pas mon éclat, mais elle est mignonne.*

Mme Schumann-Heink eut droit à une ovation pour son interprétation remarquable des lieder de Schubert, et Rachmaninov fit preuve d'une telle virtuosité que Nellie elle-même, pourtant réfractaire à la musique classique, en fut impressionnée. Après avoir bissé, la foule passa dans la salle à manger. La guerre avait beau faire rage à moins de cinq mille kilomètres à l'est, Mme Weiler n'avait pas lésiné sur le buffet. Les Weiler étaient des membres assidus de la congrégation du temple Emmanuel, mais ils ne se souciaient pas des interdits alimentaires de la religion juive : un énorme jambon découpé en tranches trônait en bonne place sur la table.

Tandis qu'ils faisaient la queue, leur assiette à la main, Jake chuchota à Nellie :

– Le jambon est interdit aux juifs.

– Tu en manges bien, toi. Et tu adores les côtes de porc.

– Plus maintenant.

Elle parut surprise. Elle savait que Jake recommençait à fréquenter le temple, mais elle ignorait qu'il observât les rites judaïques.

– Tu ne t'attends tout de même pas à ce que je suive le même régime? dit-elle d'un air de défi, en empilant plusieurs tranches de jambon dans son assiette.

– Te l'ai-je demandé?

– Non, et ce serait inutile. Je déteste la cuisine juive. Tout ce gras de poulet... pouah!

– A propos de jambon, tu manges comme un cochon.

– Oh, la ferme!

Une fois servis, ils regagnèrent la salle de bal, où Mme Weiler les accueillit. Jake lui-même fut surpris de la soudaine cordialité de la maîtresse de maison.

– Chère madame Rubin! Je suis ravie que vous ayez pu venir. Et voici votre charmant mari! La musique vous a-t-elle plu?

– Oh oui! répondit Nellie. Rachmaninov est un pianiste fantastique.

– Votre mari également. Monsieur Rubin, quand j'ai dit au maître que vous étiez ici, il a exprimé le désir de faire votre connaissance et de vous entendre jouer quelques-unes de vos œuvres. Puis-je vous demander cette faveur?

Se souvenant que, la veille au soir, Mme Weiler l'avait chassé de sa loge en déclarant qu'elle ne voulait pas se montrer au public avec des « personnalités » de Broadway, Jake savoura sa revanche avec délectation.

– Je serai très honoré de rencontrer le maître, dit-il en souriant.

Quel charmant sourire! pensa Mme Weiler.

– Dans ce cas, je vous arrache à votre délicieuse épouse. Voulez-vous nous excuser, chère madame Rubin?

Prenant Jake par le bras, elle se fraya un chemin au milieu des invités.

– On dirait que la virago a mis le grappin sur votre mari, déclara un grand jeune homme blond qui se tenait derrière Nellie.

– Je vous demande pardon?

– Mme Weiler a adopté votre mari. Cela signifie

qu'elle prend en main sa promotion sociale; elle va en faire une idole des salons. Je m'appelle Peter van Rhynn et je suis un de vos fervents admirateurs. J'ai vu les Folies quatre fois cette année.

– Cela prouve que vous avez aimé.

– Ce qui m'a plu, c'est de vous regarder... surtout au moment où vous descendez l'escalier en costume de Cléopâtre. Les plus belles jambes de New York...

Il la déshabillait de son regard froid.

– Van Rhynn... Je suppose qu'il s'agit de *la* famille van Rhynn ?

– Tout juste. Riches, collet monté... (Il sourit)... Et très méchants.

– Il paraît que vous êtes prodigieusement ennuyeux.

– Vous voulez vérifier ?

A cet instant, Mme Weiler, debout devant le piano, tapa des mains pour réclamer le silence.

– Mesdames et messieurs... je vous demande un peu d'attention. Nous avons ce soir avec nous un artiste de grand talent, dont vous avez très certainement entendu parler... le compositeur de tant de chansons populaires... M. Jake Rubin. M. Rachmaninov lui a demandé de nous jouer un pot-pourri de ses œuvres, et M. Rubin a eu l'amabilité d'accepter.

Sous les applaudissements, Jake s'installa au piano. Rachmaninov... la 5e Avenue... La Russie était bien loin !

Tandis que Jake attaquait *Mon musicien à moi*, Peter van Rhynn chuchota à l'oreille de Nellie :

– Si nous déjeunions un jour ensemble ?

– J'écoute jouer mon mari, dit-elle sèchement.

– Demain à une heure chez Keen.

Elle fit celle qui n'avait pas entendu, mais elle n'était pas insensible à son outrecuidance.

– J'y serai, reprit-il. Demain, à une heure.

Elle se tourna vers lui.

– Si vous vous imaginez que toutes les femmes de New York vont se jeter à vos pieds pour la simple raison que vous êtes un van Rhynn et que vous êtes raisonnablement séduisant...

– Vous ne croyez pas si bien dire. Ma chambre est tapissée de belles femmes; vous devriez voir ça.

Elle reporta son attention sur Jake, qui interprétait *Le soir de notre première rencontre.*

– Demain une heure, murmura-t-il. Je vous attendrai.

Et il s'éloigna.

L'incroyable revirement de Mme Weiler convainquit Jake que sa stratégie portait ses fruits. Bientôt, grâce à son argent, il pourrait franchir le dernier obstacle qui se dressait devant lui en Amérique et devenir le gendre du redoutable dragon. Aussi, dès son retour de la réception, décida-t-il d'affronter sa femme.

Alors que Nellie sortait de la salle de bains, vêtue de son déshabillé, il se rappela le choc qu'il avait éprouvé en la voyant au *Cavendish Club*, bien des années auparavant.

– Nellie, je veux divorcer.

Elle lui lança un bref coup d'œil et s'assit devant sa coiffeuse.

– Ah? Je croyais que nous devions avoir un autre enfant?

– J'ai changé d'avis. Je ne veux pas avoir d'autre enfant avec toi. Ce ne serait pas honnête, dans la mesure où cet enfant serait élevé dans un foyer sans amour. Car notre amour est mort, Nellie; tu le sais aussi bien que moi.

Elle ne répondit pas.

– Je serai généreux avec toi, dit-il.

– Jusqu'à concurrence de combien?

– Laissons donc à nos avocats le soin de régler les détails.

Elle posa sa brosse et se tourna vers lui.

– Je suppose que tu vas épouser la petite Weiler?

– Ce sont mes affaires...

– Très bien, Jake, dit-elle en se levant. Si je le voulais, je pourrais te gâcher ta belle idylle. Je pourrais remuer pas mal de boue, salir le nom de ta petite demoiselle innocente, te rendre la vie infernale... Mais je ne le ferai pas.

– Il n'y a pas de boue à remuer.

– Vraiment ? En tout cas, tu as raison : divorçons. Il n'est que temps.

Elle se demanda si, en définitive, elle n'irait pas au rendez-vous chez Keen, le lendemain à une heure.

– Merci de ta compréhension, Nellie.

– Oh ! je ne suis pas aussi mauvaise que tu veux bien le croire. Mais j'ai encore une chose à te dire.

– Oui ?

– Au sujet de ton vieil ami Marco. (Elle sourit.) Ça t'intéressera peut-être de savoir que lui et moi... bref, je te laisse deviner.

Jake secoua lentement la tête.

– Non, Nellie. Je ne te crois pas.

– C'est pourtant vrai ! Ça s'est passé chez lui, à Greenwich Village. Il m'a fait l'amour passionnément... et je peux te dire que la réputation des amants latins n'est pas usurpée. Au lit, ils sont sensationnels. En tout cas, plus doués que certains juifs de ma connaissance...

– Tu seras restée fidèle à toi-même jusqu'au bout, Nellie. Tu n'as aucune classe.

Il lui tourna le dos et se dirigea vers la porte.

– J'ai été sa maîtresse ! cria-t-elle. C'est la vérité !

Elle s'empara de sa brosse à cheveux et la lança à la figure de Jake, qui l'esquiva.

– Pourquoi refuses-tu de me croire ? hurla-t-elle, furieuse.

– Parce que Marco et moi, nous sommes amis. C'est là une chose que tu ne peux pas comprendre.

Très calme, il sortit.

Demeurée seule, Nellie contempla d'un air mauvais la porte close.

– Bon débarras ! De toute façon, je ne t'ai jamais aimé ! Si je le voulais, je pourrais te faire ramper à mes pieds, mais tu ne m'intéresses pas. Tu m'entends ? Je ne veux pas de toi ! Je me trouverai quelqu'un de mieux. Je peux avoir tous les hommes que je veux. Tous ! (Silence.) Jake ?

Silence.

Un peu calmée, elle s'assit sur le lit.

– Tous les hommes que je veux, se répéta-t-elle. Par exemple, ce gandin qui m'a abordée à la soirée... Je n'ai qu'à claquer des doigts pour qu'il accoure.

Elle s'allongea sur le lit et s'absorba dans la contemplation du plafond.

Brusquement, elle se sentit très seule. Elle eut beau se répéter que Jake n'avait jamais rien représenté pour elle, maintenant qu'il était parti, elle commençait à s'interroger...

45

Quelques mois plus tôt, le père Carey, l'aumônier de la prison de Pentonville, en Angleterre, était allé réveiller dans sa cellule un Irlandais de cinquante et un ans, mince et barbu. Carey avait donné la communion au condamné et avait passé une heure avec lui à prier. *« Il est mort sans crainte, écrivit-il plus tard, en relatant les derniers instants de sir Roger Casement. Il a marché vers l'échafaud avec la dignité d'un prince. »* Pour Ellis, le bourreau – qui savait de quoi il parlait –, Casement était « l'homme le plus brave de tous ceux que j'ai eu la pénible tâche d'exécuter ».

La pendaison de sir Roger Casement par les Britanniques consterna les Irlandais émigrés – notamment Bridget O'Donnell Travers. Casement n'était pas un martyr quelconque. Avant la guerre, il avait fait à deux reprises l'unanimité en sa faveur : la première fois, en dénonçant avec flamme les atrocités commises par les Belges à l'encontre des Noirs qui récoltaient le caoutchouc au Congo belge; la deuxième fois, en révélant les mauvais traitements qu'infligeaient les propriétaires de plantations du Pérou et du Brésil à la main-d'œuvre indienne. Mais Casement était surtout un fervent nationaliste : il comparait l'Angleterre au *Sipo Matador,* cette plante grimpante d'Amérique du Sud qui s'enroule autour des racines des arbres sains pour aspirer lentement leur sève, jusqu'à ce qu'ils meurent. Dès la déclaration de guerre, Casement était parti pour l'Allemagne. C'est ainsi que, par la suite, les Anglais l'accusèrent d'être allé chercher le soutien de ce pays pour « l'Insurrection de Pâques » à Dublin. En réalité, Casement était rentré en Irlande à bord d'un sous-marin allemand pour tenter précisément d'empêcher l'insurrection, qu'il jugeait prématurée. La rébellion éclata néanmoins; ses chefs furent capturés et sommairement exécutés; Casement lui-même fut arrêté et jugé pour trahison; le ministère public chercha à le discréditer en livrant – discrètement – à la presse des extraits de son journal intime qui établissaient clairement l'homosexualité de l'accusé. Malgré les pétitions que signèrent certains des plus éminents écrivains et intellectuels d'Angleterre pour obtenir sa grâce, Casement fut pendu.

Cette exécution eut pour effet de raviver les terreurs de Bridget. Elle n'avait jamais oublié la part qu'elle avait prise à l'enlèvement de Jamie Barrymore, le comte de Wexford, et elle savait par les journaux que les autorités britanniques recherchaient toujours Maryanne Flaherty, la belle femme de chambre qui s'était volatilisée en même temps que les ravisseurs. Jusqu'à présent, son existence en Amérique – sa vie avec Carl Travers, son travail à Ellis Island, l'éducation de ses trois enfants – lui avait paru sereine et protégée.

Mais maintenant que de nouveaux troubles secouaient l'Irlande, exacerbant la soif de représailles des Anglais, Bridget se demandait dans quelle mesure elle était vraiment en sécurité.

Le procès de sir Roger avait également scandalisé Una Marbury, quoiqu'elle ne fût pas irlandaise. Lesbienne militante, Una reprochait aux Anglais d'avoir livré à la presse le journal intime de sir Roger; elle estimait qu'il s'agissait là d'un procédé malhonnête destiné à retourner l'opinion publique contre lui – alors que son homosexualité n'avait rien à voir avec l'accusation de trahison dont il faisait l'objet. Par ailleurs, Una considérait la guerre comme un complot international des capitalistes et des impérialistes dans le but d'écraser le socialisme dans le monde entier. Un grand nombre d'artistes et d'intellectuels de Greenwich Village partageaient cette opinion. Aux yeux d'Una, la sanglante boucherie européenne était une machination visant à détruire les valeurs auxquelles elle tenait le plus : l'amour libre, la liberté d'expression et l'art moderne. C'est pourquoi lorsque, un beau matin d'octobre, elle vit entrer dans sa galerie de Patchin Place le plus « pur » capitaliste qu'il lui eût été donné d'approcher – autrement dit le sénateur Phipps Ogden –, elle se mit aussitôt sur ses gardes.

Elle dut reconnaître qu'il était fort élégant dans son costume bleu marine, avec ses gants de chevreau et son chapeau melon. Que ce riche dandy pût être le père de Vanessa, l'éternelle fagotée, était pour elle un insondable mystère.

– Cher sénateur Ogden ! s'exclama-t-elle avec un sourire factice. Ne me dites pas que vous vous intéressez à l'art moderne ?

– Pourquoi pas ? Il se peut même que je vous achète quelque chose. Vous a-t-on fait des offres pour l'œuvre de ma fille ?

– Mes amis artistes ont été absolument conquis, répondit-elle. Mais jusqu'à présent les béotiens n'ont pas sorti leur chéquier. Remarquez, elle finira bien par se vendre; ces choses-là demandent du temps. Il y aura bien un collectionneur avisé pour se précipiter sur cette sculpture.

– C'est celle-ci ? dit Phipps en s'approchant du S couché.

– Oui... *Mayerling.* Le mystère de l'amour et de la mort figé dans la froide étreinte du métal. Sept cent cinquante dollars. Pour le père de l'artiste, dix pour cent de remise.

Phipps eut un sourire glacial.

– Vous êtes commerçante.

– Je fais de mon mieux.

Il sortit de sa poche un petit carnet noir qu'il se mit à feuilleter.

– Una Marbury, dit-il en consultant ses notes. Votre père est le distingué Pr Ian Marbury, titulaire de la chaire d'histoire d'Europe centrale à Yale. (Il leva les yeux.) C'est pour cela que vous vous intéressez tant à Mayerling ?

– Peut-être, répondit-elle avec nervosité. Vous vous êtes renseigné sur moi ?

– Il paraît que c'est vous qui avez suggéré à Vanessa d'appeler sa sculpture *Mayerling.* Choisir le nom d'un hameau rendu célèbre par un double suicide est une idée curieuse... (Il feuilleta de nouveau son calepin.) Vous avez un découvert de sept mille dollars à la Chase Bank, et vous devez au gouvernement fédéral un arriéré d'impôts de deux mille quatre cent douze dollars.

Le visage d'Una se durcit.

– Vous avez mené une véritable enquête !

Phipps rempocha son carnet.

– Je suis prêt à acheter quinze mille dollars l'ensemble des œuvres de cette galerie dite « d'art », pourvu que vous vous engagiez à ne plus revoir ma fille.

Una put constater au regard de Phipps que les journaux socialistes disaient vrai : quand on excitait sa colère, l'élégant sénateur Ogden avait la réaction du fauve prêt à tuer.

– Mon cher sénateur, cette proposition est vraiment d'un banal ! N'avez-vous rien trouvé de plus original pour vous débarrasser de moi ? Sachez que vous représentez tout ce que je vomis dans ce pays et si vous croyez pouvoir m'intimider, vous vous trompez tragiquement. Vanessa et moi, nous partageons un amour auquel vous seriez bien incapable de comprendre quoi que ce soit. Et c'est pour moi un plaisir exquis de vous dire ceci : sale capitaliste, votre chèque de quinze mille dollars, vous pouvez vous le foutre au cul !

– Si vous courez après l'argent de ma fille, déclara Phipps sans se troubler, il vous faut bien comprendre une chose : c'est moi qui tiens les cordons de la bourse, et je suis fermement décidé à lui couper les vivres si elle continue à vous voir. Réfléchissez-y. D'autre part, si d'ici à trois jours vous n'avez pas cessé de fréquenter Vanessa, je donnerai l'ordre au chef des services du fisc de fermer cette galerie pour non-paiement d'impôts et de confisquer la camelote qui s'y trouve. Pour terminer, j'ajouterai que, réciproquement, vous représentez tout ce que je vomis dans ce pays !

D'un geste sec, il coiffa son melon et sortit.

Sitôt le départ de Phipps, Una appela son amie au téléphone. Horrifiée d'apprendre ce qui s'était passé, Vanessa éclata en sanglots.

– J'étais sûre qu'il finirait par deviner !... Seigneur, qu'est-ce que nous allons faire ?

– Nous allons partir pour Provincetown, chez moi, et réfléchir à la situation, déclara Una d'un ton ferme.

– A quoi bon réfléchir ? J'aime mon père ! Je ne veux pas qu'il me rejette... !

– Et moi, tu ne m'aimes pas ?

– Ce n'est pas la même chose...

Una perdit son sang-froid habituel :

– Vas-tu laisser cet homme te dicter ta conduite ? Qu'est-ce qui est le plus important : son argent ou ta dignité ?

– Cesse de me harceler, Una...

– Ton père me harcèle bien, lui, et j'ai le courage de lui tenir tête ! Tu n'arrêtes pas de parler de socialisme, mais quand il s'agit de passer aux actes, tu ne veux pas prendre le risque de perdre ton héritage... c'est bien ça ? Pourquoi devrais-je risquer, moi, de perdre ma galerie pour une fille qui n'a même pas le cran de s'accepter telle qu'elle est ? Adieu !

Elle raccrocha brutalement, alluma une cigarette et attendit. Ainsi qu'elle le prévoyait, Vanessa la rappela cinq minutes plus tard.

– Una, sanglota-t-elle, je suis désolée. Je ne sais plus quoi faire...

– C'est très simple, ma chère. Soit tu continues à

jouer les riches héritières le restant de ta vie, aux côtés d'un mari que tu ne supportes pas, en te prosternant devant ton père et les valeurs répressives qu'il incarne; soit tu m'accompagnes à Provincetown pour te consacrer à ton art et pour mener le genre de vie que tu aimes, en femme digne de ce nom. De toute façon, ton père n'osera pas mettre sa menace à exécution.

– Tu crois ?

– C'est évident.

– Je n'en suis pas si sûre...

– Allons, Vanessa, réagis ! Si tu veux me suivre, retrouve-moi à Pennsylvania Station à trois heures; nous prendrons le train pour Boston. Si tu ne veux pas venir avec moi, inutile de te déranger. Je croyais qu'il existait entre nous quelque chose de beau, mais je n'en suis plus tellement persuadée.

– Tu sais bien que je t'aime, Una ! Mais c'est une horrible décision que tu me forces à prendre.

– Dans la vie, ma chère, il faut savoir choisir. Penn Station, trois heures. Maintenant, je dois préparer mes valises. Une dernière chose, Vanessa...

– Oui ?

– Si tu ne viens pas, sache que je me souviendrai toujours avec émotion de notre amitié. Toujours.

Elle raccrocha et écrasa sa cigarette. Elle était certaine que Van la rejoindrait à la gare.

– Que fait là ce pistolet ? s'enquit Vanessa en prenant le calibre 22 qui se trouvait dans le tiroir du buffet de la cuisine.

Una, qui mettait une bouilloire à chauffer, se retourna.

– Il appartient à M. Evans, le propriétaire de ce cottage. C'est un fanatique; il est convaincu que les Allemands vont envahir les Etats-Unis en sous-marins.

– Bizarre !

Vanessa remit l'arme à sa place et continua d'explorer la minuscule maison, une bicoque de pêcheur du XVIIe siècle. Au rez-de-chaussée se trouvaient la cuisine et un living-room; à l'étage, deux petites chambres et une salle de bains, auxquelles on accédait par un escalier presque vertical. Malgré le charme de l'endroit, Vanessa – moins d'une heure après son arrivée à Provincetown – commençait déjà à regretter d'avoir accompagné Una. Elle avait agi sur une impulsion, en ne prévenant de son départ que le précepteur de son fils, car elle n'osait affronter ni son père ni son mari. Mais maintenant elle se demandait si c'était vraiment cela qu'elle désirait. Cela valait-il le coup de perdre l'affection de son père, d'abandonner son fils, de renoncer à son ancienne vie ?

Après le thé, Una dit à son amie :

– Viens, ma chère, je vais te faire visiter Provincetown.

La petite ville, située à la pointe du cap Cod, était une colonie d'artistes en même temps qu'un village de pêcheurs. Una, qui louait son cottage depuis deux ans, n'avait pas pris la peine de camoufler son homosexualité; en fait, cela l'amusait de choquer délibérément les gens. Lorsque les deux femmes s'engagèrent dans la grand-rue, elles eurent droit aux regards hostiles – sinon méprisants – des autochtones. Habituée à d'autres regards, Vanessa aurait aimé disparaître sous terre.

– Pour qui nous prennent-ils ? murmura-t-elle à Una.

– Pour ce que nous sommes, des lesbiennes. Ne fais pas attention à eux, ma chérie. Ce sont des gens stupides, à l'esprit étroit.

Peut-être, songea Vanessa, *mais pratiquement tous les habitants de ce pays ont l'esprit étroit...*

Elles avaient parcouru environ cinq cents mètres quand, soudain, deux garçons du quartier les dépassèrent en criant : « Vingt-deux, v'là les gouines ! » L'incident bouleversa Vanessa à tel point qu'elle voulut rentrer aussitôt.

– Il faut que tu ignores leurs sarcasmes ! dit Una en refermant d'un geste rageur la porte de la maison.

Vanessa fondit en larmes.

– Je n'y arrive pas ! J'ai l'impression d'être un monstre.

– A leurs yeux, c'est que ce nous sommes. Et puis après ! Sois fière d'être un monstre. Moi, j'en suis fière !

– Oui, mais tu y es habituée... pas moi. C'est horrible !

Una la serra dans ses bras pour la réconforter.

– Ça s'arrangera, tu verras. En attendant, il vaut peut-être mieux que tu ne sortes pas de la maison pendant quelques jours.

– Je suis prisonnière, en somme ? dit Vanessa en s'essuyant les yeux. Et qu'est-ce que ce sera dans quarante ans ? Deux vieilles femmes anormales qui restent cloîtrées chez elles ? Cela ne te dérange pas du tout ?

Una ferma les paupières.

– Ma foi... si, un peu. Veux-tu retourner chez ton père ?

– Non, répondit Vanessa après un instant d'hésitation.

– Alors sois brave. Je vais refaire du thé... Et puis, non ! C'est du whisky qu'il te faut.

Vanessa, qui avait complètement cessé de boire depuis sa cure à Silver Lake, jugea que l'alcool était le seul moyen pour elle de surmonter cette épreuve.

– Oui, soupira-t-elle en s'affalant dans un fauteuil. J'ai bien besoin d'un verre.

Una, qui lui avait paru si fascinante, se révéla sinistrement lassante dans la vie de tous les jours. Le lendemain matin, lorsqu'elle lut dans le journal que l'empereur François-Joseph agonisait dans son palais de Vienne, elle se lança dans le sujet qui l'obsédait : le suicide du fils de l'empereur, l'archiduc Rodolphe, dans son pavillon de chasse de Mayerling, en janvier 1889. Una connaissait l'affaire dans ses détails les plus macabres ; tout en essuyant la vaisselle du petit déjeuner, elle raconta joyeusement la découverte des cadavres de Rodolphe et de sa maîtresse par le valet, Loschek. Vanessa, qui n'avait jamais lavé une assiette de sa vie, n'était déjà pas précisément enchantée de devoir se colleter avec les tâches ménagères, d'autant qu'elle avait la gueule de bois. Le récit morbide d'Una acheva de l'exaspérer :

– Pour l'amour du ciel, parle d'autre chose ! Suicide, meurtre, suicide... c'est déprimant !

– Tu ne trouves pas cela fascinant, ma chère ?

– Non ! Je te l'ai dit ! Tout le monde considère Rodolphe comme un assassin déséquilibré, sauf toi qui penses qu'il s'est montré courageux !

– Mais c'est la vérité ! Lui et sa maîtresse, ils ont misé leur vie sur le plus grand de tous les mystères : savoir ce qu'il y a de l'autre côté.

– Ils n'ont peut-être rien trouvé de l'autre côté. Ou bien ils sont peut-être allés en enfer, ce qui serait mérité. Mais je m'en moque, comprends-tu ? J'ai envie de parler de choses gaies. Et j'en ai par-dessus la tête de rester cloîtrée ici !

Elle jeta son torchon par terre et sortit de la cuisine en courant. Una la suivit dans le living-room.

– Vanessa, dit-elle, tu as choisi ce mode de vie. Il te faut maintenant l'accepter et faire la paix avec toi-même. Si tu restes « cloîtrée » ici, c'est uniquement parce que tu as peur de franchir le seuil de cette maison. Si tu attaches plus d'importance aux sarcasmes de quelques morveux qu'à notre amour, tu ferais mieux de retourner dans ta famille.

– Crois-tu que je le puisse ? rétorqua Vanessa d'une voix sourde. Le pourrais-tu, toi, si tu le voulais ?

Una parut troublée.

– Mon père prend de mes nouvelles. Par téléphone.

– Par téléphone ! Quel chaleureux contact, en vérité ! Sois honnête : n'as-tu pas connu les mêmes angoisses que moi, au début ?

– Si, mais je les ai surmontées.

– Crois-tu vraiment ?

Una ne répondit pas.

Notre amour... pensa Vanessa avec tristesse. *Mon Dieu, n'étais-je pas moins malheureuse avant, à tout prendre ?*

Le surlendemain de leur arrivée, un vent de nord-ouest souffla de l'océan, déversant sur Provincetown des trombes d'eau. Postée devant l'une des fenêtres du living-room, Vanessa regardait la pluie dégouliner sur les vitres. Au bout d'un moment, elle dit :

– Soûlons-nous.

Una, qui lisait une revue d'art au coin du feu, leva la tête :

– Il est encore un peu tôt, ma chérie. Même pas midi.

– Je m'en fiche.

Vanessa prit une bouteille de chablis dans le réfrigérateur et s'en versa une bonne rasade.

– Je te laisse le vin, dit Una en la rejoignant à la cuisine. Pour moi, rien ne vaut le gin.

Lorsqu'on frappa à la porte, à une heure, elles étaient déjà passablement éméchées.

– Qui est-ce? grogna Vanessa d'une voix brouillée.

– Que veux-tu que j'en sache?

Una alla ouvrir. Phipps Ogden se tenait sur le seuil, un parapluie à la main. Il lança un bref regard à Una et pénétra dans le hall sans attendre d'y être invité. Una ferma lentement la porte, en tâchant de mettre de l'ordre dans ses idées.

– Vous auriez pu demander la permission d'entrer, dit-elle.

Pour toute réponse, Phipps ferma son parapluie ruisselant et le fourra dans un coin. Puis, sans ôter son imperméable humide, il s'approcha de sa fille. Vanessa posa son verre par terre et se leva.

– Tu m'as bien manqué, papa...

Il la serra contre lui.

– Veux-tu revenir à la maison? demanda-t-il d'une voix douce.

– Un instant! intervint Una. Il me semble que j'ai mon mot à dire...

– Vous n'avez rien à dire! s'exclama Phipps. Vous avez causé assez d'ennuis comme ça.

– Je me suis contentée de donner à Vanessa l'amour qu'elle n'a jamais eu dans sa vie!

Phipps lui tourna le dos et s'adressa à Vanessa :

– Prépare tes affaires, je te ramène à la maison. N'écoute pas cette femme, tout se passera très bien.

Vanessa s'essuya les yeux et s'écarta de son père. Ce faisant, elle se cogna contre son fauteuil et, de façon presque comique, se retrouva assise dedans.

– A quelles conditions me ramènes-tu? dit-elle.

– J'ai discuté de ton état avec plusieurs médecins, qui affirment qu'il s'agit d'une maladie curable. Il existe une nouvelle méthode qui s'appelle la psychanalyse...

– Pur charlatanisme! ricana Una. Pensez-vous que ce cher Dr Freud puisse changer la nature profonde de Vanessa?

– Un psychiatre qualifié peut toujours essayer, rétorqua sèchement Phipps. Acceptes-tu de me suivre, Van?

Una s'approcha de Vanessa et la fit se lever. Elle prit dans ses mains le visage de son amie et l'embrassa passionnément sur la bouche. Vanessa se débattit un peu, puis s'abandonna au baiser. Impassible, Phipps les observa. Avec un sourire triomphant, Una libéra Vanessa et lui caressa la joue.

– Vous oubliez un détail, mon cher, dit-elle à Phipps. Votre fille m'aime. (Elle se tourna vers Vanessa.) Si tu vas avec lui, Van, il ne te permettra jamais de me revoir. Il t'empêchera de prendre du plaisir avec moi ou avec toute autre femme. Est-ce cela que tu désires? Une vie dépourvue d'amour et de passion?

Vanessa avait les larmes aux yeux.

– Je ne sais pas... (Elle regarda son père.) Ne serait-il pas possible de tout avoir?

– Non, répondit-il sèchement. Tu as enfreint les lois fondamentales de la nature. Si tu rentres à la maison, il ne sera plus question de les transgresser.

Elle hésita. Una lui saisit la main et plongea son regard dans celui de son amie.

– J'ajouterai, dit Phipps, que je t'offre ta dernière

chance. Si tu ne rentres pas avec moi aujourd'hui, tu ne me reverras jamais. Je prendrai des dispositions pour t'assurer un revenu confortable jusqu'à la fin de ta vie. Mais je te déshériterai. Je prendrai Marco comme exécuteur testamentaire et je laisserai tout à Frank. Cela représente plus de cent millions de dollars.

Una serra plus fort la main de Vanessa.

– Je n'arrive pas à me décider ! s'écria Vanessa. Aidez-moi, quelqu'un... (Elle éclata en sanglots hystériques.) Pourquoi ne puis-je pas me montrer telle que je suis ? Pourquoi ne peut-on pas m'accepter telle que je suis ? Qu'ai-je donc fait de si condamnable... ?

Elle était au bord de la crise de nerfs. Son père l'observa un moment en silence, puis il dit :

– Adieu, Vanessa.

Il se dirigea vers la porte, en récupérant son parapluie au passage. Sur le seuil, il se tourna une dernière fois vers sa fille.

– Ne t'en va pas ! cria-t-elle. Je ne me suis pas encore décidée !

– Si, dit-il. Et moi aussi.

Il sortit sous la pluie. Vanessa écarta Una et courut vers la porte.

– Papa ! hurla-t-elle. Ne pars pas ! Ne pars pas !

Il était presque arrivé à la barrière. Elle s'élança à son tour dans le sentier et le rattrapa.

– Je t'en supplie, ne t'en va pas ! gémit-elle en lui saisissant la main.

Furieux, il lui fit face et se dégagea d'un geste sec.

– Tu me dégoûtes !

Et il s'engagea sur le trottoir. Les mains plaquées sur la bouche, les yeux remplis d'horreur, Vanessa le regarda s'éloigner, le visage ruisselant de pluie. Puis, sans cesser de sangloter, elle rebroussa chemin en courant et claqua la porte de la maison. Una était toujours à la même place, devant le feu.

– Je suis fière de toi, ma chérie, dit-elle avec un grand sourire. Tu lui as tenu tête. Buvons un verre pour fêter ça !

– Va au diable! hurla Vanessa en se précipitant dans la cuisine. Va au diable!

– Je comprends que tu sois bouleversée, Van, mais tu as choisi la meilleure solution. Crois-moi.

Elle l'entendit ouvrir le tiroir du buffet.

– Que cherches-tu? Viens donc terminer ton vin. Ensuite, nous ferons l'amour pour oublier cette...

Elle s'interrompit. Vanessa se tenait sur le seuil de la cuisine, le pistolet dans les mains. L'arme était braquée sur elle.

Una se raidit.

– Je trouve ta réaction un peu exagérée, ma chérie, dit-elle froidement. Allons, pose ce vilain jouet.

– Mayerling... murmura Vanessa.

Elle tira. Touchée au ventre, Una se courba en deux et trébucha contre l'un des sièges.

– Le triomphe de l'amour! s'écria Vanessa.

La deuxième balle atteignit Una derrière l'oreille droite. Elle s'affaissa sur le plancher, morte. Vanessa traversa la pièce en titubant et logea encore deux balles dans le cadavre; puis elle tomba à genoux, le pistolet fumant à la main.

– Alors, Una, qu'y a-t-il de l'autre côté? (Elle éclata de rire.) Y a-t-il seulement quelque chose? En tout cas, c'est sûrement mieux qu'ici!

A l'instant où elle portait l'arme à sa tempe droite, son père fit irruption dans la pièce.

– Vanessa, non!

Elle le distinguait à peine à travers ses larmes. Avant qu'il eût pu la rejoindre, elle pressa la détente.

La cinquième balle lui fit éclater le crâne, éclaboussant de sa cervelle le marbre de la cheminée.

46

Marco s'apprêtait à quitter sa nouvelle permanence électorale de Thompson Street lorsqu'on le demanda au téléphone. C'était Maud.

– Il s'est passé une chose affreuse, lui dit-elle. Il

faut que tu viennes dès que possible. Phipps vient d'appeler de Provincetown. Dans un accès de folie, Vanessa a tué Una et s'est suicidée.

– Nom de Dieu...

– Phipps est effondré, et je ne sais comment annoncer la nouvelle à Frank. Il vaut mieux que ce soit toi qui t'en charges.

Marco consulta sa montre.

– J'attrape le prochain train.

Il raccrocha, pensant à sa femme. Vanessa l'hystérique, Vanessa l'alcoolique, Vanessa la torturée, Vanessa la pathétique...

Vanessa. Morte.

Frank était avec son précepteur dans la salle d'étude de Garden Court. Marco l'y rejoignit dès son arrivée.

– Papa ! s'écria-t-il, soulagé d'être arraché au subjonctif du verbe « rompre », qu'il avait oublié. Qu'est-ce que tu viens faire ?

Il courut embrasser son père.

– Monsieur Simons, dit Marco, je voudrais parler seul à seul un instant à mon fils...

Le précepteur sortit. Frank observait son père, sourcils froncés; il sentait bien qu'il se passait quelque chose d'anormal.

– Qu'est-ce qu'il y a ? demanda-t-il.

– Frank, je sais que tu es un garçon courageux...

– Il est arrivé quelque chose à maman ?

Marco respira un bon coup.

– Mon petit, ta maman est morte.

Le visage de Frank se crispa. Marco s'accroupit et ouvrit les bras à son fils, qui vint s'y réfugier.

– Comment elle est morte ? murmura Frank.

– Un accident... En nettoyant une arme à feu...

Frank pleurait sans bruit sur l'épaule de son père. *Je lui donnerai une seconde mère,* pensa Marco. *Une meilleure mère. C'est horrible à dire, mais Vanessa vient de me rendre ma liberté.*

Georgie est à moi... enfin !

En 1914, sa fortune bien établie, Casey O'Donnell avait décidé de quitter la ville pour habiter à Irvington, sur la rive de l'Hudson, une vaste demeure de style victorien cernée de pelouses et de bosquets. Casey aimait à s'installer sous la spacieuse véranda, un verre de whisky à la main, pour contempler le coucher du soleil. Kathleen, dont le goût ne s'était pas amélioré au fil des années, avait insisté pour garder les vieux meubles; néanmoins, la nouvelle maison étant quatre fois plus grande que la précédente, elle avait bien été obligée d'en acheter de nouveaux, qu'elle avait choisis – fidèle à elle-même, hélas ! – aussi laids que les anciens. Georgie passait tous ses week-ends dans la propriété.

Le samedi qui suivit l'enterrement de Vanessa, elle se promenait sur la terrasse lorsqu'une voiture s'arrêta devant la maison. Une portière claqua, et une voix – celle de Marco – dit au chauffeur :

– Attendez-moi. (Elle se retourna.) Georgie !

Elle l'entendit courir sur le trottoir, puis elle le devina qui traversait la pelouse à sa rencontre. Enfin, il la prit dans ses bras.

– Je vous aime, dit-il, haletant. Je vous ai aimée tout au long de ce cauchemar... Vous avez toujours été la seule, Georgie. Voulez-vous m'épouser ?

Les larmes aux yeux, elle lui palpa le visage, revoyant ses traits par la pensée.

– Oh ! Marco, mon chéri... *oui !*

Il lança un « Hourra ! » triomphant et entraîna Georgie dans une valse endiablée, comme celle qu'ils avaient dansée autrefois sur le pont du *Kronprinz Friedrich.* Attiré par les rires, Casey O'Donnell sortit sur le perron, rejoint aussitôt par sa femme. Ils restèrent médusés par la scène qui s'offrait à leur vue.

– Que se passe-t-il ?

– Quelque chose me dit que Santorelli va s'installer dans notre vie à titre définitif, répondit Casey, maussade.

Kathleen le regarda.

– Tu crois que... ? (Le visage radieux, elle joignit les

mains.) Sainte Marie, mère de Dieu... cette pauvre petite aurait-elle enfin trouvé un mari ?

– Ça m'en a tout l'air. Mais Marco va perdre les élections.

– Pourquoi ?

– A cause du scandale. Tous les journaux ont parlé de sa femme qui a tué son amie avant de se suicider... Selon Bill Ryan, même les métèques de Greenwich Village n'encaisseront pas cette histoire.

– Les Italiens, Casey. Maintenant que nous allons en avoir un dans la famille, nous devons les appeler des Italiens.

– Si tu veux, bougonna son mari.

Brusquement, Kathleen eut une idée.

– Ne pourrais-tu pas aider Marco ? Puisqu'il va épouser Georgie...

– J'y ai déjà réfléchi. (Les mains dans les poches, Casey s'adossa à l'une des colonnes de la véranda.) Ce sera notre cadeau de mariage.

– Quoi donc ?

– Je vais céder la circonscription à Marco. Ça tombe bien, Bill Ryan commence à en avoir assez de Washington. On a besoin à New York d'un nouveau commissaire aux Affaires sanitaires; nous allons donner le poste à Ryan et envoyer Marco à Washington avec Georgie.

Kathleen l'embrassa.

– Tu es un brave homme, Casey O'Donnell.

– Tu parles ! Si je fais ça, c'est pour garder le pactole dans la famille.

Il adressa un clin d'œil à Kathleen.

Marco et Georgie dansaient toujours.

47

Bridget O'Donnell Travers s'ennuyait.

Depuis que les hostilités avaient éclaté en Europe, le flot des immigrants s'était considérablement réduit. Tous ces jeunes gens qui rêvaient de l'Amérique, la guerre les avait pris pour ses champs de bataille. La fourmilière d'Ellis Island était devenue un désert et le travail du personnel s'en trouvait réduit à sa plus simple expression.

Accoudée à la balustrade de la galerie surplombant le hall d'enregistrement, Bridget regardait les rares candidats à la vie américaine franchir les étapes successives du service d'inspection. Soudain, elle s'aperçut qu'un jeune homme la fixait avec insistance.

– Maryanne ! hurla-t-il en pointant l'index vers elle. Maryanne Flaherty !

Bridget eut un mouvement instinctif de recul, comme si elle voyait un serpent à sonnettes. Lentement, elle s'écarta de la balustrade.

– Maryanne ! C'est moi, Denny Flynn ! Tu ne te souviens pas ?

Bridget fit volte-face et courut vers le bureau de son mari.

– Maryanne !

Elle fit irruption dans le bureau de Carl et claqua la porte.

– Qu'y a-t-il ? demanda Carl, alarmé par l'expression terrorisée de sa femme.

– C'est lui ! dit-elle, haletante. En bas, dans la file...

– Qui ?

– Denny Flynn ! Doux Jésus... il m'a reconnue.

Le soir même, Bridget et Carl prirent le train pour Irvington et se rendirent en taxi chez Casey O'Donnell. Celui-ci les attendait. Il leur ouvrit lui-même la porte et les conduisit dans la bibliothèque.

– Vous n'avez pas mis tante Kathleen au courant ? chuchota Bridget avec nervosité.

– Je lui ai dit que tu voulais me voir pour des questions d'argent.

– Parfait. Je ne veux pas qu'elle sache, et Georgie non plus.

Casey ignorait totalement le but de la visite de sa nièce mais, comme il semblait requérir le plus grand secret, il ferma la porte à clé. Il proposa à ses hôtes un verre qu'ils refusèrent.

– Moi, je vais prendre un whisky; et maintenant que vous avez piqué ma curiosité, si vous me disiez de quoi il s'agit...

Il s'approcha d'une des étagères et pressa un bouton; les douze volumes des *Œuvres complètes* de lord Lytton se soulevèrent d'une seule pièce, révélant un bar. Pendant qu'il se servait, Bridget échangea un coup d'œil avec Carl et se décida à parler :

– Théoriquement, oncle Casey, vous n'auriez jamais dû savoir cela, mais ce n'est pas un hasard si Georgie et moi nous avons quitté l'Irlande. Voyez-vous, j'étais impliquée dans un complot des Fenians.

Casey faillit en lâcher la bouteille.

– Qu'est-ce que tu dis?

– Il y avait là-bas un aristocrate anglais très influent, le comte de Wexford, Jamie Barrymore. Enfin, moi je l'appelais Jamie...

Les yeux de Casey s'écarquillèrent encore plus.

– Celui qui a été assassiné? dit-il dans un souffle.

D'un regard, Bridget quémanda le soutien de son mari.

– Celui-là même, répondit-elle. Mais j'ignorais qu'ils comptaient le tuer, je le jure. Je ne m'en serais jamais mêlée si j'avais imaginé un instant qu'ils feraient du mal à Jamie. J'avais simplement accepté de les aider à l'enlever.

– Alors tu as agi sans réfléchir, gronda Casey. Les Fenians sont connus pour avoir des méthodes expéditives!

– Oh! Maintenant, je suis payée pour le savoir, gémit Bridget. J'ai été stupide, et j'ai souffert mille morts depuis.

Casey avala la moitié de son whisky d'un coup.

– Tonnerre! marmonna-t-il. Ma nièce, une Fenian! Je ne sais si je dois t'engueuler ou te féliciter.

– Il n'y a vraiment pas de quoi me féliciter, croyez-moi. Toujours est-il que nous sommes venues en Amérique, Georgie et moi, comme c'était prévu; sur ces entrefaites, j'ai appris qu'ils avaient tué Jamie. Je me suis doutée que les Anglais allaient offrir une récompense pour ma capture, mais je me croyais en sécurité ici. Et voilà que ce matin un immigrant irlandais – Denny Flynn – a débarqué à Ellis Island !

– Qui est Denny Flynn ?

– C'était l'un des domestiques de Wexford Hall; il avait le béguin pour moi. Et il m'a reconnue !

– Bridget craint que ce Flynn ne la livre aux Britanniques pour toucher la récompense de deux mille livres, intervint son mari. J'ai eu beau lui expliquer qu'on ne peut l'extrader maintenant qu'elle est citoyenne américaine...

– Mais la situation est différente, Carl ! s'écria Bridget. Nous sommes en temps de guerre, et les Anglais pendent des Irlandais à tour de bras en les accusant d'espionnage pour le compte des Allemands. Regarde ce qu'ils ont fait à sir Roger Casement ! Les Anglais ne plaisantent pas sur cette question-là, et Jamie Barrymore était pour eux quelqu'un de très important. Ils feront pression sur Washington jusqu'à ce qu'ils obtiennent mon extradition !

– Nous sommes un pays neutre, objecta Carl.

– Oui, mais pour combien de temps ? dit Casey. Bridget a raison. Si les Anglais veulent la coincer, ils y arriveront tôt ou tard.

– Tu vois ? dit-elle à Carl. Je suis en danger ! Oh, oncle Casey, pouvez-vous faire quelque chose ? Avec toutes vos relations politiques...

– Mes relations sont à New York. En l'occurrence, il nous faudrait un responsable du Département d'Etat ou un collaborateur de la Maison Blanche... Bon sang, Bridget, tu as bien choisi ton moment pour te faire repérer ! Maintenant que Georgie est enfin casée, voilà que tu... (Il s'interrompit un instant avant de reprendre :) Attends un peu... Marco ! Mais oui, Marco ! Ce satané mé... – euh, Italien – m'a causé assez d'empoisonnements; il va avoir l'occasion de me dédommager.

– Comment cela ?

– Son ex-beau-père – le sénateur Ogden – est un ami intime du ministre des Affaires étrangères et de l'ambassadeur de Grande-Bretagne. En outre, il est à la tête de la faction pro-alliée du Sénat; les Anglais peuvent donc difficilement lui refuser un service... C'est la solution, Bridget. Ce n'est plus la peine de t'inquiéter. Nous allons demander à Marco de régler cette histoire.

Tout est bien qui finit bien, pensa-t-il avec satisfaction en terminant son whisky.

Rebecca Weiler aimait à boire du vin aux repas, mais elle n'approuvait pas la coutume moderne des cocktails; à son avis, cette habitude conduisait aux « excès » et à « l'intempérance ». Pour sa part, elle préférait le thé. Le lendemain après-midi, elle prenait son thé – comme d'habitude – avec son mari dans leur hôtel particulier de la 5e Avenue, lorsque le majordome annonça :

– M. Rubin demande à vous voir, madame. Je ne savais pas si...

– Non, non, faites-le entrer, Jarvis. Désormais, nous serons toujours là pour M. Rubin.

Jake entra dans le salon quelques instants plus tard, vêtu avec une élégance toute particulière.

– Cher monsieur Rubin! s'exclama Mme Weiler. Quelle charmante surprise! Prendrez-vous un peu de thé?

– Non, merci, madame Weiler. Bonsoir, monsieur.

Simon Weiler se leva pour lui serrer la main et lui offrir un siège.

– Ma femme et moi avons décidé de divorcer, annonça Jake d'un ton ferme.

Le visage de Mme Weiler se rembrunit.

– C'est une décision grave, dit-elle.

– J'en suis conscient. Je voulais vous en faire part, car... (il rassembla son courage)... après le divorce, j'ai l'intention d'épouser votre fille.

Mme Weiler but une gorgée de thé.

– Je ne suis pas complètement aveugle, dit-elle, je n'ai pas été sans remarquer l'intérêt que vous portez à

Violet. Néanmoins, un divorcé... (Elle se tourna vers son mari.) Je sais bien : les divorces sont de plus en plus fréquents... Il y en a encore eu un chez les Soloman le mois dernier. Peut-être, après tout, n'est-ce plus là un obstacle insurmontable.

– Vraiment? dit Jake, qui s'attendait, tout au moins, à une bonne petite colère.

– Après tout, il faudrait apprendre à vivre avec son époque.

Le prétendant n'en croyait pas ses oreilles.

– Alors c'est d'accord? bredouilla-t-il. Vous consentez à ce mariage?

– Pourquoi n'y consentirions-nous pas? dit Simon.

Jake, qui avait préparé un petit discours destiné à convaincre les Weiler de fermer les yeux sur ses origines modestes, fut quelque peu désarçonné :

– C'est que...

Mme Weiler posa sa tasse :

– Cher monsieur Rubin, vous êtes un jeune homme extraordinaire qui donne de la joie à des millions de gens et qui, par son succès, devrait être un exemple pour nous tous. J'ai parlé de vous avec mon mari, qui est devenu l'un de vos grands admirateurs. C'était déplacé de ma part de critiquer votre passé d'immigrant; pour être parfaitement franche, mon propre grand-père a commencé comme vous.

– Vraiment? s'écria Jake, ébahi.

– Oui, il a quitté l'Allemagne en 1847 pour venir en Amérique, et il a été marchand ambulant avant d'édifier une considérable fortune. Par conséquent, si vous avez conquis le cœur de Violet, nous n'avons aucune objection à formuler. Il faudra simplement que le mariage soit célébré dans notre temple.

– Lequel, madame Weiler?

– Le temple Emmanuel, naturellement.

– Mais c'est aussi le mien! s'exclama Jake, ravi.

Les Weiler échangèrent un regard approbateur.

– Monsieur Rubin, dit Mme Weiler en souriant, je pense que le moment est venu de vous appeler Jake.

Le 14 décembre 1916, la soirée d'inauguration du cabaret Chez Roscoe fut un événement mémorable dans l'histoire de la vie nocturne new-yorkaise. Grâce à Jake Rubin, qui avait invité toutes ses relations du monde du spectacle, une interminable file de limousines pénétra pour la première fois dans Harlem. Une nuée de photographes mitraillaient les célébrités au fur et à mesure qu'elles descendaient de voiture. La décoration extérieure se limitait à une simple enseigne clignotante au-dessus de la porte. Flora et Roscoe avaient consacré leur argent et leur talent à l'aménagement intérieur.

La salle à manger, au rez-de-chaussée, se présentait comme un chapiteau de cirque, avec des tentures en toile rayée et une multitude de ballons; contre le mur du fond se dressait une petite scène, face aux tables recouvertes de nappes blanches. La pièce fut rapidement comble. A dix heures précises, l'orchestre (composé d'un batteur, d'un clarinettiste et d'un bassiste) joua une brève introduction. Puis un projecteur éclaira le rideau rouge et Roscoe apparut sur la scène, vêtu d'un élégant smoking. Il leva les bras pour réclamer le silence et déclara :

– Mesdames et messieurs, je vous souhaite la bienvenue Chez Roscoe... et je vous prie de croire que c'est un grand moment pour moi ! Pour cette soirée d'inauguration, un de mes vieux amis nous a préparé quelque chose d'extraordinaire. Remarquez, tout ce qu'il fait est extraordinaire, et il est lui-même absolument extraordinaire... Vous le connaissez tous. C'est le plus grand compositeur de Broadway : Jake Rubin !

La lumière du projecteur se déplaça vers une table, au centre de la pièce. Jake se leva et s'inclina. A ses côtés se trouvaient Violet, le visage rayonnant, et – si incroyable que cela parût – les Weiler. Rebecca semblait un peu étonnée d'être là, mais n'en était pas moins fascinée.

– Il y a bien longtemps, poursuivit Roscoe, Jake a écrit une chanson intitulée *Mon musicien à moi,* que ma femme a eu l'honneur de créer. Eh bien ! Jake a écrit spécialement pour ce soir une nouvelle chanson, appelée *Faim d'amour*, que Flora vous interprétera tout à l'heure. Mais pour commencer, en souvenir du bon vieux temps, elle va inaugurer ce club en chantant *Mon musicien à moi*. Place à Flora Mitchum !

Il bondit de la scène et s'assit au piano. Les rideaux s'écartèrent et Flora apparut, vêtue de l'ensemble moulant qu'elle portait le soir où elle avait chanté cette chanson pour la première fois. Sous les applaudissements de la foule, l'orchestre attaqua la partition et Flora entonna :

Certaines femmes aiment la richesse;
D'autres aspirent à la noblesse.
Mon homme à moi n'est pas racé,
Ce n'est qu'un musicien fauché,
Mais quand il me joue du ragtime, il met mon cœur
[en liesse !

Tandis que Flora se lançait dans le refrain, Violet se pencha vers Jake et l'embrassa sur la joue.

— Mon musicien à moi est racé, murmura-t-elle. Et je suis folle de lui.

Jake lui rendit son baiser. Il n'aurait pu être plus heureux.

Ils se marièrent au temple Emmanuel le 3 mars 1917. Mme Weiler invita toute la haute société, et le député Marco Santorelli — le premier immigré à avoir été élu au Congrès — fut le témoin du marié. Marco épousa Georgie la semaine suivante à Saint-Patrick, et Jake fut son témoin pour la seconde fois.

Les journaux commentèrent largement les deux mariages dans leur rubrique mondaine, avec photographies à l'appui.

En mai 1917, Marco démissionna de la Chambre des représentants pour s'engager dans l'armée avec le grade de lieutenant. Gazé au bois de Belleau, il devint temporairement aveugle et connut, quelques semaines, ces ténèbres qui étaient le lot de Georgie pour toujours. Après la guerre, il fut plusieurs fois réélu au Congrès, où il siégea douze ans. Il eut trois enfants de Georgie et mourut en 1937.

Son fils, Frank, hérita en 1924 de la colossale fortune de son grand-père. Hanté par la mort tragique de sa mère, il devint médecin généraliste, puis psychanalyste. En 1940, il fit don de cinq millions de dollars au musée d'Art moderne pour fonder la galerie de sculpture Vanessa-Ogden-Santorelli. Il mourut en 1967, laissant deux fils et quatre petits-enfants, tous remarquablement séduisants. A la mort de Phipps, Maud retourna en Angleterre où elle épousa lord Saxmundham, le « Vicomte du whisky ». Menant un train de vie princier, elle se consacra aux œuvres charitables et, à l'occasion, joua dans des pièces de théâtre montées par des troupes d'amateurs. Lord et lady Saxmundham furent tués en 1944 lors du bombardement de leur maison de Belgravia.

Nellie Byfield se remaria deux fois, perdit sa beauté, s'adonna à la boisson et mourut en 1956 dans un hospice de vieillards de Greenwich Village. Tout le monde avait oublié sa carrière, sauf les passionnés de théâtre pour qui elle restait, avant tout, la première femme de Jake Rubin.

Jake Rubin eut quatre enfants de Violet Weiler et vécut suffisamment longtemps pour écrire, au total, quarante-six comédies musicales. Il succomba en 1970 à une crise cardiaque. En hommage à sa mémoire, toutes les maisons de Broadway éteignirent leurs lumières pendant une minute.

En 1926, Della Banicek inaugura une plaque de bronze dans le champ qui s'étendait devant la ferme de tante Edna. La plaque rappelait le souvenir des trente-deux hommes, femmes et enfants massacrés en ce lieu huit ans auparavant. Quand, en 1938, on parvint enfin à fonder une section syndicale à la Compagnie minière Staunton, on lui donna le nom de Tom Banicek. Della mourut en 1944, un an après son fils Stan, tué dans le Pacifique. Son autre fils s'installa à Pittsburgh, où il devint un pharmacien prospère.

Aujourd'hui, seuls les touristes curieux vont encore à Ellis Island. Il est question de transformer le bâtiment en une sorte de monument national, ou en musée, peut-être même en centre de loisirs. En attendant, les murs continuent de se désagréger, le toit continue de fuir, le débarcadère continue de pourrir. Cette île, qui fut autrefois le rêve de millions d'étrangers sans ressources, est devenue le refuge des rats et des goélands. Et de tous les fantômes qui hantent encore ses murs.

La maison hantée de l'Amérique est une ruine, mais une ruine prestigieuse.

Cinéma et TV

De nombreux romans publiés par J'ai lu ont été portés à l'écran ou à la TV. Leurs auteurs ne sont pas toujours très connus voici donc, dans l'ordre alphabétique, les titres de ces ouvrages :

A bout de souffle/made in USA 1478**	*Leonore Fleischer*
Alien 1115***	*Alan Dean Foster*
Angélique, marquise des Anges	*voir page 20*
L'année dernière à Marienbad 546**	*Alain Robbe-Grillet*
Annie 1397***	*Leonore Fleischer*
Au-delà du réel 1232***	*Paddy Chayefsky*
Beau père 1333**	*Bertrand Blier*
Blade Runner 1768***	*Philip K. Dick*
Les Bleus et les Gris 1742***	*John Leekley*
La boum 1504**	*Besson et Thompson*
Cabaret (Adieu à Berlin) 1213***	*Christopher Isherwood*
Carrie 835***	*Stephen King*
Chaleur et poussière 1515***	*Ruth Prawer Jhabvala*
Le choc des Titans 1210****	*Alan Dean Foster*
Christine 1866****	*Stephen King*
Conan le barbare 1449***	*Sprague de Camp et Carter*
Pour les autres Conan voir p. 30 à HOWARD R.E.	
Cujo 1590****	*Stephen King*
Dallas 1324****	*Lee Raintree*
- Les maîtres de Dallas 1387****	*Burt Hirschfeld*
- Les femmes de Dallas 1465****	*Burt Hirschfeld*
- Les hommes de Dallas 1550****	*Burt Hirschfeld*
Damien, la malédiction-2 992***	*Joseph Howard*
Des fleurs pour Algernon 427***	*Daniel Keyes*
Des gens comme les autres 909***	*Judith Guest*
2001 - l'odyssée de l'espace 349**	*Arthur C. Clarke*
2010 - Odyssée deux 1721***	*Arthur C. Clarke*
Dynasty 1697**	*Eileen Lottman*
Dynasty (Le retour d'Alexis) 1894***	*Eileen Lottman*
E.T. l'extra-terrestre 1378***	*Steven Spielberg*
E.T. La planète verte 1980***	*Steven Spielberg*
Edith et Marcel 1568***	*Claude Lelouch*
Elephant man 1406***	*M. Howell et P. Ford*
Enemy mine 1968***	*B. Longyear et D. Gerrold*
...Et la vie continue 1869****	*Dino Risi*
L'exorciste 630****	*William Peter Blatty*
Fanny Hill 711***	*John Cleland*
Georgia 1395***	*Robert Grossbach*

Les Goonies 1911***	Steven Spielberg
Gremlins 1741***	Steven Spielberg
Il était une fois en Amérique 1698***	Lee Hays
Jonathan Livingston le goéland 1562*	Richard Bach
Joy 1467** & *Joy et Joan* 1703**	Joy Laurey
Kramer contre Kramer 1044***	Avery Corman
Ladyhawke 1832**	Joan D. Vinge
Love story 412*	Erich Segal
Mad Max 2 1533**	Hayes, Miller et Hannant
Mad Max au-delà du dôme du tonnerre 1864***	Joan D. Vinge
Le magicien d'Oz 1652**	Frank L. Baum
Marianne, une étoile pour Napoléon 601**** & 602****	Juliette Benzoni
Massada 1303****	Ernest K. Gann
La mort aux enchères 1461**	Robert Alley
L'œil du tigre 1636***	Sylvester Stallone
Les oiseaux se cachent pour mourir 1021**** & 1022****	Colleen McCullough
Officier et gentleman 1407**	Steven Phillip Smith
Outland... loin de la Terre 1220**	Alan Dean Foster
Philadelphia Experiment 1756**	Charles Berlitz
Les Plouffe 1740****	Roger Lemelin
Les prédateurs 1419****	Whitney Strieber
La Promise 1892***	Vonda N. McIntyre
La quatrième dimension 1530**	Robert Bloch
Racines 968**** & 969****	Alex Haley
Ragtime 825***	E.L. Doctorow
Rambo First blood 1924***	David Morrell
Razorback 1834****	Peter Brennan
Rencontres du troisième type 947**	Steven Spielberg
Révolution 1947***	Richard Francis
Riches et célèbres 1330***	Eileen Lottman
Rosemary's baby 342***	Ira Levin
Scarface 1615***	Paul Monette
Shining 1197****	Stephen King
Star Trek II : la colère de Khan 1396***	Vonda N. McIntyre
Starman 1854***	Alan Dean Foster
Staying Alive 1494***	Leonore Fleischer
Sudden Impact 1676***	Joseph C. Stinson
Supergirl 1720**	Norma Fox Mazer
Le trou noir 1129***	Alan Dean Foster
Verdict 1477***	Barry Reed
Witness 1855**	Kelley & Wallace
Young Sherlock Holmes 1945***	Alan Arnold

1987
★★★★

Impression Brodard et Taupin à La Flèche (Sarthe)
le 17 avril 1986
1639-5 Dépôt légal avril 1986. ISBN 2 - 277 - 21987 - 8
Imprimé en France

Editions J'ai lu
27, rue Cassette, 75006 Paris
diffusion France et étranger : Flammarion